本书由外交学院中央高校基本科研业务费专项资金资助出版

西班牙学生
学习汉语的偏误分析

ANÁLISIS DE ERRORES EN EL APRENDIZAJE DE CHINO DE ALUMNOS ESPAÑOLES

刘诗扬◎著

世界知识出版社

图书在版编目（CIP）数据

西班牙学生学习汉语的偏误分析 / 刘诗扬著 . -- 北京 : 世界知识出版社 , 2022.9

ISBN 978-7-5012-6437-7

Ⅰ . ①西… Ⅱ . ①刘… Ⅲ . ①汉语—对外汉语教学—教学研究 Ⅳ . ① H195.3

中国版本图书馆 CIP 数据核字 (2021) 第 228911 号

责任编辑　王瑞晴
特约编辑　［西班牙］Leonor Sola Comino
责任出版　王勇刚
责任校对　张　琨

书　　名　西班牙学生学习汉语的偏误分析
Xibanya Xuesheng Xuexi Hanyu de Pianwu Fenxi

作　　者　刘诗扬

出版发行　世界知识出版社
地址邮编　北京市东城区干面胡同 51 号（100010）
网　　址　www.ishizhi.cn
电　　话　010-85112689（编辑部）
010-65265923（发行）　010-85119023（邮购）
经　　销　新华书店
印　　刷　北京虎彩文化传播有限公司
开本印张　710 毫米 ×1000 毫米　1/16　24¾ 印张
字　　数　452 千字
版次印次　2022 年 9 月第一版　2022 年 9 月第一次印刷
标准书号　ISBN 978-7-5012-6437-7
定　　价　79.00 元

PRÓLOGO

Errar es de humanos, pero rectificar es de sabios: el error como oportunidad de aprendizaje

En un momento en que el interés por el aprendizaje del chino aumenta en todo el mundo, en general, y en los países de habla hispana, en particular, es necesario poder contar con trabajos de investigación caracterizados por una marcada vocación práctica. Este es el caso de *Análisis de errores en redacciones en chino de alumnos españoles*, con una sólida base investigadora pero que transciende lo meramente teórico y es de aplicabilidad en el aula de chino como lengua extranjera (CLE). Este libro debería servir de motivación e inspiración para trabajos futuros en un ámbito donde, lamentablemente, la práctica profesional a menudo está muy desvinculada de la investigación y en el que queda aún mucho por hacer, en particular en el contexto español. Hace muchos años que denunciamos la necesidad de reducir la lejanía entre la investigación en didáctica del chino y la práctica real en el aula (Casas-Tost y Rovira-Esteva, 2015: 32) y, si bien algunos pasos hemos dado en la dirección adecuada, lo cierto es que siguen estando muy distanciadas.

En este sentido, estamos frente a un trabajo que acorta distancias y que, además, es pionero por varios motivos. En primer lugar, por emplear una metodología empírica basada en un corpus de trabajos reales redactados por estudiantes universitarios que incluye varios niveles y cursos académicos. En segundo lugar, por el perfil de los estudiantes, ya que los aprendices hispanohablantes tienen sus propias características y dificultades a la hora de enfrentarse al estudio del chino y no existen apenas investigaciones en la didáctica del chino que se centren en estudiantes de tercer ciclo con el español como lengua materna. Normalmente se piensa en estudiantes con el inglés como lengua materna, sin tener en cuenta las particularidades de los hablantes de otras lenguas, aunque sean tan importantes como lo es el castellano en número de hablantes y de estudiantes de chino con esta lengua materna.[1] Al demostrarse que la interferencia de la lengua materna es una de las principales causas de los errores, como hace esta obra, este aspecto cobra más importancia aún. En tercer lugar, por llevar a cabo un análisis multifactorial donde se estudia el patrón de los errores en función del nivel de análisis (léxico, oracional y discursivo), del nivel de chino según el Marco Común Europeo de Referencia para las Lenguas (MCER) (A1, A2 y B1) y del tipo de error (omisión, redundancia, mal uso, entre otros).

Como aportaciones principales de esta investigación, destacamos, por una parte, la metodología seguida que incluye tanto el trabajo con corpus de textos escritos redactados por los alumnos, como la taxonomía de errores desarrollada para categorizarlos. Dicha taxonomía está basada en trabajos anteriores, pero se ha aplicado y ajustado al caso específico del chino. Ambos aspectos han supuesto retos importantes para la autora, por lo que se trata de una experiencia de la que sin duda otros investigadores pueden beneficiarse a la hora de replicar o ampliar una investigación como esta en el futuro. Por otra parte, en cuanto al contenido, la obra ofrece a investigadores y profesores del ámbito una visión panorámica y sistemática de la tipología de errores que cometen los estudiantes hispanohablantes al aprender chino. De este modo, pone a su alcance una herramienta científica que puede ser útil y de interés como punto de partida para la selección del enfoque didáctico, la elaboración de materiales y el tratamiento del error, entre otros aspectos.

Los errores abarcan todos los niveles del lenguaje, empezando por la pronunciación y la escritura de sinogramas, pasando por la morfología, el léxico, la sintaxis y la pragmática. Así pues, se trata de un campo de estudio muy amplio, inabordable por una sola persona en una sola investigación. En este sentido, la obra que aquí presentamos es ambiciosa al centrarse en tres aspectos (léxico, sintáctico y discursivo) en tres diferentes niveles de aprendizaje (A1, A2 y B1).

Una de las mayores preocupaciones que tenemos los profesores de lengua extranjera es conseguir que nuestros alumnos sean capaces de comunicarse en esa lengua con la mayor corrección posible y en ello ponemos nuestro empeño clase tras clase. A pesar de ello, a menudo vemos cómo los estudiantes siguen cometiendo los mismos errores a medida que avanzan en su estudio. Pese a ser conscientes de las bondades del error, en el sentido de que forma parte del aprendizaje, de que es inevitable y, hasta cierto punto

1. Aunque no contamos datos de número total de estudiantes de lengua china, sí tenemos de participantes en el HSK y en 2018 España era el país europeo con el mayor número (Fundació Institut Confuci de Barcelona, 2018: 1).

deseable porque es siempre una oportunidad potencial de aprendizaje, consideramos que hay varios tipos de error, los que propician de un modo u otro el aprendizaje y los que tienden a fosilizarse, provocando cierto estancamiento en la progresión del alumnado.

Con la experiencia acumulada, algunos profesores intentamos anticiparnos a esos errores, incidiendo especialmente en esos aspectos que sabemos que suelen causar confusión o que más se les resisten. Sin embargo, normalmente lo hacemos de forma intuitiva y a menudo poco sistemática. Evidentemente, la tipología y volumen de errores cambia de un estudiante a otro, pero hay, sin duda, unas tendencias que pueden ser descritas si las analizamos con detenimiento, tal como sucede en esta investigación. Entre estas tendencias hemos podido observar una serie de errores propios de niveles concretos que, sin embargo, tienden a fosilizarse y que consideramos que es importante abordar de un modo sistemático para erradicarlos.

Un profesor con una dilatada trayectoria docente trabaja con hipótesis basadas en su experiencia. No obstante, el disponer de una obra que le sirva de referencia con la que contrastar sus hipótesis puede significar un salto cualitativo en su práctica, ya que el hecho de que estén corroboradas empíricamente, le aportará más seguridad a la hora de indagar las causas que pueden provocarlos, así como al buscar estrategias que mejoren su enseñanza y el aprendizaje de sus estudiantes. En definitiva, puede aportar robustez y solvencia a su metodología docente. En este sentido, las páginas que siguen pueden constituir un buen punto de partida para aquellos profesores que reflexionan sobre su propio desempeño profesional y quieren implicarse en la mejora de sus clases recurriendo, por ejemplo, a la investigación-acción. Es decir, cualquier docente con una actitud mínimamente crítica hacia su propio trabajo y con ganas de mejorar es susceptible de interesarse y sentirse interpelado por las implicaciones que tiene esta obra, la cual, sin tener respuesta ni resolver todas las cuestiones planteadas, representa un importante primer paso, indispensable para seguir construyendo y avanzando entre todos.

Más allá de las iniciativas individuales que puedan derivarse de esta obra, es evidente que el trabajo que queda por hacer es ingente y es preciso que equipos de investigadores y docentes sigan estudiando y profundizando en los fenómenos lingüísticos y de aprendizaje aquí descritos. Este estudio pone de manifiesto aspectos que podrían constituir lagunas importantes en la didáctica del chino como lengua extranjera, sobre las que sería necesario incidir más en un futuro inmediato como, por ejemplo, la morfología, la competencia discursiva, la pragmática o los conocimientos culturales, todos ellos aspectos prácticamente ignorados no solo en los manuales y materiales para aprender chino, sino también en el aula de CLE en general. Otra de las cuestiones que sigue pendiente, en particular en el caso español, es la descripción de los niveles del MCER aplicados al chino y de los elementos gramaticales propios de cada nivel. Pese a que esta obra se refiere a estos niveles, lo cierto es que se trata tan solo de una aproximación. Por ello, contar con una descripción detallada de qué aspectos gramaticales son propios de cada nivel del MCER se complementaría a la perfección con esta obra, ya que ayudaría a definir mejor la progresión desde el punto de vista gramatical, así como los errores propios de cada nivel.

Por todo lo expuesto, nos parece que Análisis de errores en redacciones en chino de alumnos españoles debería de ser de referencia en España, pero también en América Latina y China, donde el número de estudiantes de chino va en aumento año tras año y donde la investigación en didáctica del chino es una disciplina joven, por lo que necesita ser potenciada y en la que se tejan conexiones sólidas entre investigación y docencia.

Referencias

Casas-Tost, Helena; Rovira-Esteva, Sara. 2015. "Mapping Chinese Language pedagogy from 1966 to 2013: a bibliometric study of the *Journal of Chinese Language Teachers Association*". *Journal of Chinese Language Teachers Association*, vol. 50(2): 31-58.

Fundació Institut Confuci de Barcelona. 2019. *El chino en el sistema educativo español (II) Tendencias y recursos*. Accesible en: https://www.confuciobarcelona.es/images/el%20_chino%20_en%20_el%20_sistema_educativo_espanol.pdf

Sara Rovira-Esteva y Helena Casas-Tost

Barcelona, 22 de octubre de 2021

ÍNDICE

ÍNDICE DE TABLAS

ÍNDICE DE GRÁFICOS

Lista de siglas, abreviaturas y definiciones de la terminología básica

En este apartado enumeraremos, en primer lugar, las siglas y abreviaturas de los términos que aparecen con frecuencia en la presente investigación, y plantearemos las definiciones de la terminología básica que utilizamos. En segundo lugar, expondremos los términos de la gramática china que aparecen en la presente investigación y su traducción al español.

1. Lista de siglas y abreviaturas

— Adquisición de segundas lenguas (ASL)
— Análisis contrastivo (AC)
— Análisis de errores (AE)
— Gramática universal (GU)
— Interlengua (IL)
— Lengua extranjera (LE)
— Primera lengua (L1)
— Segunda lengua (L2)

1.1 Primera lengua y segunda lengua

Hablando de la distinción entre la primera lengua (L1) y la segunda lengua (L2), Griffin (2005: 22) formula una tabla de términos subjetivos:

Tabla 1.1 Términos subjetivos establecidos por Griffin (2005)

L1	L2
Primera lengua	Segunda lengua
Lengua nativa	Lengua no nativa
Lengua materna	Lengua extranjera

续 表

Lengua primaria	Lengua secundaria (o no primaria)
Lengua fuerte	Lengua débil

En el caso de *primera* y *segunda lengua* se denominan así porque se establece un orden cronológico. Es decir, el hablante adquiere primero su *primera lengua* y posteriormente cuando ya es competente en la misma después de un tiempo, aprende una *segunda lengua.*

Los términos l*engua nativa* y *lengua no nativa* aluden al origen del individuo, pero no siempre el origen de la persona se corresponde con la lengua que más domina.

Lengua materna alude al contexto en el que se ha aprendido una lengua. Es decir que la lengua del entorno del aprendiz es la que se aprende con más dominio, mientras que *lengua extranjera* es el término contrapuesto a *lengua materna.*

Lengua primaria y *lengua secundaria*, al igual que *lengua fuerte* o *lengua débil,* indican sobre todo el nivel de dominio lingüístico. Se usan estos términos cuando se intentan evitar los problemas de origen o entorno de aprendizaje.

Los términos subjetivos se basan en supuestos tradicionales donde la primera lengua (L1) es aprendida desde la infancia y en una comunidad monolingüe, mientras que la segunda lengua (L2) supone una L1 previa y bien consolidada. En la presente investigación, utilizamos indistintamente los términos de lengua extranjera (LE) y L2, independientemente de si los aprendices conocen ya otra segunda lengua.

1.2 Adquisición y aprendizaje

En cuanto a la distinción entre *adquisición* y *aprendizaje*, seguimos la "hipótesis de adquisición/aprendizaje" formulada por Krashen (1981: 10). La *adquisición* es un proceso espontáneo e inconsciente de internalización de un sistema lingüístico, mientras que el *aprendizaje* es un proceso consciente que se produce a través de la instrucción formal e implica un conocimiento explícito de una lengua.

1.3 Análisis contrastivo

El análisis contrastivo (AC) mantiene que una comparación sistemática de dos lenguas, la lengua nativa (L1) y la lengua modelo[1] (L2), a todos los niveles de sus

1. Santos Gargallo (1992) utiliza el término lengua modelo para hacer referencia a la L2, cuyo uso no es muy frecuente en los estudios de adquisición de segunda lengua. En la presente investigación, optamos por el uso de L2 y LE.

estructuras generaría predicciones sobre las áreas de dificultad en el aprendizaje de dicha lengua modelo y que de los resultados se podrían extraer consecuencias metodológicas dirigidas a facilitar el proceso de aprendizaje en el alumno (Santos Gargallo 1992: 70-71).

1.4 Interlengua

Según el *Diccionario de términos clave de ELE* (Martín Peris 2008), la fosilización es "el fenómeno lingüístico que hace que el aprendiente mantenga en su interlengua, de manera inconsciente y permanente, rasgos ajenos a la lengua meta[1] relacionados con la gramática, la pronunciación, el léxico, el discurso u otros aspectos comunicativos". Está ampliamente aceptado que este proceso es precisamente la causa de que los aprendientes, en general, no consigan alcanzar el mismo nivel de competencia que un hablante nativo.

1.5 Interferencia

Según el *Diccionario de términos clave de ELE* (Martín Peris 2008), la interferencia es un término usado en didáctica de la lengua extranjera (LE) y en psicolingüística para referirse a los errores cometidos en la L2, supuestamente originados por su contacto con la L1; es sinónimo de *transferencia negativa.* Cualquier aprendiente de una LE recurre a sus conocimientos lingüísticos y generales previos e intenta aprovecharlos para el aprendizaje de la L2. En el caso de que sus conocimientos previos le faciliten el nuevo aprendizaje, se conoce como *transferencia positiva.* En caso contrario, el proceso de transferencia ocasiona un error; por lo que se habla de *transferencia negativa* o de *interferencia.* En estos casos se considera que lo aprendido dificulta lo que se va a aprender.

1.6 Hipergeneralización

La hipergeneralizción opera a partir del conocimiento previo para aplicar las reglas más allá de su dominio sin tener en cuenta sus restricciones; en algunas ocasiones, se

1. Según el *Diccionario de términos clave de ELE* (Martín Peris 2008), los términos L2, LE y lengua meta son sinónimos y expone la siguiente explicación: "En didáctica de las lenguas se emplea el término lengua meta (traducción del inglés *target language*) para referirse a la lengua que constituye el objeto de aprendizaje, sea en un contexto formal de aprendizaje o en uno natural. El término engloba los conceptos de lengua extranjera (LE) y de lengua segunda (L2), si bien en ocasiones estos tres términos se emplean como sinónimos". En nuestro libro, para unificar la terminología, solo usamos L2 y LE.

prefieren las formas más marcadas[1], es decir las más periféricas y menos frecuentes (Alexopoulou 2005).

2. Lista de términos de gramática china y su traducción al español

En este apartado, enumeraremos los términos de la gramática china y su traducción al español que usamos en la presente investigación, subrayando que las categorías y funciones gramaticales en chino y en español no son totalmente equivalentes, por lo que existen distintas maneras de traducir los términos chinos. Para evitar la confusión que pudiera originar la multiplicidad de nomenclaturas, nos basamos en la propuesta de *Lengua china para traductores* (Casas Tost, Rovira Esteva y Suárez Girard 2015: 403-411). Además, cabe aclarar que en este trabajo siempre seguimos la terminología de la gramática china en lugar de la española, ya que el análisis parte de la primera.

Tabla 1.2 Lista de términos de la gramática china y su traducción al español

TÉRMINOS DE CHINO	TRADUCCIÓN AL ESPAÑOL
形容词	Adjetivo
副词	Adverbio
逗号	Coma
引号	Comillas
数量补语	Complemento de cantidad
程度补语	Complemento de grado
情态补语	Complemento de modo
趋向补语	Complemento direccional
可能补语	Complemento potencial
结果补语	Complemento resultativo
补语	Complemento verbal
关联词语	Conector
连词	Conjunción

1. El concepto de *marcado* fue utilizado por Chomsky (1993) en la gramática universal (no marcado) y la gramática periférica (marcado) para explicar la universalidad de reglas y principios lingüísticos de todas las lenguas, y las particularidades de cada lengua. Tiempo después, este término también fue usado para explicar las dificultades de adquirir determinados aspectos de la gramática de una lengua extranjera frente a la nativa. Para conocer cómo lo marcado afecta la adquisición de la L2, véase el apartado "1.3.2.3 Gramática universal y la adquisición de segundas lenguas".

续 表

“是……的”句	Construcción con *shi…de* (是……的)
冒号	Dos puntos
叹词	Interjección
量词	Medidor
定语	Modificador adjetival
状语	Modificador adverbial
数词	Numeral
宾语	Objeto
象声词	Onomatopeya
比较句	Oración comparativa
“把”字句	Oración con *ba* (把)
“是”字句	Oración con *shi* (是)
“有”字句	Oración con *you* (有)
兼语句	Oración de pivote
形容词谓语句	Oración de predicado adjetival
主谓谓语句	Oración de predicado de sujeto-predicado
双宾语句	Oración de verbo de doble objeto
连动句	Oración de verbos en serie
存现句	Oración existencial
被动句	Oración pasiva
助词	Partícula
动态助词	Partícula aspectual
结构助词	Partícula estructural
语气助词	Partícula modal
谓语	Predicado
介词	Preposición
代词	Pronombre
句号	Punto
陈述	Rema
顿号	Signo de pausa
主语	Sujeto
名词	Sustantivo
话题	Tema
助动词	Verbo auxiliar

Capítulo 1 Introducción

El presente trabajo propone realizar un análisis prospectivo de los diferentes errores que cometen los estudiantes españoles de chino en sus producciones escritas e indagar en las diferentes causas que pueden provocarlos para así poder apuntar posibles medidas para mejorar su enseñanza y aprendizaje.

1. Motivación de la investigación

Con el desarrollo en auge hacia el aprendizaje de la lengua china en España, cada día aumentan los estudiantes que eligen chino como lengua extranjera. Actualmente, más de 50.000 personas están aprendiendo este idioma en España, además de ser el país europeo con el mayor número de participantes en su examen oficial (HSK) (Instituto de Confucio de Barcelona 2019: 1). En Cataluña se lleva ofertando desde hace tiempo dentro del ámbito educativo como materia extraescolar y, en la Comunidad de Madrid, se estudia extracurricularmente en 33 centros de primaria y secundaria; en Andalucía, un exitoso programa piloto de enseñanza de chino vincula a 3.815 alumnos de primaria y E.S.O. en 34 centros públicos; en Canarias, la provincia de Las Palmas de Gran Canaria cuenta con unos 2.350 alumnos que lo estudian en centros privados, donde se ofrece como lengua obligatoria en el ordenamiento interno de algunos centros; también en Castilla y León unos 120 alumnos estudian chino en el marco de una materia titulada "Lengua y cultura china" en dos centros de secundaria de Valladolid, tanto en E.S.O. como en bachillerato. (Instituto de Confucio de Barcelona 2019: 3)

Sin embargo, debido a las grandes diferencias tipológicas entre el chino y las lenguas románicas como el catalán y el castellano, así como a las diferencias culturales, los estudiantes se encuentran con muchas dificultades en el proceso de aprendizaje y cometen numerosos errores de expresión en chino. Por lo tanto, es necesario realizar un estudio de los errores que cometen los estudiantes universitarios españoles en sus producciones escritas durante su aprendizaje en las diferentes etapas, así como hacer una reflexión sobre los métodos de enseñanza, para de esta manera mejorar en la eficacia de la didáctica del chino de estudiantes de dichas lenguas maternas.

En segundo lugar, aunque existen muchos estudios acerca de los errores cometidos durante el proceso de aprendizaje de una lengua extranjera, estos están dispersos y faltan obras sistemáticas que los agrupen temáticamente. En lo referente a trabajos académicos sobre los problemas de aprendizaje del chino para estudiantes españoles, más concretamente de estudiantes universitarios, son bastante escasos y limitados. No nos consta que se haya realizado ninguno que pretenda abarcar el problema globalmente, ni que proporcione datos objetivos a partir del análisis de un corpus real que abarque distintas categorías de análisis y de aprendizaje.

En tercer lugar, destacamos a su vez nuestro interés hacia la enseñanza de lenguas y la investigación sobre métodos de enseñanza. Por ello, a partir de las experiencias como estudiante de español como lengua extranjera y como profesora de español a estudiantes chinos, recogemos errores comunes que se van repitiendo en los estudiantes o incluso en mi caso como profesora, de los que una gran parte están relacionados con nuestra forma de expresarnos en chino. Por ello, consideramos que un análisis de estos errores puede darnos una idea más clara sobre cuáles son las mayores dificultades que presentan los estudiantes de estas lenguas y cuáles son los errores más comunes.

En definitiva, esta investigación pretende hacer una aportación a diferentes ámbitos de estudio, desde la lingüística contrastiva hasta la enseñanza del chino como lengua extranjera, pasando por la formulación de una taxonomía de análisis de errores del chino.

2. Antecedentes

La recopilación, clasificación y análisis de los errores en el proceso de aprendizaje de segundas lenguas empezó en los años 50 del siglo XX, en el campo de la lingüística aplicada y la didáctica de lenguas. Al finales de los años 60, destacan los estudios del análisis y la investigación de la llamada *interlengua*. Los materiales de investigación provienen de las palabras y frases que usaban los estudiantes en la L2. El idioma que usa el estudiante es considerado como una interlengua (IL), que es el término para referirse al sistema lingüístico formado por el estudiante, sobre la base de su lengua materna, sus estrategias de aprendizaje y el *input* de la L2.

Los estudios de análisis de errores (AE) del chino como lengua extranjera (LE) se originaron en 1984 con la publicación del artículo titulado "Zhongjieyu lilun yu waiguoren xuexi Hanyu de yuyin pianwu fenxi" (中介语理论与外国人学习汉语的语音偏误分析) 'La teoría de la interlengua y el análisis de errores de fonética cometidos por extranjeros en el aprendizaje del chino', escrito por el lingüista chino Lu Jianji.[1] Desde entonces se generaron muchos estudios en este ámbito, normalmente basados en la teoría de la interlengua y la adquisición de la segunda lengua (ASL). Las investigaciones sobre el análisis de errores del chino como lengua extranjera han tratado hasta la fecha los siguientes aspectos citados a continuación. En primer lugar, existen muchos estudios que giran en torno a los errores lingüísticos desde una perspectiva teórica, como los trabajos de Lu Jijian (1984, 1987), que hablan del concepto de AE e IL; artículos acerca de la relación entre el AE, la IL y la ASL (Richards 1990); y sobre la clasificación de los errores (Lu 1994), entre otros temas. A su vez, desde el punto de vista empírico, hay análisis de errores de algún elemento o aspecto lingüístico concreto, a saber, de fonética (Mou 2013; Xu 2013; Yu 2007), de escritura de los caracteres (Zhang 2011; Zhou 2013), de vocabulario (Dai 2000; Lin 2005; Meng 2009; Zhang 2013; Zhu 2013) y de pragmática (Lv y Lu 1993; Mao 2003). También existen análisis más globales, que abarcan errores morfosintácticos, gramaticales y pragmáticos en un solo trabajo (Li 2007; Li 2011; Tong 1986). A medida que el AE del chino y los estudios de la IL han ido atrayendo atención académica, han ido surgiendo estudios sobre estos basados en corpus de la IL, los cuales muestran los errores a partir de datos empíricos y de análisis cuantitativos.

Destacamos la escasez de trabajos académicos con respecto al aprendizaje del chino por parte de estudiantes hispanohablantes. Los estudios existentes se centran en errores concretos, por ejemplo, en aquellos relativos a los modificadores adjetivales (Fang 2014), a las preposiciones (Zhu 2013) y a los complementos verbales (Jiang 2014), entre otros. En cambio, no se ha hallado ninguno que efectúe un análisis de los errores de forma más general, por lo que pensamos que esta investigación puede llenar este vacío investigador.

3. Objetivos

El objetivo principal de la presente investigación es analizar los diferentes tipos de errores que cometen los estudiantes españoles de diferentes niveles de chino en sus trabajos de expresión escrita, identificar aquellos que son más habituales e indagar en sus posibles causas con el fin último de sentar las bases para poder diseñar estrategias más efectivas de enseñanza del chino como lengua extranjera para estudiantes de este

1. En la presente investigación, en las citas de autores chinos, incluimos el nombre completo según el orden de apellido y nombre en el texto, pero en las citas automatizadas de (autor: año), solo aparece el apellido porque el programa que usamos para generar citas y bibliografía no nos permite poner el nombre chino completo.

perfil. Para ello, en esta investigación se plantean los siguientes objetivos específicos:

a. Crear una base de datos con los errores de universitarios españoles a partir de un corpus de sus producciones escritas en chino;

b. Establecer una clasificación de errores en diferentes planos: léxico, oracional y discursivo;

c. Analizar los errores de cada plano, tanto cuantitativa como cualitativamente, y encontrar los tipos de errores más frecuentes cometidos en las diferentes etapas del aprendizaje para intentar establecer patrones;

d. Indagar e intentar dilucidar las causas de los errores cometidos en el corpus;

e. Apuntar algunas propuestas didácticas para la enseñanza del chino como lengua extranjera para tratar de disminuir o evitar dichos errores.

4. Hipótesis

La presente tesis parte de las dos hipótesis siguientes:

a. Hay errores que los estudiantes españoles cometen más a menudo en sus producciones escritas en chino, particularmente aquellos aspectos gramaticales que difieren más entre su lengua materna y el chino, por ejemplo, el aspecto verbal, los complementos verbales o el orden de las palabras.

b. Los errores en el plano léxico y sintáctico tienden a corregirse con mayor facilidad que los de tipo discursivo, pues se siguen cometiendo en niveles superiores.

5. Metodología de la investigación

En primer lugar, se ha hecho una revisión bibliográfica de los estudios dedicados al análisis contrastivo entre el chino y el español, así como los estudios de AE del chino como LE. En segundo lugar, se han recopilado las producciones de expresión escrita en forma de redacciones de universitarios españoles cuyo nivel de chino abarca del A1 al B1 del Marco Europeo Común de Referencia (MCER) y que corresponden a diferentes perfiles de estudiantes universitarios y cursos académicos. En tercer lugar, se han vaciado los errores manualmente, para la creación posterior de una base de datos informatizada en Excel. Cabe señalar que la muestra de errores es relativamente pequeña, por lo tanto, la presente tesis tiene un carácter más bien exploratorio. En cuarto lugar, se ha llevado a cabo una categorización de los errores, y por último, se ha realizado un análisis cuantitativo y cualitativo para dilucidar si determinados tipos de errores son más propios en determinados niveles y relacionarlos con sus posibles causas.

6. Estructura de la investigación

Este libro se divide en dos partes. La primera comprende el estado de la cuestión, así como el marco teórico y metodológico, presentados en los capítulos 2, 3 y 4, respectivamente. En el capítulo 2 se repasa tanto el estado de la cuestión del análisis contrastivo entre el chino y el español, como el del análisis de errores en chino. En el capítulo 3 se elabora el marco teórico en el que se delimita el objeto de estudio y se sienta la base teórica para el análisis de los errores. En el capítulo 4 se plantea el marco metodológico, que presenta la taxonomía de errores que se empleará en el análisis, así como la metodología para crear el corpus. La segunda parte del libro, integrada por los capítulos 5, 6, 7 y 8, engloba el análisis de los errores, tanto en su conjunto como por categorías. En el capítulo 5 se realiza un análisis cuantitativo completo del corpus para conocer, de forma panorámica, la distribución de los errores. En los capítulos 6, 7 y 8, se realiza el análisis cuantitativo y cualitativo a nivel léxico, oracional y discursivo para descubrir cuáles son los errores más frecuentes cometidos por los alumnos de cada nivel, su evolución y sus posibles causas. En el capítulo 9 se presentan las conclusiones generales de la investigación, resumiendo los principales resultados, contrastándolos con las hipótesis y objetivos iniciales y apuntando algunas posibles líneas de trabajo para mejorar la eficiencia de enseñanza.

7. Nota sobre las transcripciones

Cuando aparecen palabras chinas intercaladas en el texto, las presentamos primero en *pinyin* y a continuación en caracteres entre paréntesis, y finalmente su traducción al español entre comillas.

Los ejemplos que insertamos en el texto están enumerados con números arábigos, iniciando la numeración en cada capítulo. Los ejemplos de oraciones en chino aparecen primero en el contexto de la oración original, después aparece la traducción al español en cursiva, sin la transcripción en *pinyin*. Además, en el texto se incluyen muchos ejemplos de oraciones erróneas extraídas del corpus así como su posible corrección. El fragmento erróneo se marca subrayado, mientras que la parte corregida en la oración correcta aparece con subrayado doble. La omisión se marca con el símbolo de conjunto vacío (Ø). Las oraciones originales están marcadas con la letra *a* en cursiva (con el código del alumno al final de la oración para poder identificarlas en la base de datos), las corregidas con la *b*, y la traducción de la oración corregida con la *c*. La agramaticalidad se marca con un asterisco (*) al inicio de la oración. Al final de la oración errónea aparece entre paréntesis el código de trabajo del que se ha extraído. Los códigos están compuestos por un número arábigo correspondiente al nivel de chino. Por ejemplo:

12a * 我认为婚礼得有家人和朋友。也 Ø 很多酒和很多好吃的饭。(8-B1)

12b 我认为婚礼得有家人和朋友，也得有很多酒和很多好吃的饭。

12c Me parece que una boda tiene que tener presentes familiares y amigos, así como contar con mucho vino y una gran cantidad de comida rica.

En el caso de que ofrezcamos más de una opción de corrección, en la primera seguimos la enumeración de *a, b* y c y en las siguientes continuamos con las letras *d, e, f, g,* etc.

Generalmente no traducimos las oraciones erróneas, pero lo hacemos en esos casos en los que nos parece que existan diversas posibilidades de interpretar lo que el alumno intenta transmitir a través de la oración errórea, o en los que creemos necesario apuntar cómo los alumnos expresan sentidos incongruentes o falsos por los errores que cometen. En estos casos, añadimos la traducción después de la oración original y marcamos la traducción con la letra *a'*.

Parte I
Estado de la cuestión, marco teórico y metodológico

Capítulo 2 Estado de la cuestión

Como hemos mencionado en la introducción, el objetivo de la presente investigación es analizar los errores que cometen los estudiantes españoles en sus trabajos de expresión escrita en chino, identificar los errores más habituales e indagar en las causas de dichos errores con un fin didáctico. Para alcanzar dicho objetivo creemos que debemos conocer por una parte, las coincidencias y discrepancias entre las dos lenguas en contacto, y por otra parte, los antecedentes y el estado actual de los estudios sobre el análisis de los errores en chino. Por lo tanto, en este capítulo vamos a hablar del estado de la cuestión de nuestro objeto de estudio desde dos aspectos: análisis contrastivo (AC) entre el chino y el español, y el análisis de los errores en la lengua china.

1. Estado de la cuestión del análisis contrastivo entre el chino y el español

Los estudios basados en el análisis contrastivo con la combinación chino-español no son, en términos generales, muy abundantes. En la primera parte veremos los estudios que abordan un análisis contrastivo global. En la segunda, repasaremos los estudios que se centran en elementos específicos.

1.1 Análisis contrastivo global

Los estudios de análisis contrastivo global entre chino y español no son muy abundantes. Entre los trabajos existentes, podemos destacar el de Zhou Minkang (1995), un estudio pionero en el que el autor compara la cultura, las categorías gramaticales y el orden de las palabras entre el español y el chino. Zhao Shiyu (1999) en su libro titulado *Análisis contrastivo entre chino y español,* realiza un análisis contrastivo sistemático y global de muchas categorías gramaticales entre el chino y el español, incluyendo la fonética, la fonología, el léxico, la sintaxis, entre otros, y en cada categoría se describen las similitudes y diferencias entre las dos lenguas. Ramírez (2009), en su libro *Manual de traducción chino-castellano*, repasa las principales categorías gramaticales del chino y reflexiona sobre su equivalencia en el español, con el fin de la didáctica en traducción. Lu Jingsheng (2008) en su artículo "Distancia interlingüística: partida de reflexiones metodológicas del español en el contexto chino" comenta las diferencias generales entre las dos lenguas en cuanto al tipo de idioma, la clasificación de las palabras, la estructura de la oración y la cultura, analizando de esta manera las posibles dificultades de aprendizaje del español para alumnos chinos. Cortés Moreno (2009), en su artículo "Chino y español: un análisis contrastivo", compara las dos lenguas a nivel fónico, ortográfico, morfosintáctico y léxico-semántico. Li Yuling (2014), en su *libro Gramática china: Comparación entre el chino y el español y análisis de los errores típicos de hispanohablantes en el aprendizaje del chino. Libro de estudiantes: nivel HSK2 para principiantes,* realiza un análisis de errores con un enfoque de análisis contrastivo. En su libro incluye errores típicos de palabras y construcciones oracionales cometidos por alumnos hispanohablantes, los analiza desde la perspectiva de las diferencias gramaticales entre el chino y el español, y resume el uso correcto de dichas palabras y construcciones. Zhao Yinian (2014) en su tesis doctoral "Estudio contrastivo de unidades lingüísticas: español-chino", realiza un análisis contrastivo entre las dos lenguas de una manera sistemática y detallada desde una perspectiva lingüística, donde se analizan fonemas, morfemas y palabras, funciones sintácticas y grupos de palabras (frases y sintagmas). Cortés Moreno (2014), en su artículo titulado "Dificultades lingüísticas del español para los estudiantes sinohablantes y búsqueda de soluciones motivadoras", realiza un análisis contrastivo a nivel fónico, ortográfico, morfosintáctico, así como léxico-semántico, y también analiza las dificultades de aprendizaje del español para alumnos españoles y sus posibles soluciones.

Para resumir, los estudios globales de análisis contrastivos entre el chino y el español no son abundantes. Los estudios que encontramos en este ámbito se realizan desde distintas perspectivas. Algunos realizan una comparación lingüística y cultural (Zhou 1995), otros son de índole totalmente lingüística (Zhao 1999), y también hay los que desarrollan un análisis contrastivo con un fin didáctico (Cortés Moreno 2014; Li 2014; Lu 2008; Ramírez 2009). Estos estudios nos ofrecen de una parte un marco a nivel de análisis de errores y de otra, nos aportan información lingüística para realizar un análisis cualitativo de los errores de nuestro corpus que se cometen por la diferencia entre la lengua materna y la lengua extranjera, o bien por la interferencia de la lengua materna.

1.2 Análisis contrastivo de elementos específicos

La mayor parte de las investigaciones en el ámbito del AC son estudios específicos sobre cierto fenómeno lingüístico o cierta categoría gramatical, entre los que se incluyen comparaciones entre el español y chino a nivel fonológico, léxico, sintáctico, discursivo y cultural. Dichos estudios tienen una amplia cobertura de contenido y generalmente empiezan dando una descripción detallada de las características de cada lengua. Luego, proceden a realizar un análisis contrastivo con abundantes ejemplos para comparar las similitudes y diferencias entre las dos lenguas.

Entre los trabajos en el ámbito de la fonología, destacamos la investigación de fonemas vocálicos y consonánticos (Wang 2007), así como el análisis contrastivo de fonemas (Cao 2007; Lu 1991). Cabe destacar el estudio de Lu Jingsheng (1991), que realiza un análisis contrastivo de fonemas con el fin de encontrar las dificultades de aprendizaje de ambas lenguas como LE.

Asimismo, podemos encontrar muchas investigaciones acerca del léxico, como la tesis que investiga las palabras de colores (Zhang y Tian 2014) y análisis contrastivo del eufemismo (Wang 2012) (Yan y Wang 2016). Dichos estudios realizan el AC desde una perspectiva cultural.

A su vez, existen análisis contrastivos de ciertas categorías léxicas, como análisis contrastivos de los clasificadores (Fan 2009; Liu 2014), de los artículos (Hidalgo 2015) (Cao 2016), de los conectores (Wang 2005), de los numerales (Liang 2010), de los adjetivos (Tang 2011), de los adverbios (Meng 2001), de formas pronominales de tratamiento (Song 2010), de las onomatopeyas (Casas Tost 2008), de la partícula *que* (Wang 2005), del orden de las palabras (Zhu 1977). Sin olvidarnos de las comparaciones morfológicas (Liu 2012) y semánticas (Wang 2012). Sin embargo, la mayor parte de los estudios se realizan solo comparando las similitudes y diferencias entre palabras en chino y español.

Encontramos también análisis contrastivos de cierta función sintáctica o construcción oracional, como el análisis de las construcciones con *shi* (是) (Yang 2007), de complemento de sustantivo (Wang 2010), de modificadores (Liu 2015), de construcciones comparativas (Jia 1987) y de la fraseología (Xiao 2013).

Por último, existen comparaciones a nivel discursivo, como la de los marcadores del discurso (Yao 2012), la variación diastrática y diafásica (Yang 2016) o los actos del habla de petición (Li 2016), de cohesión (Wu 2014), de construcción del discurso (Cao 2016), o de estructura temática (Rovira-Esteva y Liu 2016).

En conclusión, los estudios de AC entre el chino y el español son pocos en cuanto a estudios globales, pero abundantes en relación a cierta función gramatical o fenómeno lingüístico. Y si bien la mayoría de los estudios de AC se limitan solo a analizar las similitudes y diferencias entre las dos lenguas, algunos de ellos se realizan con el fin de encontrar las dificultades de aprendizaje del chino o del español como LE, o con el objetivo de predecir los errores que puedan cometer los alumnos durante su aprendizaje, o bien con el propósito de formular estrategias de traducción. Dichos estudios de AC nos pueden dar información de cómo comparar el chino y el español, para de esta manera encontrar las dificultades del aprendizaje del chino por parte de alumnos cuya lengua materna es el español y analizar los errores cometidos por dichos alumnos.

2. Estado de la cuestión del análisis de los errores en chino

Vamos a abordar el estado de la cuestión sobre el AE en chino desde tres perspectivas de estudios: los teóricos, los metodológicos y los empíricos.

2.1 Estudios teóricos

El inicio de los estudios teóricos de AE de chino como LE se marca con la publicación de un artículo en 1984, como hemos mencionado en el Capítulo 1, titulado "Zhongjieyu lilun yu waiguoren xuexi Hanyu de yuyin pianwu fenxi" (中介语理论与外国人学习汉语的语音偏误分析) 'La teoría de la interlengua y el análisis de errores de fonética cometidos por extranjeros en el aprendizaje del chino', escrito por el lingüista Lu Jianji. En este artículo se introducen en China por primera vez los conceptos de *interlengua*, *fosilización* y *error*, que son conceptos básicos del AE. Además, Lu Jianji también realiza un análisis de errores con ejemplos usando conceptos básicos de la IL. En el mismo año, Mei Lichong et al. (1984) escriben el artículo "Dui liuxuesheng Hanyu xide guocheng zhong de cuowu de fenxi" (对留学生汉语习得过程中的错误的分析) 'Análisis de errores durante el aprendizaje del chino por parte de alumnos extranjeros', en el cual analizan los errores gramaticales y léxicos de 32 alumnos extranjeros e identifican su naturaleza y causas. De esta manera, los primeros estudios en los años 80 sientan las bases de AE en China. En cierto sentido, muchos trabajos posteriores en el ámbito de AE son una ampliación o extensión del trabajo de Lu Jianji de 1984.

Otro estudio representativo es el artículo de Tian Jishan (1995) "Waiguoren Hanyu fei duibixing pianwu fenxi" (外国人汉语非对比性偏误分析) 'Análisis no contrastivo de errores de chino por extranjeros'. Este artículo supone un cambio en el AE que tomaba la interferencia de la lengua materna como el parámetro más importante del AE, formulando cinco recursos que causan el error, los cuales son la sustitución, la deducción,[1] la simplificación, la evasión y la inspiración.[2] Especialmente estas tres últimas sirvieron como guía para los estudios posteriores y representaron un suplemento importante para las investigaciones anteriores.

Li Dazhong (1999), en su artículo "Pianwu chengyin de siwei xinli fenxi" (偏误成因的思维心理分析) 'Análisis cognitivo y psicológico de las causas de los errores', aplica la metodología del ámbito de la psicología a la hora de analizar las causas de los errores durante el aprendizaje de chino como LE para deducir el proceso cognitivo y psicológico que los causa.

Zhao Jinming (2002) introduce al AE el concepto de *pares mínimos* en lingüística. Clasifica los errores gramaticales para encontrar la mínima diferencia entre las oraciones correctas y las erróneas. Luego, lista una jerarquía de errores, permitiendo un conocimiento más profundo y esencial acerca de los fallos gramaticales. En el artículo de Zhou Xiaobing y Zhu Qizhi (2007), se lleva a cabo un estudio de los errores gramaticales según sus tipos desde cinco perspectivas: errores reales o falsos, error o fallo, errores explícitos o implícitos, errores de semántica, de discurso o de pragmática y errores globales o parciales. También observan diferentes características y causas de distintos tipos de errores y se formulan sus respectivas soluciones.

Para resumir, los estudios teóricos de análisis de errores del chino son mayoritariamente introducciones a teorías extranjeras o investigaciones descriptivas, y son fragmentarios y poco sistemáticos. Pero al mismo tiempo también hay que afirmar que han surgido algunas investigaciones con perspectivas innovadoras como el concepto de *pares mínimos* de Zhao Jinming (2002).

2.2 Estudios metodológicos

La metodología del AE fue inicialmente planteada por Corder (1967) y está formada por los siguientes pasos: recopilación, identificación, catalogación, descripción y explicación de errores. Aunque los estudios posteriores sobre AE han hecho modificaciones de la formulación de Corder (1967), este lingüista sentó las bases principales del AE.

1. Según Tian Jishan (1995), los adultos, bajo condiciones de un dominio o entendimiento no completo de cierta regla de la lengua, suelen utilizar recursos como la analogía o la repetición dando lugar a oraciones erróneas.
2. La inspiración se refiere a los errores inspirados por materiales didácticos inadecuados o incorrectos.

En cuanto al primer paso de AE, la recolección de errores, Zhao Chunli (2005) ha señalado que existen principalmente tres maneras de afrontarla:

a. Con las expresiones orales y escritas en la experiencia didáctica. La ventaja de esta manera de recolección de errores es que los materiales son reales y pueden reflejar mejor la situación real del aprendizaje de la LE de los alumnos. La desventaja es que las muestras recolectadas son limitadas, ya que solo pertenecen a la experiencia didáctica de un determinado profesor y proceden de un determinado grupo de alumnos. Por lo tanto, no puede ser suficientemente representativo. Los trabajos de Xu Lixin (2015) y de Zhang Yutong (2014) son de este tipo.

b. Con encuestas a aprendientes de la LE. A través de encuestas diseñadas para este propósito, ejercicios y situaciones de conversación, se recolectan los errores de cierto tipo y luego se analizan. La ventaja es que este tipo de estudios son fáciles de operar y controlar, y tienen un objetivo más concreto. La desventaja es que es fácil de ignorar los elementos físicos y psicológicos de los encuestados que pueden influir en el resultado. Los estudios de Mou Zongying (2013), Zhang Yutong (2014) y Ding Yinzhen (2010) son de este tipo.

c. Estableciendo un corpus para investigar el AE. La ventaja es que este tipo de estudios puede tener una amplia cobertura de los errores cometidos por alumnos extranjeros. Existen muchos trabajos que investigan sobre la creación de corpus para el AE, como Xiao Xiqiang y Zhou Wenhua (2014) o Yan Ming y Xiao Xiqiang (2017).

Teniendo en cuenta las ventajas y desventajas de cada método de recopilación de errores, hemos decidido que en la presente investigación seguiremos la tercera forma, es decir, la que consiste en crear nuestro propio corpus para tener una cobertura integral y completa de los tipos de errores y del nivel de chino al que pertenecen los alumnos.

En cuanto al enfoque del análisis, existen dos tipos. El primero es el estudio que incluye errores de diferentes tipos o diferentes niveles de lengua, que permite una visión global del análisis de errores. El segundo es el análisis de cierto tipo de errores o de cierto fenómeno lingüístico, que puede profundizar en el análisis de errores de un determinado aspecto.

Los estudios del primer tipo son escasos. Encontramos aquí el artículo de Lu Jianji (1994) titulado como "Waiguoren xue Hanyu de yufa pianwu fenxi" (外国人学汉语的语法偏误分析) 'Análisis de los errores gramaticales de los extranjeros en el aprendizaje del chino', donde se analizan errores en chino de diferentes tipos (omisión, adición, mala selección o mala combinación). Este es un estudio piloto de análisis de errores gramaticales en chino, ya que ofrece una taxonomía para clasificar los errores gramaticales. La mayoría de los estudios posteriores siguen esta taxonomía para analizar los errores gramaticales, aunque a veces hacen pequeñas modificaciones y combinan la clasificación de errores con sus causas.

Cheng Meizhen y Li Zhu (1997) publicaron *Error analysis of 900 sample sentences*, donde incluyen 900 oraciones erróneas típicas producidas por alumnos cuya lengua materna era inglés, en el que los errores se clasifican en tres categorías: morfológicos, sintácticos y de puntuación. Esta obra se cuenta entre las primeras obras de análisis global de errores, pero no investiga a fondo sus causas sino que solo clasifica los errores por nivel de lengua y evalúa cada oración errónea. Otros estudios que utilizan la misma metodología corresponden a Tong Huijun (1986), Li Dazhong (2007) y Liu Xiangyou (2012). Dichos estudios ponen de manifiesto algunos errores que pueden cometerse, pero no ofrecen un patrón para entender una tendencia o distribución de errores.

Zhou Xiaobing (2007) en su obra *Waiguoren xue Hanyu yufa pianwu yanjiu* (外国人学汉语语法偏误研究) 'Análisis de los errores gramaticales de chino producidos por alumnos extranjeros', analiza los errores de acuerdo a sus causas, como la transferencia negativa de la lengua materna, la hipergeneralización de las reglas de la L2, la metodología didáctica ineficiente, los errores en las estrategias de comunicación, así como explicaciones cognitivas de errores gramaticales. Este libro investiga profundamente las causas de los errores con abundantes ejemplos de oraciones erróneas. Además, también es el libro que cuenta con una mayor cantidad de lenguas maternas de los alumnos en el apartado dedicado a analizar la transferencia negativa de la lengua materna como causa de los errores.

Li Yuling (2014) en su libro *Gramática china: comparación entre el chino y el español y análisis de los errores típicos de hispanohablantes en el aprendizaje del chino. Libro de estudiantes: nivel HSK2 para principiantes* analiza las palabras y construcciones que concentran los errores típicos que cometen los alumnos hispanohablantes de este nivel. Su investigación es descriptiva sin plantear una taxonomía de errores, pero nos ofrece un modelo de investigación con la combinación de lengua chino-español.

También contamos con la tesis doctoral que hace un AE global en chino de Li Hanyou (2011), con su tesis titulada "A research on grammatical errors of Chinese as a second language on the basis of learning strategies", en la que crea un corpus según tres niveles de análisis de la lengua: el léxico, el oracional y el discursivo, y elabora una taxonomía de errores basada en estos tres niveles, lo que nos ofrece una forma aplicable de clasificar los errores cometidos en el aprendizaje del chino.

Ding Yinzhen (2010) en su tesis doctoral "Hanguo xuesheng xuexi Hanyu yufa de kunnan he duice" (韩国学生学习汉语语法的困难和对策) 'Las dificultades del aprendizaje de la gramática china por parte de los alumnos coreanos y sus soluciones', realiza tres encuestas a estudiantes coreanos y analiza la tasa de errores[1] para analizar los más frecuentes y determinar sus causas. De los resultados obtenidos se plantean soluciones didácticas. Esta tesis nos proporciona información para conocer las dificultades más destacadas para este perfil de alumnos extranjeros en el aprendizaje del chino.

Los estudios del segundo tipo de investigación, referentes a cierto tipo de errores o a cierto fenómeno lingüístico, son más numerosos y abarcan diferentes aspectos: análisis a nivel fonético, léxico, caracteres, gramática y discurso, entre otros.

Por ejemplo, las investigaciones centradas en los análisis de errores de fonética se realizan generalmente mediante el análisis de consonantes, vocales y tonos, como puede observarse en los trabajos de Mou Zongying (2013), Xu Yang (2013) y Yu Shijuan (2007).

Los que realizan un análisis de errores de caracteres, normalmente estudian los errores de la forma de caracteres y su mala selección, cometidos por la forma o sonido similares. Destacamos en este campo los trabajos de Zhang Deshao (2011) y Zhou Liming (2013).

En cuanto al estudio de errores léxicos, es uno de los géneros más comunes en el análisis de errores en chino. En primer lugar, contamos con estudios que investigan el vocabulario en general como el artículo de Lu Jianji (1987), que analiza tres situaciones en las que se cometen errores léxicos según la concordancia del uso y significado de las palabras chinas y sus equivalentes españolas. La mayoría de estudios de este ámbito se centran en cierto tipo de palabras. Existen estudios sobre los verbos (Dai 2000), el adverbio *jiu* (就), las palabras compuestas (Li 2016; Meng 2009), las palabras separables (Lin 2005), las expresiones fijas o *chengyu* (Zhang 2013) y las preposiciones (Zhu 2013), entre otros.

En cuanto al análisis de errores de tipo oracional, es también objeto de numerosos estudios, y generalmente están centrados en errores de las funciones sintácticas o las construcciones oracionales especiales. Contamos con análisis de errores sintácticos en general (Qin 2013; Zhao 2002), de orden (Chen 2002; Li 2012; Ren 2014), de los complementos (Fang 2014), del complemento direccional (Jiang 2014), de las oraciones

1. Tasa de error de palabra o cantidad de errores de palabra en un texto/cantidad de palabras en un texto.

con *ba* (把) (Jin 2010), de las oraciones condicionales (Liu 2014), de las oraciones con *shi* (是) (Chen 2013) y con *shi... de* (是……的) (Gao 2013).

Asimismo, se han publicado artículos que hablan de errores discursivos, ya sea desde una perspectiva más general o centrándose en aspectos más concretos. Ejemplos del primer tipo son los trabajos de Gao Xianju (2010), Huang Yuhua (2005), Li Jing (2012), Liu Junling (2005) y Lu Jianji (1999). En cuanto a los artículos específicos, vale la pena mencionar los que investigan errores de la coherencia del discurso, como Chen Chen (2005), Yang Chun (2004) o Liu Bao (2012), entre otros; de cohesión del discurso, como Liu Yibing (2006) y Zhao Chengxin (2005); de cohesión textual, como los análisis de errores en el uso de la partícula *le* (了) de Ding Lijing (2010) y Han Zaijun (2003); de los conectores de Dong Linli y Lin Lunlun (2000); y de la pragmática del discurso, como los artículos de Lv Wenhua y Lu Jianji (1993). Estos estudios son referencias importantes para la elaboración de la taxonomía de errores discursivos en nuestra investigación, en combinación con la teoría de Li Hanyou (2011).

Para resumir, hemos comprobado que no hay muchos estudios dedicados al AE en chino en cuanto a estudios globales en sí, pero sí son abundantes en términos de ciertos fenómenos lingüísticos. Un estudio global nos puede dar una visión general del dominio del chino por parte de los alumnos extranjeros, una referencia importante de la clasificación de errores e información acerca de los principales problemas que pueden encontrar durante su aprendizaje. Sin embargo, existe el problema de que no se puede investigar a fondo cada tipo de error, ni su distribución, sino que solo se pueden tratar de manera general. Además, a pesar de que los estudios de determinados fenómenos lingüísticos cuentan con diversas metodologías de investigación y diferentes enfoques de estudio, como el AE que combina el análisis cuantitativo y cualitativo para estudiar la distribución de errores de alumnos de diferentes niveles de chino o de diferentes niveles de análisis de la lengua, no es menos cierto que faltan estudios que apliquen dicha metodología al AE global en chino. En la mayoría de AE globales en chino se recolectan los errores, se plantea una taxonomía y luego se aportan ejemplos en cada categoría analizando sus causas. Pero muy pocos estudios se basan en datos empíricos.

Por lo tanto, pensamos que nuestra investigación puede servir para llenar el vacío de investigación en este campo e integrar ambas tipologías de estudio. Es decir, nuestra investigación va a ser un AE global del chino, que combinará el análisis cualitativo y cuantitativo del corpus de errores, y que analizará la distribución de los errores desde diferentes enfoques según alumnos de diferentes niveles de chino.

2.3 Estudios empíricos

En los estudios empíricos del AE generalmente se realizan encuestas a alumnos de chino o se recopilan errores de trabajos o exámenes de alumnos para formar un corpus de errores. Como en el apartado anterior ya hemos hablado de la encuesta en el trabajo de Zhao Chunli (2005), en este nos centraremos en la creación del corpus y la obtención de datos empíricos.

Los corpus para el AE en chino se construyen a partir de dos tipos de fuentes. El primer tipo son los corpus ya establecidos, principalmente hechos en las universidades, a través de la recolección de los trabajos escritos, composiciones o exámenes hechos por los alumnos extranjeros. Los principales corpus del chino de este tipo son el "Waiguo xuesheng Hanyu zhongjieyu pianwu xinxi yuliaoku" (外国学生汉语中介语偏误信息语料库) 'Corpus informatizado de errores de interlengua y de chino de alumnos extranjeros' creado por la Universidad Normal de Nanjing,[1] el "Liuxuesheng zhongjieyu yuliaoku" (留学生中介语语料库) 'Corpus de interlengua de alumnos extranjeros'[2] de la Universidad de Zhongshan, el "Liuxuesheng Hanyu zhongjieyu yuliaoku"(留学生汉语中介语语料库) 'Corpus de interlengua y de chino de alumnos extranjeros'[3] de la Universidad de Jinan y el "HSK dongtai zuowen yuliaoku" (HSK 动态作文语料库) 'Corpus dinámico de composiciones de HSK'[4] de la Universidad de Lenguas de Beijing. La creación de estos corpus ha facilitado mucho los estudios del AE, ya que ahorra el proceso de recolección de materiales para formar el corpus. En los estudios de AE se pueden escoger las composiciones del corpus según el enfoque de cada investigación, etiquetar los errores y realizar análisis de manera cualitativa y cuantitativa. Sobre la base de estos corpus se han escrito numerosas obras, como por ejemplo las de Yuan Yulin (2005), Zheng Yanqun (2006), Yu Chi-Hsin y Chen Hsin-Hsi (2012), así como Hang Liqiu y Shi Chunhong (2010).

Sin embargo, en algunos casos los materiales ofrecidos por los corpus establecidos pueden no satisfacer totalmente los objetivos de estudios del AE, presentando deficiencias como la falta de diversidad de materiales, la dificultad de analizar las causas de los errores, falta de informaciones concretas para determinado enfoque de investigación, entre otras. Por ello algunos lingüistas (Li 2011; Yu y Chen 2012) utilizan

1. Zhou Wenhua y Xiao Xiqiang (2009), abarca composiciones y ejercicios de 900.000 caracteres.
2. Zhang Ke (2008), abarca aproximadamente 750.000 caracteres.
3. Abarca aproximadamente 3.000.000 caracteres.
4. Este corpus abarca 11.569 composiciones de alumnos extranjeros que participan en el examen y contiene en total 4.240.000 caracteres.

de una parte los datos del corpus dinámico del HSK, y al mismo tiempo, forman otro corpus con materiales recolectados por su propia cuenta.

El segundo tipo de fuente son los materiales recolectados por el mismo autor: composiciones, traducciones, exámenes, conversaciones, preguntas y respuestas de los alumnos que estudian el chino como LE. Los trabajos de Li Yanqin (2012), Liu Yibing (2006), Wu Tao (2013) o Ding Chongming (2009) utilizan fuentes de este tipo.

En este tipo de estudio se usan diferentes perfiles de alumnos. Podemos encontrar investigaciones de alumnos con diferente nivel de chino, rango de edad, lengua materna y sexo, para así encontrar la influencia de las variables en la adquisición del chino. En nuestro libro, vamos a recolectar los errores de alumnos españoles y a hacer una clasificación de los errores de acuerdo con su nivel de chino. De esta manera estudiaremos la situación del dominio del chino en diferentes etapas de su aprendizaje y su evolución.

Esta breve revisión del estado de la cuestión evidencia que, tras muchos años de investigación, existen abundantes estudios de AE en chino de fenómenos lingüísticos concretos que utilizan diversas metodologías pero sin embargo, los estudios de AE desde un punto de vista más global son aún escasos, especialmente los AE en chino de alumnos hispanohablantes. Además, pocos estudios globales se basan en datos empíricos, ni combinan el análisis cualitativo y cuantitativo en su AE. En este caso, no se puede investigar de manera precisa las causas de errores cometidos por alumnos hispanohablantes, ni tampoco se pueden formular soluciones didácticas que se adapten a la situación de la enseñanza del chino. Por lo tanto, consideramos necesario llenar este vacío investigador y arrojar luz sobre los errores en chino que cometen los estudiantes españoles, sus causas y las posibles soluciones didácticas.

Capítulo 3 Marco teórico

El objetivo de este capítulo es exponer las principales teorías que fundamentan nuestra investigación y que son las que explican de manera más adecuada los procesos de adquisición/aprendizaje de una LE. Empezaremos por presentar la teoría de la adquisición de segundas lenguas (ASL), luego detallaremos la teoría de la interlengua (IL) y finalmente, la teoría sobre el análisis de errores.

1. Teorías sobre la adquisición de segundas lenguas

En este apartado primero aclararemos algunos conceptos claves de la adquisición de segundas lenguas. En segundo lugar, intentaremos explicar cómo se aprende una segunda lengua (L2) y por qué los estudiantes no logran la competencia completa de la L2, siguiendo el esquema de factores en la ASL formulado por Ellis (1994), a saber, factores internos, externos e individuales.

1.1 Conceptos clave de la adquisición de segundas lenguas

Para estudiar la ASL debemos en primer lugar, explicar bien el concepto. La ASL es producto de múltiples factores concernientes al alumno por un lado, y al contexto de aprendizaje por otro. Para comprender cómo se produce la ASL hay que analizar tanto los factores fijos como los variables en el proceso de adquisición.

Adquisición de la segunda lengua y de la lengua extranjera

Ellis (1985) cree que la ASL no se intenta contraponer a la adquisición de una LE en general. ASL se usa como un término general que se refiere tanto a la adquisición tutorizada (en el aula) como a la no tutorizada (naturalista). En la presente investigación, no distinguimos entre los términos de L2 y LE. Consideramos que ambos términos se refieren a la lengua no materna aprendida en el aula.

Competencia y actuación

De acuerdo con Chomsky (1969), la *competencia* consiste en la representación mental de las reglas lingüísticas que constituyen la gramática interiorizada de los hablantes. Mientras que el concepto de *actuación* se refiere a la comprensión y la producción de la lengua, al estudio de adquisición de la misma, tanto de la L1 como de la L2. El interés suele centrarse en cómo se produce el desarrollo de la competencia, sin embargo, como las reglas del alumno están interiorizadas y no se pueden observar directamente, es necesario estudiar la actuación del alumno, especialmente en su producción.

Aprendizaje y adquisición

Otros conceptos que merecen una atención especial son los términos aprendizaje y adquisición, a los que ya distinguimos en el apartado de "Lista de siglas, abreviaturas y definiciones de la terminología básica". Krashen (1981) cree que los adultos adquieren una segunda lengua de dos maneras. Una es la adquisición, que se trata de un aprendizaje informal, mediante el cual la mayoría de las personas adquieren su lengua materna. Otra es el *aprendizaje*, que supone un estudio formal de la L2, es decir, un estudio en donde se dan una serie de reglas gramaticales, normalmente en el aula. La mayoría de los adultos estudian la L2 a través de la segunda forma.

Además, la *adquisición* es un proceso inconsciente mientras que el *aprendizaje* es consciente. La *adquisición* está vinculada con los procesos de desarrollo biológico, es un proceso espontáneo e inconsciente que integra la interiorización de reglas como resultado del uso natural del lenguaje. El *aprendizaje* está vinculado con la formación académica, y es un proceso consciente que se produce mediante la instrucción formal en el aula e implica un conocimiento explícito de la lengua como sistema.

1.2 Factores externos

En los apartados 1.2 y 1.3 de este capítulo, tomaremos como referencia los factores planteados por Ellis (1994) para explicar el proceso de aprendizaje de una L2. Según este autor, hay que considerar tres aspectos de la ASL: primero, el contexto externo o, en otras palabras, los factores sociales; segundo, la "caja negra", que son los mecanismos internos de procesamiento del lenguaje; tercero, los factores individuales como la edad y la motivación. Teniendo en cuenta nuestro objetivo de estudio, no consideraremos los factores individuales en nuestro análisis, y solo presentaremos los primeros dos tipos de factores.

1.2.1 Factores sociales y la adquisición de segundas lenguas

La velocidad de adquisición de una LE y las competencias que pueden alcanzar los estudiantes están influenciadas por el contexto social, aparte de por la aptitud, la personalidad y las estrategias de aprendizaje. Sin embargo, como en esta investigación no se van a tener en cuenta los factores sociales para el análisis, solo nos limitaremos a presentarlos de manera breve.

Los factores sociales tienen un impacto destacado sobre la competencia de la L2, pero no de manera directa, sino a través de una serie de variables. En primer lugar, los factores sociales forman la actitud de los estudiantes y de esta manera influyen en los resultados de dicho aprendizaje. Una gran variedad de estos factores específicos puede influir en dicha actitud, entre los cuales los que han recibido más atención en el estudio de ASL son la edad, el sexo, la clase social y la identidad étnica.

En segundo lugar, los factores sociales determinan las oportunidades de aprendizaje. Por ejemplo, la clase socio-económica y el origen étnico pueden influir en la naturaleza y el grado de inputs a los cuales están expuestos los estudiantes.

1.2.2 *Input,* interacción y adquisición de segundas lenguas

El *input*

Input se refiere a la lengua a la que el aprendiente está expuesto en un contexto comunicativo de la L2. Es decir, lo que el aprendiente oye o lee. La *interacción* consiste en el discurso construido conjuntamente por el alumno y su interlocutor. En todas las aproximaciones de la ASL, el *input* es un componente esencial, ya que este ofrece la información crucial con la que los alumnos pueden formar su interlengua. Sin embargo, no todos los tipos de *input* son procesados por el aprendiente, ya que algunos no son entendidos por los alumnos, o porque no son destinados para ser procesados. El *input* que es procesado es denominado en inglés *intake*. Krashen (1985) habla de la "hipótesis del *input*" para explicar cómo se adquiere una L2. De hecho, el *input* al principio no está concebido específicamente para alumnos de una L2. En caso de que el interlocutor perciba la falta de comprensión por parte del aprendiz de L2, el *input* se cambiará. Por lo tanto, la lengua dirigida a los aprendientes de la L2 es *input* modificado. Cuanto menor sea el conocimiento que tenga el alumno, mayor será la modificación del *input* .

El *output*

Otro de los factores externos de mucha importancia es el *output*, que se refiere a todo lo relacionado con la producción oral y escrita del aprendiente en la L2. También es un componente clave en la construcción de la interlengua, ya que el *output* puede servir para examinar las hipótesis que formula el alumno acerca de la lengua y corregirlas. De esta manera, el alumno puede ir modificando y mejorando su interlengua para que esta se acerque más a la L2.

La instrucción formal

La ASL se divide en dos tipos según el medio en la que se desarrolla, que son la ASL naturalista y la ASL en el aula. Muchos estudios defienden la hipótesis de que, en ambos contextos, la instrucción formal hace aumentar la conciencia del aprendiente sobre la naturaleza de los códigos de la lengua extranjera, lo que les ayuda a interiorizarla. La adquisición que se realiza a través de la enseñanza suele no ser inmediata. Los alumnos necesitan práctica y orientación, y la instrucción formal puede facilitar el aprendizaje.

Con respecto al papel de la instrucción formal en la ASL, cabe mencionar la controversia de la interfaz. La posición que niega la interfaz propuesta por Krashen (1982) sostiene que *aprendizaje* y *adquisición* son dos términos separados, y que no puede existir un transvase entre el aprendizaje de conocimiento lingüístico basado en reglas explícitas y el conocimiento inconsciente construido por la práctica en un contexto natural de la lengua. Pero la instrucción formal puede acelerar el aprendizaje. La posición de la interfaz también distingue la *adquisición* y el *aprendizaje*, pero argumenta que los dos términos están relacionados, y entonces *aprendizaje* puede transformarse en *adquisición* con práctica suficiente.

También hay algunos lingüistas que han formulado los beneficios de la instrucción formal, que se resumen en los siguientes puntos:

a. Conseguir mayor velocidad;

b. Precisión en la adquisición de la lengua;

c. Beneficios en la consecución del último nivel;

d. Mejor desarrollo en la competencia gramatical en comparación con el que estudia en un contexto natural (Doughty y Williams 1998; Larsen-Freeman y Long 1991; Pienemann 1985).

1.3 Factores internos

En el apartado anterior, hemos hablado de cómo los factores externos pueden influir en el ritmo y la velocidad del aprendizaje de una L2, y por qué los alumnos de una L2 no pueden llegar a lograr el mismo nivel de competencia de esta lengua que la de los hablantes que la dominan como su lengua materna. En este apartado nos adentramos en la "caja negra" de los estudiantes para examinar su mecanismo cognitivo, con el fin de entender cómo los alumnos construyen su representación mental de la L2, en otras palabras, cómo los estudiantes atraviesan un proceso sistemático y dinámico en el aprendizaje de su segunda lengua.

1.3.1 Transferencia de la lengua

Desde los primeros años posteriores a la 2.ª Guerra Mundial hasta los años 60 del siglo XX, se creía que la mayor parte de las dificultades que tenían los estudiantes de L2 eran causadas por su L1. Se supuso que en las diferencias entre la L1 y la L2 y los conocimientos de la L1 podían interferir con la L2. Si la L1 y la L2 eran similares, la L1 podía ayudar de manera positiva en el aprendizaje. Al proceso responsable de este fenómeno se denominó *transferencia de la lengua.*

De hecho, el concepto de *transferencia* surge de las primeras hipótesis de la teoría conductista, que parte de la base de considerar a la L1 como un conjunto de hábitos y de que para adquirir una L2 se tiene que llevar a cabo un nuevo proceso de formación de unos nuevos hábitos. Como Santos Gargallo (1993: 140) señala, la transferencia es el "fenómeno que suscribe todos aquellos vocablos, reglas y subsistemas fosilizables que tienen lugar en la IL como resultado de la influencia de la L1". Por lo tanto, los aprendices utilizan sus conocimientos de la L1 para aprender la L2 y se cree que el principal impedimento para el aprendizaje es la interferencia de los conocimientos anteriores. Por lo tanto, las teorías conductistas enfatizan la idea de *dificultad,* definida como la cantidad de esfuerzo requerido para aprender un patrón de L2. El grado de dificultad depende del grado de similitud o diferencia entre el patrón de la LE y el de la lengua materna. Cuanto más similares sean las dos lenguas, menos dificultad habrá para aprender la LE. Al contrario, cuanto más diferentes sean las dos lenguas, mayor dificultad habrá para aprender la LE debido a la transferencia negativa.

Los estudios tradicionales de la transferencia de lengua se centran en los errores que producen los estudiantes. Los errores aparecen debido a la transferencia negativa de patrones de la lengua materna a la L2. Así surgió el enfoque del análisis contrastivo (AC), a través del cual se predicen los errores en el aprendizaje de la L2, comparando las diferencias entre la L1 y la L2. Por lo tanto, se formuló la hipótesis de que las características de la L2 que eran diferentes de la L1 del alumno constituían la causa de los problemas.

No obstante, no fue hasta los años 60 del siglo XX que los estudios empíricos del AE tomaron protagonismo. Esto llevó a los estudiosos a reconsiderar el papel de la L1 y el AC empezó a ser cuestionado por parte de los lingüistas. De hecho, una gran cantidad de estudios empíricos en la ASL se dedican a investigar el grado en que los errores se cometen debido a la transferencia (o sea, la interferencia) o debido a su naturaleza intralingual.

Además, debemos tener en cuenta que existen una serie de restricciones en la transferencia que incluyen factores lingüísticos, psicolingüísticos y sociolingüísticos. Las restricciones pueden ser: según la categoría lingüística (morfología, léxico, gramática y discurso); según factores sociales (el efecto del destinatario y de diferentes contextos de aprendizaje); por marcadores (el grado en que las características lingüísticas son especiales); prototipicidad (el nivel en que un significado específico de una palabra es considerado nuclear o básico en relación con otros significados de una misma palabra); distancia de la lengua y sicotipicidad (las percepciones que tienen los hablantes relacionados con la similitud y diferencia entre lenguas); y factores de desarrollo (restricciones relacionadas con el proceso natural de la evolución de la IL). Cabe señalar que las restricciones no se limitan solo a estos factores. Otros factores como las diferencias individuales de los estudiantes (por ejemplo personalidad y edad) y la naturaleza de las tareas que cada uno está realizando, también pueden condicionar de alguna manera la transferencia de la L1.

1.3.2 Explicación cognitiva de la adquisición de segundas lenguas

Antes hemos mencionado que la transferencia de la lengua puede ser entendida como un proceso cognitivo en el que los estudiantes de la L2 pueden usar estratégicamente su L1 durante el proceso de aprendizaje, así como en el proceso de comprensión y producción de mensajes en la L2. De hecho, aparte de la transferencia de la lengua, también existen otras explicaciones cognitivas en la ASL que abordaremos en este apartado para explicar cómo el sistema de conocimientos de la L2 se desarrolla y se usa en la comunicación.

Interlengua

El punto de partida para cualquier discusión del proceso mental de la ASL es el concepto de *interlengua*, término formulado por Selinker (1972) para hacer referencia al sistema interno construido por un aprendiz y una serie de factores interconectados, como las hipótesis y suposiciones que tienen en relación a la LE. De hecho, el objetivo principal de la investigación de la IL es describir y explicar su desarrollo, así como explicar por qué los alumnos de la L2 no pueden alcanzar un nivel de lengua comparable al de un nativo. En la parte de teoría sobre la IL hablaremos de manera más concreta acerca de este tema.

Fosilización

Muchos piensan que los estudiantes de la L2 normalmente no pueden llegar al mismo nivel de competencia que los hablantes de la lengua materna. Su estado final de la gramática tampoco es idéntico al de la L2. Una de las razones de que esto sea así es el llamado proceso de fosilización, que es la tendencia que tienen los aprendientes de una L2 a conservar en su IL usos, reglas o estructuras, que no aparecen en la producción de los nativos de la L1. Cabe señalar que, según Selinker (1972), lo que se fosiliza puede ser tanto un ítem lingüístico como un tono específico, una regla o patrón de la lengua como las desinencias del verbo, o un subsistema como todo el sistema fonético. De esta manera, podemos deducir que la fosilización puede ocurrir en cualquier etapa del aprendizaje. Esta también puede ocurrir en cualquier nivel de la IL, ya sea en la fonética, en el léxico, en la gramática o en el contexto pragmático, entre otros.

Gramática universal y adquisición de segundas lenguas

El estudio de los universales lingüísticos llevó a reconsiderar el papel de la lengua materna en el proceso de adquisición de una LE, por lo tanto, la teoría de la transferencia del conductismo cambió de forma radical. De este modo examinaron numerosas lenguas diferentes con el fin de descubrir cuáles eran los rasgos comunes de las mismas. El resultado de estos estudios comparativos se plasma en los denominados *universales tipológicos*. Chomsky (1969) defiende que, estudiando en profundidad un solo sistema lingüístico, se llegará a conocer mejor cuáles son las características más profundas y abstractas de las lenguas. De esta manera, se logran los principios universales que constriñen la forma de una gramática específica y que constituyen la dotación genética especificada para el lenguaje, que es la denominada gramática universal (GU). La complejidad de un rasgo o de una propiedad estaría directamente relacionada con su condición de universal, es decir, con lo común que es a todas o a muchas lenguas, o a su condición de particular o idiosincrásica (Baralo 1999).

La gramática universal es innata y contiene todas las reglas de todas las lenguas. La adquisición de la lengua materna se realiza a través de la exposición del niño a dicha lengua: su papel en la adquisición es el de seleccionar, entre todas las estructuras presentes en la gramática universal, las que forman parte de su lengua materna. De aquí Chomsky (1993) distingue *la gramática nuclear* y *la gramática periférica*. La primera es la parte del estado relativamente estable de la facultad de lengua que resulta del establecimiento de parámetros en GU, y significa el núcleo común y universal de reglas y principios lingüísticos que explican los fenómenos generales del lenguaje. Mientras que la gramática periférica incluye las particularidades de cada lengua, dando cuenta de ello en la diversidad de las lenguas, es decir, en las manifestaciones externas del lenguaje. Los parámetros, finalmente, explican las variaciones producidas entre lenguas dentro de unos límites fijos, situándose así entre lo universal (*gramática nuclear*) y lo particular (*gramática periférica*) (Martín Peris 2008). También se puede afirmar que fuera de la gramática nuclear, hay una serie de propiedades *periféricas* y *marcadas* del lenguaje (Hyams 1986). De hecho, la forma marcada se plantea sobre la base de la gramática universal.

La teoría del marcado de Chomsky fue utilizada para explicar las estructuras sintácticas, y luego fue incluida por lingüistas como Eckman (1977), Zobl (1983) y Ellis (1985) en los estudios de adquisición de segunda lengua, para explicar la dificultad de la adquisición de determinadas estructuras en unas lenguas frente a otras. Las reglas nucleares no son marcadas y están reguladas por la gramática universal, por lo tanto, son fáciles de adquirir. Mientras tanto, las otras reglas no nucleares son marcadas y no están reguladas por la gramática universal, de modo que se adquieren más lentamente. La forma marcada puede ser usada para exponer la dificultad de adquisición de diferentes estructuras oracionales de una misma lengua, o para realizar la comparación entre diferentes lenguas, con el propósito de explicar la transferencia o no de la lengua materna, así como las causas de los errores. Eckman (1977: 321) formuló la "hipótesis de análisis contrastivo", señalando que el marcado tipológico puede ser usado para predecir las áreas de dificultad para un aprendiente de una L2, así como el nivel de dificultad del aprendizaje:

> *a. Those areas of the target language*[1] *which differ from the native language and are more marked than in the native language will be difficult;*
>
> *b. The relative degree of difficulty of the areas of the target language which are more marked than in the native language will correspond to the relative degree of markedness;*
>
> *c. Those areas of the target language which are different from the native language, but are not more marked than the native language will not be difficult.*

Ellis (1994), a su vez, explica cómo el marcado lingüístico y la distancia tipológica

1 Aquí el término *target language* (lengua meta) se refiere a la L2 del aprendiente. En la presente investigación usamos los términos L2 y LE para hacer referencia a este concepto.

puede afectar a la transferencia de la lengua materna, partiendo de los factores lingüísticos.

2. Análisis de la interlengua

En el apartado anterior, hemos formulado nuestro punto de partida sobre la teoría de ASL para conocer los términos clave y los factores externos e internos que influyen en ella. En este apartado concretaremos los detalles del proceso mental de la ASL y el concepto de interlengua.

2.1 Origen del concepto de interlengua

El estudio de la interlengua se remonta al análisis contrastivo desarrollado por Fries (1945) y Lado (1957), que lideraron la investigación de la adquisición de lenguas extranjeras durante tres décadas hasta la de 1960. Bajo la influencia del conductismo, se consideraba que el aprendizaje equivalía a la formación de costumbres a través de la imitación y el refuerzo, y que las costumbres previamente adquiridas obstaculizaban el aprendizaje de una nueva costumbre lingüística. La influencia de la lengua materna era la mayor preocupación, por lo que el estudio contrastivo entre la L1 y la L2 fue entonces la corriente dominante para prevenir los errores de los estudiantes. Tiempo después se empezó a cuestionar el conductismo como teoría de adquisición del lenguaje y se adoptó la visión de la adquisición como actividad activa propugnada por Chomsky. Las dudas que se generaron acerca del AC trasladaron la atención de la investigación desde la comparación de los sistemas lingüísticos de la L1 y la L2 hacia el proceso de aprendizaje.

Tras este viraje, fueron llegando estudios con distintos enfoques, como el de Nemser (1992) o el de Selinker (1972). Esta nueva perspectiva de estudio como prueba de la existencia de un programa interno de adquisición de la lengua, fue decisiva para la crítica del AC. El fracaso del poder predictivo del AC condujo a los estudiosos a centrar la atención en analizar las producciones de la L2 en vez de predecir los errores. Y el AE, a su vez, conduce al descubrimiento del proceso y las características de la IL.

2.2 Definición de interlengua

La interlengua es un sistema lingüístico que dominan los aprendices en el proceso de aprendizaje, que es diferente tanto de su lengua materna, como de la L2 en aspectos como la fonética, el léxico, la gramática, etc. Es un sistema lingüístico dinámico que se aproxima a la lengua extranjera con el desarrollo del proceso de aprendizaje. El *Diccionario de términos clave de ELE* (Martín Peris 2008) define el término *interlengua,* acuñado por Selinker en 1972, como "el sistema lingüístico del estudiante de una segunda lengua en cada uno de los estudios sucesivos de adquisición por los que pasa en su proceso de aprendizaje".

Esta definición, formulada de forma genérica, es la más citada y adoptada en los estudios de ASL. Sin embargo, no podemos ignorar que este concepto también tiene otras denominaciones como *competencia transitoria* (Corder 1967), *dialecto idiosincrásico* (Corder 1971), *sistema aproximado* (Nemser 1992), ilustrando distintos enfoques del estudio. Corder, desde la perspectiva sociolingüística, acentúa el carácter inestable y transicional del sistema no nativo. Nemser (1992: 52), partiendo de la perspectiva lingüística, define la interlengua de esta manera:

> *El sistema lingüístico desviante empleado por el alumno que intenta utilizar la lengua objeto. Estos sistemas varían su carácter de acuerdo con el nivel de dominio de la lengua objeto; también varían en función de la experiencia de aprendizaje (que incluye el ser expuesto al sistema escrito de la lengua objeto), la función comunicativa, las aptitudes personales para el aprendizaje, etc.*

Nemser cree que la propia lengua del aprendiz es "desviante". El sistema aproximado es un sistema dinámico, en el cual el alumno atraviesa sucesivos estadios cada vez más cercanos a la L2.

En comparación con estas dos ópticas que contemplan la interlengua como una evolución dinámica que abarca sucesivos estadios cuya complejidad se va incrementando, Selinker (1972) cree que una cuestión crucial en la interlengua es la fosilización y niega su naturaleza transicional. De hecho, la discrepancia entre estas dos opiniones puede resumirse como dos visiones de la interlengua: unos la ven como un continuum interlingüístico (Corder 1967; Nemser 1992) y otros la consideran como un estadio dado del desarrollo de aprendizaje (Selinker 1972). En la presente investigación no intentamos rechazar una ni apoyar otra, sino que consideramos la interlengua tanto como un sistema interno que estructura el aprendiz en un momento dado, como una serie de sistemas interconectados, que se conoce como el continuum de interlengua, tal como lo formula Ellis (1994: 350):

> *The starting point for any discussion of the mental process responsible for L2 acquisition is the concept of interlanguage, a term coined by Selinker (1972). It is used to refer to both the internal system that a learner has constructed at a single point in time (interlanguage) and to the series of interconnected*

systems that characterize the learner's progress over time (interlanguage or the interlanguage continuum).

Después de aclarar el concepto de la interlengua, pensamos que la interlengua puede ser considerada como un sistema lingüístico interiorizado y un proceso dinámico y creativo entre la L1 y la L2, en el cual cada aprendiz posee en un estadio dado de su aprendizaje un sistema específico de la lengua.

2.3 Características de la interlengua

Según los conceptos de interlengua formulados por diferentes lingüistas de distintas corrientes, podemos inferir algunas características de la interlengua que la diferencian de las lenguas naturales. Partiendo de las teorías de Corder (1967), Nemser (1992) y Adjemián (1976), resumimos las características de la interlengua en cuatro: fosilización, sistematicidad, variabilidad y permeabilidad, y aunque están entrelazadas entre sí, explicaremos individualmente a continuación.

2.3.1 Fosilización

En los estudios sobre la interlengua, destaca por su importancia el concepto de fosilización. Selinker (1992: 85) planteó la definición de fosilización como sigue:

Llamamos fenómenos lingüísticos fosilizables a aquellos ítems, reglas y subsistemas lingüísticos que los hablantes de una lengua materna particular tienden a conservar en su interlengua en relación con una lengua objetivo dada, sin importar cuál sea la edad del alumno o cuánto entrenamiento haya recibido en la lengua objetivo.

Además, cabe señalar que el fenómeno de fosilización no es totalmente distinto en diferentes estadios, sino que según afirma Selinker (1992: 85), puede reaparecer en la producción de una interlengua incluso cuando parecía erradicado, lo cual da lugar al fenómeno de la regresión parcial o total a un estadio inferior de la interlengua. Según Selinker, esta regresión involuntaria puede ser generada bajo situaciones psicológicas especiales, como un estado de ansiedad o excitación, o un estado de máxima relajación. También la causa puede ser la falta de motivación o de deseo de aculturación, la edad, el input limitado, etc.

Una de las áreas de investigación más importante en el ámbito de la interlengua es el estudio de los procesos psicolingüísticos subyacentes al comportamiento interlingüístico, para investigar aquellos ítems, reglas y subsistemas que pueden fosilizarse de acuerdo con los procedimientos subyacentes. Selinker (1972) señala cinco procesos fundamentales que existen en la estructura psicológica subyacente del estudiante:

a. Transferencia lingüística: las reglas de la L1 influyen en el proceso cognitivo de construcción del sistema lingüístico de la L2;

b. Transferencia de instrucción: algunos aspectos de la interlengua se atribuyen a la enseñanza;

c. Estrategia del aprendizaje de la L2: el acercamiento del estudiante a la materia recién aprendida para entender el aporte (*input*) y controlar el resultado (*output*) como la simplificación de reglas gramaticales;

d. Estrategia de comunicación de la L2: el acercamiento llevado a cabo por los alumnos para comunicarse con hablantes nativos de la L2;

e. Hipergeneralización de las reglas de la L2: las reglas de la L2 se generalizan y se aplican de manera excesiva.

De estos cinco procesos centrales proceden los elementos fosilizables, es decir, las unidades de la L1 que permanecen en la L2 independientemente de la cantidad de instrucción. Esta formulación hace evidente que estudiar los elementos fosilizados, en otros términos, analizar los errores, e indagar las causas que generan dichas oraciones que se desvían de la interlingua, puedan aportarnos información sobre el proceso subyacente de aprendizaje de la L2.

2.3.2 Sistematicidad

Como hemos mencionado anteriormente, la interlengua puede ser descrita como un *sistema lingüístico independiente* (Selinker 1972), *sistema lingüístico desviante* y *sistema estructurado internamente* (Nemser 1992). Corder (1967) también subrayó la propiedad de la sistematicidad, ya que los errores son sistemáticos y este hecho demuestra la existencia de un programa interno regido por reglas. De todo esto podemos deducir que otra característica de la interlengua es la recién mencionada sistematicidad, que se refiere a la coherencia interna de la interlengua en un momento dado de su evolución. Precisamente por esta propiedad podemos describir el sistema lingüístico no nativo a través de un conjunto de reglas que es un subconjunto de las reglas de la lengua extranjera.

2.3.3 Variabilidad

La interlengua, aparte de ser fosilizable y sistemática, también tiene un carácter inestable que surge de su transitoriedad. Como hemos mencionado anteriormente, la interlengua es un proceso dinámico y se encuentra en constante evolución y movimiento. Existen varias explicaciones sobre la variabilidad de la interlengua, pero nosotras seguiremos la explicación sociopsicolingüística. Por un lado, según la explicación sociolingüística, existen dos fuentes principales de la variabilidad. Una es la variación interna, que apunta a la indiosincrasia del aprendiente. Otra es la variación externa que se crea como resultado de factores sociales. Por otro lado, de acuerdo con la explicación psicolingüística, la variación se debe a resultados de los factores que afectan la capacidad de los alumnos de procesar los conocimientos de la L2 bajo diferentes condiciones de uso.

2.3.4 Permeabilidad

Adjémian (1976) planteó que la permeabilidad también es una de las características de la interlengua, la cual se refiere a la violación de la sistematicidad interna de la gramática de la interlengua. También señala que esta propiedad permite a las reglas de la L1 introducirse en su sistema o que permite hipergeneralizaciones de sus propias reglas. De este modo, la interlengua evoluciona hacia nuevos estadios y constituye un proceso dinámico. Al contrario, si no existiera la permeabilidad, se produciría estancamiento en el proceso de aprendizaje de la L2.

Para resumir, la interlengua es un sistema lingüístico estructurado independiente de la L1 y la L2 que se encuentra en constante evolución. Este proceso es permeable a las interferencias de L1 y a las reglas hipergeneralizadas de la L2, dando lugar a la fosilización, lo cual también explica la variabilidad a nivel diacrónico y la naturaleza sistemática de la interlengua. Investigar cuáles son los errores fosilizados y permeables, y de qué manera estos errores reflejan la sistematicidad y la variabilidad de la interlengua es uno de los objetivos de esta investigación. De este modo, estudiamos el proceso de aprendizaje de la L2 de los alumnos y su situación de aprendizaje en cada estadio.

2.4 Análisis de errores

2.4.1 Origen y objetivo del análisis de errores

El modelo de investigación del AE surge a finales de los años 1970 en el marco de las teorías del aprendizaje de segundas lenguas, como puente entre el AC y los futuros estudios sobre la IL. El estudio sistemático de los errores de los estudiantes de una L2 ha sido foco de investigación desde las primeras publicaciones de Corder en 1967. Hasta esta fecha, y desde mediados de los años cuarenta, se habían realizado investigaciones contrastando sistemas lingüísticos de pares de lenguas con el objetivo de detectar las áreas donde los sistemas lingüísticos entre la L1 con la L2 presentaban diferencias y similitudes para luego predecir los posibles errores cometidos en el proceso de aprendizaje de la L2, ya que en aquel entonces se consideraba que todas las anomalías discursivas provenían de la interferencia con la lengua materna. A finales de los sesenta y principios de los setenta del siglo pasado, algunos investigadores pensaron que el análisis contrastivo era en muchos casos fragmentario y poco adecuado, porque un gran número de errores no podía explicarse por interferencia con la L1, y se empezaba a inferir que había otras fuentes que inducían al error.

Además, muchos profesores e investigadores han continuado mostrando interés en otros aspectos relacionados, como la corrección y la evaluación de los errores. Hay lingüistas que señalan que el AC, el AE y la IL son tres frentes que avanzan hacia el mismo destino, que es la ASL. El objetivo del AC es encontrar las interferencias de la lengua materna para el aprendizaje de la L2, predecir y explicar las dificultades que tendrán los estudiantes, y los posibles errores que cometerán. El análisis de errores tiene mucha importancia también en el estudio de la teoría de la interlengua. A través del análisis sistemático de los errores que se cometen en el proceso de aprendizaje de la L2, se revela el sistema de la interlengua de la persona que aprende dicha lengua, con el fin de explorar el proceso y las reglas de su aprendizaje. Para llegar a dicho objetivo, el AE se desarrolla llevando a cabo ciertos pasos, generalmente cinco, de acuerdo con la formulación de Corder (1967, 1981):

a. Recopilación del corpus;

b. Identificación de errores;

c. Catalogación de errores;

d. Descripción de errores;

e. Explicación de errores.

Sridhar (1981) señala que esta metodología representa el análisis de errores en el marco tradicional y las investigaciones más complicadas (Rossipal 1972) van más allá e incluyen algunos de los siguientes puntos:

a. Análisis del origen de los errores (por ejemplo, la interferencia de la L1, hipergeneralización, inconsistencia en el sistema ortográfico de la L2, etc.);

b. Determinación del grado de interferencia causada por el error (o la gravedad del error en términos de comunicación, norma, etc.).

Santos Gargallo (1993: 85), basándose en la sistematización del procedimiento usado por el análisis de errores en la versión tradicional planteada por Sridhar (1975), amplía el procedimiento de la siguiente manera:

a. Determinación de los objetivos (globales o parciales);

b. Descripción del perfil del informante;

c. Selección del tipo de prueba (test, redacción, traducción, etc.);

d. Elaboración de la prueba;

e. Realización de la prueba (a cargo del grupo o grupos de estudiantes);

f. Identificación de los errores;

g. Clasificación de los errores detectados de acuerdo con una taxonomía gramatical fundamentada en la gramática estructural;

h. Determinación estadística de la recurrencia de los errores;

i. Descripción de los errores con relación a la/s causa/s;

j. Identificación de las áreas de dificultad según una jerarquía;

k. Programación de una estrategia para el tratamiento de los errores;

l. Determinación del grado de perturbación causado por el error ;

m. Determinación de las implicaciones didácticas en la enseñanza.

Se puede observar que el procesamiento planteado por Santos Gargallo (1993) es más completo y detallado que las investigaciones anteriores, ya que también toma en cuenta la información de los alumnos, como la descripción de su perfil y la realización de la prueba, y otorga una descripción más detallada de errores, como la descripción del área de dificultad y el grado de perturbación causado por el error. Además, cabe señalar que este autor también ha tenido en cuenta el análisis cuantitativo para ver la recurrencia de los errores.

En el presente trabajo, teniendo en cuenta el objeto de investigación, querríamos tomar como base la metodología de Corder (1967), añadiendo algunos pasos sacados de la formulación de Santos Gargallo (1993). Así pues, partiremos del siguiente procedimiento para el AE de nuestro corpus:

a. Recolección de errores;

b. Identificación de errores;

c. Clasificación de errores;

d. Determinación estadística de la recurrencia de errores;

e. Evaluación de errores;

f. Corrección de errores;

g. Descripción de errores en relación a las causas.

Veremos más detalles del procedimiento del AE en los siguientes subapartados del marco teórico y metodológico.

2.4.2 El concepto de error

A la hora de identificar los errores, lo primero que hay que tener en cuenta es el concepto del término *error*. Corder (1967) señaló que los fallos que comete el alumno en sus producciones no son siempre propiamente errores y sentó las bases para diferenciar entre los conceptos de *error* y *falta*. Corder denomina *error* a una desviación sistemática de las producciones esperables en la L2, mientras que las *faltas* son equivocaciones esporádicas cometidas por la falta de concentración, descuido u otros aspectos del empleo de la lengua que también pueden cometer los hablantes nativos. Los errores y las faltas sirven para diagnosticar las competencias lingüísticas que todavía no se han aprendido o no se dominan totalmente.

Norrish (1987: 7) también ha formulado su definición de error y la distinción entre *error*, *falta* y *lapsus*, tal como se reproduce a continuación. El *error* es una desviación sistemática; la *falta* es una desviación inconsistente y eventual; y el *lapsus* es una desviación debida a factores extralingüísticos.

Según Fernández (1995: 204), en términos generales se considera error toda transgresión involuntaria de la norma. Aquí el término *norma* se refiere a un sistema de reglas que definen qué usos se deben elegir entre las realizaciones de una lengua determinada si se quiere estar de acuerdo con cierto ideal estético y sociocultural, o lo que es normal, común en una comunidad dada (Dubois, Giacomo y Guespin 1973: 447).

En la práctica, como reconocen la mayoría de los investigadores y el mismo Corder (Corder 1967, 1973), es difícil hacer esa distinción, y solo estamos en condiciones de valorar cuáles son los errores de competencia y cuáles los de realización al final de un amplio análisis de errores.

Los errores de los estudiantes muestran el sistema de la interlengua que se emplea en una determinada fase del aprendizaje y son significativos en tres aspectos, según Corder (1967: 168-169): en primer lugar, los errores pueden reflejar los progresos y las faltas de los alumnos en el proceso de aprendizaje; en segundo lugar, los errores ofrecen a los investigadores pruebas del modo de aprendizaje y de la adquisición del idioma, así como los tipos de estrategias y procesos que han empleado los alumnos para descubrirlo; por último, los errores ayudan a los estudiantes a averiguar si las hipótesis creadas sobre la L2 son correctas o no.

2.4.3 Identificación de los errores

Algunas veces, los errores cometidos por los alumnos no son evidentes y se necesita una norma para identificarlos. Para considerar estas situaciones tenemos que tener en cuenta una doble perspectiva: la del docente y la de los aprendices (Sánchez Iglesias 2003: 77-82).

A. Desde el docente: cuestiones de norma

Como hemos mencionado en el apartado anterior, para realizar el análisis de errores es requisito previo formular una definición de error, que es, según Fernández (1995: 204), toda transgresión de la norma. Para entender qué es la norma, usamos la definición que postulan Van Els et al. (1984: 47):

> *The notion of "error" presupposes a norm, and norms, in their turn, are dependent on, amongst other things, the medium (spoken or written language), the social context (formal or informal), and the relation between speaker and hearer (symmetrical or asymmetrical).*

En el caso que nos ocupa, la norma es correspondiente a la del chino estándar moderno de China continental, ya que el estándar de Taiwán o de Singapur presentan algunas diferencias debido a su distinto desarrollo histórico.

B. Desde el aprendiz: error, falta, errores ocultos y reconstrucción

Para identificar los errores, antes de todo se debería distinguir el error y la falta. En el apartado "2.4.2 El concepto de error", hemos mencionado la distinción entre *error* y *falta*. El *error* es una desviación sistemática de las producciones esperables en la L2, mientras que las *faltas* son equivocaciones esporádicas cometidas por la falta de concentración, descuido u otros aspectos del empleo de la lengua que también pueden cometer los hablantes nativos (Corder 1967).

Otra dificultad de identificación de errores tiene que ver con la distinción entre *errores patentes* y *errores ocultos* formulados por Corder (1967). *Errores patentes* son aquellos que se forman en oraciones incorrectas gramaticalmente, mientras que los *errores ocultos* son oraciones bien formadas pero inaceptables dentro del contexto de comunicación. Es decir, los errores ocultos son correctos o están superficialmente bien formados, pero son erróneos en virtud de algunas de las siguientes circunstancias:

a. Que el mensaje producido sea resultado de la casualidad;

b. Que el enunciado se haya aprendido como una fórmula (lo que se ha denominado *holophrase* o *chunk*);

c. Que no se ajuste a la intención comunicativa del emisor.

En la presente investigación, incluimos en nuestro objeto de análisis tanto los errores ocultos como las faltas. Para identificar los errores, es necesaria la interpretación. Corder (1981: 35-44) formula dos maneras de interpretación, una es la *interpretación autoritativa*, que se realiza cuando el aprendiz está disponible para preguntarle qué pretendía decir con un enunciado concreto; la otra es la *interpretación plausible*, cuando es el investigador quien propone una reconstrucción a partir del enunciado del aprendiz. De hecho, en la identificación de errores en nuestra investigación, realizamos siempre una reconstrucción a partir de los textos que redactaron los alumnos, según la intención de expresión que inferimos a través del contexto y la competencia que deberían tener, por lo que según esta terminología se enmarcaría dentro de la interpretación plausible.

2.4.4 Descripción de los errores

En cuanto a la descripción de errores, Corder (1974: 158) plantea lo siguiente:

> *The description is essentially a comparative process, the data being the original erroneous utterance and the reconstruction utterance. [...]. The criteria for decisions as to the grammatical model to adopt are exactly the same. The fact that we may possess descriptions according to various models of the target language but of none of the learner's idiosyncratic dialect is irrelevant. Our object in error analysis is to explain error linguistically and psychologically in order to help the learner to learn. Consequently, only that description which shows the respects in which the realization rules of the target language differ from those of the learner's dialect is of value.*

Desde un punto de vista cualitativo, vamos a agrupar los errores de nuestro corpus en tres categorías (léxica, oracional y discursiva), de acuerdo con la taxonomía que plantearemos en el apartado "1.2 Taxonomía de errores"del Capítulo 4. En cada nivel propondremos subtipos de errores tales como omisión, redundancia, mala colocación, etc., para describir en detalle los errores que cometen los alumnos.

2.4.5 Clasificación de los errores en la didáctica de las lenguas extranjeras

En los siguientes apartados haremos una revisión diacrónica de las principales investigaciones acerca de clasificación de los errores. En este apartado, vamos a ver los primeros estudios sobre la clasificación de los errores y los criterios del análisis de errores, y en el apartado 2.4.6. veremos concretamente las clasificaciones existentes sobre los errores en chino. Al final, analizaremos todo el material clasificado y recogeremos la investigación relativa al chino para presentar después, en el siguiente capítulo, una clasificación de los errores que encaje mejor con nuestra investigación.

En este apartado, revisaremos el estudio de los criterios en la clasificación de los errores planteados por Corder (1973), Vázquez (1991) y Santos Gargallo (1993).

Presentaremos las definiciones de cada tipo de error para de esta manera tener una visión global de la taxonomía y para su análisis en la didáctica de lenguas extranjeras.

Cuando se realiza el análisis de errores, generalmente los lingüistas los clasifican en diferentes niveles, y diferentes lingüistas formulan distintos niveles de errores. Corder (1973: 261), a los errores léxicos y comunicativos cometidos por los aprendices de la L2, los categoriza en cuatro: errores referenciales, errores de registro, errores sociales y, finalmente, errores patentes y ocultos.

Los errores referenciales se producen cuando el hablante utiliza un término con la intención de referirse a algo que convencionalmente no es aplicable. Los errores de registro se producen cuando el hablante utiliza un término que no se debe aplicar en un registro determinado. Los errores sociales son los que se producen cuando el hablante opta por un estilo de habla que no es el adecuado en la relación social, y en cuanto a los errores patentes y ocultos, hemos hablado ya de ellos en el apartado sobre la identificación de los errores. Es por ello que no lo repetiremos, pero sí advertiremos que los errores patentes y ocultos pueden coincidir en algunas ocasiones con errores sociales o de registro.

La teoría de Corder marca el inicio de las investigaciones sobre el análisis de errores y sienta las bases para las investigaciones posteriores. Pero como hemos dicho anteriormente, la clasificación formulada por Corder se concentra en el nivel léxico y comunicativo, sin tener en cuenta los errores a nivel de oración.

Dulay, Burt y Krashen (1982: 50 y 150) ofrecen la siguiente taxonomía estratégica superficial que muestra cómo se desarrolla la desviación de la estructura superficial a partir de las oraciones correctas:

— Omisión: falta de uno o más morfemas que deben aparecer en una oración correcta;

— Adición: presencia de uno o más morfemas que no deben aparecer en una oración correcta;

— Malformación: uso de la forma incorrecta de un morfema o estructura;

— Falsa colocación: se combinan las palabras en el orden incorrecto.

Esta taxonomía estratégica superficial la usaron después numerosos lingüistas al realizar el análisis de errores, aunque en la mayoría de los estudios posteriores no se habla de morfemas sino de palabras o de léxico. Esta clasificación incluye prácticamente todos los tipos de errores a nivel de palabra y algunos a nivel de oración, pero casi ninguno de los errores a nivel de discurso.

Vázquez (1991: 31-85) formula una taxonomía mucho más completa de errores en la que en lugar de dividir los errores en omisión o mal formación, entre otros, plantea diversos criterios que abarcan diferentes aspectos de los errores cometidos por los estudiantes, tal y como se muestra en la Tabla 3.1:

Tabla 3.1 Criterios de análisis de errores de Vázquez (1991)

TIPO DE CRITERIO	TIPO DE ERROR
Lingüístico	Adición Omisión Selección incorrecta Colocación incorrecta Yuxtaposición
Etiológico	Intralingual Interlingual Simplificación
Comunicativo	Ambigüedad Irritantes Estigmatizantes
Pedagógico	Inducidos vs. creativos Transitorios vs. permanentes: fosilizados vs. fosilizables Individuales vs. colectivos En la producción escrita vs. en la producción oral

Fuente: adaptado de Vázquez (1991: 31-85)

Veamos a continuación las explicaciones de los criterios formulados por Vázquez (1991).

Antes de entrar en materia, veamos el criterio lingüístico. Utilizando los términos de Corder (1973: 277) en el área morfosintáctica, Vázquez (1993) propone las siguientes definiciones en cuanto a los tipos de errores:

— Adición: operación que consiste en agregar morfemas o palabras que son redundantes;

— Omisión: proceso que consiste en suprimir morfemas y palabras que no son redundantes;

— Selección incorrecta: operación que consiste en elegir morfemas o palabras incorrectas en un determinado contexto sin llevar a cabo ninguna de las operaciones anteriores;

— Colocación incorrecta: operación que consiste en colocar los elementos que constituyen la frase en un orden sintagmático incorrecto;

— Yuxtaposición: proceso que consiste en unir dos frases o dos términos léxicos sin tener en cuenta los nexos requeridos por la sintaxis.

En el segundo criterio, llamado etiológico, Vázquez habla de transferencia y de interferencia. El proceso que consiste en calcar de una primera lengua a una segunda lengua se conoce con el nombre de *transferencia*. En términos más estrictos es posible decir que la transferencia lingüística es el impacto de un sistema de reglas sobre otro, del cual resulta la interlengua. Esta se adquiere a medida que avanza el aprendizaje, un sistema de reglas propias, estables e inestables, que se influyen mutuamente y que constituyen los diversos estadios de la competencia transitoria.

Según el criterio etiológico, los errores pueden ser causados por distintos tipos de transferencia:

— Interferencia semántica (errores intralinguales): este tipo de interferencia tiene lugar cuando el hablante posee para dos términos un solo referente. El porqué de dicho fenómeno hay que buscarlo en una escasa discriminación dentro del léxico, debido a un conocimiento todavía incompleto de la lengua, influencia fonética (similitud entre palabras), coincidencia semántica parcial, etc. En general, son varios los factores que actúan simultáneamente;

— Interferencia morfosintáctica (errores interlinguales);

— Errores de simplificación, que consiste en reducir la lengua a un sistema simple, como por ejemplo, la regularización de elementos que se apartan de la regla general, la neutralización de funciones sintácticas, la fusión de campos semánticos que se encuentran en función complementaria, la eliminación de morfemas redundantes, la utilización de estructuras prefabricadas y de un léxico reducido pero muy funcional, así como la utilización de un número reducido de transformaciones.

Ahora veamos el criterio comunicativo. Si tomamos como parámetro la dimensión pragmática, los criterios para establecer qué es un error adquieren otras características. Desde el punto de vista de la comunicación, los criterios que habría que tener en cuenta son: la ambigüedad (con respecto al mensaje), la irritación (con respecto al interlocutor) y la estigmatización (con respecto al hablante).

En cuanto al criterio pedagógico, se distinguen los siguientes tipos de errores:

— Errores inducidos: los errores que resultan de la aplicación de una metodología docente inadecuada con respecto al sistema o la norma de la segunda lengua;

— Errores transitorios: son aquellos errores cometidos como resultado de las circunstancias que aparecen en determinadas etapas del proceso de aprendizaje y que no son sistemáticos. La causa que los provoca es normalmente una falta de adecuación de las técnicas de enseñanza o del orden de introducción de las estructuras. Desaparecen con la reparación de las técnicas y la práctica de los ejercicios;

— Errores fosilizados y errores fosilizables: la fosilización es la tendencia que manifiestan ciertos errores a aparecer inesperadamente cuando ya se creían erradicados. Suele producirse bajo situaciones psicológicas especiales: no poner mucha atención al uso lingüístico, más preocupación por el contenido que por la forma. Situaciones propicias son las discusiones en L2 o cuando hay mucho cansancio. Entre sus características encontramos la aparición asistemática, la autocorrección (espontánea o no) y que no afecta a la claridad del mensaje;

— Errores individuales: los errores que caracterizan la interlengua de un hablante no nativo en particular. Pueden ser producto de la interferencia de otras lenguas aprendidas, pero con más frecuencia son el resultado de la tendencia a experimentar con la L2;

— Error colectivo: un error colectivo es el que caracteriza a un grupo de hablantes que comparten la primera lengua o se reitera en hablantes de diversas lenguas nativas y se refiere a aspectos de la segunda lengua que dificultan la regularización de reglas.

Vázquez ha hecho muchas contribuciones al plantear diversos criterios para clasificar los errores, lo cual permite un análisis más global de los mismos. Por ejemplo, el criterio lingüístico los describe desde la perspectiva gramatical y lingüística; el criterio etiológico parte de la teoría de transferencia y ofrece información para investigar sus causas; el criterio comunicativo tiene en cuenta la pragmática y la función comunicativa que puede causar el uso de la lengua; el criterio pedagógico toma en consideración la metodología docente y el proceso de aprendizaje, teniendo que llevarse a cabo un estudio longitudinal para analizar los efectos de la metodología docente y observar el proceso de aprendizaje.

Santos Gargallo (1993: 92) sigue el método de clasificación de errores de Vázquez, es decir, formula diferentes criterios desde distintas perspectivas para clasificar los errores. Sus cinco criterios de análisis de errores son los que se muestran en la Tabla 3.2:

Tabla 3.2 Criterios de análisis de error de Santos Gargallo (1993)

TIPO DE CRITERIO	TIPO DE ERROR
Descriptivo	Omisión Adición Forma errónea Ausencia de orden oracional
Pedagógico	Transitorios Sistemáticos
Etiológico-lingüístico	Interlingüísticos Intralingüísticos
Gramatical	Fonológico Ortográfico Morfológico Sintáctico Léxico Semántico Pragmático
Comunicativo	Locales Globales

Fuente: adaptado de Santos Gargallo (1993: 92)

A continuación se explican estos criterios y los distintos tipos de errores con más detalle.

1. El criterio descriptivo consiste en la clasificación de los errores dependiendo de la forma en que la estructura superficial de las instancias se ve alterada, a saber:

— Omisión: la ausencia de un vocablo o morfema que debería aparecer en una elocución bien formada;

— Adición: presencia injustificada de un vocablo o morfema que no debería aparecer en una elocución bien formada;

— Formación errónea: uso de un vocablo que ha sido formado o derivado de forma errónea por adición u omisión de alguno de sus morfemas;

— Ausencia de orden u orden incorrecto: colocación incorrecta de un morfema o conjunto de morfemas en la elocución, afectando al orden oracional del sistema lingüístico que se está aprendiendo.

2. El criterio pedagógico se refiere a la clasificación de los errores basada en la

distinción chomskiana entre competencia y actuación que llevó a Corder (1967) a diferenciar entre errores transitorios y errores sistemáticos.

— Errores transitorios: resultan de las circunstancias, aparecen en determinadas etapas del proceso de aprendizaje y no son sistemáticos;

— Errores sistemáticos: reflejan un mal conocimiento de las reglas y caracterizan la lengua de un grupo de estudiantes. Se trata de errores típicos, identificables a través de estudios contrastivos entre la L1 y la L2. Los origina la ausencia de una categoría o estructura en la L1 del estudiante.

3. El criterio etiológico-lingüístico incluye los siguientes tipos de errores:

— Errores interlingüísticos: causados por la interferencia con la L1 del estudiante o con otras lenguas que ha aprendido anteriormente;

— Errores intralingüísticos: se refiere al efecto de la L2 en sí misma sobre el proceso de aprendizaje.

4. El criterio gramatical consiste en la clasificación que se ve afectada por errores que incluyen todos los niveles de la gramática tradicional. Este tipo de taxonomía es muy frecuente y su objetivo es medir la competencia gramatical del estudiante. Su tipología incluye errores fonológicos, ortográficos, morfológicos, sintácticos, léxicos, semánticos, así como pragmáticos.

5. El criterio comunicativo incluye los errores locales y globales. Los locales afectan a elementos individuales de la oración, no tienen una incidencia en la ruptura de la comunicación. Mientras tanto, los errores globales afectan a toda la oración de forma global y que por su alto nivel de inaceptabilidad e impropiedad causan una ruptura en la comunicación. El efecto de los errores globales se traduce en ambigüedad (mensaje), irritación (oyente) y estigmatización (hablante).

La propuesta de Santos Gargallo (1993) es, a grandes rasgos, similar a la teoría de Vázquez (1991), pero añade un criterio gramatical más y el resto de criterios solo se diferencian en detalles. En primer lugar, la propuesta de Santos Gargallo formula el criterio gramatical, lo cual permite analizar los errores de acuerdo con la categoría gramatical para medir la competencia de los alumnos. Por otra parte, Santos Gargallo formula menos tipos de errores en el criterio descriptivo que Vázquez. No menciona la falsa selección y el error de yuxtaposición, pero incluye la forma errónea. En el criterio comunicativo, Santos Gargallo, aparte de formular los errores globales como la irritación, la ambigüedad y la estigmatización como Vázquez, también señala errores locales que constituyen una aportación nueva.

Basándose en las investigaciones anteriores, Vázquez (1999) más adelante amplía su taxonomía, tal como se muestran en la Tabla 3.3:

Tabla 3.3 Criterios de análisis de error de Vázquez (1999)

TIPO DE CRITERIO	TIPO DE ERROR
Lingüístico	Adición Omisión Yuxtaposición Falsa colocación Falsa selección
Etiológico	Interlinguales Intralinguales Simplificación
Comunicativo	Ambigüedad Irritantes Estigmatizantes Falta de pertinencia
Pedagógico	Inducidos vs. creativos Transitorios vs. permanentes Fosilizados vs. fosilizables Individuales vs. colectivos Residuales vs. actuales Congruentes vs. indiosincrásicos De producción oral vs. escrita Globales vs. locales
Pragmático	Pertinencia (o discursivos)
Cultural	Culturales

Fuente: adaptado de Vázquez (1999: 28-25)

A continuación, solo incluiremos la definición de los nuevos tipos de errores que formula Vázquez (1999) en el criterio pedagógico y comunicativo.

En el criterio pedagógico Vázquez añade en primer lugar, errores residuales y errores actuales. Los primeros se refieren al material enseñado en cursos anteriores y olvidado; los segundos tienen que ver con lo que se está enseñando actualmente y no se recuerda, no se comprende bien o todavía no se maneja con soltura. Además, también agrega a este criterio errores congruentes y errores idiosincrásicos. Un error es congruente cuando lo que se produce podría ser castellano, por ejemplo, pero en realidad es incorrecto y no existe. Si fuera la producción de un principiante, sería un signo de que esa persona está empezando a reconocer las reglas del idioma que está aprendiendo, pero al no serlo, debería dejar de cometerlos. Por el contrario, un error idiosincrásico es una estructura que en nada se parece a lo que podría llamarse castellano. Quien lo comete no debería preocuparse demasiado ya que es algo tan extraño que resulta incomprensible y, por lo tanto, es más que probable que no vuelva a recurrir a dicha estructura.

Al criterio comunicativo, Vázquez le añade el error de la pertinencia, que se refiere a la producción perfectamente aceptable desde el punto de vista morfosintáctico y fonético que puede transformarse en una desviación con respecto a la norma pragmática si no se atiene a las pautas discursivo-culturales de la lengua en cuestión.

Además, Vázquez añade el criterio pragmático y el criterio cultural sobre la base de las teorías de Santos Gargallo, por lo que el contenido en los criterios es más completo. Por ejemplo, en el criterio descriptivo, que se llama *criterio lingüístico* en la teoría de Vázquez, ha añadido el error de *yuxtaposición* y el error de *falsa selección* para analizar los errores que tienen que ver con el procedimiento para combinar oraciones o nexos, y los errores que consisten en seleccionar mal una palabra o elemento oracional, llenando un vacío que presentaba la teoría del análisis de errores de Santos Gargallo. Además, en el criterio pragmático, Vázquez plantea la necesidad de incluir los errores discursivos, lo cual también es una novedad.

2.4.6 Clasificación de los errores en chino como lengua extranjera

Después de repasar los estudios de la clasificación de errores y los criterios de análisis de errores, veamos las clasificaciones de los errores en chino como LE. En primer lugar, veremos una aproximación general de la clasificación de los errores, que incluye los niveles léxico, oracional y discursivo. Después, analizaremos detalladamente la clasificación de los errores discursivos, pues consideramos que las clasificaciones en este nivel son muy distintas y caóticas entre sí, ya que mezclan criterios y niveles de análisis. Por este motivo, intentaremos elaborar nuestra propia taxonomía a través del análisis y comparación de las clasificaciones existentes.

Existen muchas maneras de clasificar los errores en los estudios que analizan los mismos en lo que respecta al chino como L2. Sin embargo, como hemos mencionado anteriormente, las investigaciones acerca del chino son muy dispersas y no existen muchos estudios sistemáticos que hablen de los errores de manera global. A continuación, se presentarán los trabajos que nos han parecido más interesantes para nuestra investigación. Li Hanyou (2011), basándose en *HSK Dongtai Zuowen Yuliaoku*

(HSK 动态作文语料库) 'Corpus dinámico de redacciones de alumnos en HSK', formula tres niveles de errores — léxico, oracional y discursivo — para analizar su corpus de trabajo, y en cada nivel plantea diferentes tipos de errores, tal como resume la Tabla 3.4:

Tabla 3.4 Clasificación de los errores gramaticales según Li Hanyou (2010)

NIVEL	LOCALIZACIÓN	TIPO
Léxica: Errores de morfología y de categoría gramatical	Verbo Adjetivo Adverbio Partícula Sustantivo Numeral Preposición Verbo auxiliar Onomatopeya Interjección Conjunción Etc.	Omisión Mal uso Redundancia
Oracional: errores sintagmáticos, oracionales o de categoría gramatical	I. Elementos oracionales: Sujeto Predicado Objeto Modificador adjetival Modificador adverbial Complemento	Omisión Mal uso Redundancia
	II. Construcciones oracionales especiales Oración con *shi* (是) Construcción *shi... de* (是……的) Oración con *ba* (把) Oración pasiva Oración de verbos en serie Oración de pivote Oración con *you* (有) Oración comparativa Oración existencial Verbo de doble objeto Construcción con complementos oración de predicado adjetival oración de predicado de sujeto-predicado	

续 表

discursivo: coherencia y cohesión	I. oración compleja	mal uso, redundancia y omisión de conjunción
	II. referencia	
	III. coherencia y cohesión	

Fuente: Adaptado de clasificación de errores de Li Hanyou (2010)

Esta clasificación de errores abarca aspectos gramaticales de manera más global, ya que la mayoría de los trabajos solo enumeran los tipos de errores, pero no los clasifican en diferentes niveles, o se limitan a hablar de errores de un determinado elemento lingüístico. La teoría de Li Hanyou (2011) divide los errores en tres niveles — léxico, oracional y discursivo — y plantea tipos de errores en cada uno de ellos. Además, a nivel oracional, aparte de formular errores de funciones gramaticales, el autor también plantea errores de construcciones oracionales especiales, teniendo en cuenta las construcciones particulares del chino.

No obstante, la clasificación de Li Hanyou (2011) también tiene sus limitaciones. Para empezar, pensamos que los tipos de error a nivel oracional son insuficientes por no haber incluido el orden, lo que se considera como un tipo de error de acuerdo con las clasificaciones de muchos otros lingüistas (Dong y Lin 2000; Dulay et al. 1982; Santos Gargallo 1993; Vázquez 1999). A nuestro parecer, la colocación también es un factor importante cuando se evalúa y se describe el error, por lo que en el siguiente apartado incluiremos el orden como un error a nivel de oración en la taxonomía que formulamos.

Además, en cuanto a errores a nivel de discurso, Li Hanyou (2011) identifica tres tipos relacionados con las oraciones complejas, siendo el primer tipo los errores de mal uso, de omisión o de redundancia de las conjunciones, el segundo tipo los errores de referencia, y por último, los errores de coherencia y cohesión. Creemos sin embargo que en la teoría de Li Hanyou (2011) no se explican suficientemente los errores de este tipo. No se aclaran los tipos de conjunciones, ni se explican en qué consisten los errores de coherencia ni cohesión. Además, pensamos que la conjunción y la referencia son herramientas de cohesión, y no pueden considerarse como errores paralelos.

Entre las investigaciones existentes sobre el análisis de los errores en general o la clasificación de los errores en chino, hay muy pocas que hablen sobre los tipos de errores discursivos, o lo mencionan de una manera bastante vaga, lo cual también se aprecia en la teoría de Li Hanyou (2011). La mayoría de las investigaciones que plantean la clasificación de errores discursivos son artículos que tratan específicamente este tema. A continuación, enunciaremos las principales investigaciones que hablan sobre los tipos de errores discursivos.

Lu Jianji (1999) toma en cuenta las fórmulas de tratamiento y la pragmática al plantear los tipos de errores a este nivel. Partiendo de las herramientas de cohesión del texto, formula los tipos de errores discursivos recogidos en la Tabla 3.5:

Tabla 3.5 Tipos de errores de cohesión textual formulados por Lu Jianji (1999)

Fórmulas de tratamiento	Falta de referencia
	Redundancia de referencia
Elementos de enlace	Errores de conjunción
	Errores de la partícula *le* (了) al final de la oración
Falta de cohesión debido a la simplificación	Falta de cohesión en un diálogo
	Falta de cohesión en una narración
Error de pragmática	Mal uso de las expresiones debido a desconocimiento de la pragmática

Fuente: adaptado de Lu Jianji (1999)

La teoría de Lu Jianji (1999) coincide con la de Li Hanyou (2011) en incorporar los errores de tratamiento y los errores de conjunción. Pero Lu Jianji cree que el mal uso de la partícula *le* (了) al final de la oración también constituye un error a nivel de discurso, señalando que dicha partícula tiene la función de concluir la oración, y la conclusión de una cadena temática significa el inicio de otra. De hecho, la función discursiva de la partícula *le* (了) siempre es un foco de amplio debate entre los lingüistas. La opinión ampliamente aceptada es que la partícula *le* (了) tiene dos funciones. La primera es de partícula aspectual siguiendo a verbos o adjetivos e indica la finalización de la acción o aparición de un estado. La segunda es de partícula modal, usada al final de la oración, y tiene la función discursiva de concluir la oración o expresar el tono, así como actualizar la información al oyente. Por las funciones que desempeña dicha partícula y su frecuencia de uso, así como la dificultad de su dominio para los alumnos extranjeros, consideramos necesario incluirla como un parámetro para evaluar dentro de los errores discursivos.

Además, Lu Jianji incluye la pragmática en los tipos de errores de discurso, en coincidencia con el criterio comunicativo de Vázquez (1991, 1999), lo cual consideramos muy importante, ya que el desconocimiento de las normas socioculturales puede provocar errores que no se pueden analizar desde la perspectiva de la gramática o del léxico, sino que corresponden al nivel del discurso.

Huang Yuhua (2005), en su artículo "Hanguo liuxuesheng de pianzhang pianwu fenxi" (韩国留学生的篇章偏误分析) 'Análisis de los errores discursivos de los estudiantes coreanos', también formula los tipos de errores a nivel de discurso. Avanza en considerar las palabras de tiempo como un elemento de cohesión discursiva y considera la omisión del sujeto y del modificador adjetival como errores discursivos. En total, enumera los siguientes tipos de errores: omisión, referencia, conjunción, palabras de tiempo y cohesión léxica, que se presentan resumidos en la siguiente tabla.

Tabla 3.6 Tipos de errores de discurso por Huang Yuhua (2005)

Omisión	Del sujeto
	Del modificador adjetival
Referencia	Referencia nominal o referencia cero en sustitución de referencia pronominal
	Referencia pronominal o referencia nominal en sustitución de referencia cero
Conjunción	Omisión
	Mala combinación
	Mal uso
Palabras de tiempo	Mal uso
	Omisión
Cohesión léxica	Repetición de palabras

Fuente: Adaptado de los tipos de errores de discurso de Huang Yuhua (2005)

A continuación, veremos en detalle cada tipo de error formulado por esta autora. En primer lugar, en su artículo, Huang Yuhua incluye la omisión del sujeto y del modificador adjetival como tipos de errores a nivel de discurso, ya que la omisión (o la elipsis) es una herramienta muy importante de cohesión del texto. Debido al uso distinto del pronombre cero y del modificador adjetival, frecuentemente los estudiantes coreanos cometen el error, de omitir o añadir de forma redundante el sujeto o el modificador adjetival, produciendo problemas en la cohesión del texto. En segundo lugar, los errores de referencia y de conjunción que formula Huang Yuhua coinciden con la teoría de Li Hanyou (2011).

En tercer lugar, los errores de las palabras de tiempo que formula Huang Yuhua tienen que ver con los siguientes tipos de palabras:

— Palabras de secuencialidad como *zuixian* (最先) 'al principio', *ranhou* (然后) 'luego', *houlai* (后来) 'después' y *zuihou* (最后) 'al final';

— Elementos que sirven de referencia temporal, como *yuanlai* (原来) 'antes', *guoqu* (过去) 'en el pasado', *congqian* (从前) 'anteriormente', *ranhou* (然后) 'luego', *cihou* (此后) 'después', *jiezhe* (接着) 'a continuación' y *tongshi* (同时) 'al mismo tiempo';

— Palabras temporales, como *jintian* (今天) 'hoy', *zuotian* (昨天) 'ayer' y *shangyue* (上月) 'el mes pasado'.

En cuarto lugar, los errores de cohesión léxica se refieren a la conexión semántica entre las palabras, como la hiperonimia, la hiponimia, la generalización, la sinonimia, etc. Si se repiten de manera excesiva estos tipos de palabras, el texto puede resultar redundante.

La teoría de Huang Yuhua (2005) es más detallada que las clasificaciones anteriores, porque concreta las palabras de tiempo. Además, también incluye la omisión del sujeto como error a nivel de discurso. Sin embargo, creemos que la taxonomía que formula Huang Yuhua (2005) mezcla la localización del error (como referencia, conjunción y palabras de tiempo) con el tipo de error (como la omisión). Para nosotras, sería mejor mantener siempre el mismo criterio para formular una taxonomía.

La teoría de Liu Junling (2005) se centra en los errores de cada tipo de componente, como elementos relacionados con el tiempo o el lugar, fórmulas de tratamiento, componentes sustitutivos, así como conjunciones. Estos elementos coinciden en parte con la teoría de Huang Yuhua (2005), pero son más concretos que la segunda. Liu Junling (2005) plantea los siguientes errores de discurso:

— Omisión, redundancia y mal uso de elementos relacionados con el tiempo;

— Mal uso de elementos relacionados con el lugar;

— Omisión, redundancia, mala colocación y mal uso de las fórmulas de tratamiento;

— Omisión de componentes sustitutivos;

— Omisión, redundancia y mal uso de conjunciones.

Para facilitar el análisis y comparar la teoría de Liu Junling (2005) con otros autores, hemos reformulado su clasificación en la Tabla 3.7 de acuerdo con el elemento erróneo en lugar del tipo de error.

Tabla 3.7 Tipos de errores de coherencia de Liu Junling (2005)

Elementos relacionados con el tiempo	Omisión
	Redundancia
	Mal uso
Elementos relacionados con el lugar	Mal uso
Fórmulas de tratamiento	Omisión
	Redundancia
	Mala colocación
	Mal uso
Componentes sustitutivos	Omisión
Conjunción	Omisión
	Redundancia
	Mal uso

Fuente: Adaptado de los tipos de errores discursivos de Liu Junling (2005)

En nuestra opinión, la teoría de esta autora a pesar de que se elabora bajo el título de "errores de coherencia", se centra más en la cohesión, ya que los errores de componentes de tiempo y de lugar, de componentes alternativos y los errores de tratamiento son subtipos de errores de cohesión. Liu Junling (2005) plantea una taxonomía de los conectores con más detalle en comparación con los estudios anteriores, e incluye en ella los componentes relacionados con el lugar y especifica los componentes relacionados con el tiempo. Los tipos de errores vinculados a las fórmulas de tratamiento también son más diversos en su teoría.

Chen Chen (2005), por su parte, se centra en los errores de coherencia y formula una clasificación de los mismos, tal como recoge la Tabla 3.8.

Tabla 3.8 Tipos de errores de coherencia de Chen Chen (2005)

MECANISMOS DE COHERENCIA	TIPO DE ERROR
Gramaticales	Omisión
	Orden oracional
	Coordinación
	Tiempo y modo
	Estructura oracional
	Sustitución
Léxicos	Repetición de las palabras
Componentes de enlace	Conjunción
	La partícula *le* (了) al final de la oración

Fuente: Adaptado de los errores de coherencia planteados por Chen Chen (2005)

Los tipos de errores discursivos en la teoría de Chen Chen (2005) son más o menos similares a las teorías de Huang Yuhua (2005) y Liu Junling (2005). La diferencia es que Chen Chen (2005) también plantea el tiempo y el modo como un tipo de error a nivel de discurso.

Las clasificaciones de errores discursivos planteados por los autores que hemos listado en este apartado incluyen los siguientes contenidos: en cuanto a la cohesión, se incluyen conjunciones, la partícula modal *le* (了), sujeto, referencia, la cohesión léxica, palabras de tiempo y lugar, y pragmática; en cuanto a la coherencia, abarca el orden oracional, la coordinación, el tiempo y el modo, la elipsis y la conjunción. Las clasificaciones de errores discursivos formuladas por los lingüistas chinos ya son muy completas, pero notamos que algunas clasificaciones mezclan el tipo de error con la localización del error. Además, algunos subtipos de errores son repetitivos. Por ejemplo, algunos dividen sujeto y referencia en dos tipos de errores, pero los errores de sujeto también se pueden considerar errores relativos a la referencia anafórica.

En esta parte de la investigación hemos revisado los principales estudios de clasificación de los errores con el fin de elaborar nuestra propia taxonomía para analizar los mismos en nuestro corpus. Como afirma García González (2007: 89), un mismo error podría ser analizado desde distintas perspectivas según el propósito del investigador. Por lo tanto, cuando decidimos de qué criterio partimos para elaborar la taxonomía de errores, deberíamos primero pensar en nuestro objetivo, que es medir la competencia lingüística de los alumnos, indagar las causas de los errores y plantear soluciones didácticas. Resumiendo los pasos que hemos mencionado, los principales criterios para el análisis de errores son el lingüístico, el etiológico, el comunicativo y el pedagógico. Partiendo de la intención de evaluar la competencia y la situación de dominio de lengua de los alumnos, nos referiremos al criterio gramatical de Santos Gargallo (1993) y al criterio comunicativo de Vázquez (1991, 1993). También tomaremos como marco de taxonomía los tres niveles de errores formulados por Li Hanyou (2011), que son el nivel léxico, el nivel oracional y el nivel discursivo. Al nivel léxico y oracional, seguiremos el criterio lingüístico para establecer los tipos de errores, que son adición, omisión y colocación falsa. A nivel discursivo, seguiremos el criterio comunicativo de Vázquez (1991) e integraremos las clasificaciones de errores formulados por Huang Yuhua (2005), Chen Chen (2005) y Liu Junling (2005) al proponer los tipos de errores. En el Capítulo 4 expondremos nuestra taxonomía de análisis de los errores.

Capítulo 4 Marco metodológico

En este capítulo hablaremos sobre el marco metodológico del que parte la investigación, así como el proceso de creación del corpus y la metodología que hemos seguido para elaborarlo.

1. Herramientas metodológicas de análisis

En el marco metodológico, en primer lugar, veremos las herramientas metodológicas de análisis. Hablaremos en primera instancia del concepto de error del que se parte en esta investigación, teniendo en cuenta nuestro objetivo y en el que plantearemos nuestra metodología de identificación de errores. La segunda parte de este capítulo constituye nuestra mayor aportación en cuanto a la metodología, en la cual plantearemos nuestra propuesta de clasificación de los errores y formularemos una taxonomía con ejemplos concretos para explicarla.

1.1 Concepto de error e identificación de los errores

En el apartado "2.4.2 El concepto de error" del Capítulo 3 hemos hablado de la diferencia entre el *error*, la *falta* y el *lapsus*: La *falta* y el *lapsus* son errores esporádicos que pueden ocurrir en la producción de cualquier hablante, sea nativo o extranjero, y *error* es el que se presenta de una forma más sistemática. Como reconocen muchos investigadores y el mismo Corder (1967), es muy difícil distinguirlos, y solo estamos en condiciones de valorar cuáles son los errores de competencia y cuáles son los de realización, al final de un amplio análisis de errores. Teniendo en cuenta la perspectiva de la *competencia transitoria* y la *interlengua*, así como la difícil distinción entre *error* y *lapsus*, sobre todo sin conocer los alumnos y su nivel de competencia individual, decidimos que en la presente investigación, los *errores* que incluiríamos y analizaríamos son la transgresión involuntaria y sistemática de las reglas de uso de la lengua y las normas sociales. Como el presente estudio no es longitudinal, no podemos ni distinguiremos si el error es esporádico o sistemático.

En nuestro trabajo, para identificar los errores, hacemos referencia a una serie de obras acerca de gramática y sintaxis de chino y de español, como *Hanyu Shuiping Dengji Biaozhun yu Yufa Dengji Dagang* (汉语水平等级标准与语法等级大纲) 'Estándar de las categorías del nivel de chino y compendio de las categorías de la gramática del chino' (Guojia Duiwai Hanyu Jiaoxue Lingdao Xiaozu Bangongshi 1998) o el *Manual de la nueva gramática española* (Real Academia Española 2010). Su función no es asignarles el carácter de norma universal, sino el de instrumento para corroborar aspectos lingüísticos en un caso determinado. Nuestro juicio de gramaticalidad está basado en tres criterios:

a. Mi competencia como hablante nativa china culta;

b. La experiencia docente como profesoras de chino para hispanohablantes de veinte años de mis directoras, Sara Rovira-Esteva y Helena Casas-Tost;

c. Consulta de libros de gramática de prestigio y referencia en la disciplina.

La aplicación de dichos criterios nos puede servir para la clasificación de la producción escrita de los alumnos españoles como incorrecta, inaceptable o inadecuada, y también nos sirve para asignar una o varias causas de los errores.

1.2 Taxonomía de errores

Los errores que se muestran en un corpus son muy diversos y numerosos y se necesita un instrumento para facilitar su clasificación. Las clasificaciones de errores varían de acuerdo con el objetivo de la investigación y en muchos casos se plantean taxonomías mixtas, adoptando como criterio base uno determinado e incluyendo dentro de ese eje algunos de los puntos que estructuran otras clasificaciones.

En el marco teórico, hemos hecho un repaso de la evolución de las principales taxonomías de errores. Por una parte, recordemos que la mayoría de los lingüistas de la lengua española plantean el criterio de análisis de error desde las siguientes perspectivas: lingüística, etiológica, comunicativa y pedagógica. Por otra parte, muchos trabajos de análisis de errores en lengua china no plantean una taxonomía global, sino de manera más limitada o centrándose únicamente en el léxico, oraciones, o en el discurso, lo cual nos dificulta encontrar una taxonomía conveniente para realizar el análisis de errores en chino. Muy pocas investigaciones incluyen todas estas perspectivas juntas, como es el caso del trabajo de Li Hanyou (2011), que plantea errores a tres niveles: léxico, oracional y discursivo.

Partiendo de nuestra intención de analizar los errores de redacciones en chino de alumnos españoles desde una perspectiva mayoritariamente lingüística con una aplicación didáctica, tomaremos como marco la categorización de tres niveles de análisis de error formulada por Li Hanyou (2011). A nivel léxico y oracional, seguiremos el criterio gramatical de Santos Gargallo (1993) y la localización del error de la teroría de Li Hanyou (2001). A nivel discursivo, usaremos el criterio comunicativo de Vázquez (1991, 1999), combinado con las clasificaciones de errores discursivos de Chen Chen (2005), Huang Yuhua (2005) y Liu Junling (2005). También hemos ajustado estas teorías en la formulación de la taxonomía de errores de acuerdo con las características de nuestro corpus, después de un cuidadoso proceso de prueba y aplicación que abordaremos en el apartado "2.2 Tipología de errores".

De esta forma, resumimos en la tabla que sigue nuestra taxonomía de errores:

Tabla 4.1 Taxonomía de errores

NIVEL LÉXICO	
LOCALIZACIÓN DEL ERROR	**TIPO DE ERROR**
Adjetivo Adverbio Interjección Medidor Numeral Onomatopeya Partícula Preposición Pronombre Sustantivo Verbo Verbo auxiliar	Omisión Redundancia Mal uso (uso inadecuado, mala selección del léxico)

续表

<table>
<tr><td colspan="3">NIVEL ORACIONAL</td></tr>
<tr><td colspan="2">LOCALIZACIÓN DEL ERROR</td><td>TIPO DE ERROR</td></tr>
<tr><td>Función sintáctica</td><td>Categoría detallada</td><td rowspan="8">Omisión
Redundancia
Orden
Mal uso</td></tr>
<tr><td>Sujeto</td><td></td></tr>
<tr><td>Predicado</td><td>Partícula aspectual le (了), guo (过), zhe (着)</td></tr>
<tr><td>Objeto</td><td></td></tr>
<tr><td>Complemento verbal</td><td>Complemento de grado
Complemento direccional
Complemento resultativo
Complemento de modo
Complemento potencial
Complemento de cantidad</td></tr>
<tr><td>Modificador adjetival</td><td></td></tr>
<tr><td>Modificador adverbial</td><td></td></tr>
<tr><td colspan="2">12 tipos de construcciones especiales de oración
Oración con shi (是)
Construcción con shi...de (是……的)
Oración con ba (把)
Oración pasiva
Oración de verbos en serie
Oración de pivote
Oración con you (有)
Oración comparativa
Oración existencial
Verbo de doble objeto
Oración de predicado adjetival
Oración de predicado de sujeto-predicado</td></tr>
<tr><td colspan="3">NIVEL DISCURSIVO</td></tr>
<tr><td>TIPO DE ERROR</td><td colspan="2">SUBTIPO DE ERROR</td></tr>
<tr><td>Cohesión</td><td colspan="2">Conector
Referencia
Partícula modal le (了)</td></tr>
<tr><td>Coherencia</td><td colspan="2">Ambigüedad
Incongruencia
Puntuación
Tema-rema</td></tr>
<tr><td colspan="3">Pragmática</td></tr>
</table>

A continuación, veremos los tipos de errores de cada nivel explicados con ejemplos.

A. Errores a nivel léxico

Dentro de los errores a nivel léxico, incluimos errores referentes a las categorías gramaticales de las palabras, mal uso de significantes, deformaciones y expresiones no usuales. Con respecto a las categorías gramaticales de los errores léxicos, las formulamos de acuerdo con las categorías gramaticales de las palabras en chino listadas en el libro *Hanyu Shuiping Dengji Biaozhun yu Yufa Dengji Dagang* (汉语水平等级标准与语法等级大纲) 'El estándar de las categorías del nivel de chino y el compendio de las categorías de la gramática de chino' (1998) y usamos la traducción al español en el manual titulado *Lengua china para traductores* (Casas Tost, Rovira Esteva y Suárez Girard 2015). En las categorías gramaticales de las partículas, hemos excluido los errores de las partículas aspectuales *le* (了), *guo* (过) y *zhe* (着), y las partículas estructurales *de* (得), *de* (的) y *de* (地), porque los incluimos al nivel oracional y discursivo (véase los apartados "B Errores a nivel oracional" y "C Errores a nivel discursivo").

Los errores a nivel de palabra se clasifican en tres tipos: omisión, redundancia y mal uso. Para explicarlos mejor, a continuación ofrecemos la definición de cada tipo y aportamos ejemplos. Los errores están sacados de nuestra base de datos, por lo que al final de cada oración errónea aparece el código de alumno al que pertenece.

1. Omisión: ausencia de una palabra que debería aparecer.

1a * 睡午觉后我每天 Ø 作业。(21-A1)

1b 睡午觉后我每天写作业。

1c Hago los deberes después de la siesta todos los días.

En esta oración solo aparece el objeto y se omite el verbo que es imprescindible en chino. En esta oración hay que añadir un verbo como *zuo* (做) 'hacer' o *xie* (写) 'escribir'. En la 1b usamos el segundo caso para corregir la oración errónea.

2. Redundancia: presencia de una palabra que no debería aparecer porque la información que aporta ya está presente en el texto o puede deducirse por el contexto.

2a * 安娜的爸爸妈妈下午八点二十分做饭晚饭。(23-A1)

2b 安娜的爸爸妈妈晚上八点二十做晚饭。

2c Los padres de Ana preparan la cena a las ocho y veinte de la noche.

En esta oración sobra el sustantivo *fan* (饭) 'comida', ya que *wanfan* (晚饭) 'cena' es un hipónimo del mismo, es decir tal como se ha construido esta oración tiene dos objetos, que son *fan* (饭) 'comida' y *wanfan* (晚饭) 'cena'. Sin embargo, este verbo solo puede llevar un objeto, por lo tanto, hay que eliminar el primero que es el menos concreto.

3. Mal uso del léxico: dentro de este tipo de error distinguimos dos subtipos, siendo el primero la mala selección del léxico o el uso de una palabra incorrecta en lugar de la correcta. Con otras palabras, una mala selección de la palabra que se debería usar. Veamos un ejemplo de este subtipo:

3a * 上课以后她二十点半吃午饭。(22-A1)
3b 下课以后她十二点吃午饭。
3c Ella almuerza a las doce después de terminar la clase.

En esta oración el estudiante ha confundido las palabras *shangke* (上 课) 'hacer/tener/empezar clase' con *xiake* (下课) 'terminar la clase'.

El segundo subtipo de error de mal uso es el uso inadecuado del léxico, que se refiere a la malformación léxica, el uso de una palabra que no concuerda con sus reglas de uso o con la idea que se intenta expresar. Ahora veamos un ejemplo de uso inadecuado del léxico:

4a * 中学校以后我是去 Bellaterra 上大学的。(13-A2)
4b 中学以后我去 Bellaterra 上大学。
4c Después del bachillerato, fui a Bellaterra para ir a la universidad.

En chino, el sustantivo que equivale a bachillerato es *zhongxue* (中学) en lugar de *zhong xuexiao* (中学校), que no existe en chino, motivo por el cual el alumno comete el error de uso inadecuado del léxico.

B. Errores a nivel de oración

Los errores a nivel oracional son aquellos concernientes a los elementos y construcciones en las oraciones. Los analizamos a través de las tres siguientes herramientas:

I.Funciones oracionales: la gramática china considera que hay seis funciones oracionales, a saber: sujeto, predicado, objeto, modificador adverbial, modificador adjetival y complemento. Existen cuatro tipos de errores relacionados con estas seis funciones: omisión, redundancia, orden y mal uso (el último tipo solo para las partículas).

Cabe señalar aquí que en nuestra taxonomía hemos incluido las partículas aspectuales *le* (了), *zhe* (着) y *guo* (过) en el predicado, y analizaremos los errores de la partícula estructural de (得) en el complemento verbal, la partícula estructural *de* (的) en el modificador adjetival, y la partícula estructural *de* (地) en el modificador adverbial. Incluimos estas partículas — que son categorías gramaticales léxicas — en los errores al nivel oracional por diversas razones. En primer lugar, la mayoría de las partículas no se usan solas, sino que se adhieren a otras palabras, a sintagmas o a oraciones. Además, solo tienen sentido gramatical y no poseen significado semántico concreto, por lo cual tienen una función más sintáctica que léxica. Por ejemplo, las partículas estructurales tienen la función de conectar las palabras en la oración y convertirlas en sintagmas con una función sintáctica. En otras palabras, dichas partículas son marcadores estructurales de las funciones sintácticas correspondientes. Por ejemplo, la partícula estructural *de* (的) enlaza el modificador adjetival y el núcleo del sintagma nominal, la partícula estructural *de* (地) conecta el modificador adverbial y el verbo, mientras que la partícula estructural *de* (得) conecta el complemento verbal con el verbo o adjetivo (Liu, Pan y Hu 2015: 354). Por otra parte, las partículas aspectuales *le* (了), *zhe* (着) y *guo* (过) sirven para indicar el aspecto de la acción expresada por el verbo. En segundo lugar, cualquier taxonomía de errores no solo parte del criterio lingüístico, sino que también debería tomar en consideración el criterio etiológico y pedagógico. Pensamos que incluir dichas partículas al nivel oracional puede facilitar el análisis de las causas de los errores y la competencia de alumnos por la función sintáctica que desempeñan. Finalmente, cabe mencionar que la partícula *le* (了) puede servir también de partícula modal y funciona como mecanismo de cohesión del texto, como hemos avanzado en el apartado "2.4.6 Clasificación de los errores en chino como lengua extranjera" en el Capítulo 3. En este caso, etiquetamos los errores asociados a dicha partícula modal a nivel discursivo.

A continuación, se ilustran los tipos de errores a nivel oracional con ejemplos:

1. Omisión: ausencia de un elemento oracional necesario o de una parte del mismo.

5a * 八点二十分以后她的哥哥帮 Ø 忙。(23-A1)

5b 八点二十分以后她的哥哥帮她忙。

5c Después de las ocho y veinte su hermano le ayuda.

En esta oración se ha omitido el objeto de persona ta (她) ‘ella’.

6a * 请 Ø 这儿坐好。(3-A1)
6b 请在这儿坐好。
6c Siéntese aquí por favor.

En esta oración, el alumno omite la preposición *zai* (在) ‘en’ del modificador adverbial *zai zher* (在这儿) ‘aquí’, que es un elemento imprescindible en esta oración.

2. Redundancia: presencia de un elemento oracional que no debería aparecer porque la información que aporta ya está presente en el texto, puede deducirse por el contexto o la oración resultaría incorrecta con este elemento oracional, por lo tanto, es redundante.

7a * 可是音乐会的票很贵，所以我们不可以买不起很多音乐会的票。(16-A1-A2)
7b 可是音乐会的票很贵，所以我们买不起很多音乐会的票。
7c Pero la entrada del concierto es muy cara, por eso no podemos comprar demasiadas.

En esta oración sobra el verbo auxiliar *bu keyi* (不可以) ‘no podemos’ en el predicado y hay que eliminarlo.

3. Orden: colocación incorrecta de un elemento oracional alterando el orden de la oración según la costumbre del chino.

8a * 我会说四种语言：西班牙语，英语，法语和汉语一点。(15-A1)
8b 我会说四种语言：西班牙语，英语，法语和一点汉语。
8c Sé hablar cuatro idiomas: español, inglés, francés y un poco de chino.

En esta oración, el modificador adjetival *yidian* (一点) ‘un poco de’ está colocado en un lugar erróneo, ya que en chino el modificador adjetival solo se puede poner antes del objeto que modifica.

4. Mal uso: uso de una función gramatical que no es la que corresponde en la oración, o mal uso de las partículas:

9a * 除了对象爱得很，什么都很不一样。(17-B1)
9b 除了对象很相爱，什么都很不一样。

9c Aparte de que los novios se quieren mucho, todo el resto es diferente.

Es erróneo usar el complemento de grado *ai de hen* (爱得很) 'se quieren mucho' en esta oración ya que dicha construcción requiere un objeto detrás. Por ello, cambiamos el predicado con verbo recíproco, que es *hen xiangai* (很相爱) 'se quieren mucho'.

II. 12 Tipos de construcciones especiales: El chino posee muchas construcciones oracionales especiales. En la presente investigación, basándonos en los nueve tipos que aparecen en *Hanyu Shuiping Dengji Biaozhun yu Yufa Dengji Dagang* (汉语水平等级标准与语法等级大纲) 'El estándar de las categorías del nivel de chino y el compendio de las categorías de la gramática de chino' (1998: 51-56) y en los trece tipos de construcciones oracionales en la teoría de Li Hanyou (2011: 48), hemos seleccionado los siguientes 12 tipos de construcciones oracionales:

1. La oración con *shi* (是) 'ser': se refiere a las oraciones en las que el elemento principal del predicado es el verbo *shi* (是) 'ser', cuya función es determinar la relación entre el sujeto y el predicado. Por ejemplo:

10a 他是我们的老师。
10b Él es nuestro profesor.

2. La construcción con *shi...de* (是……的): sirve para enfatizar las circunstancias (principalmente de tiempo, lugar y manera, aunque también el motivo o el agente) de una acción que ya ha tenido lugar, por lo que es incompatible con *le* (了). (Casas Tost et al. 2015: 50) Por ejemplo:

11a 他是坐火车来的。
11b Vino en tren.

3. La oración con *ba* (把): se trata de un recurso para trasladar el objeto del verbo a una posición preverbal para tematizarlo o enfatizarlo. Normalmente, este tipo de oraciones tiene dos construcciones básicas:

1) Sujeto + *ba* (把) + objeto + verbo + *yi* (一)/*le* (了) + verbo

12a 你把你的意见说（一）说。
12b Dinos tu opinión.

2) Sujeto + *ba* (把) + objeto + verbo + complemento

13a 我把信寄走了。
13b Envié la carta.

4. Oración pasiva: este tipo de oraciones que indican voz pasiva responden a las estructuras siguientes:

1) Sujeto + *bei* (被)/*jiao* (叫)/*rang* (让) + objeto + verbo + otros elementos oracionales:

14a 我的词典叫阿里借去了。
14b Mi diccionario fue tomado prestado por Ali.

2) Sujeto + bei (被)/jiao (叫)/rang(让) + verbo + otros elementos oracionales:

15a 画被买走了。
15b La pintura fue comprada.

5. La oración de verbos en serie: una oración de verbos en serie suele tener dos o más predicados verbales o comentarios, que comparten el mismo sujeto o tema y se suceden sin ninguna conjunción que sirva de nexo. Normalmente esta construcción se usa para expresar sucesión de acciones, por ejemplo:

16a 他们吃过晚饭散步去了。
16b Ellos han salido a pasear después de cenar.

También puede ser utilizada para expresar la finalidad de la acción:

17a 下午我们去商店买东西。
17b Vamos a la tienda de compras por la tarde.

6. La oración de pivote: se trata de oraciones en las que el objeto del verbo principal funciona a la vez como sujeto de la frase subordinada. Veamos un ejemplo:

18a 晚上我请你吃饭。

18b Esta noche te invito a cenar.

7. La oración con *you* (有): se refiere a las oraciones cuyo elemento principal del predicado es el verbo *you* (有) que puede significar la existencia de personas o cosas o pertenencia. Por ejemplo:

19a 我有一件新衣服。
19b Tengo una pieza de ropa nueva.

20a 屋里有两张桌子。
20b En la habitación hay dos mesas.

8. Oración comparativa: incluye diferentes tipos de oraciones comparativas que se utilizan para comparar las cualidades de distintas cosas. Sus principales construcciones son las siguientes:

1) Oración con *bi* (比) 'ser más… que…' para indicar superioridad:

21a 这座山比那座山高。
21b Esta montaña es más alta que aquélla.

2) *Gen* (跟)/*he* (和)/*tong* (同) + *yiyang* (一样) 'igual ... que' para indicar igualdad:

22a 她的年纪跟我一样。
22b Su edad es igual que la mía.

3) *you* (有)/*meiyou* (没有) + *zheme* (这么)/*name* (那么) 'menos… que…' para indicar igualdad o desigualdad (en negativo):

23a 我说汉语没有他那么好。
23b No hablo el chino tan bien como él.

9. Oración existencial: incluye diferentes tipos de oraciones, las cuales indican existencia, aparición o desaparición de alguna persona o cosa; la construcción suele estar formada por tres elementos: lugar, verbo, persona o cosa indeterminada. Por ejemplo:

24a 墙上挂着一张画儿。
24b Hay una pintura colgada en la pared.

10. La oración de verbos de doble objeto: hace referencia a las oraciones cuyo verbo rige dos objetos sin la intermediación de ninguna preposición. Generalmente, el objeto que aparece en primer lugar se refiere a una persona y el que aparece después, a una cosa.

25a 我送给他一些东西。
25b Le regalo algunas cosas.

11. La oración de predicado adjetival: se refiere a la construcción en que un adjetivo o sintagma adjetival constituye el elemento principal del predicado de la oración.

26a 她很漂亮。
26b Ella es muy guapa.

12. La oración de sujeto-predicado como predicado: se corresponde con aquel tipo de oración cuyo predicado está constituido por una construcción de sujeto-predicado.

27a 这件事大家都赞成。
27b Todos están de acuerdo sobre este asunto.

C. Errores a nivel de discurso

Los errores a nivel de discurso son aquellos que tienen que ver con el enlace entre oraciones u oraciones yuxtapuestas dentro de una misma oración, con la coherencia y cohesión de los párrafos en relación con el texto. En este trabajo, consideramos tres tipos de errores discursivos: errores de coherencia, de cohesión y de pragmática. A continuación, ilustramos los tres tipos de errores y los subtipos a los que pertenecen con ejemplos.

1. Coherencia: la coherencia de un texto se manifiesta en las relaciones lógicas internas y en la organización de los acontecimientos, los objetos, las situaciones, etc. En el apartado de coherencia discursiva se recogen errores que produjeron ambigüedades en el mensaje, incongruencias de sentido, relación entre tema-rema y puntuación. Ahora

vamos a ver uno por uno estos subtipos de errores de coherencia:

1) Ambigüedad: la información es ambigua y se puede entender o interpretar de más de una manera. Por ejemplo:

28a * 我每天先吃早饭烤面包，豆浆和水果然后，星期一和星期三从十一点整到两点半，星期二和星期四从九点半到三点整我坐开车在大学。(36-A1)

28b 我每天先吃早饭，早饭吃烤面包、豆浆和水果。然后，星期一和星期三从十一点整到两点半，星期二和星期四从九点半到三点整我在学校。我坐车往返学校。

28c Cada día desayuno tostadas, leche de soja y fruta. Los lunes y los miércoles estoy en la universidad desde las once en punto hasta las dos y media; en cambio, los martes y jueves mi horario es de nueve y media hasta las tres en punto. Voy y vuelvo en autobús.

En esta oración se mezclan el sintagma verbal *zuo kaiche* (坐开车) 'tomo el bus' y el sintagma preposicional *zai daxue* (在大学) 'en la universidad', por lo cual expresa de forma ambigua las acciones que se realizan durante el tiempo indicado.

2) Incongruencia de sentido: falta de congruencia del sentido. Veamos este ejemplo:

29a * 那再来一份。(4-A1)

29b 那来一份。

29c Entonces tráiganos una ración.

Según el texto, los hablantes están pidiendo su primer plato. Por eso, no debería poner el adverbio *zai* (再), que implica repetición de la acción. En este contexto, el uso de *zai* (再) constituye, pues, un error de incongruencia, es decir, las palabras escogidas no se corresponden con lo que se quiere expresar.

3) Tema-rema: error que tiene que ver con el tema y la información acerca del mismo. Veamos este ejemplo:

30a * 从来我很喜欢学语，可是不是容易的语喜欢的，是难语我很喜欢的。(14-A2)

30b 我一直很喜欢学语言，可是我喜欢的不是容易的语言，是难的语言。

30c Siempre me ha gustado aprender idiomas, pero los que me gustan son los difíciles, no los fáciles.

En esta oración, el tema *wo xihuan de* (我喜欢的) 'lo que me gusta' normalmente se coloca al principio de la cadena informativa y el rema después. Por lo tanto, hay que reorganizar la parte temática y la remática.

4) Puntuación: los errores de puntuación se refieren a su uso inadecuado. Por ejemplo:

31a * 我认为婚礼得有家人和朋友。也很多酒和很多好吃的饭。(8-B1)

31b 我认为婚礼得有家人和朋友，也很多酒和很多好吃的饭。

31c Me parece que una boda tiene que tener presentes familiares y amigos, así como contar con mucho vino y una gran cantidad de buena comida.

Esta oración habla de lo que tiene que haber en una boda. Aparte de la familia y los amigos, también tiene que haber vino y comida. Por lo tanto, hay que usar una coma en medio de la oración ya que la idea no está concluida.

2. Cohesión: la cohesión se manifiesta en la conectividad secuencial de los elementos superficiales, es el reflejo visible de la coherencia. Los errores de cohesión son errores de referencia, de conectores y partículas modales. Se detallan a continuación:

1) Referencia: mal uso, redundancia y omisión de la referencia, que incluye referencia nominal, pronominal y anáfora cero. Por ejemplo:

32a * 所以他每天回家的时候，特别累不吃晚饭，只想去睡觉，而 Ø 对他的身体不好。(3-A1-A2)

32b 所以他每天回家的时候，他都累得不想吃晚饭，只想去睡觉，而这对他的身体不好。

32c Por eso, todos los días cuando regresa a casa, está tan cansado que no quiere cenar sino solo dormir, lo que no es bueno para su salud.

La frase original no tiene ningún pronombre que haga referencia a aquello que causa daño a su salud porque el estudiante comete un error de omisión, por lo que hace falta añadir *zhe* (这) 'esto' como referencia.

2) Conector: mal uso, redundancia y omisión del conector. Con conector nos referimos a conjunciones, palabras que indican lugar y palabras que indican tiempo.

33a * 因为我在这里一定很长时间，上个月我家庭到北京看我。(18-A2)

33b 因为我在这里一定很长时间，所以上个月我家庭到北京看我。

33c Como estaría aquí por mucho tiempo, el mes pasado mi familia vino a Beijing a verme.

En chino la conjunción que indica causa *yinwei* (因为) 'puesto que' y la que señala consecuencia *suoyi* (所以) 'por eso' se suelen usar de manera combinada, cosa que resultaría redundante e incorrecto en español. Sin embargo, en esta oración en chino falta la conjunción *suoyi* (所以) 'por eso' para indicar la consecuencia.

Veamos un ejemplo de mal uso de la conjunción:

34a * 不管我的好朋友 Anna 也在巴塞罗那自治大学学习，我们俩不常多月没见了。(8-A1-A2)

34b 虽然我的好朋友 Anna 也在巴塞罗那自治大学学习，但是我们俩好几个月没见了。

34c Aunque mi amiga Anna estudia también en la Universidad Autónoma de Barcelona, no nos hemos visto por meses.

La frase original utiliza mal la conjunción, se debería usar una conjunción adversativa.

El uso redundante de una conjunción consiste en el uso de una conjunción donde el chino no lo permite. Veamos este ejemplo:

35a * 然后，我洗澡和我吃早饭。(38-A1)

35b 然后，我洗澡，吃早饭。

35c Después me ducho y desayuno.

3) Partícula modal: mal uso de la partícula modal *le* (了) al final de la oración como mecanismo de cohesión. Por ejemplo:

36 a * 然后医生对路易说他好像发烧 Ø，可是他别着急因为他只有点感冒。(2-A2)

36b 然后医生对路易说他好像发烧了，可是要他别着急因为他只有点感冒。

36c A continuación, el médico le dijo a Luis que le parecía que tenía fiebre, pero que no se preocupara porque solo era un resfriado.

Fashao (发烧) 'tener fiebre' indica un cambio de situación, por lo cual se requiere la partícula modal *le* (了) al final de la oración para indicar dicho cambio.

3. Pragmática: se entiende por error pragmático el que se comete en la producción por un desconocimiento de las normas o valores socioculturales de la lengua. En el nivel pragmático, se analiza el registro, el uso de exponentes[1] funcionales y los errores culturales.

37a * 她八点去大学。(23-A1)
37b 她八点去学校。
37c Ella va a la universidad a las ocho.

En la oración original *qu daxue* (去大学) 'ir a la universidad' se comete el error pragmático por un desconocimiento de las normas socioculturales de China, ya que en China para decir ir a la universidad, ir al instituto, o ir al colegio, se usa siempre qu *xuexiao* (去学校) 'ir a la escuela' sin especificar el tipo de escuela. Esta oración es correcta gramaticalmente, e incluso se puede utilizar en determinados contextos, pero en el contexto de la redacción de este alumno, la expresión *qu daxue* (去大学) 'ir a la universidad' no es correcta pragmáticamente, ya que *daxue* (大学) 'universidad' no puede hacer referencia al edificio o campus.

En este subapartado hemos presentado la taxonomía de errores y las definiciones de los diferentes tipos de errores. En el siguiente subapartado, veremos cómo hemos elaborado el corpus y cómo hemos aplicado en el mismo la taxonomía de errores.

2. Corpus de trabajo

En esta parte presentaremos el corpus de trabajo para el análisis de los errores. Dicha presentación se divide en tres partes. Primero, presentaremos el perfil de los informantes y los datos de los trabajos escritos seleccionados. Segundo, explicaremos el proceso de pilotaje de la metodología para elaborar la tipología de errores y su etiquetación. Finalmente, aportaremos una descripción detallada de la estructura del corpus y explicaremos las herramientas de procesamiento que usamos para gestionar el corpus y extraer datos de él.

1. Exponente es un término utilizado en los inventarios lingüísticos de los programas comunicativos de índole nociofuncional (Martín Peris 2008).

2.1 Selección del corpus

Nuestro corpus está formado por 120 trabajos de redacciones en chino de estudiantes del Grado de Traducción e Interpretación, el Grado de Estudios de Asia Oriental y la Licenciatura de segundo ciclo en Estudios de Asia Oriental, que asistieron a clases de chino en la Facultad de Traducción e Interpretación de la Universidad Autónoma de Barcelona a lo largo de los cursos del 2004-2005 al 2015-2016.

Gracias a la ayuda de mis directoras, profesoras de dicha facultad, tuvimos acceso a las redacciones de estos alumnos y seleccionamos 120 de manera aleatoria para formar el corpus, 40 por cada uno de los tres niveles de lengua (A1, A2 y B1), según el Marco Europeo Común de Referencia para las Lenguas. Los temas de las redacciones incluían cómo dar direcciones, describir un dormitorio, hablar sobre programas de televisión, el clima, las costumbres relacionadas con las bodas, los viajes, etc., de acuerdo con los contenidos y las competencias comunicativas que se corresponden con dichos niveles.

En nuestro corpus tenemos pues representados, los niveles de lengua A1, A2 y B1. No incluimos los niveles avanzados como el B2, C1 y C2, ya que pocos alumnos españoles de nuestro corpus mostraban un nivel tan avanzado de chino. En la siguiente tabla se evidencia el origen de los 120 trabajos que forman nuestro corpus:

Tabla 4.2 Origen de los trabajos del corpus por niveles de idioma

Nivel de chino	Asignatura	Curso	N.º de alumnos
A1	Idioma I	2012-2013	20
A1	Idioma II	2013-2014	6
A1	Idioma II	2014-2015	14
A1-A2	Idioma y traducción C1	2015-2016	9
A1-A2	Idioma III	2015-2016	11
A2	Idioma y traducción C2	2014-2015	3
A2	Idioma y traducción C2	2010-2011	9
A2	Chino intermedio	2006-2007	8
B1	Chino VI	2012-2013	18
B1	Ch.Int	2016-2017	2
B1-B2	Chino C7	2011-2012	1
B1-B2	Texto y contexto	2014-2015	3
B1-B2	Llengua i Traducció C5	2014-2015	5
B1-B2	Chino C7	2011-2012	11

Las razones por las que seleccionamos estos trabajos para formar nuestro corpus son las siguientes. En primer lugar, la Facultad de Traducción e Interpretación actualmente ofrece clases de chino como lengua extranjera en dos grados distintos a lo largo de los cuatro años de carrera. En segundo lugar, existían numerosas redacciones disponibles que abarcaban distintos temas. Ambos casos contribuían a una mayor diversidad y representatividad de la muestra. En tercer lugar, teníamos acceso fácil a los trabajos de los estudiantes de la FTI de diversos cursos gracias a la ayuda de mis directoras. En definitiva, podíamos garantizar cierta homogeneidad al menos en cuanto al perfil de los alumnos y a su contexto de estudio. Todo esto nos permitió disponer de un corpus completo y rico y así poder hacer un análisis de errores de mayor profundidad y amplitud.

Por razones de tiempo no disponemos de suficientes datos para hacer la presente investigación de forma longitudinal. El corpus de la presente investigación está formado por las redacciones ya hechas de los alumnos desde el año 2006 de la Facultad de Traducción e Interpretación de la Universidad Autónoma de Barcelona. Como el corpus se estableció en un periodo de un año, fue imposible recoger los datos y hacer el seguimiento de los alumnos en el tiempo disponible. Por lo tanto, el presente estudio no se puede llevar a cabo una investigación para conocer la competencia exacta y el dominio de chino de los alumnos españoles de nuestra muestra, lo cual nos impide distinguir de modo preciso entre errores y lapsus o faltas. Por eso, consideraremos errores todas aquellas producciones incorrectas según la norma, independientemente de su sistematicidad y frecuencia.

2.2 Tipología de errores

En este apartado hablaremos principalmente del proceso de determinación de la tipología de errores en nuestro corpus la elaboración de la taxonomía de errores. Para elaborar una clasificación de los errores, hemos tenido en cuenta las investigaciones existentes en el ámbito del análisis de errores para la lengua china y la lengua española. De hecho, el proceso de elaboración de nuestra taxonomía de errores — presentado en el apartado "1.2 Taxonomía de errores" — ha experimentado bastantes cambios hasta poder conseguir ajustarla al máximo según nuestras necesidades. En una primera instancia, seguimos los tipos de error más formulados por los lingüistas que hemos mencionado en el apartado "2.4.5 Clasificación de los errores en la didáctica de las lenguas extranjeras" del Capítulo 3, que son redundancia, omisión, orden y mal uso, y la aplicamos de manera preliminar a unos 30 trabajos para probar si esta clasificación era factible para nuestra base de datos. Descubrimos que esta clasificación con estos cuatro subtipos de error no abarcaba todos los errores cometidos, ya que los errores correspondientes a cada nivel (léxico, oracional y discursivo) tienen sus propias características. Por lo tanto, empezamos a etiquetar diferentes tipos de errores de cada nivel de análisis de acuerdo con sus condiciones particulares.

A nivel léxico, eliminamos el orden como tipo de error porque pensamos que la colocación es un tipo de error perteneciente al nivel oracional. Hicimos una subdivisión del mal uso — de mala selección y uso inadecuado del léxico — para analizar de forma más detallada y concreta el error del mal uso de palabras, que es un tipo de error que concentra gran cantidad de casos. De hecho, agregamos la mala selección como tipo de error léxico refiriéndonos a las taxonomías planteadas por Corder (1967), Vázquez (1999), Santos Gargallo (1993) y Santos Rovira (2007).

El proceso de determinar los errores a nivel de oración fue más complicado. Para todos los errores de este tipo, indicamos en la localización del error la función oracional errónea, y si era el caso, si dicha oración pertenecía a uno de los doce tipos de construcción oracional especial que habíamos seleccionado. Sin embargo, con el gran número de trabajos analizados, el proceso de análisis se complicó bastante porque para cada error existían dos posibles criterios para analizarlo: la función oracional y la construcción oracional. De esta manera, resultaba muy difícil hacer un análisis cuantitativo para observar el patrón de errores. Por lo tanto, dividimos los errores a nivel de oración en dos partes: si el error se encontraba en una construcción oracional especial, lo clasificábamos de este modo y, en una segunda instancia, analizábamos las construcciones en las que se cometían más errores y sus causas. Si el error no estaba relacionado con ninguna construcción especial, marcamos su función oracional y el tipo de error al que pertenecía, y lo analizábamos solamente desde esta perspectiva.

En cuanto a los errores a nivel discursivo, en un comienzo quisimos analizarlo de la misma manera como con los errores del nivel léxico y oracional, es decir, indicando la localización del error y el tipo de error, y añadiendo la oración completa, el párrafo o el texto en la columna correspondiente en la localización del error. Sin embargo tras probar esta manera nos dimos cuenta de que esta forma de analizar los errores discursivos no era factible. En primer lugar, muchos errores podían adjudicarse a cualquiera de estos tres niveles — a saber, la oración completa, el párrafo y el texto —. Por ejemplo, el error de correferencia puede aparecer en cualquiera de las tres situaciones y no tendría sentido clasificar y analizar todos los errores de correferencia cometidos en una oración compleja o en un texto. En segundo lugar, muchos errores a este nivel tienen que ver con la coherencia textual o la pragmática y no podemos limitarnos a decir que el error es relativo a cierto elemento oracional. Por lo tanto, reelaboramos la taxonomía y eliminamos la clasificación de oración compleja, párrafo y texto. Determinamos tres tipos de errores de nivel discursivo, como son: cohesión, coherencia y pragmática. Seguimos el criterio comunicativo de Vázquez (1991) e integramos las clasificaciones de errores formuladas por Huang Yuhua (2005), Chen Chen (2005) y Liu Junling (2005), proponiendo cuatro subtipos de errores de coherencia, es decir, errores de ambigüedad, de tema-rema, de incongruencia y de puntuación, y tres subtipos de errores de cohesión, a saber, referencia, conector y partícula modal.

Después de esta fase piloto de aplicación de una propuesta provisional de tipología y de hacer los ajustes necesarios, analizamos todo el corpus de 120 trabajos para obtener una primera tanda de resultados. En esta etapa fuimos puliendo pequeños detalles de la clasificación a partir de nuestra experiencia y de las cuestiones que se nos iban planteando.

Además, descubrimos que muchos errores podían etiquetarse de varias maneras, es decir, un error podía ser considerado a la vez léxico, oracional y discursivo. En otros casos, los alumnos redactaron oraciones bastantes ambiguas y distorsionadas y nos resultó difícil deducir el mensaje que intentaban transmitir, por ello la localización del error y su reconstrucción fue hasta cierto punto subjetivo y tal vez no se pudiera reproducir totalmente el sentido que querían expresar los alumnos, especialmente en el nivel oracional, ya que presentaban diferentes estructuras oracionales mezcladas, así como omisión de elementos gramaticales importantes. Sin embargo, en el análisis cuantitativo priorizamos un tipo de error frente a otro, según la intención expresiva del alumno y la causa de su error, tratando de acercarnos lo más posible a la oración que intentaba producir el alumno. Veamos un ejemplo:

38a * 她会说中文不太好。(25-A1)
38a' Ella no habla el chino demasiado bien.

Esta oración puede entenderse y corregirse de varios modos. Si consideramos el error a nivel discursivo, el alumno español está mezclando dos estructuras porque no sabe estructurar bien la oración en chino para expresar claramente la idea que quiere transmitir y hace una traducción literal del español. La oración 38a indica, por un lado, la capacidad de hablar en chino de "ella"; por otro lado, muestra la información de su nivel de chino, que no es muy bueno. Por ello, una opción para corregir esta oración es dividirla en dos para aclarar la idea y añadir el conector *pero* al inicio de la segunda:

38b 她会说中文，但是说得不太好。
38c Ella sabe hablar chino, pero no lo habla muy bien.

Otra forma de analizar la oración es desde el nivel oracional. El alumno domina bien el uso de complemento de grado ya que la intención del alumno es expresar el nivel de chino de la chica es *bu taihao* (不太好) 'no muy bueno', pero lo usa mal. En este caso, la corrección sería:

38d 她中文说得不太好。
38e Ella no habla muy bien el chino.

Otra opción de corrección que puede simplificar la oración sería:

38f 她不太会说中文。
38g Ella no sabe hablar el chino demasiado bien.

En este caso, consideramos que el error reside en la colocación de *bu tai* (不太) 'no muy', ya que el verbo *hui* (会) 'saber' no permite el uso del complemento de grado pero sí la modificación adverbial directa. Frente a esta situación, revisamos todas las posibilidades de clasificación y tuvimos en cuenta el nivel de chino del alumno 25-A1, nivel inicial de aprendizaje de chino en el que no se enseñan aún construcciones compuestas muy complicadas y por ende, no se cometen errores de estructuración discursiva. De esta manera, decidimos optar por la corrección de la oración 38f clasificando este error al nivel de oración y marcar "complemento" como la función sintáctica errónea.

Además, cabe mencionar también nuestros principios de corrección de errores en el corpus. Seguimos los principios formulados por Zhou Xiaobing (2007: 46) y añadimos un último punto:

a. Corresponder a la idea que intentan expresar los alumnos;

b. Corresponder a las reglas y las costumbres expresivas de chino;

c. Ser más simple;

d. Acercarse al nivel de chino donde se encuentran los alumnos extranjeros;

e. Corresponder al contexto del trabajo completo del alumno.

Hemos añadido el último punto porque pensamos que, para realizar la corrección de las oraciones erróneas hay que tener en cuenta el trabajo completo y el contexto. Tenemos las redacciones completas que escribieron alumnos españoles y todas las oraciones erróneas han sido extraídas de las mismas. Por lo tanto, al corregir los errores en las oraciones, no las consideramos oraciones independientes, sino que tenemos en cuenta el contexto de la redacción del alumno.

2.3 Herramientas de procesamiento del corpus y creación de la base de datos

Después de determinar los ítems de nuestro corpus, empezamos el procesamiento del mismo para crear la base de datos. La herramienta informática que utilizamos para crear la tabla con la base de datos es el programa Microsoft Excel. Este programa permite que se incluya gran cantidad de información en celdas que pueden filtrarse y hacer un análisis cuantitativo según las necesidades del usuario. Leímos todas las redacciones e identificamos todos los errores cometidos por los alumnos y creamos una base de datos con todos los errores y su categorización en una misma hoja de cálculo.

A continuación, explicaremos algunos aspectos importantes acerca de la creación de la base de datos. Ante todo, como la gramática china y la española son tan distintas, cabe señalar que las categorías gramaticales del léxico, partes y funciones de la oración, construcciones oracionales especiales, así como los elementos a nivel de discurso que indicamos en el análisis de los errores, corresponden a la gramática china. En segundo lugar, cuando había más de una opción de corrección de errores, optamos por la más cercana al nivel de los estudiantes y a lo que creímos era la intención del alumno en cada caso en relación al tema de la redacción en concreto. En tercer lugar, clasificamos los errores en tres niveles: léxico, oracional y discursivo. Al analizar cada segmento, determinamos el error principal y clasificamos el tipo de error en uno de los tres niveles, que eran excluyentes. Es decir, priorizamos una clasificación, si bien a veces los límites entre categorías son difusos. Además, cuando localizamos el error, también intentamos unificar la clasificación para facilitar el análisis cuantitativo. La base de datos incluye las siguientes columnas (véase el Apéndice: base de datos):

Tabla 4.3 Contenido de la base de datos

ESPECIFICACIONES	CONTENIDO
A.Código del alumno (para asegurar el tratamiento anónimo de los datos)	El código del alumno está compuesto por la numeración del trabajo y el nivel de chino al que pertenece
B. Asignatura	
C. Curso	
D. Semestre	
E. Grado	
F. Nivel de chino	A1, A2 o B1
G. Frase con el error	Con la parte errónea marcada en negrita (excepto el error de omisión)
H. Frase correcta	Con la parte corregida marcada en negrita
I. Error	Se indica el contenido erróneo
J. Nivel de análisis de error	Nivel léxico, oracional o discursivo
K. Errores léxicos	Se indica la categoría gramatical de la palabra errónea
L. Tipo detallado del mal uso del léxico	Mala selección del léxico o uso inadecuado
M. Errores oracionales	Se indica la función gramatical del contenido erróneo, si el error no pertenece a ningún tipo de las construcciones oracionales especiales
N. Categoría detallada de partícula y complemento	partícula aspectual, si es el caso
	Complemento de grado, complemento resultativo, complemento direccional, compelmento de cantidad, complemento potencial, complemento de modo
O. Construcción oracional especial	Se indica el tipo de la construcción oracional especial, si es el caso
P. Tipo de error	Mal uso, redundancia, omisión (nivel léxico)
	Orden, redundancia, omisión, mal uso (nivel oracional)
	Cohesión, coherencia, pragmática (nivel discursivo)
Q. Errores discursivos	Referencia, conector, partícula modal, ambigüedad, incongruencia, puntuación, tema-rema, pragmática
R. Tipo detallado de referencia	Mal uso, omisión, redundancia

El proceso para rellenar los datos fue el siguiente:

a. Introdujimos todos los datos de cada una de las redacciones desde la columna A hasta la columna F.

b. Escribimos las oraciones erróneas en la columna G, con los errores marcados en negrita. Por cada línea de Excel solo introdujimos un error. Si una oración contenía más de uno, volvimos a introducir la misma oración en las siguientes líneas con el resto de errores marcados en negrita. Si se trataba de un error discursivo y se requería el contexto para su análisis(en algunos casos de errores de referencia o errores de incongruencia), introdujimos el contexto en la columna G.

c. En la columna H indicamos la oración corregida en negrita.

d. Determinamos a qué nivel de análisis pertenecía el error y rellenamos la columna *J Nivel de análisis de error*.

e. Si se trataba de un error léxico, primero se hizo constar en la columna *K Errores léxicos* la categoría gramatical a la que correspondía la palabra errónea, luego en la columna de *P Tipo de error* se ponía el tipo de error cometido, y en la columna *L Tipo detallado del mal uso léxico* si era el caso. Veamos un ejemplo de procesamiento de un error de mal uso de una palabra:

39a * 好，等一会儿，我马上来你们的菜。(1-A1)
39b 好，等一会儿，我马上上你们的菜。
39c Bien, esperad un momento. Ahora mismo os sirvo los platos.

En 39a se usa el verbo *lai* (来) 'venir' en lugar de *shang* (上) 'servir'. Introdujimos la información de este error como evidencia la Tabla 4.4:

Tabla 4.4 Muestra de error léxico en el corpus

G	H	I	J	K	L	P
Frase con el error	**Frase correcta**	**Error**	**Nivel error**	**Errores léxicos**	**Tipo detallado del mal uso**	**Tipo de error**
好，等一会儿，我马上**来**你们的菜。	好，等一会儿，我马上**上**你们的菜。	来	error léxico	verbo	mala selección del léxico	mal uso

f. Si un error correspondía al nivel de oración, se introducía primero en la columna *M Errores oracionales* con el error concreto: si la oración errónea pertenecía a uno de los trece tipos de construcciones oracionales especiales, se recogía en la columna O *Construcción oracional especial*, dejando sin indicar nada en la columna *P tipo de error*. Si el error de la oración consistía en una omisión, un problema de orden o una redundancia de alguna función sintáctica, se recogió en la columna *M Errores oracionales*. Por último, en la columna *P Tipo de error* se especificó el tipo de error cometido. Veamos dos ejemplos de oraciones erróneas:

40a * 请 Ø 这儿坐好。(3-A1)
40b 请在这儿坐好。
40c Siéntense aquí, por favor.

La oración 40a comete el error de omisión de modificador adverbial, la cual recogemos en el corpus de la siguiente manera:

Tabla 4.5 Muestra de error de función gramatical de la oración en el corpus

G	H	I	J	M	O	P
Frase con el error	**Frase correcta**	**Error**	**Nivel error**	**Errores oracionales**	**Construcción oracional especial**	**Tipo de error**
请这儿坐好。	请**在**这儿坐好。	在	error oracional	verbo	modificador adverbial	omisión

41a * 妈妈叫 Rosa，比爸爸 Ø 两个岁。(15-A1)
41b 妈妈叫 Rosa，比爸爸小两岁。
41c Mi madre se llama Rosa y es dos años más joven que mi padre.

El error 41a es un error de la construcción especial de oración comparativa y así lo hicimos constar en el corpus como evidencia la Tabla 4.6:

Tabla 4.6 Muestra de error de construcción especial de la oración en el corpus

G	H	I	J	M	O	P
Frase con el error	**Frase correcta**	**Error**	**Nivel error**	**Errores oracionales**	**Construcción oracional especial**	**Tipo de error**
妈妈叫 Rosa，比爸爸两个岁。	妈妈叫 Rosa，比爸爸**小**两岁。	小	error oracional		Or. Comparativa	

g. Si un error se cometía a nivel de discurso, se introducía su tipología en la columna *P Tipo de error*, y en la columna *Q Errores discursivos*, el subtipo de error, tal como muestra el ejemplo 42a y la Tabla 4.7.

42 a * 那再来一份。(4-A1)
42b 那来一份。
42c Entonces tráiganos una ración.

Esta oración muestra un error de incongruencia por el uso de zai (再) 'volver a', ya que es la primera vez que piden platos. Este error se recoge en el corpus de la siguiente manera:

Tabla 4.7 Muestra de error discursivo en el corpus

G	H	I	J	P	Q	R
Frase con el error	**Frase correcta**	**Error**	**Nivel error**	**Tipo de error**	**Errores discursivos**	**Tipo detallado de referencia**
那**再**来一份。	那来一份。	再	error discursivo	coherencia	incongruencia	

En la primera línea de la tabla en Excel de la hoja de cálculo filtramos el nivel de análisis de los errores, el nivel de lengua del alumno, así como otro cierto tipo de errores. Con este filtro, pudimos analizar los errores de acuerdo con el parámetro de nivel de análisis, nivel de chino o tipo de error. El programa Excel permite también generar gráficos y tablas de modo independiente para facilitar el análisis.

La base de datos ofrece suficiente información para luego realizar un análisis cuantitativo y cualitativo para ver cuáles son los errores más frecuentes en las redacciones de nuestro corpus y también aventurar las causas que pueden explicar su comisión.

En la "Parte II Análisis de errores", entraremos en la parte empírica de la investigación, en la cual analizaremos los errores basándonos en el estado de cuestión, así como el marco teórico y metodológico que hemos formulado en la Parte I.

Parte II Análisis de los errores

Capítulo 5 Análisis cuantitativo general del corpus

En la presente investigación, el análisis de errores se basa en nuestro corpus. Para tener una visión panorámica del mismo, en este capítulo haremos un análisis cuantitativo global (cifras absolutas y porcentajes) que se desglosará luego en los siguientes capítulos, con el propósito de conocer la distribución de errores por diferentes niveles y tipos de errores, su evolución y los problemas más recurrentes.

Nuestro corpus consiste en errores detectados en 120 redacciones, divididas según el nivel del estudiante de acuerdo con el Marco Común Europeo de Referencia para las lenguas, A1, A2 y B1, con 40 redacciones por nivel. En el presente trabajo hemos detectado y analizado un total de 864 errores.

De acuerdo con la taxonomía que hemos planteado anteriormente en el capítulo de metodología, dividimos los errores en tres niveles de análisis: léxico, oracional y discursivo. La cantidad de errores encontrados en cada nivel se recoge en el siguiente gráfico:

Gráfico 5.1 Distribución de errores por niveles de análisis

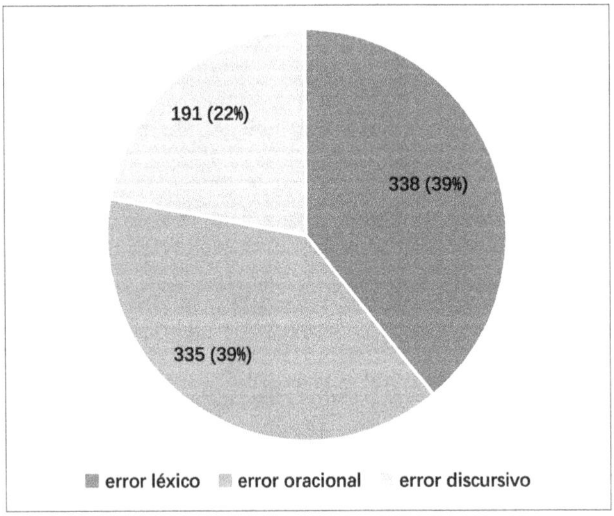

Se puede observar un mayor número de errores léxicos y oracionales, mientras que los errores de tipo discursivo son menores. Se refleja una cifra de errores parecida en palabras y oraciones, unos 338 y 335 respectivamente, con un porcentaje del 39% del total cada uno. En cuanto a los errores de discurso, encontramos 191 casos, con un 22% del total.

De acuerdo con la división por niveles de competencia de los alumnos, en nuestro corpus encontramos el A1, A2 y B1. La cantidad y distribución de errores por niveles está resumida en el Gráfico 5.2:

Gráfico 5.2 Distribución de errores por nivel de chino

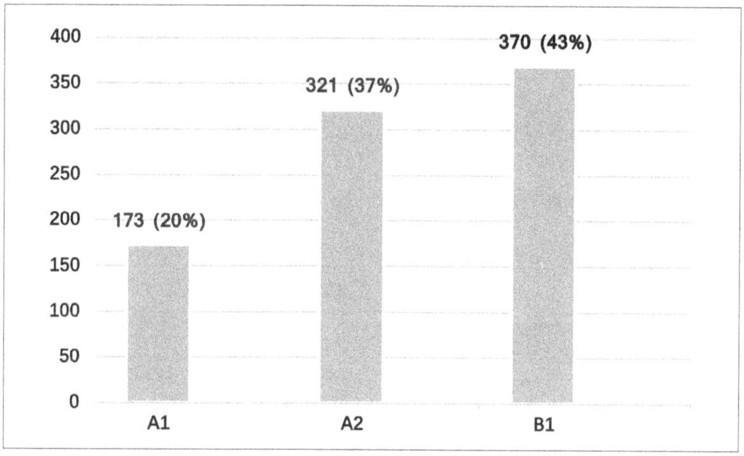

Cuanto más elevado es el nivel de chino, mayor número de errores se detectan en nuestro corpus. En el nivel inicial A1 solo hemos detectado el 20% del total de errores, mientras que en B1 encontramos una cifra del 43%, aproximándose a la mitad. Pensamos que las causas de este fenómeno son las siguientes. En primer lugar, cuanto más elevado es el nivel de dominio de la lengua, los alumnos empiezan a utilizar palabras y construcciones más complejas; en segundo lugar, la longitud de los trabajos también es mayor en los niveles superiores; finalmente, el encargo del trabajo también es diferente, con un mayor nivel de complejidad. En los niveles iniciales, las redacciones de los alumnos tratan sobre temas sencillos como la familia o amigos, mientras que en los niveles más avanzados, los alumnos tienen que escribir redacciones con su opinión acerca de determinados hechos o narraciones de una historia, resultando más complicado.

La distribución de los diferentes niveles de análisis de error según el nivel de competencia es la que se muestra en el Gráfico 5.3:

Gráfico 5.3 Distribución de los errores de los diferentes niveles de análisis por nivel de chino

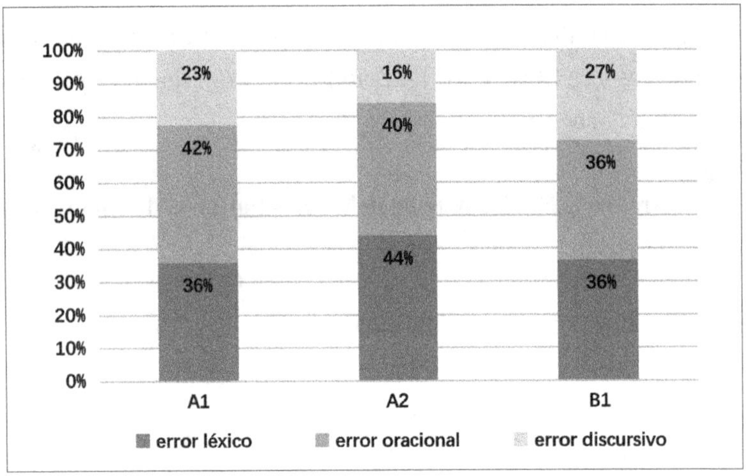

Se puede ver que la distribución de errores de diferentes niveles de análisis por el nivel de chino es equilibrada, es decir, en todos los niveles de chino los errores discursivos representan una proporción bastante pequeña, ocupando los de tipo léxico y oracional un porcentaje mucho mayor, sin distanciarse mucho entre sí. Esta tendencia coincide con la distribución que se muestra en el Gráfico 5.1, que es la distribución general de los errores por el nivel de análisis. Del Gráfico 5.3 podemos deducir que los alumnos de diferentes niveles comparten el mismo patrón: en sus redacciones cometen mayor cantidad de errores léxicos y oracionales y menos errores discursivos.

En resumen, si miramos globalmente la distribución de los errores del corpus, podemos encontrar las siguientes características:

1. Analizando por el nivel de análisis de lengua, la cantidad de errores a nivel léxico y oracional es casi el doble que la de los errores a nivel discursivo, tendencia que se mantiene en todos los niveles de chino. Por lo tanto, los alumnos españoles que forman parte de nuestra muestra tienden a cometer más errores dentro de una misma oración que al enlazar oraciones o a nivel textual.

2. Siguiendo un análisis según el nivel de competencia de chino, la cantidad de errores correspondientes a los niveles A2 y B1 es casi el doble de los errores de A1, razón por la que encontramos más errores de alumnos en nuestro corpus a medida que aumenta su nivel de chino.

Capítulo 6 Análisis de errores a nivel léxico

Después de analizar de manera global los errores en nuestra muestra, en los siguientes tres capítulos analizaremos los errores a nivel léxico, oracional y discursivo. En este capítulo, nos centraremos en los errores a nivel léxico. En nuestro corpus encontramos 338 errores en palabras, representando el 39% del total de los errores del corpus. A continuación, los analizaremos cuantitativa y cualitativamente, partiendo desde la doble perspectiva de la tipología de error y de su categoría gramatical.

1. Análisis según la categoría gramatical

En este apartado, analizaremos los errores léxicos desde la perspectiva de la categoría gramatical para conocer de manera más detallada el patrón de los errores cometidos por los alumnos españoles de nuestra muestra. Para lograr dicho objetivo, en primer lugar, vamos a ver la distribución de los errores de diferentes categorías gramaticales y los errores más recurrentes. En segundo lugar, analizaremos los errores de las categorías gramaticales por orden descendente de ocurrencia.

Para empezar, veamos la distribución de los errores a nivel léxico según el nivel de chino, que se muestra en el Gráfico 6.1:

Gráfico 6.1 Distribución de errores a nivel léxico según el nivel de chino

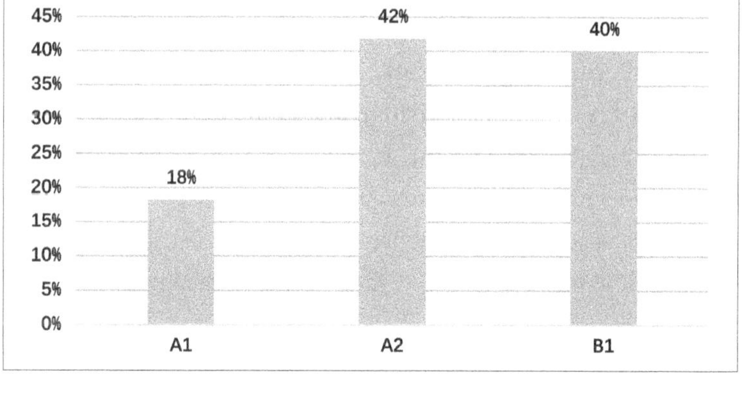

La mayor parte de errores a nivel léxico se concentran en el nivel A2 (42%) y el nivel B1 (40%), mientras que en el nivel A1 se cometen relativamente pocos errores de este tipo (18%).

La distribución de errores en función de las diferentes categorías gramaticales se muestra en el Gráfico 6.2:

Gráfico 6.2 Distribución de errores por categoría gramatical

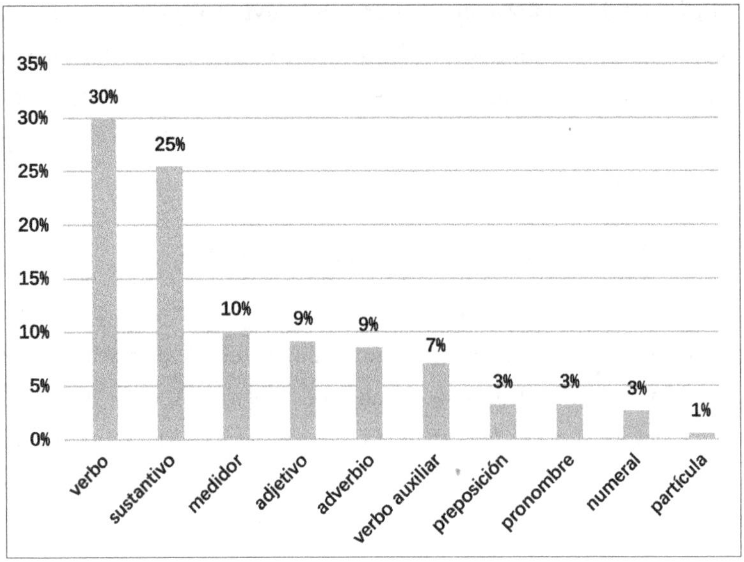

Entre todos estos errores, los verbos (30%) y sustantivos (25%) son las dos categorías gramaticales que concentran más errores, con un porcentaje mucho más elevado que en el resto de las categorías. Desde nuestro punto de vista, este porcentaje elevado de errores de verbo y sustantivo se debe a las características intrínsecas de ambas categorías gramaticales, ya que abarcan el mayor número de vocabulario y también poseen más palabras polisémicas. Por lo tanto, en términos relativos, es más fácil confundir palabras parecidas y cometer errores de mala selección de léxico. Las demás categorías gramaticales (adverbio, medidor, adjetivo, verbo auxiliar, preposición, pronombre, numeral y partícula) ocupan un porcentaje menor.

A continuación, analizaremos cuantitativamente la distribución de los errores en los diferentes niveles de chino en cada una de las categorías gramaticales en el Gráfico 6.3:

Gráfico 6.3 Distribución de los errores de diferentes categorías gramaticales en función del nivel de chino

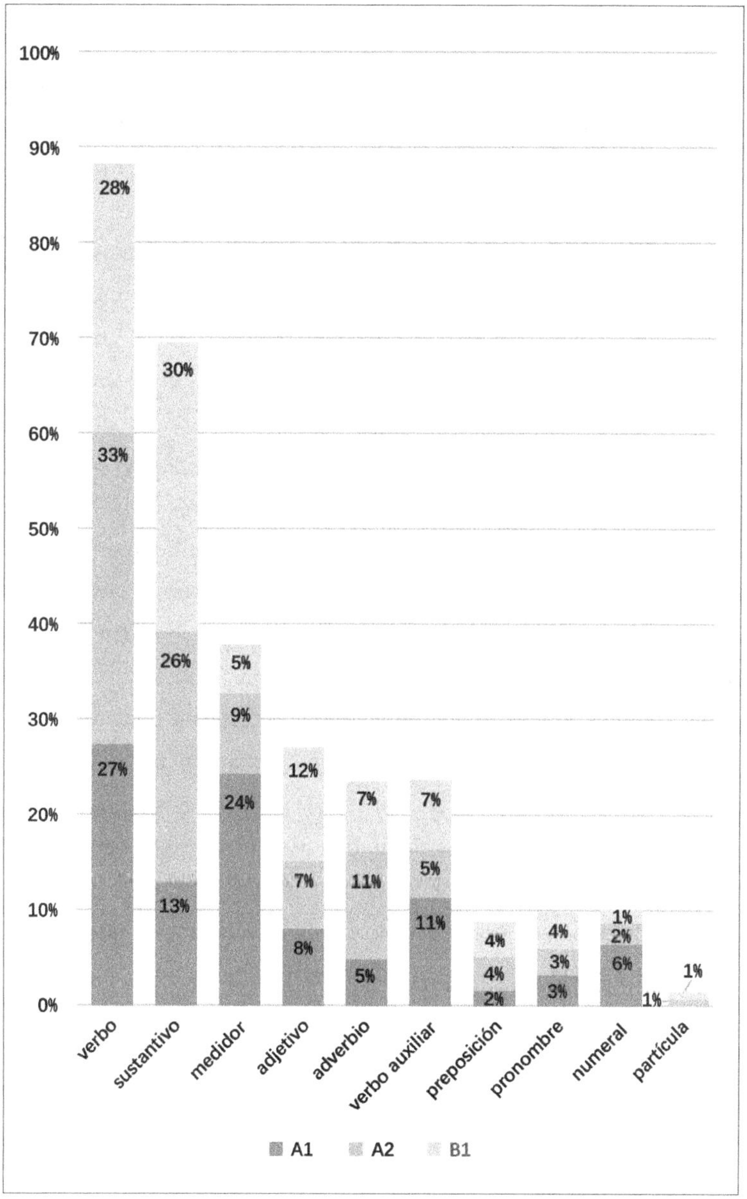

En este gráfico se aprecia que los alumnos del nivel A1 tienen problemas destacados con verbos (27%) y medidores (24%). En el nivel A2, se reducen notablemente los errores de medidores y los porcentajes más altos se encuentran en las categorías de verbo (33%) y sustantivo (26%). En B1, las categorías gramaticales que concentran más errores siguen siendo los verbos (28%) y sustantivos (30%), aumentando el segundo en porcentaje de errores.

Por lo tanto, se pueden resumir los resultados del análisis del siguiente modo. En todas las categorías gramaticales, los alumnos del nivel A1 no cometen tantos errores como los del nivel A2 y B1 debido a que el vocabulario que dominan los alumnos del nivel A1 es menos variado y por ello, el contenido de las redacciones en este nivel también es más reducido.

Al comparar el porcentaje de errores entre los diferentes niveles de chino en una misma categoría gramatical, se desprende que en A1 los errores que se comenten con más frecuencia corresponden a las categorías de medidor, verbo auxiliar y numeral. El verbo, el adverbio y la preposición conllevan más errores en el nivel A2 que en los niveles A1 y B1. Los errores en las categorías de sustantivo, adjetivo y pronombre ocurren con mayor frecuencia en el nivel B1 que en los niveles A1 y A2. Por lo tanto puede corroborarse que los alumnos tienden a cometer errores en diferentes categorías gramaticales según su nivel de chino. Este fenómeno se debe a que los alumnos adquieren nuevos conocimientos de diferentes categorías gramaticales en los diferentes niveles y suelen cometer errores con las palabras nuevas que aprenden y que les resultan más difícil de dominar.

Aunque diferentes niveles de chino acaparan diferentes porcentajes de error, la mayoría de dichas categorías gramaticales no comportan muchas diferencias respecto al porcentaje que ocupan los errores en el nivel A2 y B1. La razón podría ser, en primer lugar, la capacidad de los alumnos de ambos niveles de redactar textos de mayor extensión acerca de temas más complejos, de usar estructuras oracionales más complejas así como un vocabulario cada vez más rico. Además, aunque los alumnos de B2 tengan un nivel más alto y puedan evitar muchos de los errores que cometían en A2, aún siguen cometiendo errores con el vocabulario nuevo que van adquiriendo.

Después de ver la distribución general de los errores léxicos en función de la categoría gramatical, veamos las palabras concretas con su error. A continuación, la Tabla 6.1 presenta una lista de las palabras que presentan más errores en números absolutos en nuestro corpus:

Tabla 6.1 Unidades léxicas que presentan más errores en orden descendente

PALABRA	CATEGORÍA GRAMATICAL		N.º TOTAL DE ERRORES	TIPOLOGÍA DE ERROR		
				REDUNDANCIA	MAL USO	OMISIÓN
个 (*ge*)	medizdor		17	4	4	9
想 (xiang)	verbo auxiliar		8	-	8	-
可能 (*keneng*)	verbo auxiliar		5	-	5	-
有 (*hui*)	verbo		6	1	5	-
二 (*er*)	numeral		5	-	5	-
会 (*hui*)	(4) verbo auxiliar	(1) medidor	5	1	2	2
人 (*ren*)	sustantivo		5	1	3	1
点 (*dian*)	medidor		5	-	2	3
种 (*zhong*)	medidor		5	-	1	4
在 (*zai*)	(3) preposición	(1) verbo	4	2	2	-
来 (*lai*)	verbo		4	-	4	-
看 (*kan*)	verbo		4	1	3	-
一 (*yi*)	numeral		4	1		3
东西 (*dongxi*)	sustantivo		4	-	3	1
做 (*zuo*)	verbo		4	1	3	-
时 (*shi*)	sustantivo		3	-	3	-
对象 (*duixiang*)	sustantivo		3	-	3	-
谈话 (*tanhua*)	verbo		3	-	3	-
别的 (*biede*)	(2) adjetivo,	(1) pronombre	3	-	3	-
从来 (*conglai*)	adverbio		3	-	3	-
里 (*li*)	sustantivo		3	1	1	1

La Tabla 6.1 nos muestra las palabras que implican mayor dificultad de dominio para los alumnos españoles en su aprendizaje del chino como LE, con cifras de errores más relevantes en nuestro corpus. No obstante, es necesario aclarar que la alta frecuencia de errores en las palabras listadas anteriormente se debe, por una parte, a la dificultad en el aprendizaje de las mismas y, por otra, a su alta frecuencia de su uso. Analizaremos los errores de las palabras listadas en los subapartados de errores de diferentes categorías gramaticales.

A continuación, analizaremos los errores léxicos por categorías gramaticales por orden descendente en cantidad, con el propósito de conocer el patrón de los mismos y analizar aquellos más recurrentes de cada categoría gramatical. Como las últimas cuatro categorías gramaticales, a saber, preposición, numeral, pronombre y partícula, cuentan con una cantidad de errores muy discreta, no entraremos en detalle, y solo nos limitamos a ver los tipos de errores y sus causas.

1.1 Verbos

Empezamos el análisis con el verbo, que representa la categoría gramatical con el mayor número de errores en comparación con otras categorías. En primer lugar, veamos la distribución de errores verbales por tipos (Gráfico 6.4) y por nivel de chino (Gráfico 6.5).

Gráfico 6.4 Distribución de tipos de errores relacionados con el verbo

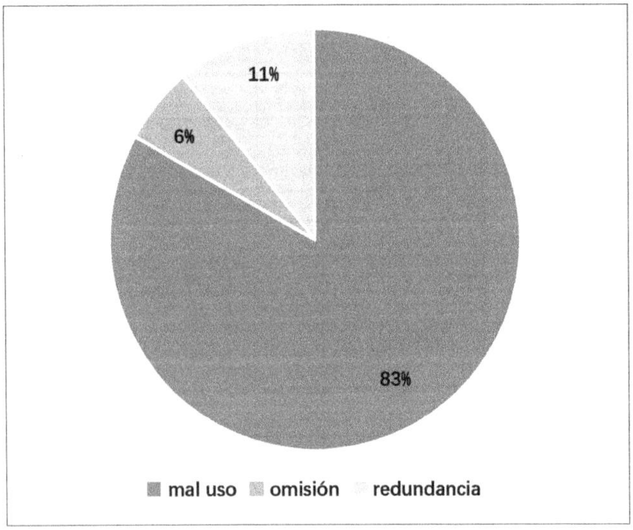

La mayoría de los errores con verbos son de mal uso, con un porcentaje muy elevado que alcanza el 83%. La redundancia y la omisión del verbo tienen un porcentaje relativamente bajo de tan solo un 11% y 6% respectivamente.

A continuación, veamos la distribución de los errores verbales según el nivel de chino en el siguiente gráfico:

Gráfico 6.5 Distribución de los errores verbales por nivel de chino

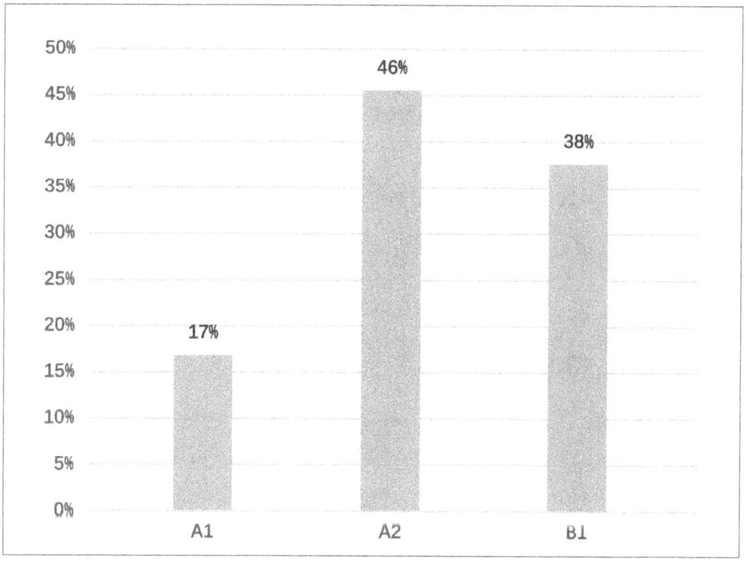

El Gráfico 6.5 muestra que un poco menos de la mitad (46%) de los errores verbales se concentran en el nivel A2. Un 38% se encuentran en el nivel B1 y muy pocos (17%) en el nivel A1. Creemos que este fenómeno se debe a que en el nivel A2, los alumnos empiezan a aprender una gran cantidad de verbos más usuales y, por lo tanto, cometen más errores pues no acaban de dominar sus reglas de uso. A medida que se mejora el nivel de chino, en B1, por ejemplo, los alumnos ya son capaces de evitar la mayoría de los errores relativos a los verbos aprendidos en A2, aunque siguen cometiendo errores con los verbos nuevos que aprenden.

A continuación, veamos concretamente los verbos con los que cometen más errores: *you* (有) 'haber/tener' (5), *kan* (看) 'mirar' (4), *lai* (来) 'venir/servir' (4) y *zuo* (做) 'hacer' (4).

Tabla 6.2 Verbos que presentan más errores

PALABRA	N.º DE ERRORES	TIPO DE ERROR			NIVEL DE CHINO		
		REDUNDANCIA	MAL USO	OMISIÓN	A1	A2	B1
有 (you)	6	1	5	-	3	2	1
看 (kan)	4	1	3	-	1	1	2
来 (lai)	4	-	4	-	1	1	2
做 (zuo)	4	1	3	-	1	2	1

Empecemos con el verbo *you* (有) 'haber/tener', pues presenta la mayor cantidad de errores en comparación con los otros tres.

Gráfico 6.6 Errores con *you* (有) 'haber/tener'

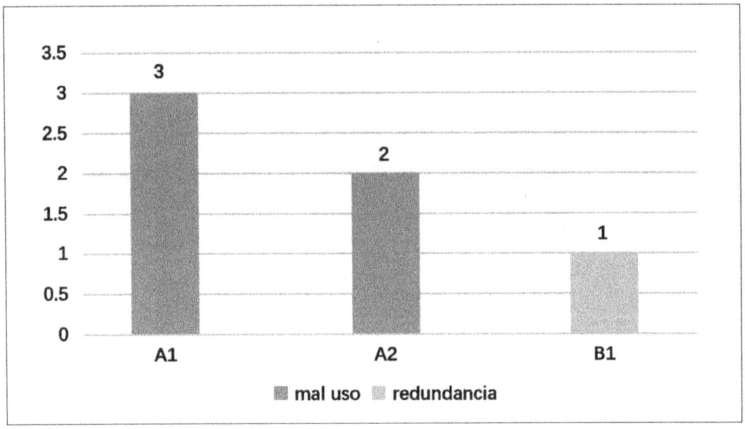

En Gráfico 6.6 observamos que los errores con *you* (有) 'haber/tener' se distribuyen en todos los niveles de chino, siendo el mal uso el error más frecuente ya que los alumnos lo confunden con el verbo *yao* (要) 'querer'. Veamos a continuación algunos ejemplos de mal uso:

1a * 你好。<u>有</u>一点什么？ (5-A1)
1b 你好。<u>要</u>点什么？
1c Hola. ¿Qué quieres?

En esta oración el alumno ha confundido el verbo *you* (有) 'haber/tener' y *yao* (要)

'querer, necesitar' por el parecido fonético.

2a * 我从家到大学骑自行车有一小时。(21-A1)
2b 我从家到大学骑自行车要一小时。
2c Tardo una hora para ir de casa a la universidad en bicicleta.

En esta oración, el alumno ha confundido los dos verbos por hacer una traducción literal.

Veamos ahora los diferentes errores con otro de los verbos de la muestra, en este caso *kan* (看) 'mirar', que se muestran en el siguiente gráfico:

Gráfico 6.7 Errores con *kan* (看) 'mirar'

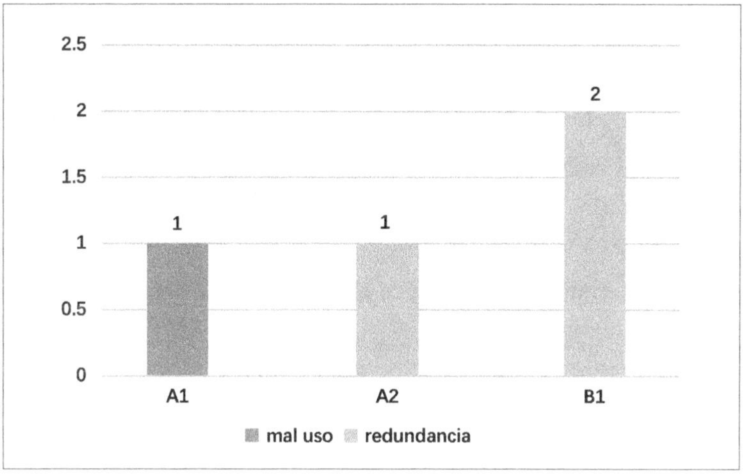

Este gráfico muestra que el verbo *kan* (看) 'mirar' presenta cuatro errores, siendo la mayoría de mal uso. Estos errores se dan en todos los niveles de chino en nuestro corpus. Veamos algunos ejemplos a continuación:

3a * 看下班我回家和吃午饭我的爸爸。(38-A1)
3b 下班后我回家和我的爸爸吃午饭。
3c Después del trabajo, regreso a casa a comer con mi padre.

En esta oración el verbo *kan* (看) 'mirar' es innecesario, ya que *después del trabajo* es un modificador adverbial y debería usarse *hou* (后) 'después'. El alumno ha confundido las dos palabras, posiblemente debido a la similitud gráfica de los dos caracteres (看 vs. 后). Es el único caso con este tipo de error en nuestro corpus.

4a * 因为我有时候看我家里人，所以我们谈话，告我们怎么样。(6-A2)

4b 因为我很少见到我家里人，所以我们聊天，说说我们怎么样。

4c Como veo muy poco a mis familiares, charlamos hablando de cómo estamos.

Se puede deducir que el alumno no domina el uso y la diferencia entre expresar la acción y su resultado, es decir, entre *kan* (看) 'mirar, visitar' y *kandao* (看到) 'ver'. En esta oración el alumno quiere expresar el resultado de ver a los familiares, por lo tanto, hay que sustituir *kan* (看) 'mirar, visitar' por *kandao* (看 到) 'ver'. También existe otra opción para corregir esta oración, que consiste en añadir el verbo *qu* (去) 'ir' — que indica la finalidad de acción — antes del verbo *kan* (看) 'mirar, visitar', para formar una oración de verbos en serie:

4d 因为我很少去看我家里人，所以我们聊天，说说我们怎么样。

4e Como pocas veces voy a ver a mis familiares, charlamos hablando de cómo estamos.

En este caso, el error ya no residiría en el verbo *kan* (看) 'mirar, visitar', sino en la omisión del verbo *qu* (去) 'ir'.

El verbo *kan* (看) también tiene el significado de creer, que normalmente se usa coloquialmente. Sin embargo, algunos alumnos lo usan en los textos escritos y cometen el error de mal uso del verbo. Veamos el siguiente ejemplo:

5a * 总之，虽然我看中国婚礼很有意思，但是也看到嫁的生活太难，又城市的婚礼有时不够传统。(2-B1)

5b 总之，虽然我认为中国婚礼很有意思，但是也看到婚后的生活太难，另外城市的婚礼有时不够传统。

5c En resumen, aunque me parecen muy interesantes las bodas chinas, también veo que la vida después de casarse es muy difícil, y además las bodas en la ciudad no son muy tradicionales.

Este alumno también ha cometido un error de mala selección léxica, ya que ha confundido el verbo que expresa la acción de *mirar*, que es *kan* (看), con el verbo que introduce la expresión de ideas y opiniones, que es *renwei* (认为) 'parecer, creer', posiblemente porque ambas palabras pueden equivaler al verbo español *pensar* o *creer*. En esta oración el autor expresa su opinión acerca de las bodas en China, es una argumentación y por ello debería usar un verbo formal, por lo tanto, *renwei* (认为) 'parecer, creer' sería más apropiado en este contexto.

Además, el verbo *kan* (看) 'mirar' también aparece mal usado en sintagmas adverbiales:

6a * 看文化，每社会遵从一系列的传统和习惯。(20-B1)
6b 从文化来看，每个社会都遵从一系列的传统和习惯。
6c Visto desde la cultura, cada sociedad observa una serie de tradiciones y costumbres.

Esta oración quiere expresar una perspectiva de punto de vista, por lo tanto, hay que usar la estructura *cong... lai kan* (从……来看) 'visto desde…' en vez de *kan* (看) 'mirar, observar'. Este alumno no conoce o no ha aprendido bien el uso de la construcción fija *cong... lai kan* (从……来看) 'visto desde…' e inventa un uso incorrecto en chino.

En resumen, de los cuatro errores del verbo *kan* (看) 'mirar', tres son errores de mal uso, concretamente errores de mala selección de léxico. Este tipo de errores se debe a que el alumno no es capaz de distinguir el significado de *kan* (看) 'mirar' del significado de sus sinónimos, tampoco domina bien sus otros usos con estructuras más complejas. Asimismo, el alumno no consigue dominar las normas de uso adecuado de dicho verbo. El verbo *kan* (看) 'mirar' es una palabra versátil y tiene varios significados, lo cual explica el alto porcentaje de mala selección de dicho verbo. Además, en los niveles intermedios los alumnos intentan usar estructuras más complejas, pero debido a la falta de conocimientos gramaticales o a la falta de domino de las reglas de uso, no consiguen usar correctamente este verbo y sus diferentes variantes.

Pasemos ahora al verbo que ocupa el tercer lugar en número de errores, *lai* (来) 'venir', que también aparece con cuatro errores de mal uso, distribuidos en todos los niveles. Concretamente, dichos errores pertenecen a la categoría de errores de selección inadecuada de léxico.

En nuestro corpus, hay alumnos que han confundido el verbo *lai* (来) 'venir' con el verbo *shang* (上) 'traer, servir' en el caso de *shang cai* (上菜) 'traer los platos':

7a * 然后服务员来菜、饮料。(12-B1-B2)
7b 然后服务员上菜、饮料。
7c Después el camarero sirvió los platos y las bebidas.

En esta oración se ha usado de forma errónea el verbo *lai* (来) 'venir', ya que en chino este verbo con el sentido de servir solo se puede usar en oraciones imperativas en un diálogo, pero no en una narración con estilo indirecto. Por ejemplo, se puede decir *lai san wan mifan* (来三碗米饭) 'sírvenos tres boles de arroz'. Por consiguiente, en esta oración declarativa, hay que usar el verbo *shang* (上) para expresar el sentido de servir.

En otro caso, los alumnos han confundido el verbo *lai* (来) 'venir' con el sustantivo *xia* (下) 'el próximo', ya que realizaron una traducción literal del sintagma español *la semana que viene* y han puesto *lai xingqi* (来星期):

8a * 来星期五我要去巴伦西亚了。(14-A2)
8b 下星期五我要去巴伦西亚了。
8c Iré a Valencia la semana que viene.

Este error también se puede deber a que los estudiantes saben o estudian japonés y así es cómo se dice en japonés (来周) 'la semana que viene'.

Otro error es confundir el verbo *lai* (来) 'venir' con la palabra que indica la procedencia, por ejemplo:

9a * 现代婚礼的习惯跟我来的很不一样。(17-B1)
9b 这边现代婚礼的习惯跟我那儿的很不一样。
9c Las costumbres de las bodas modernas de aquí son muy diferentes de las de mi pueblo natal.

Este error se debe a la influencia de la lengua materna, ya que en español se dice *las bodas modernas son muy diferentes de las del lugar de donde vengo.* El alumno no domina bien cómo expresar la idea en chino y recurre a su lengua materna.

En resumen, todos los errores con el verbo *lai* (来) 'venir' son del tipo de mala selección del léxico. La causa del error es la interferencia de la lengua materna o de otras lenguas extranjeras que saben, como el japonés. Es decir, el verbo venir en chino tiene varios significados y puede ser usado ampliamente en diferentes contextos, pero los alumnos suelen hacer una traducción literal de las oraciones que contienen *venir* en español y usan de manera errónea el verbo *lai* (来) 'venir' en chino.

A continuación, veremos el verbo *zuo* (做) 'hacer', con cuatro errores detectados en nuestro corpus. Entre los cuatro errores de dicho verbo, uno es de redundancia en A1 y tres de mal uso en A2 y B1. El caso de redundancia se muestra en la siguiente oración:

10a * 从六点钟到七点钟专心做工作。(24-A1)
10b 从六点钟到七点钟认真工作。
10c De las seis a las siete trabaja laboriosamente.

En esta oración, el alumno usa el sintagma verbal *zuo gongzuo* (做工作) 'hacer el trabajo', donde sobra el verbo *zuo* (做) 'hacer'. En chino, el sustantivo *gongzuo* (工作) 'trabajo' se puede usar también como verbo, por lo que en este tipo de oración, no se debe usar el verbo *zuo* (做) 'hacer'. La expresión *zuo gongzuo* (做 工 作) 'hacer el trabajo' se entiende, pero no se dice de esta manera. En chino son correctas las expresiones con este verbo cuando *gongzuo* (工作) 'trabajo' funciona como sustantivo y está modificado, por ejemplo *ni zuo shenme gongzuo* (你做什么工作？) '¿A qué te dedicas?', o *wo xihuan zuo zhe fen gongzuo* (我喜欢做这份工作) 'Me gusta hacer este tipo de trabajo'. Pero la expresión *zuo gongzuo* (做工作) 'hacer el trabajo' no se usa, salvo en algunos casos coloquiales que tienen el significado de *persuadir a alguien.*

El resto de los errores con *zuo* (做) 'hacer' son errores de mala selección del léxico, que se cometen debido a la confusión del verbo *zuo* (做) 'hacer' con *xingcheng* (形 成) 'formar', *canjia* (参 加) 'participar' y *da* (打) 'practicar, jugar'. Veamos a continuación ejemplos concretos:

11a * 我一直以为这将是很好的做法太极拳，但我从来没有时间去做。(10-A1-A2)
11b 我一直以为太极拳是很好的运动，但我从来没有时间去打。
11c Siempre he considerado que el taichí es un deporte muy bueno, pero nunca he tenido tiempo para practicarlo.

Este alumno ha combinado de forma errónea el verbo con el sustantivo. En chino, se dice *da taijiquan* (打太极拳) 'practicar o hacer taichí', no *zuo taijiquan* (做太极拳) 'hacer taichí'. Este alumno ha hecho una traducción literal de la expresión en español sin tomar en cuenta las costumbres de coocurrencia en chino.

12a * 我是在 Chipiona 学会的是安达卢西亚人，可是在 Sanlúcar 做的我性格。(15-A2)

12b 我是在 Chipiona 成为了安达卢西亚人，可是在 Sanlúcar 形成了我的性格。

12c Me he convertido en un andaluz en Chipiona, pero mi personalidad se ha formado en Sanlúcar.

En esta oración, el alumno ha confundido el verbo *zuo* (做) 'hacer' con el verbo *xingcheng* (形成) 'formar(se), hacerse', porque los dos verbos chinos pueden equivaler al verbo español *hacer*. Por lo tanto, el alumno ha hecho una traducción literal sin conocer a fondo el significado de la palabra en chino y el error cometido se debe a la influencia del español y a la falta de vocabulario en chino.

13a * 我是第三大学学生的时候，我做了一个交流。(8-B1-B2)

13b 我是大三学生的时候，我参加了一个交流项目。

13c Cuando era estudiante de tercero, participé en un programa de intercambio.

Este alumno ha cometido un error de mala selección de léxico, en otras palabras, ha combinado de forma errónea el verbo *zuo* (做) 'hacer' con el sustantivo *jiaoliu xiangmu* (交流项目) 'programa de intercambio'. En español, se dice hacer intercambio, pero su traducción literal al chino no es genuina y hay que usar el verbo *canjia* (参加) 'participar en'. Por ende, este error se comete por la interferencia con la lengua materna y por la falta de dominio de la coocurrencia entre el verbo y el sustantivo.

Del análisis anterior, se desprende que los errores del verbo *zuo* (做) 'hacer' se cometen principalmente por la interferencia de la lengua materna. Los alumnos hacen una traducción literal de la idea que quieren expresar en español y cometen errores de mala selección del léxico. Por otro lado, dichos errores también se cometen debido a la falta de conocimientos de la coocurrencia del verbo y del sustantivo. Además, cabe señalar que la alta frecuencia de errores del verbo *zuo* (做) 'hacer' también se debe a que es un verbo de amplio uso que se aprende en el nivel A1, y que en español presenta muchas combinaciones con sustantivos que no son equivalentes en chino. Por ello, cuando los alumnos no saben qué palabra se debe usar, tienden a recurrir a esta que ya conocen.

Para concluir, los errores con verbos son los más frecuentes entre todas las categorías gramaticales de palabras, y a su vez, el más frecuente es de mal uso, ya que los alumnos no saben distinguir entre sinónimos parciales y sus diferentes usos, y cometen errores por la influencia de la lengua materna y la falta de vocabulario en chino. El hecho de que varias palabras en chino equivalgan a una misma palabra en español en significado también conduce a que los alumnos hipergeneralicen el uso de determinados verbos sin tener en cuenta el registro o contexto de su uso. Además, la coocurrencia del verbo con el sustantivo también resulta difícil para los alumnos españoles. Desde la perspectiva de la distribución de errores según el nivel de chino, los errores relacionados con los verbos cuentan con un bajo porcentaje en el nivel inicial, aumentando en el nivel A2. El alto porcentaje de errores no disminuye en B2, donde se evitan errores de los usos aprendidos en el nivel A1 y A2, pero se cometen errores de palabras nuevas y usos recién aprendidos.

1.2 Sustantivos

A continuación, veamos los errores relacionados con sustantivos, categoría gramatical que ocupa el segundo lugar en cuanto a la cantidad de errores tras los cometidos con verbos. En primer lugar, veamos la distribución por tipos de errores mostrada en el siguiente gráfico:

Gráfico 6.8 Distribución de los errores con sustantivos por tipo de error

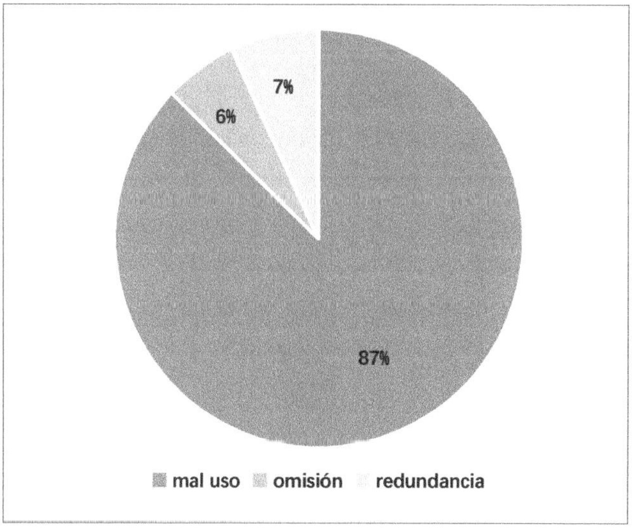

Igual que en el caso de los verbos, la mayoría de los errores con sustantivos se concentran en su mal uso (87%). De los 75 errores de mal uso, 50 son de mala selección y 25 son de uso inadecuado. Los errores de redundancia (7%) y omisión (6%) ocupan un porcentaje muy bajo. Tras analizar cuantitativamente los errores de sustantivo según su distribución por el nivel de lengua, obtenemos el siguiente gráfico:

Gráfico 6.9 Distribución de errores con sustantivos por niveles

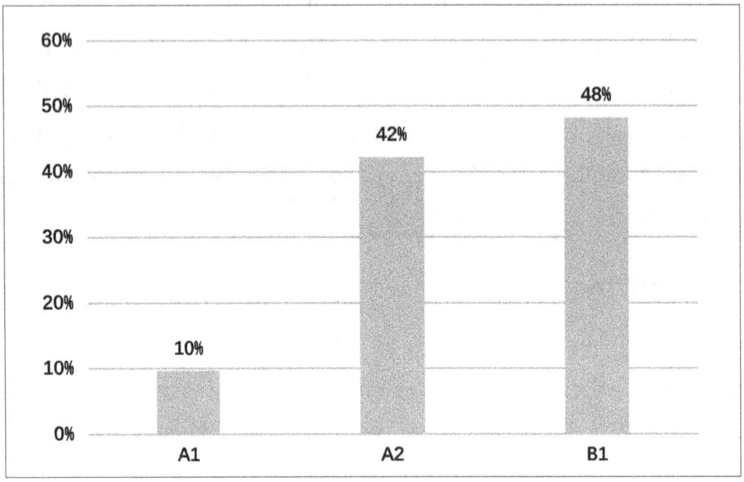

Este gráfico muestra que el mayor número de errores con sustantivos se encuentran en B1 (48%) y A2 (42%). El nivel A1 presenta pocos errores y ocupa solo un 10%. Creemos que este fenómeno se explica por la concentración de errores por mal uso, que ocupa un 88% de los errores de dicha categoría gramatical. Es decir, la gran mayoría de errores con sustantivos son de mal uso. En el nivel A1, los sustantivos que dominan los alumnos son muy limitados y sencillos, razón por la que no detectamos muchos casos de mala selección o de uso incorrecto. Pero en A2 y B1 los alumnos aprenden mayor cantidad de sustantivos con usos más variados y cometen más errores de mal uso, lo que explicaría la concentración de errores en el nivel A2 y B1.

En cuanto a los sustantivos concretos que presentan un mayor número de errores, hemos hecho un análisis cuantitativo reflejado en la siguiente tabla:

Tabla 6.3 Sustantivos con más errores

PALABRA	N.º DE ERRORES	TIPO DE ERROR			NIVEL DE CHINO		
		REDUNDANCIA	MAL USO	OMISIÓN	A1	A2	B1
人 (*ren*)	5	1	3	1	-	2	3
东西 (*dongxi*)	4	-	4	-	-	3	1
时 (*shi*)	3	1	3	-	-	2	1
对象 (*duixiang*)	3	-	3	-	-	-	3
里 (*li*)	3	1	1	1	-	2	1

En la Tabla 6.3 se observa que, al igual que con los verbos, aunque el sustantivo presenta un número elevado de errores, su distribución es bastante dispersa, ya que el vocabulario correspondiente a la categoría del sustantivo es muy extenso. El sustantivo que ocupa el primer lugar con cinco errores es *ren* (人) 'persona', seguido por el resto de sustantivos con cuatro errores, *dongxi* (东 西) 'cosa'; y por los que presentan tres errores, *shi* (时) 'tiempo', *duixiang* (对象) 'pareja' y *li* (里) 'dentro, en'.

Primero, veamos el sustantivo *ren* (人) 'persona'. Pensamos que la razón principal de la elevada presencia de errores con este sustantivo se debe a que los alumnos usan con mucha frecuencia esta palabra para hacer referencia a un sujeto no concreto, pero a menudo no consiguen distinguir *ren* (人) 'persona' de *renmen* (人 们) 'personas, gente'. De los cinco errores con *ren* (人) 'persona' en nuestro corpus, tres errores son de uso inadecuado, en los cuales se usa la palabra *ren* (人) 'persona' en lugar de usar su forma plural *renmen* (人们) 'personas, gente'. Veamos unos ejemplos:

14a * 我只知道人都很高兴，所以我很喜欢祝了这个事儿。(8-B1)
14b 我只知道人们都很高兴，所以我很喜欢庆祝这样的事儿。
14c Sé que la gente está muy contenta, por lo tanto, me gustan mucho estas celebraciones.

15a * 通常晚上人离开家，因为白天太热。(15-B1-B2)
15b 通常晚上人们出门，因为白天太热。
15c Normalmente la gente sale por la noche, porque durante el día hace mucho calor.

En chino, la palabra *ren* (人) significa 'persona'. *Ren* (人) también se puede combinar con otros caracteres para formar otras palabras, como *nanren* (男人) 'hombre', *nüren* (女人) 'mujer' o *renmen* (人们) 'gente'. Según el contexto de la oración, se intenta expresar la idea de personas en genérico, por lo cual hay que usar *renmen* (人们) en lugar de *ren* (人).

A continuación, veamos el segundo sustantivo *dongxi* (东西) 'cosa'. En nuestro corpus hemos detectado cuatro errores de mal uso, tres en el nivel A2 y uno en el nivel B1. Los errores de dicho sustantivo son idénticos: en todas las oraciones erróneas los alumnos han usado el sustantivo *dongxi* (东 西) 'cosa' en lugar de *shiqing* (事情) 'asunto', en el sintagma verbal de *zuo shiqing* (做事情) 'hacer las cosas'. Cabe destacar que hay tres alumnos del nivel A2 que han cometido el mismo error en las mismas circunstancias.

16a * 妈妈一点都不喜欢我弟弟做的东西。(3-A1-A2)
16b 妈妈一点都不喜欢我弟弟做的事情。
16c A mamá no le gustan nada las cosas que hace mi hermano.

17a * 我跟我爸爸一起做很多有意思的东西。(13-A2)
17b 我跟我爸爸一起做很多有意思的事情。
17c Con mi padre, hago muchas cosas muy interesantes.

18a* 我们很喜欢做东西一起。(16-A2)
18b 我们很喜欢一起做事情。
18c Nos gusta mucho hacer cosas juntos.

Pensamos que la repetición del error de confusión de los dos sustantivos se debe a la influencia de la lengua materna, ya que el sustantivo *cosa* posee varios significados en español, en primer lugar se refiere a un objeto *concreto*, que corresponde al sustantivo *dongxi* (东 西) 'cosa' en chino, el cual denota únicamente el plano concreto de la palabra; también puede significar *asunto*, *tema* o *negocio*, que equivale a *shiqing* (事 情) 'asunto', el cual denota el plano abstracto. En español se dice *hacer cosas* y el sustantivo *cosa* en este contexto emplea su segundo significado, que es abstracto. Cuando los alumnos españoles expresan la misma idea en chino, hacen una traducción literal de *hacer cosas* como *zuo dongxi* (做东西), sin tener en cuenta que la palabra en chino *dongxi* (东西) corresponde al primer significado de 'cosa', es decir con sentido concreto y no abstracto, cometiendo errores de mala selección del léxico. Evidentemente, este error se debe a la disparidad del campo semántico y a la interferencia de la lengua materna.

En el caso de *shi* (时) 'momento', hay dos errores de mal uso de nivel A2 y uno de B1. Cabe destacar que los tres errores se cometen de la misma forma: en las oraciones subordinadas para indicar tiempo con ... *de shihou* (…… 的 时 候) 'cuando...', han usado solo *de shi* (……的时), que no existe en chino. De hecho, tanto los sustantivos *shihou* (时 候) como *shi* (时) pueden significar el momento en el que ocurre algo, pero en las oraciones subordinadas que indican tiempo, el sustantivo *shi* (时) no se usa solo, sino en combinación con las preposiciones *dang* (当) o *zai* (在). Por lo tanto, pensamos que los alumnos han cometido este error por no haber dominado correctamente los diferentes usos de los sustantivos, especialmente el uso en las construcciones fijas. Veamos algunos ejemplos de este error:

19a * 所以他每天都回家的时，他那么累不吃晚饭，只想去睡觉，而对他的身体不好。(3-A1-A2)

19b 所以他每天回家的时候，他都累得不想吃晚饭，只想去睡觉，而这对他的身体不好。

19c Por eso, todos los días cuando regresa a casa está tan cansado que no quiere cenar sino solo dormir, lo cual no es bueno para su salud.

20a * 几个月后我们见面的时他不爱我。(10-B1)

20b 几个月后我们见面的时侯他说不爱我了。

20c Cuando nos vimos unos meses después me dijo que ya no me quería.

En estos ejemplos se observa que los alumnos han usado ... *de shi* (……的时), que es un sintagma que no existe en chino. Ello se debe a la falta de dominio del uso de estas palabras en chino.

Ahora veamos los errores del sustantivo *duixiang* (对象) 'pareja'. En el corpus, dos alumnos del nivel B1 han cometido tres errores con este sustantivo al emplearlos para referirse a novio o pareja. Veamos unos ejemplos:

21a * 现代有钱的城市有很多对象，只去取政府登记拿结婚证。(2-B1)

21b 现代发达的城市有很多人，只去政府登记拿结婚证。

21c En las ciudades modernas, hay muchas parejas que solo van al ayuntamiento a registrarse y obtener el certificado de matrimonio.

22a * 对象愿意结婚的时候，他们告诉父母和朋友。(5-B1)
22b 情侣愿意结婚的时候，他们告诉父母和朋友。
22c Cuando las parejas quieren casarse, se lo cuentan a sus padres y amigos.

23a * 现代婚礼和婚嫁没有具体规矩，有对象不想举行婚礼，有别的想安静的婚姻，也有别的想一个热闹的，还有别的只度蜜月。(5-B1)
23b 现代婚礼和婚嫁没有具体规矩，有的人不想举行婚礼，有的人想要安静的婚礼，也有的人想要一个热闹的婚礼，还有的人只度蜜月。
23c Las bodas y enlaces modernos no tienen reglas concretas. Algunas parejas no quieren celebración, otras quieren una boda tranquila, otras la quieren muy animada y otras, solo quieren irse de luna de miel.

En estos tres ejemplos, los alumnos usan el sustantivo *duixiang* (对象) 'pareja', en lugar de usar *qinglü* (情侣) 'pareja' o *henduo ren* (很多人) 'muchas personas', *youde ren* (有的人) 'algunas personas'. En chino, el sustantivo *duixiang* (对象) 'pareja' tiene varios significados, uno de los cuales se refiere a *novio* o *novia* (es decir, pareja), pero este sustantivo no representa a los dos componentes de la pareja a la vez, es decir no hace referencia a un concepto dual o colectivo. En chino, para expresar este concepto se usa *qinglü* (情侣) 'pareja' o *fuqi* (夫妻) 'marido y mujer'. En los errores mencionados, los alumnos españoles traducen pareja por *duixiang* (对象). Por un lado, este término en español puede referirse individualmente a cada uno de las personas, animales o cosas que forman una pareja, en cuyo caso equivale a *duixiang* (对象) en chino en el caso de las personas. Por otro lado, este término significa el conjunto de dos personas, animales o cosas que tienen entre sí alguna relación o semejanza, especialmente el formado por hombre y mujer, que en chino equivale a *yi dui nannü* (一对男女). Por lo tanto, *duixiang* (对象) tiene un significado más restringido en comparación con *pareja* en español. El alumno, sin tener en cuenta la disparidad del campo semántico de las dos palabras, usa *duixiang* (对象) en los lugares donde hace referencia a *novios*. Así pues, los errores con el sustantivo *duixiang* (对象) 'pareja' y su alta incidencia se debe a la influencia de la lengua materna y a la disparidad del campo semántico.

Para terminar, el último sustantivo que destaca por la cantidad de errores es *li* (里)

'dentro, en', cuyos errores se muestran a continuación:

24a * 她喜欢在海 Ø 游泳。(4-A1-A2)
24b 她喜欢在海里游泳。
24c A ella le gusta nadar en el mar.

La omisión de *li* (里) 'dentro, en' se debe a la interferencia de español, ya que en chino no se necesita un sustantivo locativo equivalente.

25a * 新年的时候我的全家里人来我家过年。(6-A2)
25b 新年的时候我全家的人来我家过年。
25c Todos mis familiares vinieron a mi casa a pasar el año nuevo.

La expresión *quan jialiren* (全家里人) 'todos mis familiares' no existe en chino, solo se puede decir *quan jiaren* (全家人) 'todos mis familiares' o *jialiren* (家里人) 'los familiares'. Entonces la expresión errónea es una invención del alumno.

26a * 宴席里亲戚朋友吃饱喝足很多酒，还吃喜糖，高高兴兴地。(2-B1)
26b 宴席上亲戚朋友吃饱喝足，喝很多酒，还高高兴兴地吃喜糖。
26c En el banquete los familiares y amigos comen y beben mucho, también comen dulces alegremente.

Este error se debe a la interferencia de la lengua materna, por la cual el alumno hace una traducción literal de *en el banquete* y traduce *en* por *li* (里) 'dentro, en'.

Al analizar los errores más recurrentes con sustantivos, hemos redactado los siguientes resultados:

a. El mal uso, especialmente la mala selección del léxico, es el tipo de error más común con sustantivos. Muchos alumnos confunden el uso de sinónimos parciales, palabras similares y antónimos. Además, la disparidad del campo semántico de las palabras en español y chino también constituye una causa recurrente de errores de mal uso.

b. Muchos alumnos cometen los mismos errores con los mismos sustantivos. Creemos que esto se debe a la transferencia negativa de la lengua materna y a la falta de dominio de las reglas de uso de dichas palabras en chino.

c. Las construcciones fijas con sustantivos, como las cláusulas temporales o las expresiones de tiempo, también constituyen una dificultad para los alumnos, especialmente para aquellos del nivel inicial.

d. Con respecto a la evolución de errores, los sustantivos muestran una evolución negativa y se debe al aumento de la extensión de vocabulario que aprenden, que provoca mayor frecuencia en la confusión con ellos. Pero son errores transitorios y no detectamos errores persistentes. Los alumnos, a la vez que elevan su nivel de chino, resuelven los problemas cometidos en los niveles anteriores, pero cometen errores con las palabras que acaban de aprender.

1.3 Medidores

Para analizar los errores relacionados con los medidores, en primer lugar, hemos examinado su distribución. El resultado se muestra en el Gráfico 6.10:

Gráfico 6.10 Distribución de los errores relacionados con los medidores por tipo de error

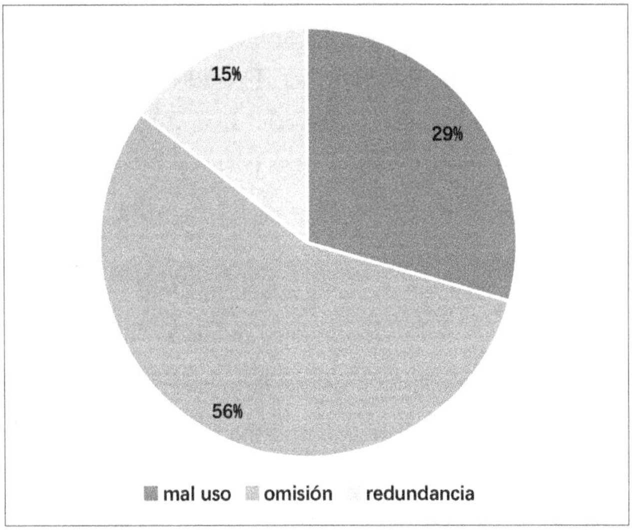

El Gráfico 6.10 muestra que, a diferencia de los errores con verbos y sustantivos, el tipo de error más frecuente con los medidores es la omisión (56%). También existen un porcentaje elevado de errores de mal uso (29%) y en menor medida de redundancia (15%). Se puede concluir que el problema más destacado para los alumnos con el medidor es olvidar usarlo en los lugares donde deberían hacerlo.

Ante todo, para analizar los errores de omisión y sus causas, cabe mencionar las diferencias entre el chino y el español. En chino, entre un determinante (principalmente un numeral o demostrativo) y un sustantivo se usa normalmente un medidor para modificar al sustantivo. En español existen también palabras que indican unidades de medición, pero pertenecen a la categoría de sustantivo, no son tan numerosas y se usan de manera no sistemática. Además, en chino, los medidores se emplean obligatoriamente entre un numeral o demostrativo y un sustantivo, mientras que en español el sustantivo puede sucederlos directamente sin necesidad de usar un medidor. Debido a esta diferencia, muchos alumnos españoles omiten el medidor cuando redactan en chino.

En los 17 errores de omisión, la mayoría se cometen en la construcción de numeral + medidor + sustantivo, como en los siguientes ejemplos:

27a * 我会说四 Ø 语言。(11-A1)
27b 我会说四种语言。
27c Sé hablar cuatro idiomas.

28a * 我的吃早饭一杯咖啡，牛奶和两 Ø 果酱面包。(39-A1)
28b 我早饭喝一杯咖啡加牛奶，吃两片面包蘸果酱。
28c Desayuno un café con leche y dos tostadas con mermelada.

29a * 但是我现在学习中文，所以不能在一 Ø 足球队踢。(20-A1-A2)
29b 但是我现在学习中文，所以不能在一个足球队踢。
29c Pero ahora estoy estudiando chino, por lo tanto, no puedo jugar en un equipo de fútbol.

30a * 西班牙有四 Ø 季节，春、夏、秋、冬，但是各个季节有不同的特点。(20-B1-B2)
30b 西班牙有四个季节，春、夏、秋、冬，但是各个季节有不同的特点。
30c En España hay cuatro estaciones: primavera, verano, otoño e invierno, pero cada estación tiene sus peculiaridades.

En las oraciones anteriores, los alumnos han omitido el medidor entre el numeral y el sustantivo, hecho atribuible a la inexistencia de dicha categoría gramatical como tal en español, así como al hecho de que los alumnos no han interiorizado el uso de medidor en chino.

Otra construcción en la que se cometen errores de omisión sería determinante distributivo + medidor + sustantivo, como en la siguiente oración:

31a * 看文化，每 Ø 社会遵从一系列的传统和习惯。(20-B1)

31b 从文化来看，每个社会都遵从一系列的传统和习惯。

31c Visto desde la cultura, cada sociedad observa una serie de tradiciones y costumbres.

Por la misma razón, en español se dice *cada sociedad* sin necesidad de poner ningún medidor delante del sustantivo *sociedad.* Consecuentemente, los alumnos olvidan el medidor individual *ge* (个).

Para conocer la situación concreta de los errores con los medidores, exponemos a continuación el número según el tipo de error y el nivel de chino. La categoría gramatical del medidor cuenta con 34 errores en total, entre los cuales 17 son con el medidor *ge* (个), cuya distribución de errores se muestra en el Gráfico 6.11:

Gráfico 6.11 Errores con *ge* (个)

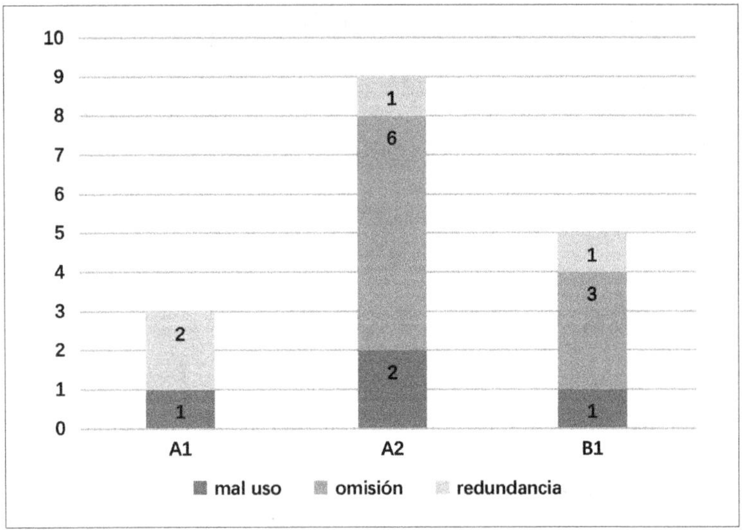

De los errores con *ge* (个), hay nueve errores de omisión. Se puede observar que la omisión de *ge* (个) es un error muy frecuente. De hecho, muchos alumnos han omitido el medidor donde habrían tenido que usarlo. Cabe señalar que una causa del alto porcentaje de la omisión de *ge* (个) se debe a que hemos unificado la categorización de errores. En algunas oraciones existen varias opciones de medidores aparte de *ge* (个), ya que en chino un determinado sustantivo también puede coocurrir con diferentes medidores. Veamos un ejemplo:

32a * 零点的时候我们都吃十二 Ø 葡萄。(7-A2)
32b 零点的时候我们都吃十二个葡萄。
32c A las doce de la noche comemos doce uvas.

A esta oración le hemos añadido el medidor *ge* (个), pero también se puede corregir con otros medidores más especializados, como *ke* (颗) 'grano':

32d 零点的时候我们都吃十二颗葡萄。

Otro medidor destacado es *zhong* (种) 'tipo', que cuenta con cuatro errores de omisión y un error de mal uso. La mayoría de los errores de este medidor se concentran en el nivel A1, cuya distribución se muestra en el siguiente gráfico:

Gráfico 6.12 Errores con *zhong* (种) 'tipo'

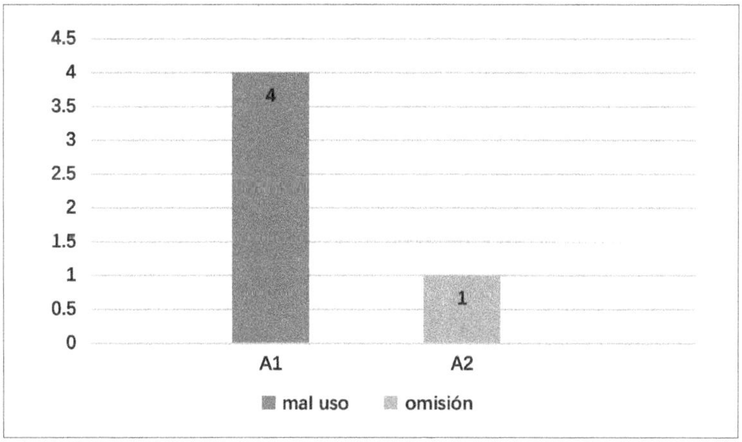

El siguiente medidor que vamos a analizar es *dian* (点) 'hora', que tiene tres errores de omisión y dos de mal uso, todos en el nivel A1, seguramente debido a que es en este nivel en el que los alumnos aprenden a expresar las horas. En cuanto a la omisión, los alumnos expresan la hora en chino omitiendo el medidor *dian* (点) 'hora'. Veamos dos ejemplos:

33a * 帮忙后我十一 Ø 晚上睡觉。(21-A1)
33b 帮忙后我晚上十一点睡觉。
33c Después de ofrecer la ayuda, me acuesto a las once de la noche.

34a * 从七 Ø 到八 Ø 半看电视。(32-A1)
34b 从七点到八点半看电视。
34c De las siete a las ocho y media vi la televisión.

En estos dos ejemplos, se omite el medidor *dian* (点) 'hora' cuando se quiere expresar la hora en punto. La causa de la omisión se debe a la influencia de la forma de expresar la hora en español, que es de las siete a las ocho y media, en la cual no se usa el medidor *dian* (点) 'hora'.

En lo referente al mal uso, los alumnos han usado el medidor *dian* (点) 'hora', que se refiere a un momento puntual, en lugar de usar *xiaoshi* (小时) 'hora' para indicar un periodo de tiempo. Por ejemplo:

35a * 吃晚饭以后，两个点看本书或看电影。(35-A1)
35b 吃完晚饭以后，看两个小时书或电影。
35c Después de la cena paso dos horas leyendo libros o viendo películas.

36a * 我一个点左右跑步。(35-A1)
36b 我跑步一个小时左右。
36c Corro más o menos una hora.

En estas dos oraciones se puede observar que el alumno no ha distinguido bien los diferentes usos de las palabras de tiempo en chino *dian* (点) 'hora' y *xiaoshi* (小时) 'hora (de duración)', ya que ambos equivalen a la palabra *hora* en español.

En conclusión, el análisis de los errores del medidor *dian* (点) 'hora' nos muestra que los alumnos españoles de nivel inicial de chino no logran dominar la expresión de tiempo en chino, por la diferencia entre las dos lenguas y por la confusión de sinónimos parciales en chino.

De todo el análisis anterior, concluimos que el tipo de error más frecuente del medidor es la omisión, y que ocurre sobre todo en el nivel A1, o sea, en la primera fase del aprendizaje de chino. La causa del error es la falta de dicha categoría gramatical en español y la falta de dominio del uso de medidor en chino por parte de alumnos españoles.

1.4 Adverbios

En el apartado 1.4 y 1.5 de este capítulo, analizaremos los errores relacionados con el adverbio y el adjetivo, que son categorías que cuentan con porcentajes de error no tan elevados como las primeras tres (un 9% y un 8%, respectivamente). Como no se presentan tantos errores con los adverbios y adjetivos como se evidencia en la "Tabla 6.1 Unidades léxicas que presentan más errores en orden descendente", en estos dos subapartados solo analizaremos el patrón de los errores en lugar de centrarnos en los errores concretos y su distribución.

Los errores asociados al adverbio se concentran en el nivel A2, con un porcentaje del 55%; en B1 ocupan un 35%, siendo escasos en el nivel A1, con tan solo un 10%. La distribución se muestra en el Gráfico 6.13:

Gráfico 6.13 Distribución de los errores con adverbios según el nivel de chino

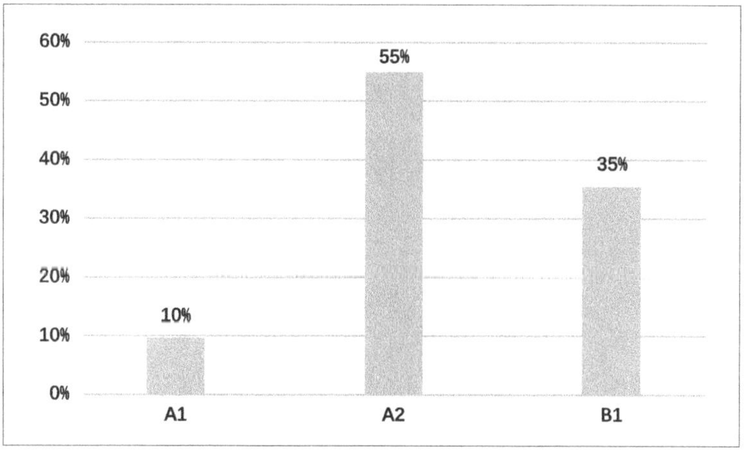

De la evolución que se muestra en el gráfico podemos deducir que se cometen muy pocos errores en el nivel A1 y que los errores se concentran en el nivel A2, ya que en A1 se enseñan muy pocos adverbios y en A2 se incrementa el número de los que hay que aprender, motivo por el cual se cometen más errores. Además, los alumnos mejoran el uso de los adverbios a la vez que elevan el nivel de chino, por lo tanto, se reducen los errores de esta categoría en el nivel B2.

Con respecto a los tipos de errores con adverbios, el mal uso ocupa la mayor parte, con un porcentaje del 83%. El resto son errores de redundancia, con un 17%:

Gráfico 6.14 Distribución de errores de adverbio por tipo de error

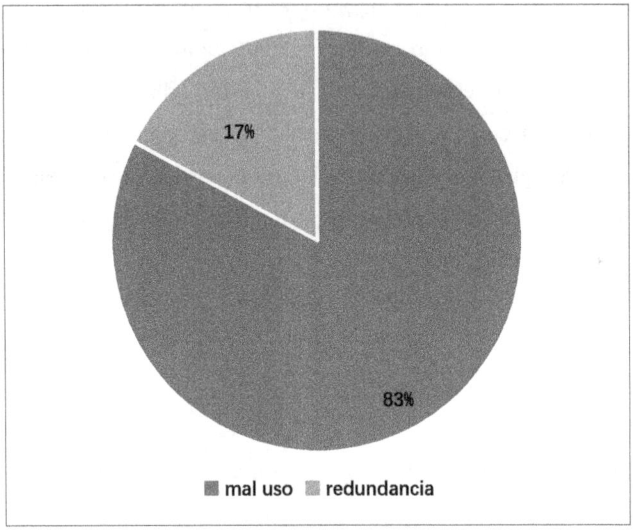

Según nuestros cálculos, el error más recurrente del adverbio dentro del mal uso es la mala selección, con un 70%, y su uso inadecuado, con un 30%:

Gráfico 6.15 Distribución de los errores de mal uso de adverbios

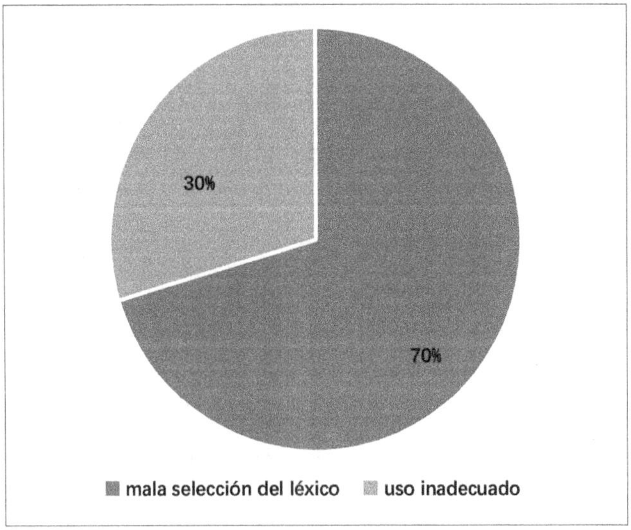

La causa principal de la cantidad de errores de mala selección de adverbios es que los alumnos españoles entienden mal el significado de los mismos y sus usos. A continuación, veamos algunos ejemplos sacados de nuestro corpus. El mal uso del adverbio *conglai* (从来) es recurrente:

37a * 她从来花很多钱。(5-A1-A2)

37b 她总是花很多钱。

37c Siempre gasta mucho dinero.

El adverbio *conglai* (从来) puede equivaler al adverbio español 'siempre (hasta ahora)' o 'nunca', si va seguido de un adverbio de negación, y se usa normalmente en oraciones negativas. El alumno no ha dominado la regla de uso de este adverbio e hipergeneraliza su uso en una oración afirmativa. Para corregir esta oración, hay que sustituir *conglai* (从来) por *zongshi* (总是), que significa también 'siempre' y puede usarse en oraciones afirmativas. Aparte de la oración mencionada, hemos detectado otras dos oraciones que usan mal el adverbio *conglai* (从来):

38a * 从来我很喜欢学语，可是不是容易的语喜欢的，是难语我很喜欢的。(14-A2)

38b 我一直很喜欢学语言，可是我喜欢的不是容易的语言，我很喜欢的是难的语言。

38c Siempre me ha gustado aprender idiomas, pero lo que me gustan no son los idiomas fáciles, sino los difíciles.

39a * 我家人从来举行婚礼在审判庭了。(8-B1)

39b 我家人总是在教堂举行婚礼。

39c Mis familiares siempre celebran las bodas en la iglesia.

En estas dos oraciones, los alumnos usan de forma errónea el adverbio *conglai* (从来) por la misma razón. Este error permanece desde el nivel A1 hasta el nivel B1.

En nuestro corpus también hay otros errores de mal uso. A continuación, analizaremos algunos errores sacados del corpus para ver con detalles sus causas:

40a * 我比她高，有时我开一个玩笑，但是她别生气。(7-A1-A2)

40b 我比她高，有时我开玩笑，但是她不会生气。

40c Soy más alta que ella y a veces hago bromas sobre esto, pero ella nunca se enfada.

Tanto *bie* (别) como *bu hui* (不会) tienen un sentido de negación, pero se usan en contextos diferentes y sus significados concretos tampoco son iguales. El adverbio *bie* (别) se usa cuando se pide a alguien que no haga algo, por lo que tiene un sentido imperativo. Pero esta oración no tiene sentido imperativo y hay que usar *bu hui* (不会) 'no ir a', que significa la negación de una suposición o poca probabilidad futura.

41a * 新年时候我太开心，我打算很多东西，但是我到底只做一个，可能两个。(9-A2)

41b 新年时候我非常开心，我打算做很多事情，但是我最终只能做一件，或者两件。

41c Estoy muy feliz durante el año nuevo y me planteo hacer muchas cosas, pero al final solo hago una o dos.

Tai (太) y *feichang* (非 常) son adverbios que enfatizan un grado alto, pero el primero tiene un uso más restringido. *Tai* (太) normalmente se usa en las oraciones que expresan un sentido peyorativo o en frases exclamativas. Pero esta oración no pertenece a ninguno de estos dos tipos, por eso su uso no es adecuado. Se puede corregir usando el adverbio *feichang* (非常) 'muy', para expresar un grado elevado.

42a * 可是，在中国嫁给谁是一件真重的事。(2-B1)

42b 可是，在中国嫁给谁是一件很重要的事。

42c Sin embargo, en China, con quién te casas es algo muy importante.

El adverbio *zhen* (真) significa efectivamente, verdaderamente, y se usa para intensificar el tono. Normalmente, dicho adverbio precede a verbos o adjetivos que no modifican a su vez a sustantivos. El alumno no ha dominado la regla del uso de *zhen* (真) y lo utiliza de forma errónea para modificar el sintagma nominal *zhongyao de shi* (重要的事) 'cosa importante'. Entonces, hay que sustituirlo por otro adverbio que sirva para intensificar y puede preceder sintagmas nominales, como *hen* 很 'muy' o *feichang* (非常) 'muy',

43a * 年轻人第一想熟悉他们的对象，熟悉对象他们觉得很有意思，因为他们

可知道对象的爱好，对象喜爱的菜 ... (13-B1)

43b 年轻人首先想熟悉他们的对象，熟悉对象他们觉得很有意思，因为他们可以知道对象的爱好，对象喜爱的菜 ...

43c Los jóvenes quieren conocer a sus novios, lo que les parece muy interesante, ya que pueden conocer sus aficiones, los platos que les gustan ...

Tanto *di-yi* (第一) como *shouxian* (首先) pueden equivaler a la palabra *primero* en español, pero tienen diferentes sentidos en chino. El primero significa "primer lugar en una competición" o se usa en una enumeración, mientras que el segundo se usa para hacer referencia al orden o turno. En la oración, lo que se intenta expresar es evidentemente el orden de las cosas que hacer, por lo tanto hay que usar *shouxian* (首先).

Aparte del mal uso, la redundancia también es un tipo de error destacado con los adverbios. Los alumnos tienden a usar adverbios en lugares donde no hacen falta, o usan adverbios que se contradicen con el contexto. Veamos a continuación algunos ejemplos:

44a * 她在她的房间很差不多七点很喜欢听音乐或者看书。(24-A1)

44b 她差不多七点回到她的房间。她喜欢在房间听音乐或者看书。

44c Ella regresa a su habitación más o menos a las siete. Le gusta escuchar música o leer libros en su habitación.

En la oración, el adverbio *hen* (很) 'muy' se contradice con el adverbio que le sigue *chabuduo* (差 不 多) 'más o menos', ya que el primero denota un grado muy alto pero el segundo indica un nivel intermedio. Además, el adverbio *hen* (很) 'muy' tampoco se usa para describir la hora, por lo cual deberíamos eliminarlo.

45a * 我一直以为这将是很好的做法太极拳，但我从来没有时间去做。(10-A1-A2)

45b 我一直认为太极拳是很好的运动，但我从来没有时间去打。

45c Siempre he considerado que el taichí es un deporte muy bueno, pero nunca he tenido tiempo para practicarlo.

El adverbio *jiang* (将) indica acción futura o que va a suceder pronto, pero la idea de que el *taichí es un deporte muy bueno* es una naturaleza y no una acción, por eso se debería eliminar dicho adverbio.

En resumen, los errores que conciernen a adverbios se concentran en A2 y B1 y son pocos en A1. Los errores principales son de mal uso y redundancia. Los referentes al mal uso más frecuentes se cometen porque los alumnos no dominan bien el significado del adverbio o sus reglas de uso, por su gran disparidad con su lengua materna. Por otro lado, los errores de redundancia se cometen porque los alumnos no llegan a entender a fondo el sentido de los adverbios y usan adverbios que se contradicen con el contexto o los colocan en lugares donde no hace falta, lo cual también refleja la falta de competencia discursiva de los alumnos.

1.5 Adjetivos

En este apartado analizaremos los adjetivos. La distribución de errores de dicha categoría es también desequilibrada según los diferentes niveles de chino: la mitad (52%) de los errores se concentran en el nivel B1, seguido por el nivel A2 con un 32% y A1 con un 16%.

Gráfico 6.16 Distribución de los errores de adjetivos por nivel de chino

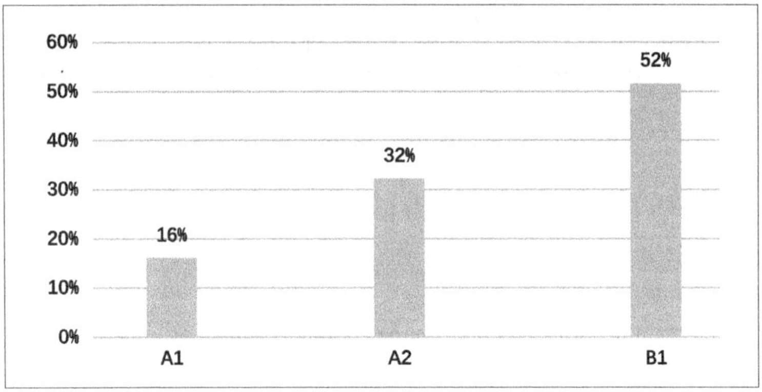

Con respecto a los tipos de errores con adjetivos, el de mal uso es el más recurrente, con un 94% del total, correspondiendo el 6% restante a errores de redundancia:

Gráfico 6.17 Distribución de los errores con adjetivos por tipo de error

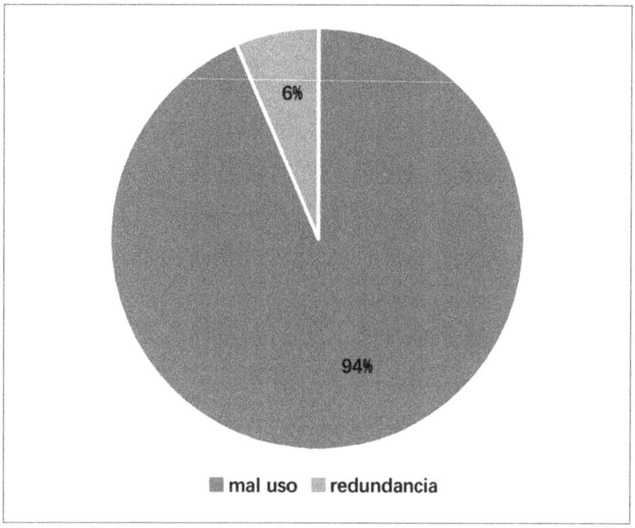

De hecho, el mal uso se comete principalmente porque los alumnos no llegan a entender perfectamente el significado de los adjetivos y su contexto de uso, escogiéndolos mal. A continuación, veremos algunos ejemplos en concreto:

46a * 她今年 24 岁，所以她比我高五岁。(26-A1)
46b 她今年 24 岁，所以她比我大五岁。
46c Este año ella tiene 24 años, por lo que es cinco años mayor que yo.

El adjetivo *gao* (高) 'alto' se usa para describir la altura, pero el alumno ha seleccionado mal el adjetivo y ha usado *gao* (高) 'alto' para describir la edad.

47a * 所有的早上我吃早饭一杯热咖啡和果酱的面包。(38-A1)
47b 每天早上我早饭喝一杯热咖啡，吃抹果酱的面包。
47c Todas las mañanas desayuno un café caliente y pan untado con mermelada.

En chino, para expresar todas las mañanas, todos los días o todos los años, no se usa *suoyou* (所有) 'todos', sino *mei* (每) 'cada'. El error se genera por la traducción literal del español.

Otro ejemplo similar en que el alumno no llega a distinguir bien los adjetivos que se deberían usar para describir determinado sustantivo sería:

48a * 随着时间的推移，派对越来越热情。(15-B1)
48b 随着时间的推移，派对越来越火热。
48c Con el transcurso del tiempo, la fiesta es cada vez más animada.

Como hemos mencionado, el adjetivo *reqing* (热情) 'cordial' se usa para describir el carácter de una persona, pero para describir una fiesta, hay que usar el adjetivo *huore* (火热) 'animado'.

49a * 现代有钱的城市有很多对象，只去取政府登记拿结婚证。(2-B1)
49b 现代发达的城市有很多人，只去政府登记拿结婚证。
49c En la época moderna, mucha gente en las ciudades desarrolladas solo se registra en el gobierno para sacar el certificado de matrimonio.

En chino, el adjetivo *youqian* (有钱) 'tener dinero, rico' se usa normalmente para describir personas, mientras que *fada* (发达) 'desarrollado' puede usarse para describir cosas, como ciudades. Por lo tanto, el alumno que escribe esta oración no llega a dominar las coocurrencias posibles con sustantivos de determinados adjetivos.

50a * 萨莫拉从山区到乡间有两种气候非常清楚。(19-B1-B2)
50b 萨莫拉从山区到乡间有两种气候非常不同。
50c Los dos climas en Zamora de la zona montañosa al campo son muy diferentes.

En esta oración el alumno confunde el significado de *qingchu* (清楚) 'claro, diferenciado' y *butong* (不同) 'diferente'.

En resumen, los errores relacionados con los adjetivos aumentan a medida que aumenta el nivel de chino, hasta el punto que los errores en el nivel B2 ocupan la mitad de todos los errores. Pensamos que esto se debe a que, paralelamente a que se enriquece el vocabulario de adjetivos de los alumnos, el dominio de su significado y el contexto en el que se deberían usar les supone una gran dificultad. El error más recurrente es el mal uso del adjetivo, más concretamente de coocurrencia entre el adjetivo y el sustantivo que lo modifica, motivado por el hecho de que los alumnos no dominan perfectamente con qué sustantivos pueden coocurrir determinados adjetivos, o confunden el significado de los sinónimos o cuasi sinónimos.

1.6 Verbos auxiliares

A continuación, veremos errores pertenecientes a la categoría de verbos auxiliares. Los errores de esta categoría gramatical tienen una evolución negativa, aumentando en cantidad en el nivel B1, como se evidencia en el Gráfico 6.18:

Gráfico 6.18 Distribución de los errores de verbos auxiliares por nivel de chino

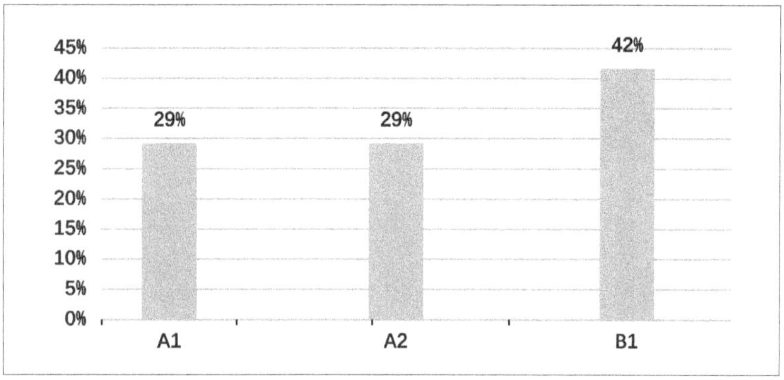

Con respecto a la distribución de los errores por tipología de error, el mal uso ocupa el porcentaje más alto, con un 71%:

Gráfico 6.19 Distribución de los errores del verbo auxiliar por tipo de error

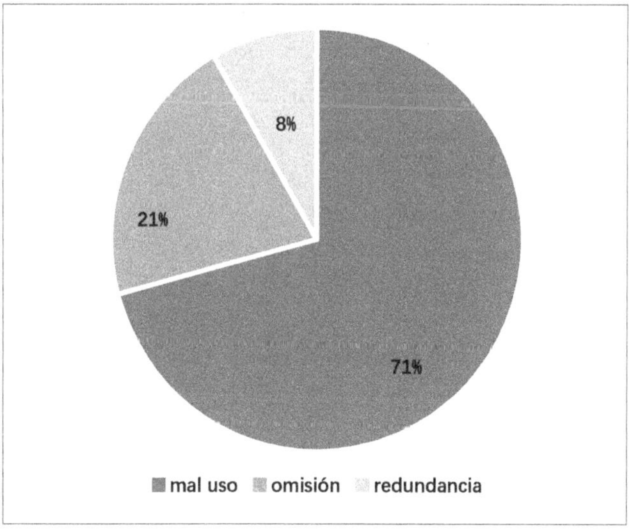

Los errores más frecuentes con verbos auxiliares recaen sobre *xiang* (想) 'querer' (ocho errores), *keneng* (可能) 'ser posible' (cinco errores) y *hui* (会) 'saber' (cinco errores). Primero veremos la distribución de los errores con *xiang* (想) 'querer', que se muestra en el gráfico 6.20 a continuación:

Gráfico 6.20 Errores *con xiang* (想) 'querer'

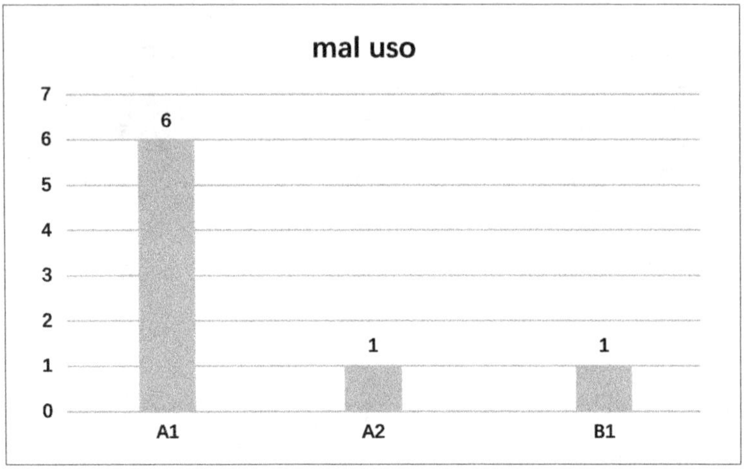

Podemos observar en este gráfico que todos los errores con este verbo auxiliar son de mal uso. Como esta palabra se enseña en el nivel A1, los errores también se concentran más a menudo en este nivel y muestran una evolución positiva, pese a que vemos que persisten hasta B1. Entre los ocho errores de dicho verbo auxiliar, dos son confusiones con el verbo auxiliar *yao* (要) 'querer', cuatro con el verbo *juede/renwei* (觉得 / 认为) 'opinar, pensar, creer', y dos con el verbo *xihuan* (喜欢) 'gustar'. Ahora veamos detalladamente los ejemplos de mal uso en cada caso.

51a * 我不想汽水。(4-A1)
51b 我不要汽水。
51c No quiero ningún refresco.

Es un error fruto de la confusión de *xiang* (想) y *yao* (要)。

Además, en nuestra muestra también aparecen cuatro errores en los que se confunde el verbo auxiliar *xiang* (想) con *juede/renwei* (觉得 / 认为), en los cuales se usa *xiang* (想) para expresar una opinión o idea, por ejemplo:

52a * 我也想服务很不好。(4-A1)
52b 我也觉得服务很不好。
52c También creo que el servicio es muy malo.

53a * 想都很好吃了。(7-A1)
53b 我觉得这都很好吃。
53c Creo que están muy ricos.

54a * 我想在西班牙过年比在中国很不一样。(12-A2)
54b 我觉得在西班牙过年和在中国很不一样。
54c Creo que pasar el año nuevo en España es muy diferente que en China.

En español se suele decir *yo pienso que* para expresar una opinión. Los alumnos equiparan el verbo español pensar con el verbo *xiang* (想) y utilizan este verbo para expresar una opinión. Sin embargo, para expresar una idea en chino, se usan verbos como *juede/renwei* (觉得 / 认为) 'opinar, pensar, creer', y el verbo *xiang* (想) normalmente se usa para expresar una suposición en vez de una opinión, y en este caso no es un verbo auxiliar sino que funciona como un verbo independiente.

Además, los alumnos también suelen confundir el verbo auxiliar *xiang* (想) y el verbo *xihuan* (喜欢), porque se enseñan al mismo tiempo y a veces se traducen igual, como *gustar*.

55a * 我很想这饭，你呢？(7-A1)
55b 我很喜欢这饭，你呢？
55c Me gusta mucho este plato, ¿y a ti?

56a * 她就想外国电影。(30-A1)
56b 她就喜欢外国电影。
56c A ella le gustan las películas extranjeras.

Los alumnos usan el verbo auxiliar *xiang* (想) para expresar gusto o apetecer hacer algo. No obstante, como ya hemos comentado en los ejemplos anteriores, el verbo auxiliar requiere otro verbo que lo sucede para expresar la idea. Por lo tanto, hay que añadir otro verbo después de *xiang* (想), o sustituirlo por *xihuan* (喜欢) 'gustar', aunque no signifique lo mismo.

Se puede concluir que estos tres casos de confusión se deben a, por un lado, la disparidad de campos semánticos y usos que abarca este verbo: el verbo auxiliar chino *xiang* (想) no coincide totalmente con los verbos españoles como *querer* o *gustar*. Por otro lado, los alumnos hacen una traducción directa del español y eligen mal la palabra en chino.

En cuanto a los errores con el verbo auxiliar *keneng* (可 能) 'ser posible', son cinco en total y todos se cometen en el nivel B1. Son de carácter muy repetitivo, concretamente consisten en utilizar el verbo auxiliar *keneng* (可能) 'ser posible' en los lugares donde debería usarse *keyi* (可 以) 'poder'. Veamos dos ejemplos sacados del corpus:

57a * 可能这样说。 (11-B1)
57b 可以这样说。
57c Se puede decir así.

58a * 要是您们喜欢滑雪也可能冬天去，因为那时山水也很漂亮！(11-B1-B2)
58b 要是您们喜欢滑雪也可以冬天去，因为那时山水也很漂亮！
58c Si quieren esquiar, también pueden ir en invierno, porque en invierno el paisaje es muy bonito.

En chino, *keneng* (可 能) significa la posibilidad de que ocurra algo e introduce una suposición. Mientras que *keyi* (可以) puede expresar por una parte, la posibilidad, sobre todo expresando permiso; por otra parte, la capacidad de hacer algo. Justamente porque las dos palabras pueden traducirse igual y porque ambas indican posibilidad en algunos casos, los alumnos las confunden. Véase las oraciones 57a y 58a, en las que se comete un error de uso del verbo auxiliar.

El otro verbo auxiliar que concentra mayor cantidad de errores es *hui* (会) '(expresa futuro y probabilidad)', cuya distribución se muestra en el Gráfico 6.21:

Gráfico 6.21 Errores con *hui* (会) '(futuro y probabilidad)'

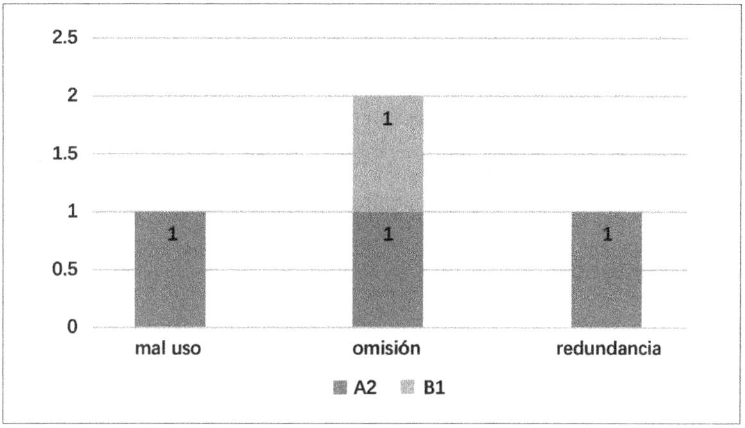

A partir de este gráfico podemos observar que *hui* (会) '(marcador de futuro y probabilidad)' tiene cuatro errores, siendo uno de mal uso, dos de omisión y uno de redundancia, de los cuales tres se encuentran concentrados en el nivel A2. Para conocer de forma más concreta los errores de dicho verbo auxiliar, vamos a sacar algunos ejemplos prototípicos del corpus. Primero veamos un ejemplo de omisión:

59a * 要是我有空，当我回家 Ø 看一部电影。(16-A1-A2)
59b 要是我有空，当我回家我会看一部电影。
59c Si estoy libre, cuando regrese a casa voy a ver una película.

En esta oración, el alumno debería poner un verbo auxiliar antes del verbo *kan* (看) 'ver', para expresar la posibilidad de hacer tal acción. De hecho, es un error muy frecuente de los alumnos españoles, ya que omiten con mucha frecuencia este verbo auxiliar delante del verbo principal.

60a * 医生给他开药方，而且让他躺一下儿，直到舒服他才会去上课。(2-A2)
60b 医生给他开药方，而且让他躺一下儿，直到感觉舒服了才能去上课。
60c El médico le hizo una receta y le pidió que se acostara, que no fuera a clase hasta que no se sintiera recuperado.

En esta oración el alumno ha traducido el verbo auxiliar *hui* (会) '(marcador de futuro y probabilidad)' por *poder*, que a diferencia de en español, en chino significa tener la capacidad de hacer algo. Por ello el error se comete por el mal entendimiento del significado de esta palabra en chino.

En conclusión, el tipo de error más frecuente con verbos auxiliares es el mal uso, debido a que muchos alumnos no dominan su uso correcto, o los confunden con palabras sinónimas. Los errores con verbos auxiliares se distribuyen de forma equilibrada en los diferentes niveles de chino, pues cada uno se enseña poco a poco según el nivel, y aunque el nivel de los alumnos vaya creciendo, no dominan a la perfección su uso.

1.7 Preposiciones

A continuación, veremos los errores con preposiciones. En la lista de errores más frecuentes aparece la preposición: *zai* (在) 'en'. En todo el corpus hemos registrado un total de tres errores correspondientes a esta preposición, distribuidos en A2 y B1, principalmente por causa del mal uso. Ahora veamos los errores con dicha preposición, empezando por el mal uso:

61a * 我父母是在加泰罗尼亚外来的。(14-A2)
61b 我父母是从加泰罗尼亚外来的。
61c Mis padres vienen de fuera de Catalunya.

De este error podemos deducir que este alumno no puede distinguir de forma correcta la preposición *zai* (在) 'en', que indica ubicación, y *cong* (从) 'de, desde', que indica procedencia.

A continuación, veremos un ejemplo de redundancia de la preposición:

62a * 以后我们去在新房子。(1-B1)
62b 以后我们去新房子。
62c Luego vamos a la casa nueva.

El alumno no ha interiorizado que en chino los verbos de movimiento van seguidos por el objeto de lugar sin necesidad de usar preposición alguna. Entonces, añaden la preposición *zai* (在) 'en' al ver palabras que indican lugar y cometen errores inducidos.

En el corpus también hemos detectado un error de omisión que se muestra a continuación:

63a * 有时候我是在医院的工作，可是我不喜欢工作 Ø 那里。(16-A2)

63b 有时候我在医院工作，可是我不喜欢在那里工作。

63c A veces trabajo en el hospital, pero no me gusta trabajar allá.

Este error se debe claramente a la interferencia con el español, en el cual se coloca directamente el lugar (*allá*) después del verbo *trabajar*. En chino, en cambio, la información sobre el lugar donde ocurre la acción se suele expresar con un sintagma preposicional colocado delante del verbo en función de modificador adverbial. En español dicho sintagma preposicional va detrás del verbo.

En resumen, los errores relacionados con la preposición tienen como causa, por una parte, la influencia de la lengua materna, por la cual los alumnos hacen una traducción literal de las oraciones; por otra parte, la falta de interiorización del uso de la preposición también provoca que las palabras que indican lugar induzcan el uso de preposiciones redundantes.

1.8 Numerales

Ahora veamos los numerales, cuyos errores se concentran mayoritariamente en *er* (二) 'dos' y *yi* (一) 'uno'. El numeral *er* (二) 'dos' cuenta con cinco errores, distribuidos en los tres niveles, aunque presenta una evolución positiva. En todos los errores se usa mal *er* (二) 'dos' en lugar de *liang* (两) 'dos'. Este mismo error ocurre desde el nivel A1 hasta el nivel B1. En nuestra muestra hay alumnos que han empleado *er sui* (二岁) 'dos años' en vez de *liang sui* (两岁) 'dos años'. Veamos un ejemplo sacado del corpus:

64a * 我爸爸比我妈妈大二岁。(12-A1)

64b 我爸爸比我妈妈大两岁。

64c Mi padre es dos años mayor que mi madre.

Además, un alumno del nivel A1 ha utilizado *er yuyan* (二语言) 'dos lenguas' al querer decir *liang zhong yuyan* (两种语言) 'dos lenguas', donde también ha omitido el medidor. Otro alumno del nivel B1-B2 dice *er ge xiaoshi* (二个小时) 'dos horas' en vez de *liang ge xiaoshi* (两个小时) 'dos horas', como ilustran los ejemplos abajo:

65a * 我会说二语言。(19-A1)

65b 我会说两种语言。

65c Puedo hablar dos idiomas.

66a* 第二天，二个小时。(4-B1-B2)
66b 第二天，两个小时。
66c El segundo día, dos horas.

Se puede deducir que, por un lado, los alumnos no logran dominar por completo el uso del numeral *er* (二) 'dos' y distinguirlo de *liang* (两) 'dos'; por otro lado, *liang* (两) es una palabra de uso más particular de chino y significa mayor dificultad de dominio para los alumnos, por lo cual tienden a evitar su uso e hipergeneralizan el uso de *er* (二) 'dos'.

Con respecto a los errores del numeral *yi* (一) 'uno', el tipo de error más frecuente es la omisión, es decir, muchos alumnos no usan el numeral *yi* (一) 'uno' en lugares donde deberían usarlo. Los errores de este numeral se distribuyen equilibradamente en los diferentes niveles de chino, desde A1 hasta B1. Veamos algunos ejemplos:

67a * 我一点 Ø 刻睡觉。(36-A1)
67b 我一点一刻睡觉。
67c Duermo a la una y cuarto.

En esta oración el alumno ha omitido el numeral *yi* (一) 'uno' por la influencia del español, porque en español se usa solo el sustantivo *cuarto* para expresar *yi ke* (一刻), sin poner el numeral *yi* (一) 'uno'.

68a * 年最后的分钟就到了，按照这习惯我们得吃十二葡萄。(9-A2)
68b 一年最后的一分钟到了，按照这儿的习惯我们得吃十二个葡萄。
68c Cuando llega el último minuto del año, deberíamos comer doce uvas según nuestra costumbre.

En esta oración el sustantivo *nian* (年) 'año' y *fenzhong* (分 钟) 'minuto' requieren el numeral *yi* (一) 'uno' delante de ellos.

Otro error del numeral *yi* (一) 'uno' es la redundancia, por el cual el alumno ha usado *yishiliu sui* (一十六岁) 'dieciséis años', pero en chino los numerales entre 11 y 19 usan solo *shi* (十) 'diez' sin necesidad de ser precedidos por *yi* (一) 'uno'. Por ello, en este caso se debería usar *shiliu sui* (十六岁) para expresar dieciséis años.

En definitiva, los errores con los numerales se concentran en determinadas palabras por su alta frecuencia de uso y la diferencia de uso de numerales entre el chino y el español. Con respecto a las causas de los errores, por una parte, se deben principalmente a la interferencia con las reglas del español y, por otra, a la no interiorización de las reglas del chino, por lo cual los alumnos confunden usos sinónimos y evitan las palabras que les resultan dificultosas. A mayor nivel de chino la cantidad de errores de numerales disminuye, de modo que los errores de numerales no son permanentes en todos los niveles, sino que solo son más frecuentes en el nivel A1 y A2.

1.9 Pronombres y partículas

Los errores con pronombres y partículas ocupan un porcentaje muy bajo de los errores léxicos y no se repiten demasiado, por lo que nos limitamos a analizar brevemente los tipos de errores de estas dos categorías gramaticales y sus causas.

Primero veamos los errores con los pronombres según el nivel de chino. En el nivel inicial (nivel A1 y A2), los alumnos confunden diferentes pronombres personales y usan la referencia de una forma errónea, como se ilustran en los siguientes ejemplos:

69a * 他有很多问题，所以我帮忙你。(28-A1)

69b 他有很多问题，所以我帮他忙。

69c Él tiene muchos problemas, por eso le ayudo.

70a * 我妈妈虽然是在 Sanlúcar de Barrameda ——离 Chipiona 最近的城市——出生的，他小的时候跟她家是到 Chipiona 搬家的，所以他觉得 Chipiona 人。(15-A2)

70b 我妈妈虽然是在 Sanlúcar de Barrameda ——离 Chipiona 最近的城市——出生的，她小的时候跟她家搬到 Chipiona，所以她像 Chipiona 人。

70c Aunque mi madre nació en Sanlúcar de Barrameda — la ciudad más cercana a Chipiona —, ella se trasladó a Chipiona cuando era pequeña, por ello parece una local de Chipiona.

En estas dos oraciones los alumnos no son capaces de hacer correferencia con el pronombre personal correcto, por ende, cometen un error de mala selección del léxico. Pero al igual que en casos anteriores, este error se resuelve cuando se eleva el nivel de chino.

En el nivel B1 los alumnos tienden a usar mal otros pronombres por falta de dominio de su significado y por la hipergeneralización de las reglas de la LE. Es el caso del siguiente ejemplo en el que se usa *biede* (别的) 'otros' en lugar de *youderen* (有的

人) 'algunos':

71a * 现代婚礼和婚嫁没有具体规矩，有对象不想举行婚礼，有别的想安静的婚姻，也有别的想一个热闹的，还有别的只度蜜月。(5-B1)

71b 现代婚礼和婚嫁没有具体规矩，有的人不想举行婚礼，有的人想要安静的婚礼，也有的人想要一个热闹的婚礼，还有的人只度蜜月。

71c Las bodas y enlaces modernos no tienen reglas concretas. Algunas parejas no quieren celebración, otras quieren una boda tranquila, otras la quieren muy animada, y otras solo quieren irse de luna de miel.

Los errores relacionados con las partículas al nivel léxico en nuestra taxonomía son escasos en nuestro corpus (los errores con partículas aspectuales y estructurales los analizamos al nivel oracional y discursivo), y principalmente son de redundancia o de usos en contextos no adecuados:

72a * 否则新年会不好呢，我们成功找不到。(9-A2)

72b 否则新年会不顺利，我们不会成功。

72c Si no, no tendremos suerte en el año nuevo y no conseguiremos nuestras metas.

La partícula modal *ne* (呢) al final de la oración tiene un tono de exageración y no concuerda con el contexto.

73a * 应该说我觉得最好春天或秋天来游览，因为这两季节的天气非常方便(不冷不热)，山水非常壮观的！ (11-B1-B2)

73b 应该说我觉得最好春天或秋天来游览，因为这两季节的天气非常舒适，山水非常壮观！

73c Hay que decir que creo que sería mejor venir de visita en primavera u otoño, porque en estas dos estaciones el tiempo es muy agradable y el paisaje es espectacular.

La partícula modal *de* (的) al final de la oración tiene la función de intensificar el tono afirmativo, y normalmente usa el verbo *shi* (是) 'ser' en el predicado. Por ello, para corregir la oración, hay que eliminar la partícula modal *de* (的) o agregar el verbo *shi* (是) 'ser' en el predicado.

El análisis en este apartado nos permite conocer detalladamente la distribución de los errores de cada categoría gramatical, así como los errores más destacados y sus causas. En el siguiente apartado analizaremos los errores léxicos según la tipología de error combinando todas las categorías gramaticales con el propósito de conocer la situación general de errores léxicos.

2. Análisis por tipología de error

Después de analizar los errores de cada categoría gramatical, ahora pasemos a analizar los errores léxicos según la tipología del error. En primer lugar, veamos la distribución de los tipos de errores de palabra, como se muestra en el Gráfico 6.22:

Gráfico 6.22 Distribución de errores a nivel léxico según el tipo de error

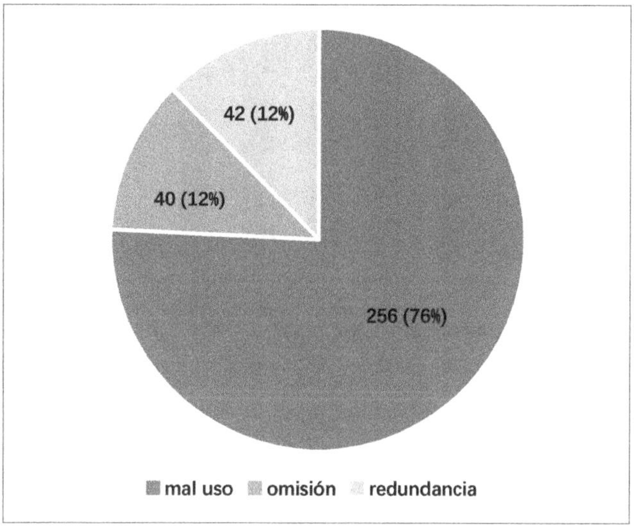

De este gráfico se desprende que el mal uso es el tipo de error más relevante, ya que corresponde al 76% de los casos. Tras haber realizado un análisis cuantitativo, hemos obtenido los siguientes resultados: de los 256 errores de mal uso a nivel léxico, 205 (80%) son de mala selección de léxico y 51 (20%) son de uso inadecuado. Es decir, la mayor parte de los errores de mal uso se cometen debido a la confusión de las palabras y a la selección de la palabra incorrecta, en detrimento de la correcta.

En comparación con los errores de mal uso, los errores de redundancia (12%) y de omisión (12%) se cometen con relativa poca frecuencia. Podemos deducir que, en lo que respecta al uso de las palabras, en la mayoría de los casos los alumnos saben dónde usarse y dónde no; la mayor dificultad para ellos es seleccionarlas y usarlas de forma correcta.

A continuación, veamos la distribución de los tipos de errores según la categoría gramatical de las palabras en el Gráfico 6.23.

Gráfico 6.23 Distribución de los errores por categorías gramaticales según el tipo de error

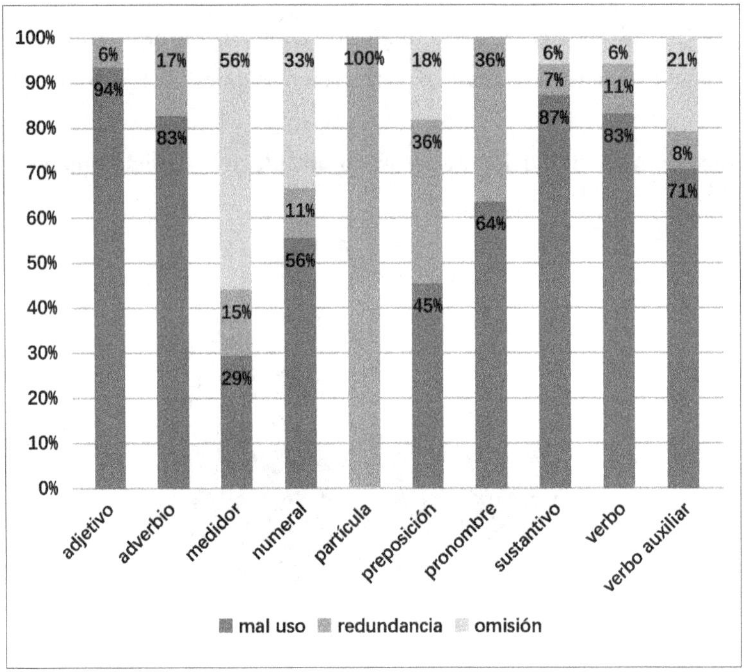

Tras el análisis de la distribución de los tipos de errores por categorías gramaticales, es posible concluir que en la mayoría de los casos el error de mal uso ocupa un lugar predominante, excepto en el caso de los medidores y las partículas. Para las siguientes categorías gramaticales, el mal uso ocupa un porcentaje relevantemente alto con porcentajes superiores al 70%: adjetivos (94%), sustantivos (87%), verbos (83%), adverbios (83%) y verbos auxiliares (71%). Es decir, la mayoría de los errores relacionados con estas categorías se cometen porque los alumnos han seleccionado mal las palabras o las han usado de forma errónea. Para el resto de las categorías gramaticales, el porcentaje que ocupa el mal uso no es tan alto pero es superior a la mitad: pronombres (64%) y numerales (56%). En el Gráfico 6.24 solo hay tres categorías gramaticales que presentan un porcentaje de mal uso inferior al 50%: preposiciones con un 45%, medidores, con un 29%, y partículas, que solo concentra errores de redundancia.

Para conocer de manera más concreta la casuística de los errores de cada tipo, hemos filtrado los errores más frecuentes y los hemos organizado en los siguientes gráficos. Las palabras que concentran más errores de mal uso se listan en la Tabla 6.4:

Tabla 6.4 Errores léxicos más frecuentes por mal uso

PALABRA	N.º DE ERRORES
想 (*xiang*)	8
可能 (*keneng*)	5
二 (*er*)	5
来 (*lai*)	4
东西 (*dongxi*)	4
有 (*you*)	4
个 (*ge*)	4

Como se puede observar, todas las palabras listadas son palabras polisémicas muy usuales (correspondientes al nivel A1 y A2). Además, estas palabras también tienen usos muy diferentes a sus equivalentes en español. Ambos aspectos pueden ser las causas que generan la alta concentración de errores en este sentido.

Con respecto al segundo tipo de error, la omisión, las palabras más afectadas se muestran en la siguiente tabla:

Tabla 6.5 Errores léxicos más frecuentes de omisión

PALABRA	N.º DE ERRORES
个 (*ge*)	9
种 (*zhong*)	4
一 (*yi*)	3
点 (*dian*)	3

En esta tabla se muestra que en nuestro corpus, las palabras que cuentan con mayor cantidad de errores de omisión son: *ge* (个), medidor individual (nueve errores), el medidor de clase *zhong* (种) 'tipo' (cuatro errores), el numeral *yi* (一) 'uno' (tres errores) y el medidor *dian* (点) 'hora' (tres errores). Cabe destacar que entre estas cuatro palabras, tres son medidores. La causa principal de la omisión de estos medidores es que la categoría gramatical de medidor no existe en español como tal, por lo tanto, los alumnos españoles suelen olvidar ponerlo en los lugares donde en chino deberían usarse. Por otro lado, estos medidores son muy usuales y por lo tanto concentran más errores.

La distribución de los errores de redundancia es relativamente dispersa, ya que las palabras usadas sin necesidad varían mucho de acuerdo con el contenido de la oración y del texto. En nuestro corpus solo hemos detectado una palabra que concentra cuatro errores de este tipo, siendo de nuevo el medidor individual *ge* (个). Creemos que se usa de modo redundante porque los alumnos españoles no dominan el uso de los medidores en general y abusan del medidor más frecuente en chino por su valor genérico, que es precisamente *ge* (个). Los errores de redundancia del resto de palabras son inferiores a tres, de modo que no los vamos a listar por no ser significativos.

Ya conocemos la distribución de los tipos de error por categorías gramaticales, y a continuación veremos su distribución en función de los niveles de chino para conocer de esta forma, en qué niveles se concentran y cuál es la evolución de los distintos tipos de errores. Veamos el Gráfico 6.24 en el que se muestra la distribución del nivel de chino según los tipos de errores:

Gráfico 6.24 Distribución de los tipos de errores léxicos según el nivel de chino

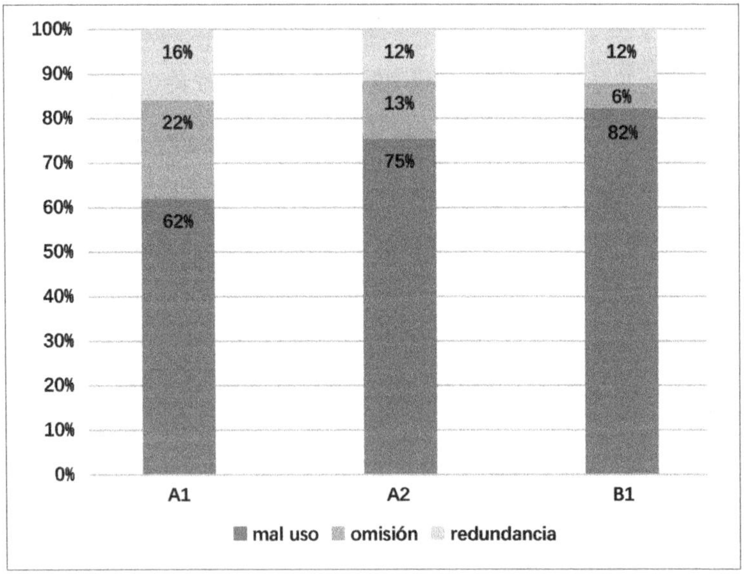

Se observa que el mal uso va aumentando de porcentaje de manera constante a la vez que se eleva el nivel de chino, mientras que la omisión y la redundancia se van reduciendo. De esto deducimos que el error de mal uso sigue siendo un problema del nivel A1 al B1 y en el último estadio ocupa un lugar más predominante que en los estadios anteriores.

De todo el análisis realizado hasta el momento podemos resumir que el tipo de error de nivel léxico más recurrente es el mal uso (especialmente la mala selección), mientras que los casos de omisión y de redundancia son muy leves. Con respecto a las categorías gramaticales, el mal uso ocupa un lugar muy relevante en casi todas las categorías gramaticales aparte del medidor y la partícula, ya que en esta última la omisión es el tipo de error predominante. En cuanto a la evolución de los tipos de errores, se observa que el mal uso aumenta en el nivel A2 y B1 con una evolución negativa; la redundancia no muestra mucho cambio en diferentes estadios y, por último, la omisión se concentra en el nivel A1 y A2 disminuyendo drásticamente en B1.

3. Conclusiones sobre el análisis de errores de ámbito léxico

Las categorías gramaticales que concentran más errores a nivel léxico son los verbos y sustantivos, seguido por medidores, adjetivos y adverbios. El resto de las categorías gramaticales cuentan con errores más discretos.

Con respecto al tipo de error, en términos generales el mal uso ocupa un lugar predominante en la mayoría de las categorías gramaticales, especialmente en adjetivos, sustantivos, verbos, adverbios y verbos auxiliares. Un caso excepcional que cabe destacar es el de los medidores, que presenta como problema más relevante la omisión, principalmente por la inexistencia de dicha categoría gramatical en la lengua materna de los alumnos. En lo relativo al mal uso, el problema más relevante es la selección incorrecta de la palabra que se debería usar, causada por una diversidad de factores, como la confusión de sinónimos parciales o antónimos, la disparidad del campo semántico de las palabras en chino y sus equivalentes en español, la hipergeneralización del uso de algunas palabras, la evasión del uso de palabras más marcadas de chino, la no interiorización del significado y reglas de uso de las palabras. Además, entre los errores de mala selección del léxico también destaca la coocurrencia errónea: coocurrencia inadecuada entre verbo y sustantivo, así como entre adjetivo y sustantivo a causa de la hipergeneralización del uso de palabras y la falta de dominio de la restricción de su uso.

En cuanto a la evolución, la cantidad de errores aumenta notablemente cuando se pasa de A1 a A2, con una pequeña reducción de A2 a B1, mostrando una evolución con tendencia positiva. En el nivel A1 destacan los errores de mala selección del verbo y la omisión del medidor. Además, errores con verbos auxiliares y sustantivos también ocupan un porcentaje importante. En este estadio, los errores que cometen los alumnos manifiestan notablemente la interferencia de la lengua materna, provocando que los alumnos hagan una traducción literal de esta. Además, la no interiorización de la forma y el significado de las palabras también es una causa relevante de errores, por lo que los alumnos escriben palabras incompletas (escribir *ran* [然] en lugar de *ranhou* [然后] 'después') o confunden antónimos por la similitud de la forma (usar *shangke* [上课] 'empezar la clase' en vez de *xiake* [下课] 'terminar la clase').

En el nivel A2, los errores concernientes a los verbos siguen ocupando una posición predominante. La cantidad de errores con el sustantivo y el adverbio aumenta notablemente por el incremento de vocabulario de los alumnos. También destacan los errores de coocurrencia entre el sustantivo y el verbo. En contraposición, los errores con los medidores, numerales y verbos auxiliares tienen una evolución positiva. En comparación con el nivel A1, los errores intralinguales van ocupando un lugar cada vez más importante: los alumnos confunden palabras similares en significado o en forma, o hipergeneralizan el uso de algunas palabras. Además, la comprensión del significado y uso del adverbio también constituye una dificultad para los alumnos por la distancia entre la lengua materna y la lengua extranjera en lo que respecta a esta categoría gramatical.

En el nivel B1 los errores más frecuentes ocurren en las categorías de sustantivo y verbo. Además, se detecta un leve aumento de la cantidad de errores con adjetivos. Con respecto a los tipos de errores, la mala selección ocupa el lugar predominante en este nivel, lo cual se debe a nuestro parecer, al aumento del vocabulario de los alumnos y la complejidad de las construcciones que se usan, pues dificulta la elección de las palabras adecuadas.

A nivel léxico los errores que detectamos son mayoritariamente transitorios, y aunque hemos observado errores muy repetitivos con algunas palabras, se van superando progresivamente a medida que los alumnos van adquiriendo nuevos conocimientos, aunque con nuevas palabras vuelven a surgir errores nuevos debido al aumento del campo del léxico.

Capítulo 7 Análisis de errores a nivel oracional

En este capítulo vamos a analizar los errores a nivel oracional. Dicho análisis se divide en dos partes que se corresponden con la clasificación de errores hallados en nuestro corpus, a saber, errores según la función gramatical y en construcciones especiales. En cada sección radiografiaremos los errores en función de su tipología y del nivel de chino. Como ya hemos mencionado en el Capítulo 5, en nuestro corpus hay un total de 335 errores a nivel oracional, de los que 263 corresponden a las diferentes funciones gramaticales (incluyendo las partículas aspectuales *le* [了], *zhe* [着] y *guo* [过], y las estructurales *de* [的], *de* [得] y *de* [地]) del chino y 72 a construcciones especiales. En este capítulo vamos a analizar estos dos tipos de errores por separado.

1. Errores relacionados con las funciones gramaticales

En este apartado examinaremos los errores correspondientes a los componentes de las distintas funciones gramaticales de la oración. Se analizarán los errores combinando los parámetros de tipología de error y el nivel de chino. A continuación, veremos la distribución de los errores según la función gramatical.

1.1 Errores según función gramatical

Con el fin de dirimir la posible existencia de algún patrón de error asociado a las funciones gramaticales, veremos primero la distribución general de los errores en función de diferentes parámetros. Con respecto a la evolución de los errores, podemos ver el siguiente gráfico de distribución según el nivel de chino:

Gráfico 7.1 Distribución de los errores de funciones gramaticales por nivel de chino

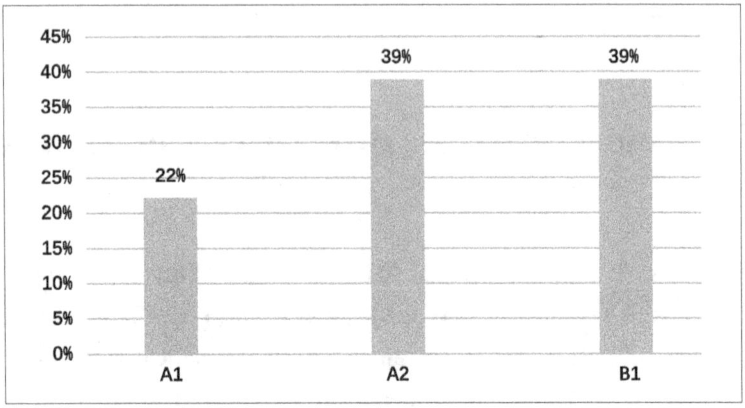

Este gráfico evidencia que el nivel A1 presenta un porcentaje muy bajo (22%) de errores oracionales debido a que, en primer lugar, las redacciones de este nivel son cortas y albergan una cantidad más discreta de errores. En segundo lugar, los alumnos de A1 tienden a usar estructuras oracionales más simples, por lo que cometen menos errores relacionados con las funciones gramaticales. La mayoría de los errores se concentran en el nivel A2 (39%) y B1 (39%) porque como se eleva el nivel de chino, los alumnos tienden a usar funciones gramaticales más diversificadas y oraciones más complejas.

Ahora veamos la distribución de los errores según las diferentes funciones gramaticales que desempeñan los elementos implicados (Gráfico 7.2):

Gráfico 7.2 Distribución de errores a nivel oracional por función gramatical

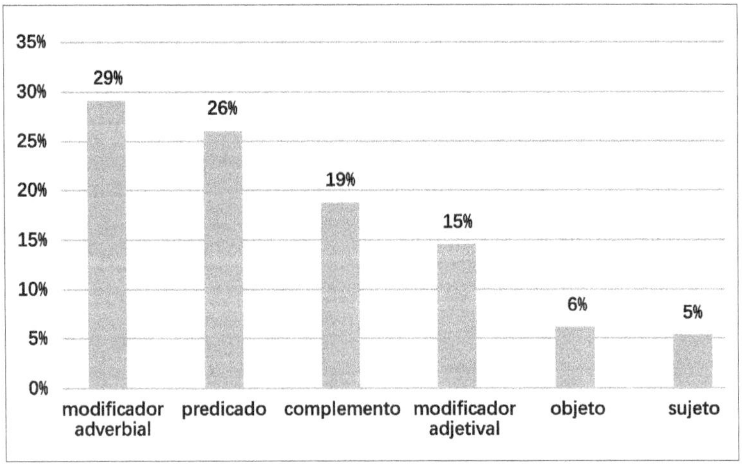

En este gráfico se observa que el modificador adverbial (29%) y el predicado (26%) son las dos funciones gramaticales en las que se concentran la mayoría de errores y que significan mayor dificultad de aprendizaje para los alumnos españoles. Les siguen el complemento verbal y el modificador adjetival, a los que les corresponden unos porcentajes del 19% y del 15%, respectivamente. Esto significa que los alumnos españoles de nuestra muestra tienen algunos problemas con respecto al uso del complemento verbal y del modificador adjetival. El objeto y el sujeto ocupan una proporción muy discreta, de lo que se desprende que los alumnos no suelen tener dificultades con estas dos funciones gramaticales.

Para conocer la distribución de los tipos de errores según estas funciones gramaticales, veamos el siguiente gráfico:

Gráfico 7.3 Distribución de los tipos de errores a nivel oracional por función gramatical

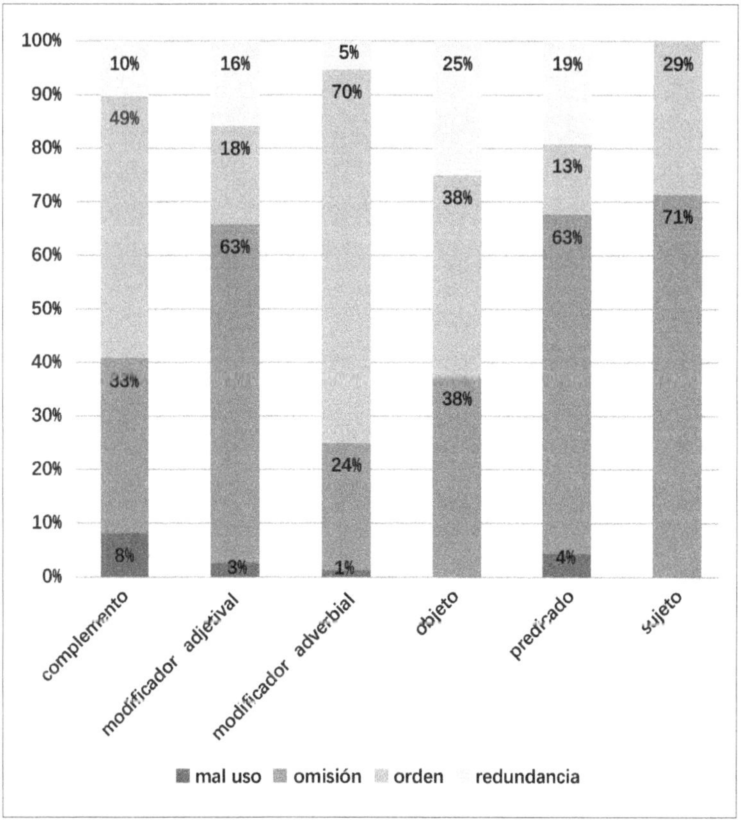

En este gráfico se aprecia que la omisión ocupa un porcentaje relevante en la mayoría de las funciones gramaticales, especialmente con respecto al sujeto (71%), al predicado (63%) y al modificador adjetival (63%). En comparación con estas funciones gramaticales, en la categoría de modificador adverbial los errores se distribuyen de forma muy distinta: el orden ocupa un porcentaje predominante, con un 70%, mientras que la omisión solo representa un 24%. Dicho de otra forma: cuando los alumnos españoles de nuestra muestra usan modificadores adverbiales incorrectamente, estos tienden a situarlos en un lugar erróneo en vez de omitirlos. Otra función gramatical en la que la omisión también ocupa un lugar secundario es el complemento verbal, en el que el orden es la mayor dificultad a la que hacen frente (49%). Para todas las funciones gramaticales, la redundancia y el mal uso son errores menos recurrentes.

Después de ver la distribución de los tipos de errores, veamos la evolución de los mismos para cada función gramatical, cuya tendencia se muestra en el Gráfico 7.4:

Gráfico 7.4 Distribución de los errores según el nivel de chino por función gramatical

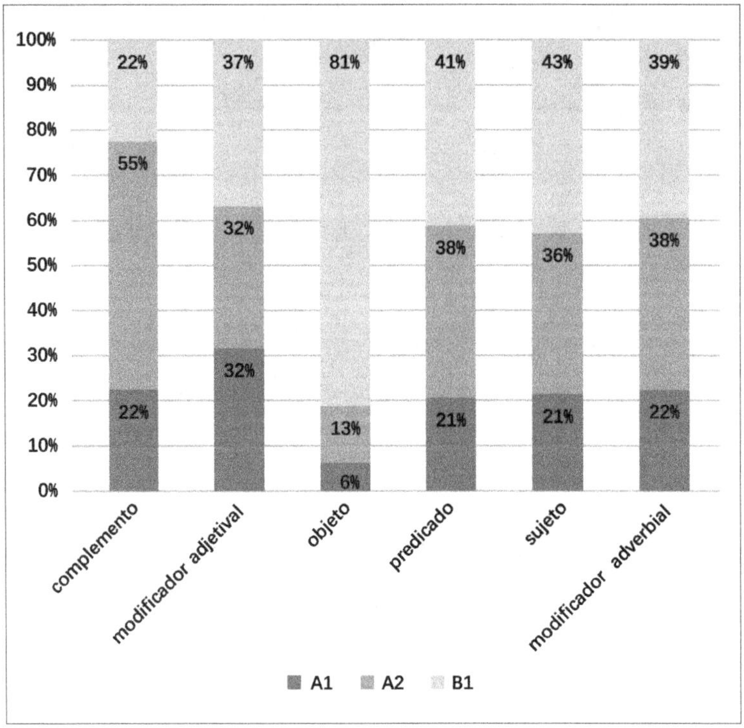

En este gráfico se observa que la evolución de los errores asociados a las funciones gramaticales está, a grandes rasgos, conforme con la evolución de los errores oracionales en general como se muestra en Gráfico 7.1: en el nivel A1 los errores son leves, aumentan notablemente en A2 y experimentan un mayor incremento en B1, con una evolución negativa. En el Gráfico 7.4 se observan dos excepciones: el complemento, que concentra la mayoría de errores en el nivel A2 (55%) y que tiene una evolución evidentemente positiva en el nivel B1 (22%); y el objeto, con la gran mayoría de errores en el nivel B1 (81%), principalmente porque los tipos de errores en este nivel de chino están más diversificados.

A continuación, estudiaremos las funciones gramaticales en función de la proporción que ocupan en la totalidad de errores. Dicho análisis se llevará a cabo en orden decreciente.

1.1.1 El modificador adverbial

El modificador adverbial es la función gramatical que concentra mayor cantidad de errores. Los tipos de errores más destacados en este caso son el orden (69%), seguido por la omisión (24%), como se muestra en el Gráfico 7.5.

Gráfico 7.5 Distribución de los errores del modificador adverbial por tipo de error

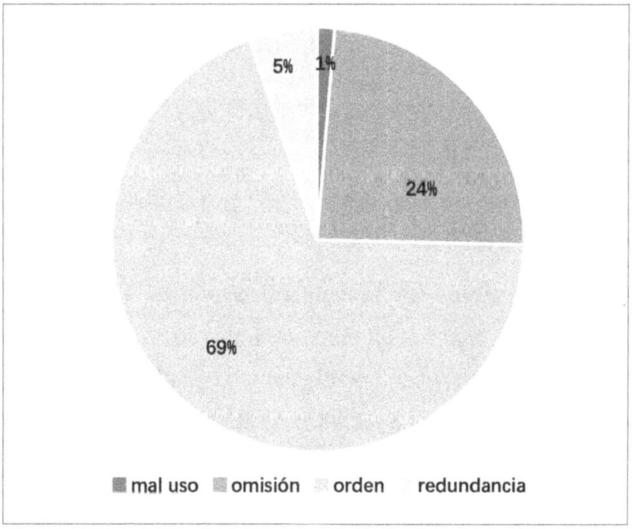

Como la cantidad de errores de redundancia (5%) y de mal uso (1%) es muy discreta, en este apartado nos limitamos a radiografiar los dos tipos de errores más recurrentes. Además, los errores con la partícula estructural *de* (地) en el modificador adverbial son tan escasos, un 3% de los errores de esta función gramatical, que no nos extenderemos el análisis de esta partícula.

Con respecto a la evolución de los errores del modificador adverbial, como avanzábamos en Gráfico 7.4, los errores se concentran en el nivel A2 (38%) y B1 (39%). El Gráfico 7.6 muestra la evolución de los errores de diferentes tipos por niveles de chino:

Gráfico 7.6 Distribución de los tipos de error del modificador adverbial en función del nivel de chino

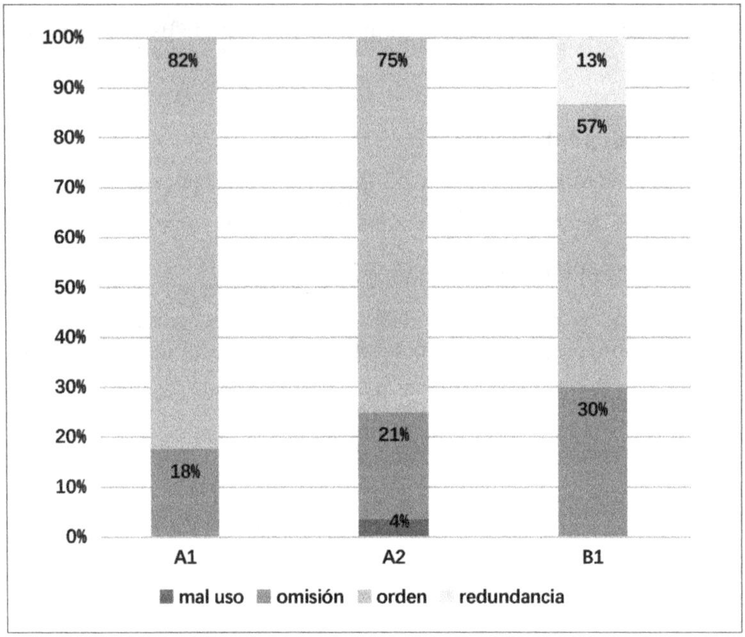

En este gráfico observamos que la mala colocación es el problema más destacado del modificador adverbial para los alumnos de todos los niveles de chino (A1-B1), a pesar de que en el B1 ya se reducen notablemente la cantidad total de errores de dicha función gramatical. Paralelamente, a medida que se mejora el nivel de chino, aumentan levemente los errores de omisión, pero con una cantidad discreta.

Primero analizaremos los errores de orden del modificador adverbial, que tiene como causa principal la influencia negativa del español, pues en este idioma se coloca más a menudo detrás del verbo, mientras que en chino es al revés, siempre delante del verbo.

La estructura más usada como modificador adverbial en nuestro corpus es el sintagma preposicional encabezado por la preposición *zai* … (在) 'en' que indica el lugar. Por ejemplo:

1a * 我认识了 Laia 在学院。(7-A1-A2)
1b 我在学院认识了 Laia。
1c Conocí a Laia en el instituto.

A continuación, veamos un error de dos modificadores adverbiales que indican lugar y compañía:

2a * 我过新年在我的家跟家里人。(7-A2)
2b 我在我的家跟家里人过新年。
2c Paso el Año Nuevo en casa con mi familia.

En la oración 2a también se comete el error de posponer los modificadores adverbiales, que deberían colocarse antes del verbo.

Otro modificador adverbial es el introducido por la preposición *gen…* (跟……) 'con …', o *he* ... (和……) 'con …', que significa *en compañía de*. En chino se debería poner este sintagma preposicional antes del verbo, pero muchos alumnos lo colocan detrás del mismo. Por ejemplo:

3a * 然后她七点吃晚饭跟她的家人。(22-A1)
3b 然后她跟她的家人七点吃晚饭。
3c Luego ella cena con sus familiares a las siete.

4a * 西班牙人有的吃晚饭跟朋友，有的吃跟他们的家里人，有的去旅行跟朋友或者跟家里人。(7-A2)

4b 西班牙人有的跟朋友吃晚饭，有的跟他们的家里人吃，有的跟朋友或者跟家里人去旅行。

4c Algunos españoles cenan con sus amigos; otros, con sus familiares; y hay quienes viajan con sus amigos o familiares.

En estas dos oraciones, los alumnos colocan el modificador adverbial encabezado por *gen* … (跟……) 'con …' en un lugar erróneo por la interferencia de la lengua materna, ya que en español se suele poner después del verbo.

A continuación, veamos un error de colocación del sintagma preposicional *he*... (和……) 'con …', que también indica compañía:

5a * 除了看足球场以外，我爸爸每星期天还踢足球跑同事。(15-A1-A2)
5b 除了看足球以外，我爸爸每星期天还和同事踢足球。
5c Aparte de ver partidos de fútbol, cada domingo mi padre juega con sus compañeros de trabajo.

Otro error destacado del mismo tipo ocurre con el adverbio *yiqi* (一起) 'juntos', al que los alumnos españoles tienden a colocarlo en función posverbal:

6a * 也是我们有时候去听音乐一起。(16-A1-A2)
6b 另外我们有时候一起去听音乐。
6c Además, a veces vamos juntos a escuchar música.

Todos los ejemplos presentados hasta el momento son oraciones donde los alumnos han colocado erróneamente el modificador adverbial después del verbo. Además, también detectamos en nuestro corpus otros modificadores adverbiales como los formados por las estructuras *cong* ... *dao*... (从……到……) 'desde ... hasta ...'; *dang* ... *shi* (当……时) 'cuando ...'; y *dui* ... (对……) 'para ...' con los que, de nuevo, se cometen errores de orden.

Arriba hemos listado algunos sintagmas preposicionales que concentran muchos errores de orden. Aparte de estos, también se dan algunos errores con sintagmas adverbiales que describen acciones que también se colocan erróneamente después de los verbos:

7a * 安娜每天上午七点钟起床很高兴。(23-A1)
7b 安娜每天七点钟很高兴地起床。
7c Ana se levanta muy alegremente a las siete todos los días.

El sintagma adverbial *hen gaoxing de* (很高兴地) 'muy alegremente' se usa para describir el estado de llevar a cabo la acción de levantarse, por lo tanto hay que colocarlo antes del verbo *qichuang* (起床) 'levantarse de la cama'.

8a * 他正在上课上坐着。(27-A1)

8b 他正在坐着上课。

8c Él está escuchando la clase sentado.

El modificador adverbial *zuozhe* (坐着) 'sentado', que indica la forma de realizar la acción de *shangke* (上课) 'hacer clase', hay que ponerlo antes del verbo.

9a * 直到午夜我们都跳舞高高兴兴地。(15-B1)

9b 我们高高兴兴地跳舞直到午夜。

9c Bailamos alegremente hasta la medianoche.

Gaogaoxingxing de (高高兴兴地) 'alegremente' es un modificador adverbial que describe la acción *tiaowu* (跳舞) 'bailar', por eso hay que colocarlo antes del verbo.

Pensamos que estos tres errores de colocación errónea del modificador adverbial después del verbo se deben a la influencia del orden de las palabras en español, ya que el adverbio que describe la acción en estas tres oraciones puede colocarse después del verbo, y los alumnos hacen una traducción literal sin cambiar el orden de las palabras.

Respecto al error de omisión cabe señalar, en primer lugar, que hay alumnos que no emplean bien los modificadores adverbiales de construcción fija y otros omiten elementos importantes de esta. Veamos algunos ejemplos a continuación:

10a * 每天，当我去她家 Ø 她总是告诉我穿婚纱的优点。(5-B1)

10b 每天，当我去她家时她总是告诉我穿婚纱的优点。

10c Todos los días, cuando voy a su casa, me cuenta las ventajas de llevar el vestido de novia.

11a * 因为所有的人没能举行婚礼，所以当夫妇到达饭馆 Ø，客人都开始把他们扔大米了。(15-B1)

11b 因为很多的人没能参加婚礼，所以当夫妇到达饭馆时，客人都开始向他们扔大米。

11c Como muchos no habían podido asistir a la boda, cuando el matrimonio llegó al restaurante, los invitados empezaron a lanzarles arroz.

En estas dos frases, los alumnos no han empleado bien el modificador adverbial que indica tiempo *dang ... shi* (当……时) 'cuando ...', ya que, cuando lo emplean, omiten el carácter *shi* (时) ‘momento’ que forma parte de la construcción. Pensamos que la omisión se genera porque los alumnos piensan al aprenderla que la preposición *dang* (当) puede significar *en el mismo momento y lugar en que*, e hipergeneralizan su uso en los modificadores adverbiales, omitiendo el carácter *shi* (时) ‘momento’.

12a * 红色对中国人 Ø 是很吉利，在婚礼中有很多红色，比如红色的婚纱，红双喜字，等等。(7-B1)

12b 红色对中国人来说是很吉利的，在婚礼中有很多红色，比如红色的婚纱，红双喜字，等等。

12c El color rojo representa buena suerte para los chinos. Se ven muchos elementos rojos en las bodas: el vestido de la novia, los caracteres que simbolizan la doble felicidad, etc.

En esta oración, el alumno no usa bien el modificador adverbial que introduce el punto de vista u opinión de alguien *dui ... lai shuo* (对…… 来说) ‘para ...’, usando solo la preposición *dui* ... (对……) ‘para ...’ y omitiendo el resto. Pensamos que esto se debe a que ambas expresiones en chino equivalen a *para* en español, de manera que los alumnos españoles confunden las dos expresiones.

Además, en nuestro corpus también detectamos errores de omisión de las preposiciones. Es recurrente, por ejemplo, la omisión de la preposición *zai* (在) ‘en’:

13a * 请 Ø 这儿坐好。(3-A1)

13b 请在这儿坐好。

13c Siéntese aquí, por favor.

14a *Ø 这儿我们吃饭和喝酒，夫妻共饮交杯酒。(14-B1)

14b 在这儿我们吃饭和喝酒，夫妻共饮交杯酒。

14c Aquí comemos y bebemos, y el matrimonio comparte la misma copa de licor.

15a * 根据中国的婚礼习惯，客人 Ø 墙挂红双喜字。(20-B1)

15b 根据中国的婚礼习俗，客人在墙上挂红双喜字。

15c De acuerdo con las costumbres nupciales chinas, los invitados cuelgan en la pared los caracteres de la doble felicidad.

En las tres oraciones anteriores los alumnos transfieren el uso del modificador adverbial en su lengua materna, ya que en español no hace falta poner siempre la preposición para indicar el lugar. Por ejemplo, en español se usa solamente el adverbio *aquí* sin precederlo de ninguna preposición, pero en chino *zhe'er* (这儿) 'aquí' es un pronombre y no puede funcionar como modificador adverbial solo.

En resumen, los tipos de error más frecuentes del modificador adverbial son de orden y omisión. El error de orden se refleja principalmente en posponer el modificador adverbial al verbo. La gran cantidad de errores de orden con el modificador adverbial se debe principalmente a la diferencia tipológica entre el chino y el español, provocando la interferencia de la lengua materna. Dichos errores se distribuyen desde el nivel A1 hasta el B1, con una evolución positiva. Por otro lado, el error de omisión se debe tanto a la influencia del español como a la falta de interiorización y la hipergeneralización del uso de los sintagmas preposicionales. Los errores de omisión aumentan a medida que se mejoran los conocimientos de chino por la ampliación de conocimientos de las estructuras sintácticas y su complejidad.

1.1.2 El predicado

En la presente investigación, los errores del predicado ocupan el segundo lugar en cuanto a la cantidad, con un porcentaje del 26% de todos los errores de funciones gramaticales. La distribución de errores por tipología de error se muestra en el Gráfico 7.7:

Gráfico 7.7 Distribución de los errores del predicado por tipología

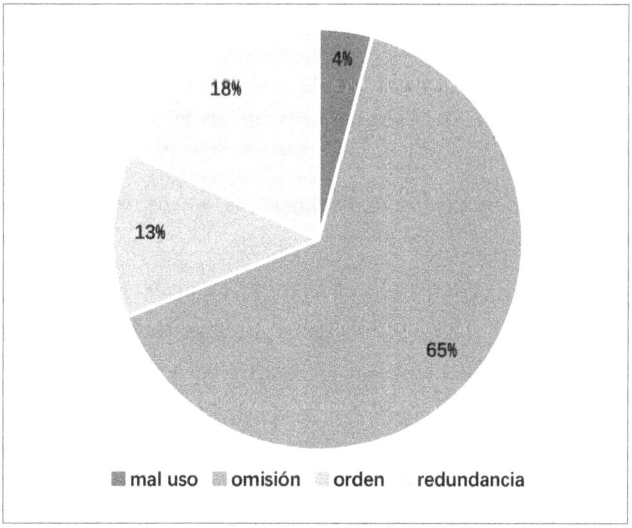

De este gráfico se desprende que la omisión es el tipo de error más recurrente, con un porcentaje del 65%, mientras que los otros tipos cuentan con una cantidad de errores relativamente más pequeña.

El Gráfico 7.8 nos permite obtener una visión global de la distribución de los errores del predicado en diferentes niveles en función del tipo de error:

Gráfico 7.8 Distribución de los errores del predicado según el nivel de chino y el tipo de error

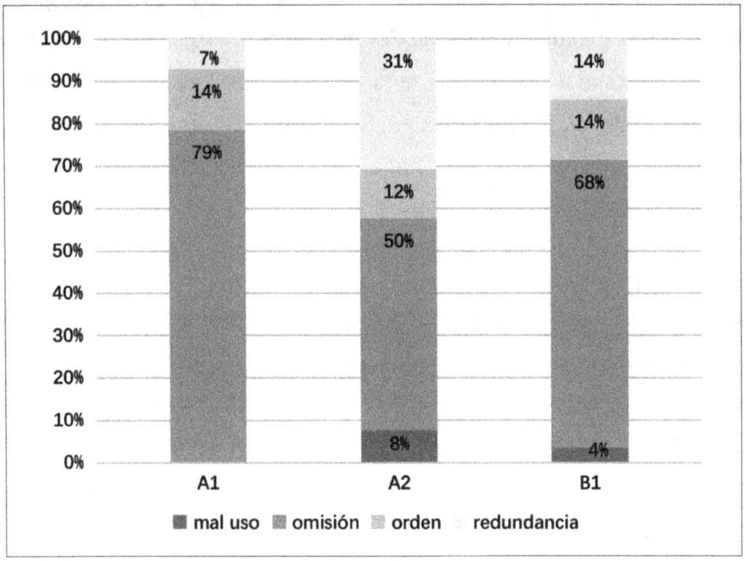

El Gráfico 7.8 evidencia que la omisión es el error más relevante en todos los niveles. La redundancia, que es el segundo tipo de error más recurrente, concentra sus errores en el A2 y muestra una evolución positiva.

Entre los errores del predicado nos hemos fijado especialmente en los errores de las partículas aspectuales *zhe* (着), *le* (了) y *guo* (过), ya que hemos observado que estos ocupan un 50% de los errores dentro de esta categoría, siendo un porcentaje muy relevante. La razón por la que analizamos los errores de las partículas aspectuales a nivel de oración y no a nivel léxico o discursivo, es que, como hemos explicado en "1.2 Taxonomía de errores" del Capítulo 4, las partículas forman parte del predicado de la oración y sirven para indicar el aspecto de la acción. Por lo tanto, a nuestro parecer, estas partículas tienen una función más bien oracional que léxica o pragmática.

En este apartado vamos a analizar primero los errores de las partículas aspectuales y más tarde el resto de errores pertenecientes a la función gramatical de predicado. La distribución de errores de las tres partículas aspectuales se muestra en el Gráfico 7.9:

Gráfico 7.9 Distribución de los errores de las partículas aspectuales en el predicado

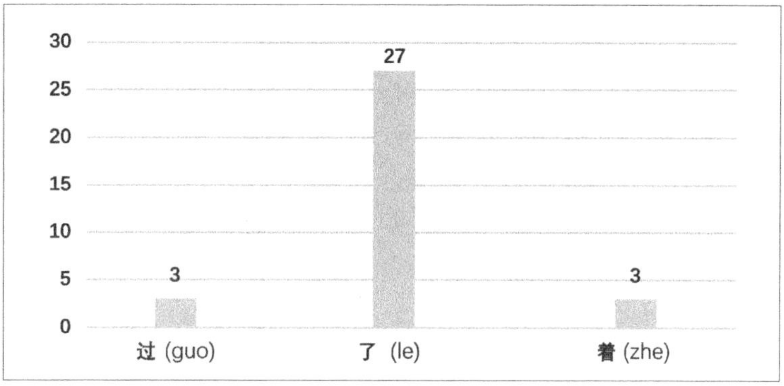

Se observa que la partícula *le* (了) es la que concentra más errores, en total 27. Mientras que *guo* (过) y *zhe* (着) (con tres errores cada una) parecen relativamente poco problemáticas. A nuestro parecer, la concentración en errores en *le* (了) se debe a que usar dicha partícula para indicar el aspecto verbal supone una gran dificultad para los alumnos españoles.

La distribución de los tipos de errores de las partículas aspectuales se muestra en el siguiente gráfico.

Gráfico 7.10 Distribución de los errores de las partículas aspectuales en el predicado por tipo de error

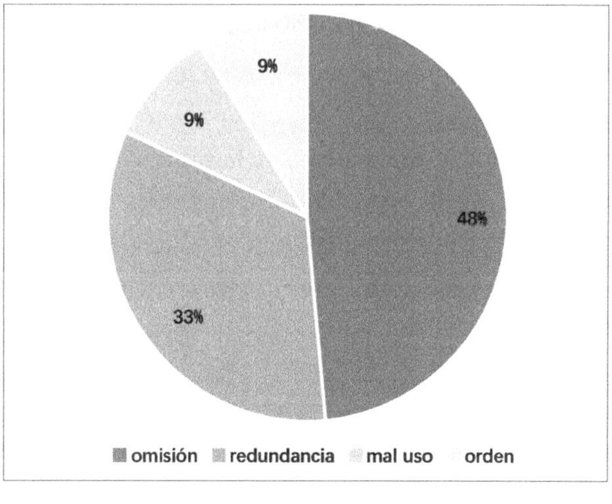

De este gráfico se desprende que la distribución de errores con las partículas aspectuales es conforme a los errores de predicado en general, en la que la omisión (48%) y la redundancia (33%) son los dos tipos más recurrentes.

La distribución de errores con la partícula *le* (了) se muestra equilibrada en los diferentes niveles de chino, con 14 errores en A2 y 13 errores en B1. Por lo tanto, es un error que persiste a medida que avanza el nivel. Respecto a la tipología de error, casi la mitad (48%) constituyen errores de omisión, mientras que un 37% son errores de redundancia. Veamos primero algunos errores de omisión:

16a * 他也喜欢旅游，所以上周他去 Ø 意大利。(2-A1-A2)
16b 他也喜欢旅游，所以上周他去了意大利。
16c A él también le gusta viajar, por eso la semana pasada fue a Italia.

17a* 第二、三天我们看看 Ø 很多地方。(20-A2)
17b 第二、第三天我们参观了很多地方。
17c En el segundo y el tercer día, visitamos muchos lugares.

18a* 在电影的最后新婚夫妇去海南三亚度蜜月 Ø。(7-B1)。
18b 在电影的最后新婚夫妇去海南三亚度蜜月了。
18c Al final de la película, el nuevo matrimonio fueron a Sanya de Hainan para pasar la luna de miel.

En chino, para indicar la finalización de una acción podemos usar la partícula de aspecto perfecto *le* (了) después del verbo, mientras que en español el aspecto perfecto está implícito en la conjugación del verbo. Por lo tanto, muchos alumnos olvidan añadir dicha partícula. Estos ejemplos también muestran que cometen el mismo error de omisión tanto en el nivel A2 como en el B1, sin que se reduzca la cantidad de errores, por lo que se puede deducir que este problema se fosiliza en el nivel intermedio.

Los errores de redundancia, en cambio, hacen referencia a aquellos que usan la partícula aspectual *le* (了) en las oraciones para expresar acciones pasadas en lugar de la finalización de una acción, sin tener en cuenta el aspecto de la acción, es decir, si está terminada o no. Por ejemplo:

19a * 我以前每个星期跟朋友去了一次健身房跳舞。(3-A1-A2)
19b 我以前每个星期跟朋友去一次健身房跳舞。

19c Antes, cada semana iba a bailar al gimnasio con mi amigo.

En esta oración se expresa la frecuencia de una acción pasada en lugar de indicar la finalización de la misma, por lo tanto, debe eliminarse la partícula *le* (了) que, en este caso, resulta incorrecta.

20a * 然后她说了："你们得快快地走到四号门上飞机。"(17-A2)
20b 然后她说："你们得赶快走到四号门上飞机。"
20c A continuación, ella les apremió: "Tenéis que dirigiros rápidamente a la puerta número 4 para embarcar."

En este caso el error proviene del abuso por parte del alumno de la partícula aspectual *le* (了), quien ha pensado que en chino el verbo seguido de la partícula *le* (了) equivale a una construcción en tiempo pretérito, para expresar una acción pasada. En chino, se puede usar *shuole* (说了) 'dijo o ha dicho' en estilo indirecto seguido por las palabras dictadas como el objeto, pero en estilo directo no. Por consiguiente, es un error inducido: poner la partícula aspectual al tratarse de una acción pasada. Los alumnos españoles tienden a buscar regularidades o equivalentes sistemáticos sin tener en cuenta que el chino es una lengua más orientada al discurso y a la pragmática que a la gramática como el español.

De los errores listados se observa que los verbos que se traducen como acciones pasadas inducen el uso hipergeneralizado de la partícula aspectual *le* (了), sin considerar el contexto del uso en chino.

Los alumnos también tienen problemas al usar la partícula aspectual *guo* (过) para indicar el aspecto verbal. Veamos los siguientes ejemplos:

21a * 我们一起旅行 Ø。(17-B1)
21b 我们一起旅行过。
21c Viajamos juntos.

En esta oración, la acción ya está terminada, por eso hay que usar la partícula *guo* (过) que han tenido la experiencia de viajar juntos.

22a 每年一度我旅游一些地方，今年去过罗马。(14-A1-A2)
22b 每年我去一些地方旅游，今年去了罗马。

22c Cada año viajo a algún lugar. Este año fui a Roma.

En esta oración, según el contexto, el autor quiere expresar un acción pasada, que no continúa ahora, por lo tanto hay que añadir la partícula aspectual *guo* (过).

A continuación, veamos dos errores de la partícula *zhe* (着):

23a * 周末的时候我们一起骑自行车着去树林找蘑菇。(13-A2)
23b 周末的时候我们一起骑着自行车去树林找蘑菇。
23c Los fines de semana vamos al bosque en bicicleta para buscar setas.

Es un error de orden de la partícula *zhe* (着), el cual debería colocarse después del verbo en vez del objeto para formar una oración de verbos en serie. El alumno no domina bien esta estructura y comete un error de orden.

24a * 这个字标志 Ø 幸福。(20-B1)
24b 这个字标志着幸福。
24c Este carácter representa "felicidad".

En esta oración el alumno solo usa el verbo *biaozhi* (标志) 'significar', pero falta una palabra que indique que es un estado durativo, de modo que se debería añadir *zhe* (着) al verbo de la oración para indicarlo.

A continuación, analizaremos el resto de errores de predicado más allá de las partículas aspectuales. Como hemos mencionado, el tipo de error más recurrente de predicado es la omisión, que representa un 65% de todos los casos. La mayoría de estos errores se cometen simplemente por omitir el elemento principal del predicado en la oración. Veamos a continuación algunos ejemplos en diferentes niveles de chino.

Los errores pertenecientes al nivel A1 son errores de omisión del predicado y colocación del objeto directamente después del sujeto sin verbo alguno:

25a * 我八点十五分 Ø 中饭。(31-A1)
25b 我八点十五分吃早饭。
25c Desayuno a las ocho y cuarto.

En esta oración falta el predicado *chi* (吃) 'comer' ya que el objeto *zaofan* (早饭) 'desayuno' aparece directamente después del sujeto. En español existe el verbo *desayunar* que significa comer el desayuno, pero en chino no existe un verbo equivalente y hay que añadir el verbo *chi* (吃) 'comer'.

Otro error relacionado con el verbo *desayunar* es el siguiente:

26a * 有时候，我吃早饭 Ø 一杯高乐高和 Ø 水果。(38-A1)

26b 有时候，我早饭喝高乐高，吃水果。

26c A veces, para desayunar tomo Cola Cao y fruta.

Este alumno hace una traducción literal de la frase en español *desayuno un Cola Cao y frutas* al chino. Pero en chino los objetos *gaolegao* (高乐高) 'Cola Cao' y *shuiguo* (水果) 'fruta' no pueden posponer directamente al verbo desayunar, por lo que se deberían añadir verbos antes de ellos.

27a * 以后大学 Ø 我回家吃午饭跟我的妈妈，然后从六点整到七点半做作业。(36-A1)

27b 从大学回来之后我回家跟我的妈妈吃午饭，然后从六点整到七点半做作业。

27c Después de regresar de la universidad, voy a casa para comer con mi madre y luego hago los deberes desde las seis en punto hasta las siete y media.

En esta oración, el error reside en el modificador adverbial de tiempo *yihou daxue* (以后大学) 'después de la universidad', en el que el alumno usa el sustantivo *daxue* (大学) 'la universidad' después de la palabra temporal *yihou* (以后) 'después', haciendo una traducción literal de *después (de terminar las clases) de la universidad* del español. Pero en chino no se puede omitir el verbo (terminar, volver, etc.).

En el nivel A2, los errores ocurren en oraciones con estructuras más complicadas en comparación con el A1. Veamos algunos ejemplos:

28a * 虽然我不喜欢科学幻想，但是爸爸和我 Ø 一样一点。(2-A1-A2)

28b 虽然我不喜欢科学幻想，但是爸爸和我有一点一样。

28c Aunque no me gusta la ciencia ficción, mi padre y yo tenemos algo en común.

El alumno no ha dominado bien la construcción en chino de *you yidian* (有一点) 'ser un poco' + adjetivo, y omite el verbo *you* (有) 'haber/tener', que sirve como el predicado en la oración.

29a * 我没想到我们会 Ø 怎么好的朋友。(7-A1-A2)

29b 我没想到我们会成为这么好的朋友。

29c No me imaginaba que nos haríamos tan amigos.

En esta oración se omite el verbo *chengwei* (成为) 'convertirse en', ya que el alumno piensa que es una oración con predicado adjetival y hipergeneraliza la regla de que dicho tipo de oración no lleva verbo.

30a * 因为我在这里一定 Ø 很长时间，上个月我家庭到北京看我。(18-A2)

30b 因为我在这里一定待很长时间，所以上个月我家人到北京看我。

30c Como seguramente estaré aquí mucho tiempo, el mes pasado mi familia vino a Beijing a verme.

En esta oración se omite el verbo *dai* (待) 'estar', ya que los alumnos han aprendido que donde en español se usa el verbo *ser* o *estar* en chino suele ser diferente y no los distinguen muy bien. Habitualmente en chino se omite el verbo y se opta por un sintagma adjetival, por eso el alumno ha hipergeneralizado esta regla y omite el verbo *dai* (待) 'estar' que es necesario en esta oración.

31a * 只有两个月就放假，所以我得想想 Ø 什么计划。(19-A2)

31b 只有两个月就放假了，所以我得想想制定什么计划。

31c Solo quedan dos meses para las vacaciones, así que tengo que pensar un plan.

En esta oración, se omite el predicado *zhiding* (制定) 'elaborar' por la influencia de la lengua materna, ya que en español se dice *pensar un plan* y el alumno ha hecho una traducción literal. Con todo, en chino no se suele decir así y se debería añadir un verbo *zhiding* (制定) 'elaborar', o sustituir el verbo reduplicado *xiangxiang* (想想) 'pensar' por *xiangchu* (想出), que también significa 'pensar (con un resultado)'.

En los niveles A1 y A2, los errores de predicado se dan porque principalmente se omiten verbos, mientras que en el nivel B1, los errores a nivel de predicado pueden adoptar diversas formas. Veamos algunos ejemplos a continuación.

32a * 不但婚礼习惯 Ø 而且对象也不同。(5-B1)

32b 不但婚礼习惯不同，而且对象也不同。

32c No solo son diferentes las costumbres nupciales, sino también los contrayentes.

En esta oración falta el predicado adjetival. En español se puede decir *No solo las costumbres nupciales, sino que también los contrayentes son diferentes*, y usar únicamente una vez el predicado diferente, pero en la oración compuesta progresiva en chino no se debe omitir el predicado *butong* (不同) 'diferente' de la primera proposición.

Además, cabe señalar que en el nivel B1 hay muchos casos de omisión del verbo que funciona como elemento principal del predicado, por ejemplo:

33a * 我认为婚礼得有家人和朋友。也 Ø 很多酒和很多好吃的饭。(8-B1)
33b 我认为婚礼得有家人和朋友，也得有很多酒和很多好吃的饭。
33c Creo que en una boda tiene que haber familiares y amigos, así como mucho alcohol y mucha comida rica.

En esta oración se omite el sintagma verbal *dei you* (得有) 'debería haber', por la influencia del español, puesto que este permite omitir el segundo sintagma verbal *dei you* (得有) 'debería haber', usando la conjunción "así como". No obstante, en chino, la conjunción *ye* (也) 'también' marca el inicio de otra oración independiente, que debería ir seguida de un verbo en este caso.

34a * 这个原因 Ø 解释他对我的态度。(10-B1)
34b 这个原因可以解释他对我的态度。
34c Esta razón podría explicar su actitud hacia mí.

En esta oración el verbo *jieshi* (解释) 'explicar' no puede ir solo como elemento principal del predicado ya que no indica el modo de la acción, por lo que hay que añadir un verbo auxiliar delante o la partícula aspectual *le* (了) después. Según el contexto, el autor formula el motivo de algo y luego escribe la oración 34a, de lo cual podemos deducir que quiere expresar una posibilidad o una suposición, por lo tanto hay que añadir el verbo auxiliar *keyi* (可以) 'poder' o *neng* (能) 'poder'.

En resumen, el predicado es la segunda función gramatical, después del modificador adverbial, en cuanto a la cantidad de errores que se cometen. De entre los errores relacionados con esta categoría gramatical, los asociados a las partículas aspectuales son los más recurrente, con un 50% de los casos. Los errores más frecuentes son la omisión de la partícula aspectual detrás de los verbos que indican una acción acabada o una experiencia pasada. Estos errores se cometen principalmente porque las partículas aspectuales en chino no cuentan con un equivalente formal en español, por lo tanto, su aprendizaje resulta más dificultoso para los alumnos españoles de nuestro corpus, especialmente en el correcto uso de *le* （ 了 ） por su falsa asociación con el tiempo pretérito. Además, aparte de estos errores con las partículas aspectuales, otro tipo de error muy frecuente dentro del predicado es la omisión del verbo. La omisión se comete por diversas razones: por la falta de dominio del uso de algunos verbos, por la hipergeneralización de algunas reglas sintácticas de chino y por imitar las estructuras en español.

1.1.3 El complemento verbal

Veamos ahora la función gramatical que ocupa el tercer lugar en cuanto a la cantidad de errores: el complemento verbal. Los tipos de errores más recurrentes de dicha función gramatical son el orden (49%) y la omisión (33%). En cambio, la redundancia (10%) y el mal uso (8%) ocupan un porcentaje bajo, según se muestra en el Gráfico 7.11:

Gráfico 7.11 Distribución de los errores del complemento por tipo de error

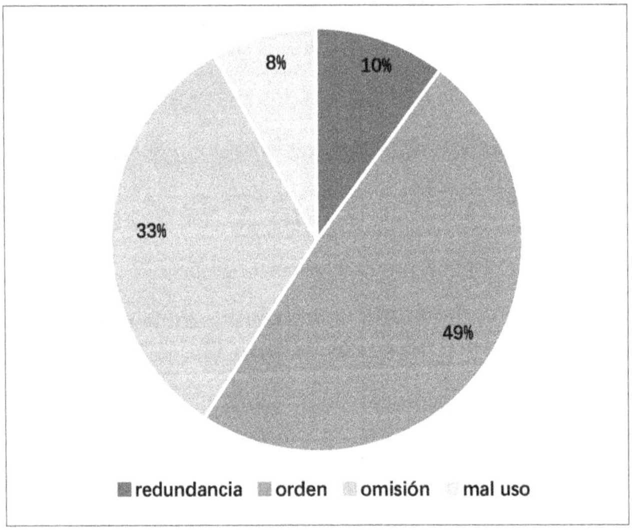

En chino hay siete subtipos de complementos verbales por la diferencia de su sentido y estructura, a saber: complemento de grado, complemento de cantidad, complemento direccional, complemento de modo, complemento resultativo y complemento potencial. En nuestro corpus, solo hemos detectado errores de los primeros seis subtipos, cuya distribución se muestra en el Gráfico 7.12:

Gráfico 7.12 Distribución de los errores de complemento por tipo de complemento

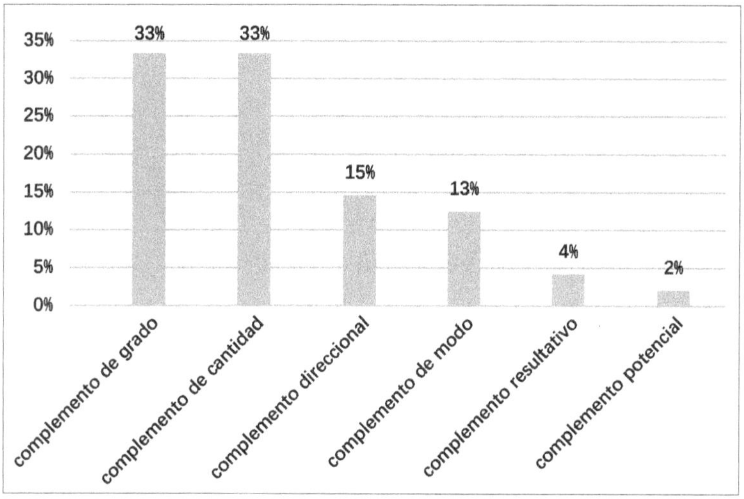

En este gráfico podemos ver que el complemento de cantidad y el de grado son los dos subtipos donde los errores son más recurrentes, ambos con un 33%; seguidos por el complemento direccional (15%) y el complemento de modo (13%). El resto de los subtipos de complemento cuentan con una cantidad de errores muy discreta.

A continuación analizaremos los errores por tipos de complementos y empezaremos por el complemento de grado, que es el tipo de complemento que aglutina mayor cantidad de errores. El complemento de grado consta de dos subtipos: uno no conlleva el uso de la partícula *de* (得), como *Wode meimei ke' ai ji le* (我的妹妹可爱极了) 'Mi hermana es adorable'; mientras que el otro tipo sí que lleva la partícula *de* (得), como *Ta xinku de hen* (他辛苦得很) 'Él trabaja mucho'. Es el segundo tipo el que acumula más errores en nuestro corpus, ya que la partícula estructural *de* (得) es inexistente en español, por lo que los alumnos tienden a equivocarse más en este caso, como se muestra en los siguientes ejemplos:

35a * 你说 Ø 很对。(10-A1)
35b 你说得很对。
35c Tienes mucha razón.

36a * 路易告诉医生他昨晚没睡好觉，而且现在头疼 Ø 很厉害，再者眼睛好痒。

(2-A2)

36b 路易告诉医生他昨晚没睡好觉，而且现在头疼得很厉害，另外眼睛好痒。

36c Luis contó al médico que no durmió bien anoche. Además, le dolía mucho la cabeza y le picaban los ojos.

37a * 她们说 Ø 热闹得很。(4-B1)

37b 她们说得热闹得很。

37c Ellas hablan alegremente.

38a * 我很喜欢马拉加的春天，日间热可是晚上很凉快，这是很好因为睡 Ø 很好。(15-B1-B2)

38b 我很喜欢马拉加的春天，日间热可是晚上很凉快，这很好因为可以睡得很好。

38c Me gusta mucho la primavera en Málaga, donde hace calor durante el día, pero es muy fresco por la noche. Esto es muy bueno porque podemos dormir bien.

En estas oraciones se omite la partícula *de* (得) en el complemento de grado. Debido a la inexistencia de dicha partícula en español, su uso supone una dificultad de aprendizaje para los alumnos españoles, que suelen omitirla. Cabe notar que la omisión de la partícula estructural *de* (得) persiste en todos los niveles de chino (del A1 al B1) y es un error que se fosiliza.

Además, la omisión también se refleja en que los alumnos no usan la construcción de complemento donde es necesario:

39a * 我们很好玩儿 Ø。(20-A2)

39b 我们玩儿得很好。

39c Nos divertimos mucho.

En esta oración se usa el sintagma adjetival *hen haowan er* (很 好 玩 儿) 'muy divertido' como predicado, pero no puede describir el grado de felicidad que tienen, que es la idea que intenta expresar el autor. Por lo tanto, hay que usar el complemento de grado.

El segundo tipo de complemento por analizar es el complemento de cantidad. Como ya hemos mencionado, el tipo de error más destacado de este complemento es la mala colocación, y se comete en los niveles A1 y A2, desapareciendo en B1. El orden de la oración en chino debería ser sujeto – verbo – complemento – objeto, o sujeto – verbo – objeto – verbo – complemento, pero muchos alumnos españoles colocan el complemento de cantidad en un lugar erróneo. Veamos algunos ejemplos:

40a * 他只有坐车五分钟。(26-A1)
40b 他只坐五分钟车。
40c Solo va en autobús cinco minutos.

En esta oración el alumno ha puesto el complemento de cantidad *wu fenzhong* (五分钟) 'cinco minutos' después del objeto *che* (车) 'autobús', cuando en realidad debería estar colocado al lado del verbo *zuo* (坐) 'tomar'. Creemos que el orden erróneo se debe a que el alumno ha hecho una traducción literal de la oración en español *Solo va en autobús cinco minutos.*

41a * 每周一次我跟他打电话。(2-A1-A2)
41b 每周我给他打一次电话。
41c Le llamo una vez a la semana.

En esta oración, la forma correcta es colocar el complemento de cantidad *yici* (一次) 'una vez' entre el verbo y el objeto para indicar la frecuencia de las llamadas. Pero el alumno ha seguido la forma española de expresar la frecuencia una vez a la semana, poniendo *mei zhou yici* (每周一次) 'cada semana una vez' al inicio de la oración.

Sigamos con el tercer tipo de complemento: el complemento direccional. En nuestro corpus, el complemento que concentra más errores es *chuqu* (出去) 'salir (y alejarse del que habla)', como se ilustra en los siguientes ejemplos:

42a * 我们喜欢去出晚会一起。(16-A1-A2)
42b 我们喜欢一起出去参加晚会。
42c Nos gusta salir juntos para ir a las fiestas.

43a * 一般来说我不喜欢去出玩儿。(19-A1-A2)
43b 一般来说我不喜欢出去玩儿。
43c Normalmente, no me gusta salir de fiesta.

44a * 比如去在饭馆吃饭，去出买东西还是玩儿。(16-A2)

44b 比如去饭馆吃饭，去买东西还有玩儿。

44c Por ejemplo, ir a comer a restaurantes, ir de compras y pasarlo bien.

Podemos observar que tres alumnos del nivel A2 cometen los mismos errores usando la expresión *qu chu* (去出), que no existe en chino. Pensamos que el uso de dicha forma se debe a la expresión española *ir afuera*, que equivale al sintagma verbal chino *chuqu* (出去) 'salir/ir afuera'. El alumno traduce literalmente *ir afuera* al chino como *qu chu* (去出) sin cambiar el orden de las palabras, y en chino debe ser el verbo principal seguido del verbo que hace de complemento direccional simple para indicar alejamiento respecto al que habla.

En cuarto lugar, veamos el complemento de modo, en el que el tipo de error más recurrente es la omisión, concretamente, la omisión del verbo repetido. Veamos algunos ejemplos:

45a * 我朋友 Javi 海浪冲浪 Ø 得很好看。(14-A1-A2)

45b 我朋友 Javi 冲浪冲得很好看。

45c Mi amigo Javi hace surfea muy bien.

46a * 她做饭 Ø 得很好。(7-A2)

46b 她做饭做得很好。

46c Ella cocina muy bien.

Estas dos oraciones son ejemplos de error de omisión del verbo repetido, considerando que en chino hay que repetir el verbo en el complemento de modo ya que en la oración este lleva objeto. La causa de la omisión es que los alumnos (especialmente del nivel A2) todavía no dominan la regla de repetición de verbo.

47a * 在西班牙我们的规矩是举行婚礼，去一家好的饭馆吃饭，喝酒，笑得很 Ø，也跳舞 Ø 得很开心。(8-B1)

47b 在西班牙我们的习俗是举行婚礼，去一家好的饭馆吃饭，喝酒，笑得很开心，也跳舞跳得很开心。

47c En España, cuando celebramos una boda, acostumbramos a comer y beber en un buen restaurante, donde la gente ríe y baila alegremente.

En esta oración, existen dos errores de omisión: omisión del verbo repetido *tiao* (跳)

'bailar' provocada por el hecho de que este lleva objeto y omisión del adjetivo *kaixin* (开心) 'feliz' en el complemento porque es un predicado adjetival.

El complemento resultativo y el complemento potencial cuentan con poca cantidad de errores en comparación con los demás tipos de complementos. Esto se debe en cierto sentido al contenido y al tipo de las redacciones que forman nuestro corpus. A pesar de la pequeña cantidad de errores, mostraremos algunos ejemplos ilustrativos. En primer lugar, veamos dos ejemplos de errores con complemento resultativo:

48a * 我们孩子的时候，我们在家里留。(4-A2)
48b 我们是孩子的时候，我们留在家里。
48c Cuando éramos niños, nos quedamos en casa.

Normalmente en chino primero se pone el verbo y el resultado de dicho verbo se coloca detrás. Entonces el resultado *zai jiali* (在家里) 'estar en casa' debería ir después del verbo *liu* (留) 'quedarse'.

49a * 但是我的朋友都是在 Igualada 长 Ø 的，所以我是坐公共汽车去他们家玩儿。(13-A2)
49b 我的朋友都是在 Igualada 长大的，所以我坐公共汽车去他们家玩儿。
49c Fue en Igualada donde mi amigo creció, por eso tomo el autobús para ir a pasar el rato a su casa.

En esta oración el alumno ha cometido el error de omisión de complemento resultativo, ya que el verbo *zhang* (长) 'crecer' solo indica una acción, pero el contexto requiere también un resultado de dicha acción, por lo tanto hay que añadir el complemento resultativo *da* (大) 'mayor'.

En cuanto a los errores de complemento potencial, son escasos. Detectamos tan solo un error de mal uso en nuestro corpus:

50a * 累得跳不达的时，我们回家睡觉。(12-A2)
50b 累得跳不动的时候，我们就回家睡觉。
50c Cuando el cansancio nos impidió seguir bailando, regresamos a casa a dormir.

En esta oración, se usa incorrectamente el complemento potencial porque el alumno no domina bien el significado del verbo *dong* (动) 'moverse' y selecciona de forma errónea el verbo *da* (达) 'alcanzar'.

Resumiendo lo anterior, los tipos de errores más recurrentes con el complemento verbal son de orden y de omisión, más concretamente la omisión cometida en el complemento de grado (omitir la partícula *de* [得], o el verbo repetido) y en el orden del complemento de cantidad. Esto pone de manifiesto que los alumnos españoles cometen más errores en las estructuras de chino que difieren más al español por no haberlos comprendido bien, optando por transferir la expresión de español o traducir literalmente las oraciones de su lengua materna. Respecto a la distribución de los errores según el nivel de chino, puede afirmarse que los errores de complemento verbal están más concentrados en el nivel A2 aunque muestran una evolución positiva, con excepción de la omisión de la partícula *de* (得), que persiste en todos los niveles de chino.

1.1.4 El modificador adjetival

En cuanto al modificador adjetival, cabe señalar ante todo que la mayor parte de los errores de esta función gramatical (76%) están relacionados con la partícula estructural *de* (的), que se usa delante de un sustantivo para unirlo con su modificador que se sitúa delante. Dado el porcentaje considerable de errores relacionados con la partícula *de* (的), los priorizaremos en nuestro análisis. En el caso concreto de esta partícula, el error de omisión es el más frecuente, con un 77% de los casos, tal y como se muestra en el Gráfico 7.13:

Gráfico 7.13 Distribución de los errores de la partícula estructural *de* (的) por tipo de error

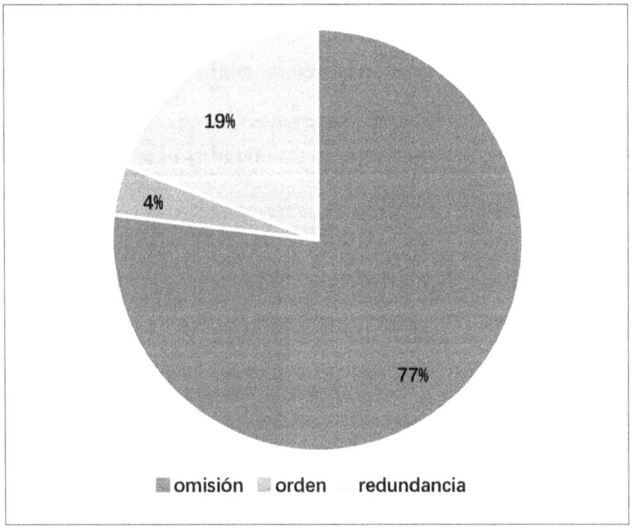

Creemos que el alto porcentaje de omisión de la partícula estructural *de* (的) se debe a que en español se pone directamente el modificador adjetival antes o después del sustantivo al que modifica sin necesidad de añadir ninguna otra partícula.

Para conocer la evolución de los errores relacionados con *de* (的) a lo largo del proceso de aprendizaje del chino, veamos el Gráfico 7.14:

Gráfico 7.14 Distribución de los errores de la partícula estructural *de* (的) por niveles de chino

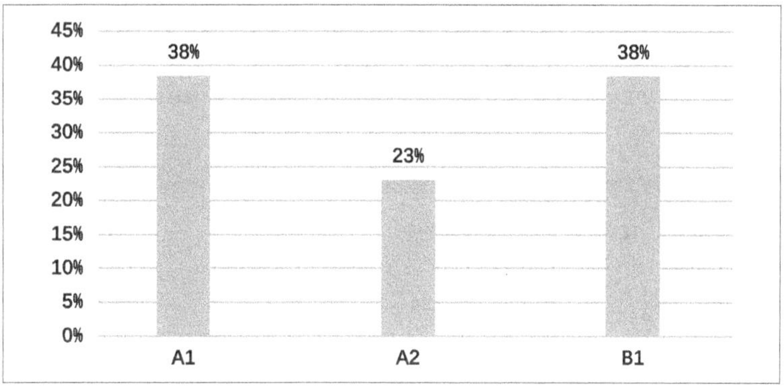

En este gráfico observamos que los errores con la partícula *de* (的) se distribuyen de forma equilibrada por todos los niveles, con una reducción en A2 y un aumento de nuevo en B1. Veamos algunos ejemplos:

51a * 他是一个很好 Ø 朋友。(29-A1)

51b 他是一个很好的朋友。

51c Él es un buen amigo.

52a * 我是在那儿没受奖学金的，所以我是那么样得第一次工作赚自己 Ø 钱的。(15-A2)

52b 我在那儿没获得奖学金，所以我是那样第一次工作赚自己的钱的。

52c No obtuve beca allá, por eso fue la primera vez que gané mi dinero trabajando.

53a * 说到结婚宴席人们都又吃很好 Ø 饭，又喝杯酒，又唱唱歌，又跳跳舞。(9-B1)

53b 说到结婚宴席人们都吃很好的饭，喝酒，唱唱歌，跳跳舞。

53c Hablando de los banquetes de boda, la gente come comida muy rica, bebe, canta y baila.

Estas tres oraciones erróneas han sido extraídas aleatoriamente del corpus y cada una corresponde a un nivel diferente. Observamos que los errores de omisión se cometen por igual en los tres niveles, es decir, los alumnos omiten la partícula estructural *de* (的) en el modificador adjetival que modifica al sustantivo para describirlo, independientemente de los conocimientos de chino que tengan. En otras palabras: se trata de un error persistente en los tres niveles de chino.

En nuestro corpus también se detecta un 19% de errores de redundancia de esta partícula. Las redundancias se concentran en B1, es decir, cuando se mejora el nivel de chino, los alumnos cometen más errores de redundancia de la partícula estructural *de* (的) en comparación con los niveles iniciales. La causa principal de este fenómeno es que los alumnos intentan, de forma errónea, usar el modificador adjetival en lugares donde no resulta adecuado. Veamos algunos ejemplos:

54a * 新婚把蛋糕切了后，把客人让吃一块的。(15-B1)
54b 新娘把蛋糕切好后，让每个客人吃一块。
54c Una vez la novia ha partido el pastel, le entrega un trozo a cada invitado.

El error reside en que el alumno hipergeneraliza el uso de la partícula estructural *de* (的), se percata de que se omite el sustantivo *dangao* (蛋 糕) 'pastel' al final de la oración y, por eso, añade *de* (的) después del modificador, sin reparar en que el sintagma numeral – medidor modifica al sustantivo directamente, sin mediación de la partícula estructural *de* (的). Muchos alumnos creen, erróneamente, que si se omite el sustantivo siempre es necesario poner *de* (的).

Aparte de los errores relacionados con la partícula *de* (的), el resto son principalmente errores de colocación de dicha función gramatical (67%). En chino, el modificador adjetival normalmente precede al elemento que describe. Veamos los siguientes errores provenientes del corpus:

55a * 我会说四种语言：西班牙语，英语，法语和汉语一点。(15-A1)
55b 我会说四种语言：西班牙语，英语，法语和一点汉语。
55c Sé hablar cuatro idiomas: español, inglés, francés y un poco de chino.

El modificador adjetival *yidian* (一点) 'un poco de' describe el sustantivo *Hanyu* (汉语) 'chino', por lo que debería colocarse delante del mismo.

56a * 我家人对我有很多意见，但是我家人对我的猫有意见有得更多。(3-A1-A2)
56b 我家人对我有很多意见，但是我家人对我的猫有更多意见。
56c Mis familiares tienen muchas quejas sobre mí, pero aún tienen más acerca de mi gato.

En esta oración el alumno ha usado un complemento de grado *de geng duo* (得更多) 'aún más', para expresar la cantidad de quejas que sus familiares tienen sobre su gato. No obstante, esta forma de expresión es redundante porque repite el verbo *you* (有) 'haber/tener' y además, este verbo no permite un complemento de grado, sino que solo permite un sustantivo detrás. Por lo tanto corregimos esta oración eliminando el segundo verbo *you* (有) 'haber/tener' y haciendo preceder *geng duo* (更多) 'aún más' al sustantivo *yijian* (意见) 'queja', de modo que ejerza como modificador adjetival que lo describa.

57a * 一个我的很好朋友叫 Cristina 是在同一个的日出生的呢。(14-A2)
57b 叫 Cristina 的一个我的很好的朋友是在同一天出生的呢。
57c Una buena amiga mía que se llama Cristina nació el mismo día.

El error de esta oración es colocar el modificador adjetival *jiao Cristina de* (叫 Cristina 的) 'que se llama Cristina' detrás del sintagma nominal al que modifica, ya que en chino el modificador adjetival debe colocarse delante del sustantivo que describe.

En resumen, los errores con los modificadores adjetivales se concentran en la partícula estructural *de* (的), cuyo error más destacado es la omisión. La causa principal del error es la diferencia entre el chino y el español, ya que en español no se usa dicha partícula para la modificación nominal. Con respecto al uso de modificadores adjetivales, el error más recurrente es el orden incorrecto, más concretamente, poner el modificador adjetival después del sustantivo que lo describe, fallo que también cometen a causa de las diferencias entre el español y el chino. En cuanto a su distribución según niveles, los errores de esta función gramatical no se ven reducidos cuando mejora el nivel de chino, y los errores recurrentes siguen persistiendo en B1.

1.1.5 El objeto

Los últimos dos tipos de funciones gramaticales son el objeto y el sujeto, que ocupan un pequeño porcentaje del total de errores. Por lo tanto, en estos dos últimos apartados vamos a limitarnos a analizar los errores más destacados del objeto y del sujeto. De acuerdo con el Gráfico 7.15, los tipos de errores del objeto se distribuyen de forma equilibrada en términos generales: la omisión ocupa un 38%, el orden un 38% y la redundancia un 24%.

Gráfico 7.15 Distribución de errores de objeto

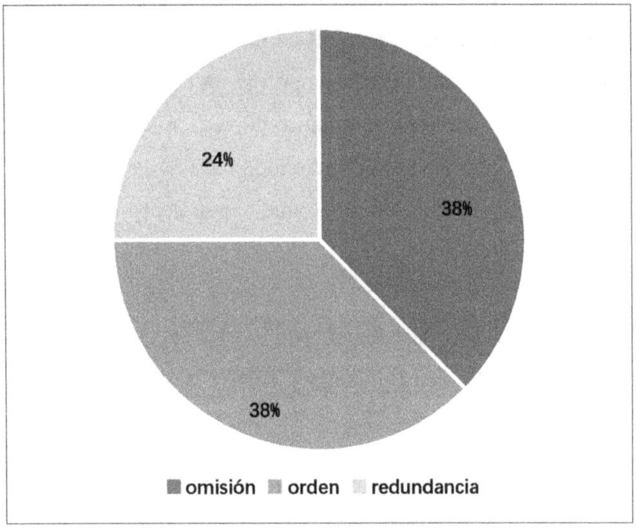

Como hemos avanzado en el Gráfico 7.4, los errores relacionados con el objeto tienen una evolución negativa, con un 84% de sus errores en el nivel B1. Para explicar la causa de la concentración de errores de objeto en el nivel B1, vamos a ver la distribución de los errores de diferentes tipos en función del nivel de chino, mostrado en el Gráfico 7.16:

Gráfico 7.16 Distribución de los errores del objeto según el nivel de chino

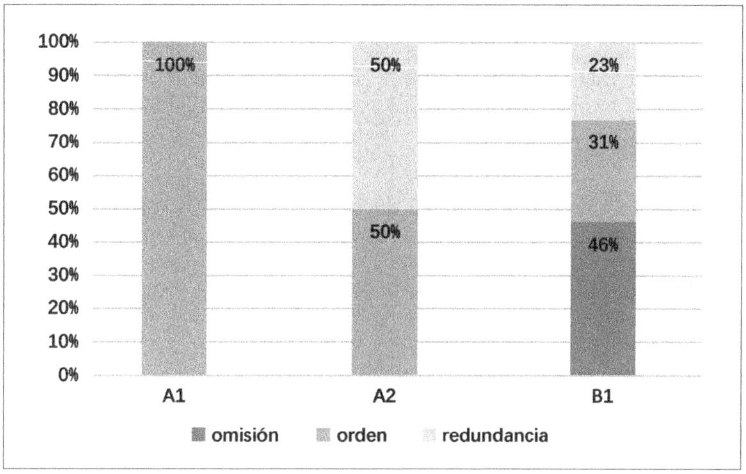

Del Gráfico 7.16 se observa que mientras que avanza el nivel de chino, los errores con el objeto van diversificándose. De esto se deduce que en el nivel A1 y A2 los alumnos usan construcciones oracionales más simples y por eso cometen menos errores de objeto, limitándose principalmente a la colocación errónea. En B1, usan construcciones oracionales más complejas y se diversifican los tipos de errores. Además, también de este gráfico se desprende que el orden va ocupando un porcentaje cada vez menos importante a la vez que se eleva el nivel de chino, pero no se reduce en número considerando la gran cantidad de errores de objeto existentes en B1. Justo al contrario, la omisión, que no aparece en el nivel A1 y A2, tiene un porcentaje alto en el nivel B1 (46%).

Para conocer bien los errores de objeto, veamos en primer lugar un ejemplo de omisión:

58a * 因为我们爱上 Ø，虽然我们之间有语言的问题，但是再次见面了。(10-B1)

58b 因为我们爱上了对方，所以虽然我们之间有语言的问题，但是还是再次见面了。

58c Como nos enamoramos, quedamos de nuevo, aunque entre nosotros existía una barrera lingüística.

En la oración que escribe el alumno, el verbo + complemento resultativo *aishang* (爱上) 'enamorarse de' tiene que llevar un objeto. Por lo tanto, hemos añadido el objeto *duifang* (对方) 'la otra parte'. Otra posible corrección sería empleando el verbo *xiang'ai* (相爱) 'enamorarse mutuamente', que no requiere ningún objeto.

El error de orden del objeto se debe principalmente a la cierta libertad de colocación de elementos oracionales en español y a la rigidez de los mismos en chino. Veamos un ejemplo:

59a * 现代越来越单身的人，因为生命只有一次，每个人得想什么做，就什么做。(19-B1)

59b 现代单身的人越来越多，因为生命只有一次，每个人应该想做什么，就做什么。

59c Cada vez hay más solteros porque la vida solo se vive una vez, y cada uno debe poder hacer lo que le apetezca.

La causa del error de orden del objeto *shenme* (什么) se debe a sus múltiples sentidos y funciones. El pronombre *shenme* (什么) puede hacer tanto de pronombre interrogativo, que equivale a qué en español, como de pronombre indefinido, que significa cualquier cosa. En esta oración *shenme* (什么) se traduciría por cualquier cosa, y debe funcionar como el objeto que sigue al verbo, por lo tanto, debería colocarse después de *xiang* (想) 'pensar' y *zuo* (做) 'hacer'.

Como se observa, los tipos de errores más frecuentes del objeto son la omisión y el orden. Las causas de los errores son la interferencia de la lengua materna y la falta de dominio de la construcción oracional en chino. La omisión tiene una evolución positiva pero se siguen detectando gran cantidad de errores en el nivel B1, siendo el orden el que concentra el mayor número de sus errores.

1.1.6 El sujeto

Los errores de sujeto son escasos, con solo 14 errores. Por este motivo pensamos que no merece la pena hacer un análisis cuantitativo en este apartado. Entre los errores de esta función gramatical, la mayoría son de omisión. La concentración de este tipo de error es lógica si se tiene en cuenta que en español se puede indicar el sujeto mediante la conjugación del verbo, mientras que en chino se requiere una mención más explícita. Los siguientes ejemplos son errores de omisión obtenidos de nuestro corpus:

60a * 要是我有空，当我回家 Ø 看一部电影。(16-A1-A2)

60b 要是我有空，当我回家我会看一部电影。

60c Si tengo tiempo, cuando regrese a casa veré una película.

61a * 不过除了春天以外，别的季节 Ø 也很喜欢。(17-B1-B2)

61b 不过除了春天以外，别的季节我也很喜欢。

61c Sin embargo, aparte de la primavera, también me encantan las demás estaciones.

En la oración principal de ambos ejemplos falta el sujeto *wo* (我) 'yo', ya que el sujeto es imprescindible en estos dos casos.

De todo el análisis del apartado 1.1 de este capítulo, hemos analizado el patrón de errores de cada función gramatical. En el siguiente apartado combinaremos todas las funciones gramaticales para ver la distribución de los errores según el tipo de los mismos.

1.2 Errores de las funciones gramaticales según la tipología de error

En el apartado anterior hemos analizado los errores según su función gramatical, lo que nos permite conocer detalladamente los errores que se cometen en cada función gramatical y el patrón que siguen. En este apartado, veremos la distribución de los errores según su tipología, parámetro importante en el análisis de la presente investigación, con el fin de tener una visión más global del patrón de los errores.

El Gráfico 7.17 muestra que la omisión es el tipo de error más frecuente (46%), seguido por el orden con un 39% y por la redundancia, con un discreto 12%. El mal uso ocupa un porcentaje muy bajo de 3%.

Gráfico 7.17 Distribución de los errores de funciones gramaticales según tipo de error

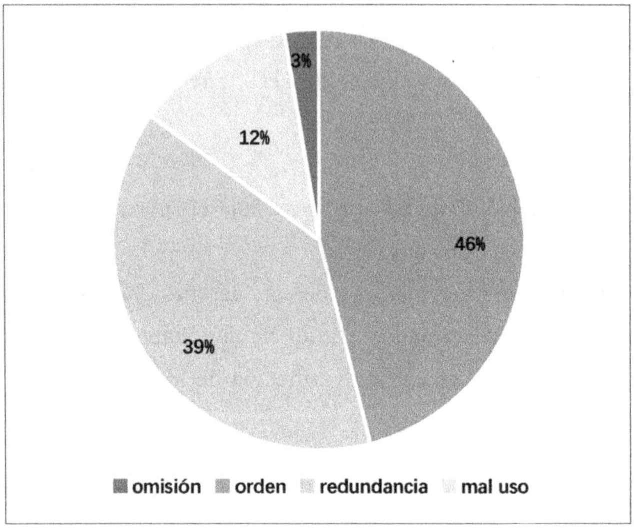

De estos datos se desprende que los alumnos españoles o bien omiten elementos esenciales para expresar determinadas funciones gramaticales o bien tienden a ponerlos en un orden equivocado. Pero cabe notar que los tipos de errores no se distribuyen equilibradamente entre las diferentes funciones gramaticales. Para conocer cuáles son las funciones gramaticales más relevantes en concentrar estos dos tipos de error, calculamos cuantitativamente la distribución de errores de dichos dos tipos por la función gramatical, como se muestra en el Gráfico 7.18 y el Gráfico 7.19:

Gráfico 7.18 Distribución de los errores de omisión según función gramatical

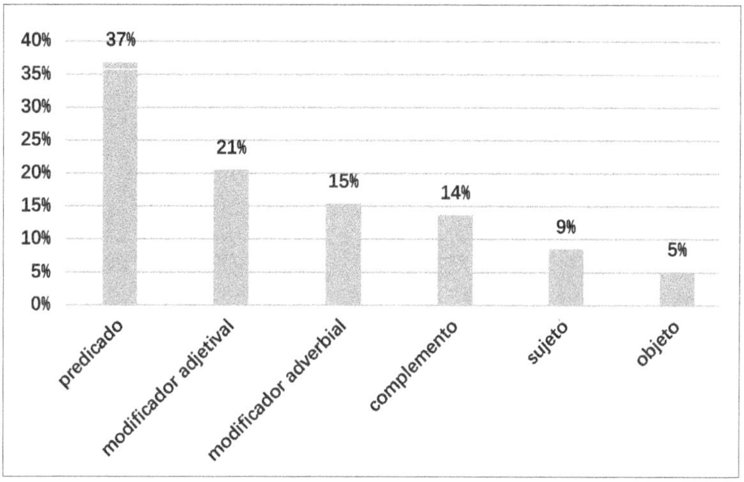

En el Gráfico 7.18 se observa que los errores de omisión se concentran en el predicado (37%) y el modificador adjetival (21%), los cuales suman un porcentaje mayor de 50%. Además, cabe señalar que dentro de estas dos funciones gramaticales, las partículas son las que acumulan mayor cantidad de errores, *le* (了) en el caso del predicado y la partícula estructural *de* (的), en el caso de modificador adjetival. De aquí podemos deducir que las partículas constituyen una parte muy importante de los errores de omisión de las funciones gramaticales. Más concretamente, las más omitidas son la partícula aspectual *le* (了) (24%) en el predicado, la partícula estructural *de* (的) (37%) en el modificador adjetival y la partícula estructural *de* (得) (13%) en el complemento verbal. A nuestro parecer, este fenómeno se debe al amplio uso de las partículas en las funciones gramaticales, por una parte, y por la no interiorización de las reglas y la dificultad de su dominio debido a las diferencias entre la lengua materna y la lengua extranjera.

Gráfico 7.19 Distribución de los errores de orden por función gramatical

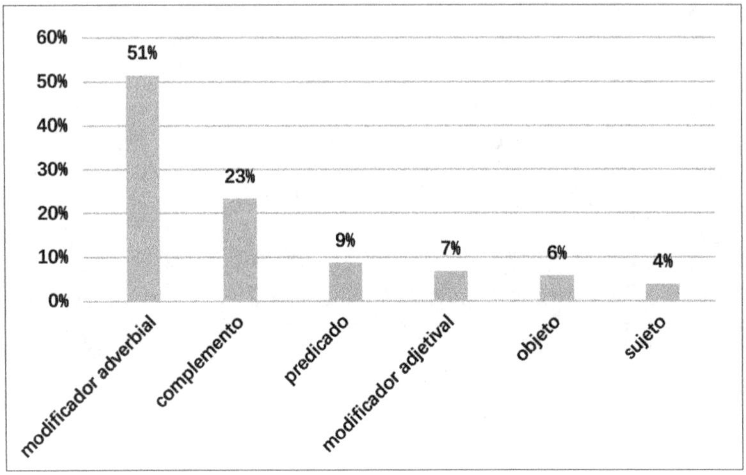

El Gráfico 7.19 evidencia que el modificador adverbial es la función gramatical que ocupa un lugar predominante en los errores de orden de funciones gramaticales, con un porcentaje del 51%. En comparación con esta, el resto de las funciones gramaticales ocupan porcentajes bajos.

Hemos analizado los errores cometidos en los diferentes niveles de chino e ilustramos su distribución en función de los tipos de error en el Gráfico 7.20:

Gráfico 7.20 Distribución de los errores de funciones gramaticales según el nivel de chino

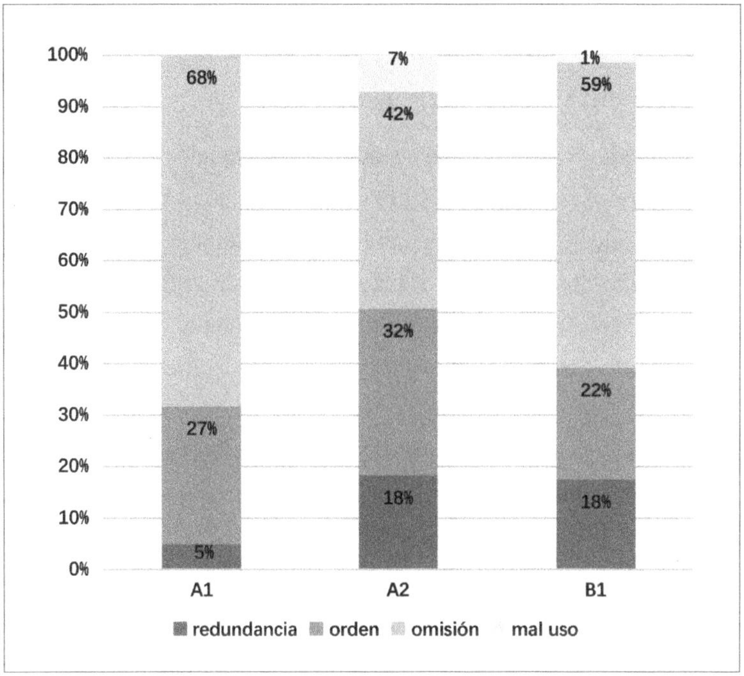

En este gráfico podemos observar la situación de los errores de los alumnos según su nivel de chino. En todos los niveles la mayoría de los que cometen son de omisión y orden, sin mostrar un cambio de porcentaje relevante entre los diferentes niveles. En el nivel A1, no se producen errores de mal uso y escasean los relativos a la redundancia, debido a la limitación en el dominio de estructuras sintácticas. En A2, aparte del alto porcentaje de omisión y orden observados, aumenta la presencia de la redundancia (18%) y del mal uso (7%). La redundancia consiste mayoritariamente en el abuso de la partícula aspectual *le* (了) en el predicado para indicar acciones pasadas, mientras que los casos de mal uso se limitan mayoritariamente al uso inadecuado de la partícula estructural *de* (得) en el complemento. En el nivel B1, el orden y la omisión siguen siendo los dos tipos de error más frecuentes pero, a diferencia de lo que ocurría en los otros dos niveles, ahora se presenta de forma más desigual, puesto que en el nivel B1 la omisión (59%) es mucho más habitual que los errores de orden (22%). La reducción de errores en el orden se debe principalmente a una mejor colocación de los modificadores adverbiales. Es decir, el problema más destacado en B1 es que los alumnos omiten los elementos para expresar determinadas funciones gramaticales que son necesarias, mientras que los problemas de orden son menos comunes. Además, en comparación con los otros dos niveles, los alumnos de B1 persisten en usar formas redundantes de elementos de determinadas funciones gramaticales.

1.3 Conclusiones parciales

En el subapartado "1. Errores relacionados con las funciones gramaticales", hemos analizado los errores de las funciones gramaticales desde el nivel oracional. A partir de dicho análisis podemos afirmar que las funciones gramaticales que concentran más errores son el modificador adverbial y el predicado, las más difíciles de dominar para los alumnos españoles. Existen menos errores relacionados con el complemento verbal y el modificador adjetival, siendo el objeto y el sujeto los que aglutinan la menor cantidad de errores.

Observamos que los elementos principales de la oración, a saber, sujeto, predicado y objeto, tienen como problema más destacado la omisión; mientras que las funciones gramaticales que modifican o complementan dichos elementos principales — que son el modificador adverbial, el modificador adjetival (excluyendo los errores de la partícula *de* [的]) y el complemento verbal (excluyendo los errores de la partícula *de* [得]) — concentran los errores de la mala colocación de elementos lingüísticos. Este resultado apunta a que los alumnos cometen más errores en las estructuras más marcadas del chino que en las más constantes, ya que tanto el español como el chino siguen la estructura oracional no marcada SVO, por lo cual los errores de orden no se concentran en los elementos principalmente, sino en las funciones gramaticales modificadoras en chino, que tienen una colocación más particular.

Si analizamos los errores desde la perspectiva de la tipología, los dos tipos de errores más destacados de las funciones gramaticales son la omisión y el orden. Los elementos que más se omiten son, para nuestra sorpresa, las partículas — a saber, la partícula aspectual *le* (了) en el predicado, la partícula estructural *de* (得) en el complemento verbal, y la partícula estructural *de* (的) en el modificador adjetival—, en vez de otros recursos lingüísticos de las funciones gramaticales. Además, los errores relativos a las partículas son persistentes y no muestran tendencia de resolverse a medida que aumenta el nivel de chino. Con respecto al orden, el modificador adverbial es la función gramatical que se coloca mal con mayor frecuencia, debido a la diferencia con el uso del español.

En cuanto a la evolución de los errores, los alumnos del nivel A1 cometen relativamente menos errores, ya que su domino de conocimientos sintácticos y recursos lingüísticos todavía es muy restringido. En este estadio los errores corresponden principalmente a la mala colocación del modificador adverbial, omisión del verbo que funciona como elemento principal del predicado, omisión de la partícula estructural *de* (的) en el modificador adjetival y omisión de la partícula estructural *de* (得) en el complemento verbal. Los alumnos todavía no han interiorizado bien los usos de las funciones gramaticales enseñadas y la causa principal de los errores es la interferencia de la lengua materna, por lo que los alumnos imitan las estructuras oracionales y el orden de palabras del español.

En el nivel A2 y B1, la cantidad de errores aumenta notablemente. La mala colocación de modificador adverbial y la omisión de partículas siguen siendo problemas destacados. En este nivel, aparte de los errores interlinguales cometidos por las causas mencionadas anteriormente, aumentan notablemente los errores intralinguales, por la hipergeneralización de los usos de los elementos oracionales, la mezcla de estructuras similares de la lengua extranjera y simplificación de estructuras complicadas, generados por el hecho de que los alumnos intentan usar estructuras nuevas y complejas arriesgándose a usar construcciones que no han interiorizado, para elaborar un discurso más sofisticado.

Cabe señalar que muy pocas funciones gramaticales muestran una evolución positiva: solo los errores asociados al complemento se reducen cuando se pasa del nivel A2 al B1. Por el contrario, en el resto de funciones gramaticales la cantidad de errores va en aumento. La mayoría de los errores son transitorios y desaparecen cuando los alumnos mejoran su nivel de chino, con la excepción de las partículas vistas que persisten en todos los niveles (A1-B1).

2. Errores de construcciones oracionales especiales

A nivel de la oración, nuestro corpus alberga un total de 72 errores relacionados con las construcciones oracionales especiales. En nuestra taxonomía de errores planteamos 12 tipos de construcciones oracionales especiales, de entre los cuales diez están presentes en nuestro corpus. La distribución de los errores se muestra en el Gráfico 7.21:

Gráfico 7.21 Distribución de los errores según construcción oracional especial

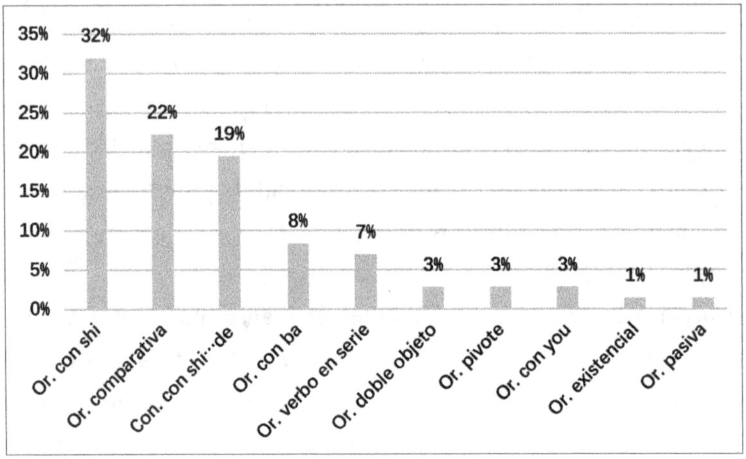

Como se desprende del Gráfico 7.21, los errores de diferentes construcciones oracionales especiales se distribuyen de forma muy desequilibrada. Los errores se concentran en la oración con *shi* (是) (32%), las oraciones comparativas (22%) y la construcción con *shi*... *de* (是 …… 的) (19%). La oración con *ba* (把) y la oración de verbos en serie ocupan un porcentaje discreto, con un 8% y 7%, respectivamente. El resto de las construcciones presentan muy pocos errores, con un máximo de dos por categoría.

La distribución de los errores de construcciones oracionales especiales según el nivel de chino se muestra en el siguiente gráfico:

Gráfico 7.22 Distribución de los errores de construcciones oracionales especiales según el nivel de chino

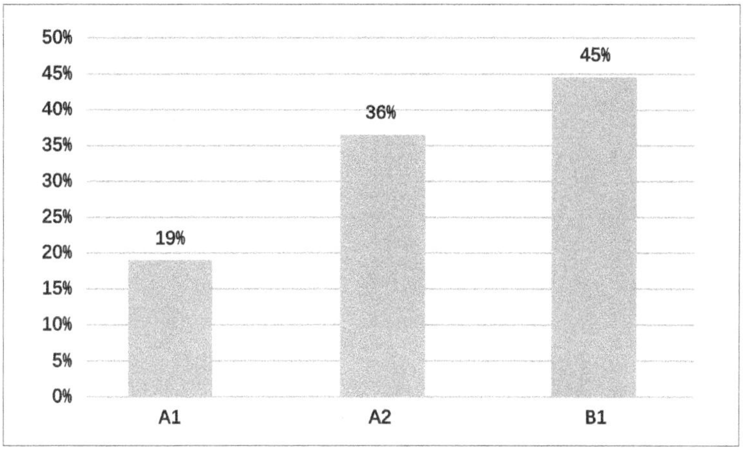

A partir de este gráfico se puede concluir que los errores relacionados con las construcciones oracionales especiales se concentran en los niveles A2 (36%) y B1 (45%). En cambio, son muy escasos en el nivel A1 (19%). Esto puede explicarse porque, por un lado, en el nivel inicial los alumnos no llegan a aprender muchas construcciones oracionales (en el nivel A1 se enseñan oraciones con *shi* [是] y con *you* [有], así como algunos usos de la oración comparativa) y hacen pocas producciones con las mismas; por otro lado, alumnos en el nivel inicial también evitan usar construcciones marcadas y tienden a usar construcciones más próximas a su lengua materna. A la vez que se eleva el nivel de chino, aprenden e interiorizan nuevas construcciones especiales y cometen más errores con las estructuras nuevas.

La distribución de los errores según el nivel de chino se muestra en el Gráfico 7.23:

Gráfico 7.23 Distribución de los errores relativos a las construcciones especiales de la oración en función del nivel de chino

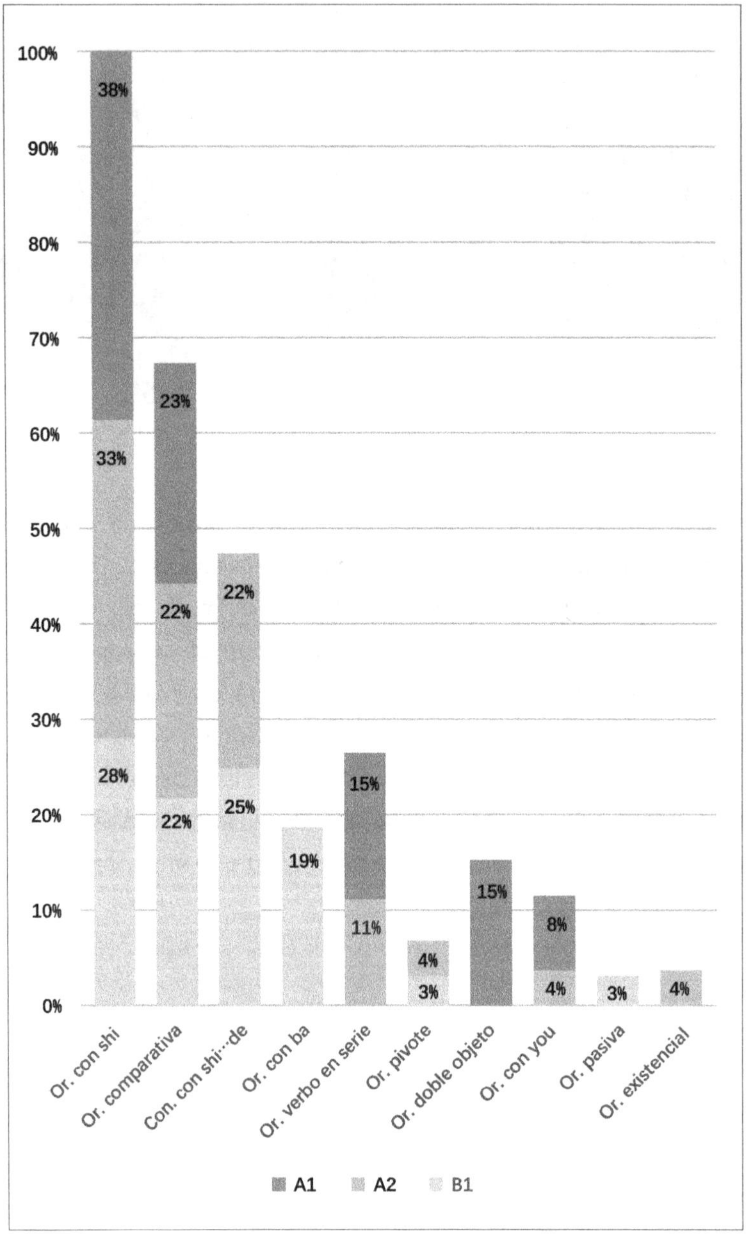

Se observa en este gráfico que la oración con *shi* (是) y la oración comparativa constituyen un problema en todos los niveles, aunque el porcentaje disminuye a la vez que mejora el nivel de chino. Los problemas relativos a la oración de verbos en serie solo aparecen en los niveles A1 y A2 y desaparecen en B1 en nuestra muestra. Mientras tanto, los relativos a la construcción con *shi... de* (是……的) aparecen en el nivel A2 y aumentan de cantidad en el nivel B1, mientras que con la oración con *ba* (把) aparecen en B1.

Como la cantidad de errores con construcciones oracionales especiales no es destacable en nuestra muestra, y aún es menor si se analiza cada una por separado o su distribución por tipo de error o por nivel de chino, se verán directamente aquellas construcciones que concentran más errores — a saber, la oración con *shi* (是), la oración comparativa, la construcción con *shi ... de* (是…… 的), la oración con *ba* (把) y la oración de verbos en serie — para analizar los errores más frecuentes y sus causas. Se radiografiarán en orden descendente, empezando por la oración con *shi* (是).

2.1 Oración con *shi* (是)

La oración con *shi* (是) cuenta con 23 errores, cantidad que la convierte en la más problemática. Los errores de esta construcción se concentran en los niveles A2 (39%) y B1 (39%). Es decir, los alumnos del nivel intermedio tienden a cometer más errores que los del nivel inicial A1.

La oración con *shi* (是) contiene dos tipos de error: de redundancia (48%) y de omisión (39%). Los errores de redundancia (11 en total) consisten en añadir el verbo *shi* (是) cuando no es preciso, por ejemplo:

62a * 我是很高。(25-A1)
62b 我很高。
62c Soy muy alto.

63a * 我最讨厌的就是湿度，这是非常麻烦。(16-B1-B2)
63b 我最讨厌的就是湿度，这非常麻烦。
63c Lo que más odio es la humedad: es extremadamente molesta.

Estos errores se deben a la influencia ejercida por la lengua materna porque en español se dice *soy muy alto* en el caso de 62 y *es extremadamente molesta* en el 63 y en ambos casos se usa el verbo copulativo *ser*. Pero en cambio en chino no se usa el verbo *shi* (是) 'ser' al tratarse de un predicado adjetival. Este error es también el más recurrente entre los errores vinculados a esta construcción y permanece en todos los niveles.

Veamos otro ejemplo de redundancia:

64a *UAB 大学是远。(38-A1)
64b UAB 大学很远。
64c La Universidad de la UAB está muy lejos.

65a * 男朋友是十八岁。(4-A1-A2)
65b 男朋友十八岁。
65c Mi novio tiene dieciocho años.

66a * 但是我的朋友都是在 Igualada 长的，所以我是坐公共汽车去他们家玩儿。(13-A2)
66b 我的朋友都是在 Igualada 长大的，所以我坐公共汽车去他们家玩儿。
66c Mi amigo es de Igualada, por eso tomo el autobús para ir a pasar el rato a su casa.

En estas oraciones, aunque la oración equivalente en español no contiene el verbo ser, los alumnos usan el verbo *shi* (是) en las oraciones en chino. Es un error de hipergeneralizar el uso del verbo *shi* (是) en la oración de sujeto-predicado. A nuestro parecer, los errores de redundancia se deben a la falta de dominio de las reglas de uso de *shi* (是) en chino. Cabe señalar que la oración 65 es una oración típicamente de predicado nominal, que se usa normalmente para indicar tiempo, hora, nombre, edad, posición, etc. Las oraciones de predicado nominal en chino no llevan verbo, pero en español, el sujeto y el predicado no suelen aparecer de modo yuxtapuesto.

Los errores de omisión de la oración con *shi* (是) , que son nueve en total, consisten en prescindir de este verbo. El verbo *shi* (是) en la oración sirve para enlazar el sujeto y el predicado y su omisión supone colocar el predicado directamente después del sujeto. Veamos algunos ejemplos:

67a * 我们的习惯 Ø 跟朋友或者家人聚会和一起吃晚饭。(4-A2)
67b 我们的习惯是跟朋友或者家人聚会并一起吃晚饭。
67c Tenemos por costumbre reunirnos con amigos o familiares y cenar con ellos.

En estas dos oraciones los alumnos se han olvidado de poner el verbo *shi* (是) por no haber dominado bien el uso del mismo.

En resumen, los errores de la oración con *shi* (是) son principalmente de redundancia y de omisión de este verbo. Con respecto al error de redundancia, los alumnos no han dominado bien el uso de esta construcción oracional especial, e hipergeneralizan su uso sin tomar en cuenta la situación concreta. Mientras que los errores de omisión se deben a la falta de interiorización del uso del verbo *shi* (是). En cuanto a la evolución, los errores asociados con esta construcción están presentes en todos los niveles.

2.2 Oraciones comparativas

En nuestro corpus hay 16 errores relacionados con las oraciones comparativas, que ocupan el segundo lugar en cuanto al volumen de errores en las construcciones oracionales especiales. Veamos, en primer lugar, su distribución de acuerdo con el nivel de chino:

Gráfico 7.24 Distribución de los errores de la oración comparativa según el nivel de chino

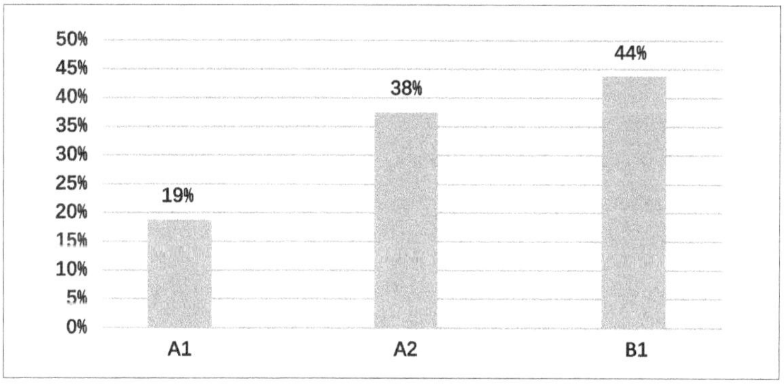

Con respecto a la progresión de los errores, de acuerdo con Gráfico 7.24, los errores se concentran en los niveles A2 (38%) y B1 (44%) mientras que la cantidad de errores en el nivel A1 (19%) es insignificante. Esto se debe a que en el nivel A1 solo se enseñan las formas más sencillas de esta construcción oracional y los otros usos se enseñan en el nivel A2.

A continuación, veamos la distribución de los errores por tipología:

Gráfico 7.25 Distribución de los errores de la oración comparativa por tipo de error

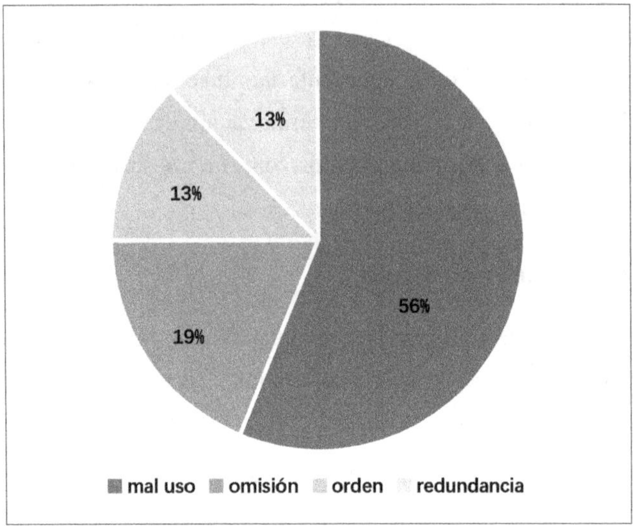

Observamos que la mayoría de los errores (56%) están provocados por el mal uso; en otras palabras: el problema principal de las oraciones comparativas es que los alumnos no saben usarlas de forma correcta en chino. Aparte del mal uso, también hay una cierta presencia de errores de omisión (19%), de orden (13%) y de redundancia (13%).

Entre los diez errores identificados como de mal uso, nueve se deben a haber empleado incorrectamente la preposición *bi* (比) 'ser más ... que ...' o por haber usado mal la preposición *gen* (跟……) 'con …'.

Primero veamos los errores con *bi* (比) 'ser más ... que ...'. La preposición *bi* (比) 'ser más ... que ...' se usa en la comparación de superioridad, pero hay alumnos que la usan en oraciones comparativas de igualdad o incluso de inferioridad. Por lo tanto, en el siguiente análisis, vamos a ver los errores que se cometen en los tres tipos de oraciones comparativas.

La comparación de igualdad tiene como estructura básica *he ... yiyang* (和……一样) 'tan … como', *gen ... yiyang* (跟……一样) 'tan…como' o *xiang... yiyang* (像……一样) 'tan … como', pero en las siguientes oraciones los alumnos la han sustituido por *bi* (比) 'ser más ... que ...':

68a * 他跑步跑得很快，比我那么快。(28-A1)

68b 他跑步跑得很快，像我一样那么快。

68c Él corre muy rápido, tanto como yo.

Existe otra posibilidad de corregir esta oración, que es eliminar *name* (那么) 'tan', y la oración será una comparación de superioridad *bi wo kuai* (比我快) 'más rápido que yo'.

También hemos detectado los siguientes errores en el uso de *bi* (比) 'ser más... que...' en la oración comparativa de igualdad:

69a * 我想在西班牙过年比在中国很不一样。(12-A2)

69b 我觉得在西班牙过年和在中国很不一样。

69c Me parece que pasar el Año Nuevo en España es muy diferente a pasarlo en China.

70a * 现代的中国举行婚礼比现代的西方举行婚礼更一样。(9-B1)

70b 现代的中国举行婚礼和现代的西方举行婚礼一样。

70c Hoy en día, las bodas chinas son iguales a las occidentales.

71a * 可是中国人的规矩比西班牙人的不一样。(9-B1)

71b 可是中国人的规矩和西班牙人的不一样。

71c Pero las costumbres chinas no son iguales a las españolas.

72a * 现在的气候比古代的气候不一样。(14-B1-B2)

72b 现在的气候和古代的气候不一样。

72c El clima de hoy en día no es igual al de antaño.

73a * 马拉加的气候比巴塞罗那的很一样，可是在马拉加气温总是热。(15-B1-B2)

73b 马拉加的气候和巴塞罗那的一样，可是在马拉加气温总是热。

73c El clima de Málaga es igual al de Barcelona, pero siempre hace calor en Málaga.

74a * 那里的气候比巴塞罗那相似，但也有一些差别。(16-B1-B2)

74b 那里的气候和巴塞罗那相似，但也有一些差别。

74c El clima de allá es similar al de Barcelona, aunque presenta algunas diferencias.

Podemos observar que los errores de todas estas oraciones son muy repetitivos: en todos los casos se usa *bi* (比) 'ser más ... que ...' en lugar de la preposición *he* (和) 'con', ya que confunden la oración comparativa de igualdad y la de inferioridad con la de superioridad, e hipergeneralizan el uso de *bi* (比) 'ser más ... que ...' en las oraciones comparativas. Además, este error no parece disminuir a medida que se mejoran los conocimientos de chino, por lo que su uso demuestra ser un tanto dificultoso para los alumnos.

Veamos ahora los errores cometidos en oraciones comparativas de inferioridad, cuya estructura más usual es *meiyou* (没有) 'menos que …'. En nuestro corpus hemos detectado las siguientes oraciones erróneas:

75a * 我的舍友和我每天玩电子游戏，但是我比他们不太好。(20-A1-A2)
75b 我的舍友和我每天玩电子游戏，但是我没有他们玩得那么好。
75c Mis compañeros de residencia y yo jugamos a videojuegos todos los días, pero juego peor que ellos.

En esta oración el alumno combina la preposición *bi* (比) 'ser más... que...' para introducir una comparativa de superioridad con el predicado adjetival *bu tai hao* (不太好) 'no demasiado bueno', pero *bi* (比) 'ser más ... que ...' no puede usarse con un adverbio de grado como *tai* (太) 'muy'. Se puede corregir esta oración sustituyendo el adverbio de grado por un adjetivo *cha* (差) 'peor', con el cual la oración correcta sería:

75e 我的舍友和我每天玩电子游戏，但是我比他们差。

La otra opción de corrección sería cambiar la estructura encabezada por *bi* (比) que elige el alumno, utilizando la estructura comparativa de inferioridad *meiyou* (没有) + *zheme* (这么)/*name* (那么) 'menos … que …', como vemos en 75b.

El error de omisión en oraciones comparativas consiste, principalmente, en omitir el adjetivo. Vamos a ver primero algunos ejemplos de este tipo de error:

76a * 妈妈叫 Rosa，比爸爸 Ø 两个岁。(15-A1)
76b 妈妈叫 Rosa，比爸爸小两岁。
76c Mi madre se llama Rosa y es dos años más joven que mi padre.

77a * 我做饭做得越来越好，快比的我妈妈 Ø。(12-A1-A2)
77b 我做饭做得越来越好，快比我妈妈好了。
77c Cocino cada día mejor y pronto lo haré mejor que mi madre.

En estos dos ejemplos, los alumnos utilizan oraciones comparativas de superioridad, que tienen como estructura básica el uso de *bi* (比) 'ser más ... que ...' entre los dos términos de la comparación, seguido de un adjetivo. Pero los alumnos olvidan poner el adjetivo que indica la cualidad comparada, muy probablemente porque aún no dominan la estructura comparativa.

Para concluir, el error más recurrente de las oraciones comparativas es el del mal uso de *bi* (比) 'ser más ... que ...', preposición que los alumnos hipergeneralizan en la oración comparativa de igualdad. Por otra parte, los estudiantes también omiten el adjetivo en las construcciones comparativas por falta de dominio de las mismas. Con respecto a la evolución de los errores, se concentran en los niveles A2 y B1 y muestran una evolución negativa. Especialmente en el nivel B1 abundan los casos de confusión entre *bi* (比) 'ser más ... que ...' y *he* (和) 'con'. Esto implica que dicha construcción continúa siendo un escollo para los alumnos de nivel intermedio, quienes cometer errores, a grandes rasgos, por la influencia intralingual.

2.3 Construcción con *shi...de* (是……的)

La construcción con *shi ... de* (是……的) ocupa el tercer lugar en cuanto a la cantidad de errores. Tal como muestran los datos de Gráfico 7.26, los errores de dicha construcción se concentran en los niveles A2 (38%) y B1 (62%), hecho comprensible puesto que esta construcción se suele enseñar en el nivel A2.

Gráfico 7.26 Distribución de los errores con la construcción con *shi* ... *de* (是……的) por nivel de chino

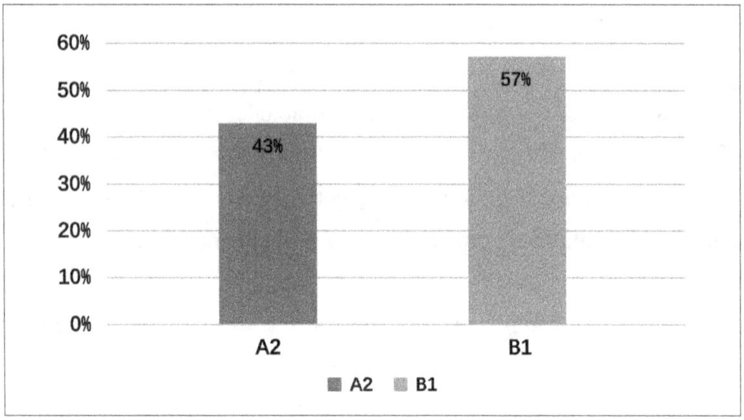

Los errores con esta construcción son de dos tipos: omisión y redundancia. Su distribución se muestra en el Gráfico 7.27:

Gráfico 7.27 Distribución de los errores con la construcción *shi* ... *de* (是……的) por tipo de error

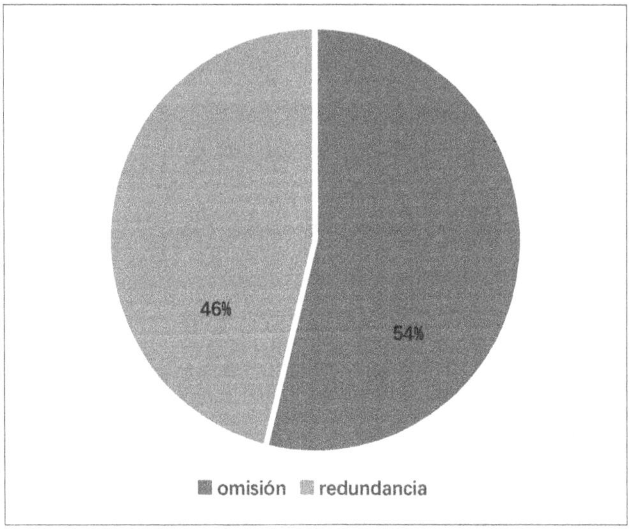

Se observa que los dos tipos de errores ocupan porcentajes muy similares: la omisión ocupa un 54% y la redundancia un 46%. El primero consiste en omitir *shi* (是) o *de* (的) en la construcción, o no poner *shi* ... *de* (是……的) en las oraciones en las que se debería usar esta estructura para enfatizar la información. En las oraciones que siguen a continuación se ha omitido *de* (的):

78a * 婚纱是华丽 Ø。(1-B1)

78b 婚纱是华丽的。

78c El vestido de novia es maravilloso.

79a * 红色对中国人是很吉利 Ø，在婚礼中有很多红色，比如红色的婚纱，红双喜字，等等。(7-B1)

79b 红色对中国人来说是很吉利的，在婚礼中有很多红色，比如红色的婚纱，红双喜字，等等。

79c El rojo representa la buena suerte para los chinos. En las bodas se usa mucho este color: para el vestido de la novia y para los caracteres de la doble felicidad, entre otros.

En los ejemplos de 78a y 79a, los alumnos ponen en la oración *shi* (是) + adjetivo, omitiendo la partícula *de* (的), construyendo de este modo una construcción incompleta de *shi...de* (是……的), lo cual se debe, a nuestro parecer, a la confusión con la oración con *shi* (是) por la similitud de las dos construcciones y la hipergeneralización de la segunda.

En la siguiente oración se omite la palabra *shi* (是), necesaria para enfatizar una opinión:

80a * 选一个对的人结婚 Ø 很重要的。(16-B1)

80b 选一个对的人结婚是很重要的。

80c Es importante casarse con la persona correcta.

En esta oración el alumno también usa la construcción de *shi...de* (是 …… 的) de forma incompleta. Por la falta de dominio del uso de dicha construcción, el alumno comete un error de omisión.

Los siguientes ejemplos son oraciones que, pese a enfatizar cierta información, no han sido elaboradas con esta construcción enfática.

81a * 他们 Ø 在教堂举行婚礼 Ø。(12-B1)

81b 他们是在教堂举行的婚礼。

81c Fue en el catedral donde celebraron la boda.

82a * 我们 Ø 在一座大礼堂过宴席 Ø。(16-B1)
82b 我们是在一座大礼堂办宴席的。
82c Fue en un gran salón donde celebramos el banquete.

83a * 我的妻子，我 Ø 八年以前认识她 Ø。(17-B1)
83b 我的妻子，我是八年以前认识她的。
83c Hace ocho años que conocí mi esposa.

En estas oraciones, los alumnos elaboran oraciones sin darse cuenta de que están enfatizando información, por lo que no usan la construcción con *shi ... de* (是……的); o si los alumnos tienen la intención de enfatizar cierta información en estas oraciones se olvidan de usar la construcción con *shi ... de* (是……的). De ahí que los errores se cometen bien por la falta de capacidad de distinguir entre la oración que tiene información enfatizada y la que no la tiene, bien por la falta de dominio del uso de la construcción de información enfatizada, hecho que también implica la insuficiencia de competencia discursiva de los alumnos.

También puede ocurrir todo lo contrario: aplicar la construcción con *shi ... de* (是……的) en oraciones que no requieren enfatizar ninguna información:

84a * 中学校以后我是去 Bellaterra 上大学的。(13-A2)
84b 中学以后我去 Bellaterra 上大学。
84c Después del bachillerato, fui a la universidad de Bellaterra.

85a * 有时候我是在医院的工作，可是我不喜欢工作那里。(16-A2)
85b 有时候我在医院工作，可是我不喜欢在那里工作。
85c A veces trabajo en el hospital, aunque no me gusta trabajar allí.

Estas dos oraciones narran un hecho, por lo que no enfatizan nada. Con todo, los alumnos han empleado la construcción *shi ... de* (是……的), abusando de ella.

En conclusión, los errores con la construcción con *shi ... de* (是……的) se cometen en los niveles A2 y B1 y van aumentando con el paso del A2 al B1. Los errores consisten principalmente en omitir el *shi* (是), el *de* (的) o ambos en las oraciones enfáticas, y en usar la construcción con *shi ... de* (是……的) en oraciones no enfáticas. Las causas de dichos errores son la falta de dominio de la construcción *shi ... de* (是 …… 的), la confusión entre esta construcción con otras con estructuras similares, y sobre todo, confusión en distinguir cuándo es necesario usar *shi...de* (是……的) y cuándo no, ya que hay un componente de dominio de la pragmática, relacionada con la distinción entre información nueva o ya conocida. (Rovira-Esteva y Liu 2016). Estos casos no tienen un equivalente formal en español y por ello es posible que influya en los errores cometidos.

2.4 Oración con *ba* (把)

Los errores con la oración con *ba* (把) se cometen principalmente porque los alumnos no dominan el uso de la preposición *ba* (把), y confunden su uso con otras palabras. En la mayoría de las oraciones con esta construcción, el objeto de la preposición *ba* (把) y el predicado de la oración tienen una relación de verbo-objeto. Todos los errores con esta construcción se cometen en el nivel B1 porque se enseña en este nivel. Los tipos de errores con esta construcción se muestran en Gráfico 7.28:

Gráfico 7.28 Distribución de los errores con la oración con *ba* (把) por tipo de error

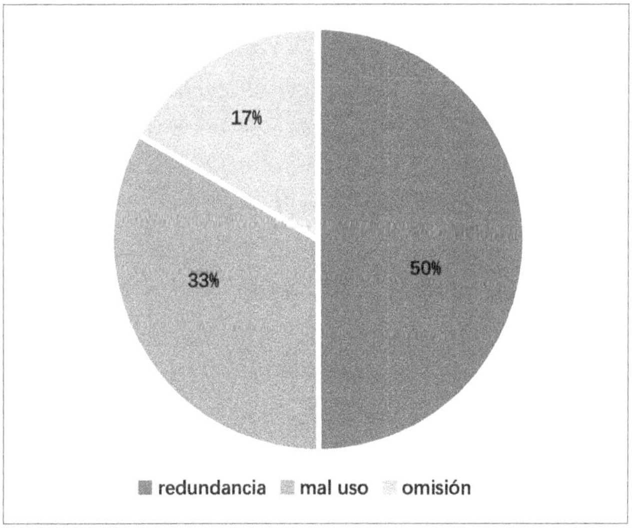

Los errores con esta construcción se subdividen en tres tipos: redundancia (50%), omisión (33%) y mal uso (17%). Se desprende que la redundancia es el tipo de error más recurrente, seguido por la omisión y el mal uso. Veamos algunos ejemplos de errores de redundancia:

86a * 现在，在西班牙把结婚举行得很少。(3-B1)
86b 现在，在西班牙很少举行婚礼。
86c Actualmente, en España se celebran pocas bodas.

En chino, no todas las construcciones de verbo con objeto pueden ser sustituidas por la oración con *ba* (把). El verbo *juxing* (举行) 'celebrar' no se puede combinar con la preposición *ba* (把). Por lo tanto, no es apropiado usarla en esta oración, sino que debería usarse simplemente el verbo seguido de su objeto.

87a * 今天我请客，请大家把这些菜吃饱了。(16-B1)
87b 今天我请客，请大家吃饱。
87c Hoy invito yo. Por favor, comed tanto como os apetezca.

El alumno expresa dos ideas: la primera es *qing dajie ba zhexie cai chile,*(请大家把这些菜吃了) 'Por favor, cómanse estos platos', que contiene la oración con *ba* (把), seguida por el objeto *zhexie cai* (这些菜) 'estos platos' y el verbo *chi* (吃) 'comer'; y la segunda es *qing dajia chibao* (请大家吃饱), cuyo significado literal es *por favor, coman hasta hartarse*. El alumno ha mezclado dos estructuras para expresar su idea y ha elaborado una frase muy complicada, que, además, es incorrecta. El error reside en el abuso de la oración con *ba* (把) cuando los alumnos usan verbos transitivos en chino.

88a * 因为所有的人没能举行婚礼，所以当夫妇到达饭馆，客人都开始把他们扔大米了。(15-B1)
88b 因为很多的人没能参加婚礼，所以当夫妇到达饭馆时，客人都开始向他们扔大米。
88c Como muchos no habían podido ir a la boda, cuando los novios llegaron al restaurante, los invitados empezaron a tirarles arroz.

La oración con *ba* (把) sigue la estructura de *ba* (把) + objeto + verbo + otros elementos. La oración que ha redactado el alumno no ha seguido esta estructura, ya que ha puesto el objeto de persona *tamen* (他们) 'ellos' después de la preposición *ba* (把). Existen dos formas de corregir el error: por una parte, se puede cambiar el orden de las palabras y poner el objeto de persona, es decir, el objeto, después de *ba* (把): *keren dou kaishi ba dami reng xiang tamen* (客人都开始把大米扔向他们); por otra parte, se puede cambiar la preposición *ba* (把) por la preposición *xiang* (向) 'hacia' para indicar la dirección hacia la que se lanza el arroz.

A continuación, veamos un ejemplo de omisión de *ba* (把):

89a * 她说不会她的车错停在我的车位上。(2-B1-B2)

89b 她说不会再把她的车错停在我的车位上。

89c Ella dijo que no volvería a aparcar su coche en mi plaza por error.

Como hemos mencionado antes, el orden no marcado de la oración en chino es "sujeto + verbo + objeto". En esta oración, se pone el objeto *ta de che* (她的车) 'su coche' antes del predicado *ting* (停) 'aparcar'. Por eso hay que introducir con *ba* (把) el objeto, para indicar lo que el sujeto hace sobre el objeto.

En el corpus también hemos detectado errores que consisten en la confusión de la preposición *ba* (把) con el verbo *rang* (让) 'permitir o hacer (que alguien haga algo)':

90a * 新婚把蛋糕切了后，把客人让吃一块的。(15-B1)

90b 新娘把蛋糕切好后，让每个客人吃一块。

90c Después de que la novia haya partido el pastel, le entrega a cada invitado un trozo.

La preposición *ba* (把) se utiliza para indicar que alguien hace algo sobre un objeto, de modo que esta acción le afecta de alguna manera o tiene ciertas consecuencias sobre este. Por otra parte, el verbo *rang* (让) significa 'hacer (que alguien haga algo o hacer que algo suceda)'. La oración del ejemplo tiene un sentido imperativo y el verbo que sigue a *ba* (把) es *chi* (吃) 'comer', el cual hace referencia a una acción realizada por los invitados, no por la novia. Por eso, el alumno tendría que haber usado el verbo *rang* (让) 'hacer' en lugar de la preposición *ba* (把).

91a * 在中国亲戚把新娘要坐花轿，在一个有名的饭店摆结婚宴席，家人把红双喜字贴在墙上。(19-B1)

91b 在中国亲戚让新娘坐花轿，在有名的饭店摆结婚宴席，家人把红双喜字贴在墙上。

91c En China, los familiares hacen que la novia se suba al palanquín. Se celebra el banquete nupcial en restaurantes famosos y los familiares pegan en la pared los caracteres que representan la doble felicidad.

En esta oración, el alumno intenta expresar que los familiares hacen que la novia se siente en el palanquín; por lo tanto, hay que usar el verbo *rang* (让) 'hacer (que alguien haga algo)', que tiene un sentido imperativo.

En resumen, la redundancia es el tipo de error más recurrente en la oración con *ba* (把). La causa de la redundancia es, a nuestro parecer, debido a que los alumnos no han interiorizado el uso de *ba* (把) y abusan de esta preposición para anteponer el objeto al verbo. Otro error destacado con esta construcción es la confusión entre *ba* (把) con el verbo *rang* (让) 'hacer (que alguien haga algo)'. Todos los errores de esta construcción se cometen en el nivel B2.

2.5 Construcción de verbos en serie

En este apartado estudiaremos la construcción de verbos en serie. Tal como ilustra en Gráfico 7.29, el 40% de los errores con esta construcción se cometen en el nivel A1, mientras que el restante 60% se concentra en el nivel A2.

Gráfico 7.29 Distribución de los errores con la oración de verbos en serie según el nivel de chino

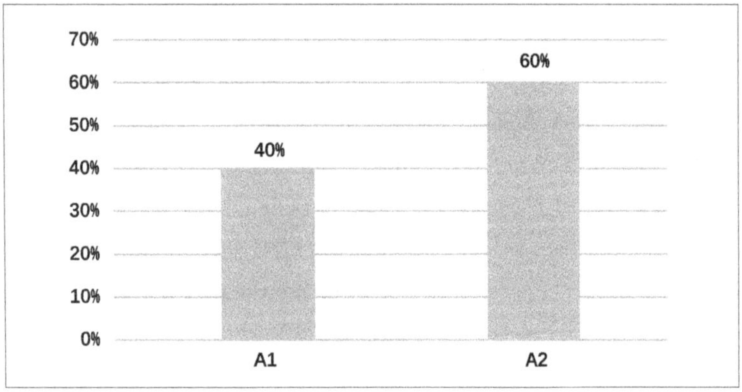

El alto porcentaje de errores en el nivel A2 se debe a la frecuencia de uso de dicha construcción. Cabe destacar que los errores disminuyen notablemente en B1, lo cual implica que los alumnos logran evitar cometer los errores con esta construcción mientras mejoran simultáneamente su nivel de chino. Los errores con esta construcción se muestran en Gráfico 7.30 :

Gráfico 7.30 Distribución de los errores con la construcción de verbos en serie por tipo de error

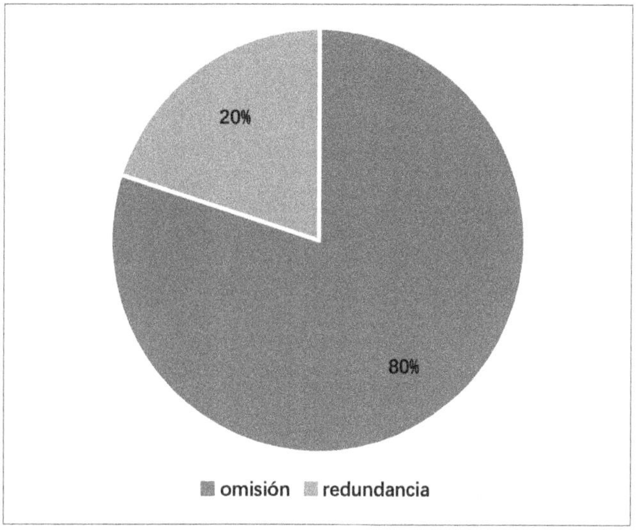

La gran mayoría de los errores que se cometen con esta construcción son de omisión (80%). Una gran parte de ellos están relacionados con el verbo *qu* (去) 'ir', que indica la finalidad de la acción en dicha construcción. Pensamos que la gran concentración de errores vinculados a este verbo se debe a la alta frecuencia de uso del mismo en construcciones de verbos en serie, especialmente en los niveles de chino que tienen los alumnos cuyas redacciones han sido incluidas en nuestro corpus.

Veamos algunos ejemplos de omisión con la construcción de verbos en serie en los que se usa el verbo *qu* (去) 'ir':

92a * 我们吃饭以后，去 Ø 电影。(2-A1)
92b 我们吃完饭以后，去看电影。
92c Después de comer, fuimos a ver una película.

Este error se debe a que el alumno ha confundido el significado de la palabra *dianying* (电影) 'película' en chino y su equivalente en español. En chino, el sustantivo *dianying* (电影) denota solamente *la película*, mientras en español, el sustantivo *cine* tiene un campo semántico más amplio, que puede significar tanto *película* (电影) como la *sala del cine* (电影院). El alumno construye la frase pensando en la expresión en español *Vamos al cine* y la traduce al chino como *qu dianying* (去电影), eligiendo el equivalente erróneo a la palabra *cine*, ya que *dianying* (电影) en chino tiene un ámbito de uso más restringido y se limita a aquellas situaciones en las que se habla de una película. Por lo tanto, hay que añadir el verbo *kan* (看) 'ver' delante del sustantivo *dianying* (电影) 'película'. Otra opción de corrección de la oración sería traducir cine por el sustantivo *dianyingyuan* (电影院) en chino, tal como se muestra en el ejemplo 92d:

92d 我们吃饭以后，去电影院。
92e Después de comer, fuimos al cine.

Otros ejemplos de omisión del verbo *qu* (去) 'ir' son:

93a * 每年一度我 Ø 旅游一些地方，今年去过罗马。(14-A1-A2)
93b 每年我去一些地方旅游，今年去了罗马。
93c Cada año viajo a algún lugar. Este año fui a Roma.

94a * 吃葡萄的以后，我们都 Ø 喝酒、唱歌和跳舞。(11-A2)
94b 吃完葡萄以后，我们都去喝酒、唱歌和跳舞。
94c Después de comer las uvas, vamos a beber, cantar y bailar.

En estos ejemplos la oración no indica una acción en curso, sino que denota la finalidad; por lo tanto, hay que poner el verbo *qu* (去) 'ir', que tiene la función de indicar la finalidad en la construcción de verbos en serie. La omisión se debe a la traducción literal de su lengua materna.

En el corpus también se hallan errores de redundancia del verbo *qu* (去) 'ir':

95a * 每天我去坐火车，那时候在那里我很喜欢看小说或听音乐。(15-A1-A2)
95b 每天我坐火车，在车上时我很喜欢看小说或听音乐。
95c Cada día tomo el tren, donde me gusta leer novelas o escuchar música.

En esta oración se abusa del verbo *qu* (去) 'ir', ya que no se cumplen las condiciones para formar una construcción de verbos en serie. En nuestra opinión, este error se comete porque el alumno confunde esta oración con las que usan el verbo *qu* (去) 'ir' para indicar la finalidad de oración.

En resumen, los errores con la construcción de verbos en serie están mayoritariamente relacionados con el verbo *qu* (去) 'ir', provocados por el hecho de que los alumnos no han asimilado su uso para indicar el propósito de una acción y por ello omiten o abusan de dicho verbo. Además, los alumnos tampoco tienen suficiente capacidad para determinar si una oración necesita o no el verbo *qu* (去) 'ir' para indicar la finalidad de la acción por falta de dominio pragmático. Los errores se cometen principalmente en el nivel A2, pero desaparecen en B1, por lo que se detecta una notable mejora en el uso de esta construcción.

2.6 Conclusiones parciales

Para finalizar, se expondrán las conclusiones que se desprenden del análisis de este apartado. En primer lugar, en cuanto a la cantidad de errores en las diferentes construcciones oracionales especiales, hemos detectado diez de las doce formuladas en nuestra taxonomía. Las construcciones que concentran más errores son, en orden descendente, la oración con *shi* (是), las oraciones comparativas, la construcción con *shi ... de* (是……的), la oración con *ba* (把), así como la construcción de verbos en serie. Los errores con cada construcción están muy concentrados en determinados usos o estructuras ya que suponen una gran dificultad de aprendizaje para los alumnos españoles. Los errores con el resto de las construcciones son escasos debido a su discreta aparición en las redacciones y no se observa ningún patrón concreto. A partir de los datos de nuestro corpus, concluimos que los errores asociados a las construcciones oracionales especiales se cometen por las siguientes causas: en primer lugar, los alumnos no logran dominar bien su estructura fija y cometen errores de mal uso, omisión y redundancia de las mismas; en segundo lugar, los errores se cometen porque los alumnos no llegan a interiorizar la función semántica y sintáctica de dichas construcciones, de ahí que no puedan determinar de forma precisa si deberían o no usar las construcciones especiales oracionales en un contexto indicado, lo cual también implica la insuficiencia de dominio pragmático de los alumnos. Además, con el aumento de conocimientos sobre construcciones sintácticas en el nivel A2 y B1, los alumnos mezclan construcciones formales o semánticamente próximas, o hipergeneralizan el uso de algunas construcciones en oraciones por falta de dominio.

En cuanto al comportamiento de los errores a medida que se va progresando, en el nivel A1 se cometen pocos errores de construcciones oracionales especiales en comparación con el nivel A2 y B1. En el nivel A1, las construcciones que concentran relativamente más errores son la oración con *shi* (是), las oraciones comparativas y la oración de verbos en serie. En el nivel A2, la oración con *shi* (是) y las oraciones comparativas siguen siendo las dos construcciones que ocupan mayor porcentaje de errores, mientras que la oración de verbos en serie muestra una evolución positiva. Además, en este nivel aparecen errores con la construcción *shi ... de* (是……的), con un porcentaje de error no desdeñable. En el paso de A2 a B1, no se observa ninguna mejora notable de las construcciones oracionales especiales que aglutinen más errores. Además, aparecen errores en B1 vinculados a la oración con *ba* (把). La evolución de los errores con construcciones oracionales especiales muestra una tendencia negativa, y la mayoría de los errores no disminuyen al aumentar el nivel de chino, pues a nuestro parecer, los alumnos en los niveles iniciales no aprenden los usos de algunas construcciones, por una parte, o evitan usarlas por el poco dominio de las mismas. De esta evolución también deducimos que los errores con la mayoría de las construcciones oracionales especiales permanecerán hasta niveles más avanzados.

3. Conclusiones sobre el análisis de errores a nivel oracional

En el presente capítulo analizamos los errores oracionales dividiéndolos en dos subgrupos: los errores de las funciones gramaticales y los errores de construcciones oracionales especiales. Por lo que a la localización de errores se refiere, el modificador adverbial y el predicado es donde se concentran la mayor parte (sobre todo en el orden del modificador adverbial y en la omisión del predicado), así como las construcciones especiales oracionales como la oración con *shi* (是), las oraciones comparativas, la construcción con *shi ... de* (是……的), la oración con *ba* (把) y la construcción de verbos en serie. Además entre los errores oracionales cabe destacar la gran cantidad de errores de partículas, a saber, la partícula aspectual *le* (了) en el predicado, la partícula estructural *de* (的) en el modificador adjetival y la partícula estructural *de* (得) en el complemento verbal. Se deduce de aquí que los usos que muestran mayor diferencia entre el chino y el español en las oraciones concentran más errores.

Con respecto a las causas de los errores, en primer lugar, la interferencia de la lengua materna provoca que los alumnos hagan una traducción literal del español o imiten la estructura oracional de su lengua materna, especialmente con una mala colocación del modificador adverbial, así como la omisión del complemento. En segundo lugar, destacan errores de hipergeneralización de las reglas del chino, como la redundancia en el uso de partículas aspectuales en el predicado y de partículas estructurales en el modificador adjetival o en el complemento verbal, el uso de construcciones oracionales especiales en lugares no debidos, entre otros. En tercer lugar, los errores con las construcciones oracionales especiales nos confirman las dificultades de interiorización para los alumnos, ya que dichas construcciones contienen reglas y contextos de uso complejos y estrictos, lo que provoca que los alumnos tiendan a distorsionar su forma al usarlas, eviten su uso en oraciones donde hace falta, o las confundan con otras construcciones similares en chino. Además, los errores oracionales no se explican únicamente por la insuficiencia de dominio de conocimientos sintácticos, sino que también se debe a la falta de una base sólida de léxico y a la escasez de competencia pragmática.

En cuanto a su evolución, los errores oracionales muestran una evolución evidentemente negativa, debido al aumento de la complejidad sintáctica en el nivel A2 y B1. En el nivel A1 los alumnos escriben oraciones con estructuras más simples y cometen pocos errores en las funciones gramaticales. En este estadio los errores se caracterizan principalmente por: mala colocación del modificador adverbial, omisión del verbo que funciona como predicado, omisión de la partícula estructural *de* (的) en el modificador adjetival y la omisión de la partícula estructural *de* (得) en el complemento, así como errores en las oraciones con *shi* (是). En este estadio se cometen errores especialmente en los usos que difieren más de la lengua materna. Los alumnos no han interiorizado de manera satisfactoria el uso de las funciones gramaticales ni las construcciones oracionales, haciendo una traducción literal de su lengua materna y por consiguiente, cometiendo errores por la interferencia de la misma.

En el nivel A2 los errores empiezan a aumentar en número y a diversificarse. En este estadio los alumnos siguen teniendo notables problemas de colocación del modificador adverbial, también se detecta un aumento de errores del uso de la partícula *le* (了) en el predicado y del orden del complemento. Además, por otra parte, se reducen notablemente los errores relacionados con el modificador adjetival. Dicho cambio de distribución de errores nos indica que los alumnos logran resolver muchos problemas que tienen en el nivel A1 pero cometen errores en el uso de estructuras nuevas. Aparte de la interferencia de la lengua materna, que sigue siendo una causa importante de los errores en este estadio, se incrementan los errores cometidos por la hipergeneralización de algunos usos de la LE, por lo cual se generan errores como la mezcla de construcciones en una misma oración, o uso erróneo de construcciones oracionales especiales.

En el nivel B1, la cantidad de errores y su distribución por función gramatical no muestra cambios destacados en comparación con el nivel A2, y persisten errores de colocación del modificador adverbial y de omisión de partículas en las funciones gramaticales. Por otra parte, se exhibe un aumento de complejidad sintáctica y variedad de estructuras en los errores detectados, tanto en construcciones normales como en las especiales. Entre todos los errores destacan la simplificación y la mezcla de construcciones oracionales, además de la hipergeneralización de las construcciones, especialmente las construcciones oracionales especiales. Estos errores muestran, por una parte, que en este nivel, aparte de la interferencia de la lengua materna, la interferencia de los conocimientos y usos de la LE juega un papel cada vez más importante en provocar los errores; por otra parte, mientras que aumenta la complejidad y la variedad de las estructuras sintácticas, la asimilación y el uso con precisión de las mismas resulta un gran reto para los alumnos.

Capítulo 8 Análisis de errores discursivos

En este capítulo nos centraremos en los errores discursivos. El análisis se realizará en base a la taxonomía que hemos planteado, la cual divide este tipo de errores en tres subcategorías, a saber: errores de coherencia, de cohesión y de pragmática.

Cabe señalar que los errores discursivos no pueden disociarse de aspectos léxicos y sintácticos, ya que este tipo de errores se cometen no solo por falta de herramientas discursivas, sino también por falta de léxico y de conocimientos sintácticos. Por ejemplo, las lagunas que puedan existir a la hora de usar de ciertas partículas o de separar las diferentes construcciones oracionales muy probablemente darán lugar a, entre otros, errores de tipo discursivo.

En nuestro corpus existen un total de 191 errores de discurso. La mayoría son errores de cohesión (69%), aunque también los hay de coherencia (21%) y pragmática (10%). Dicha información puede apreciarse en el Gráfico 8.1:

Gráfico 8.1 Distribución de errores discursivos según el tipo de error

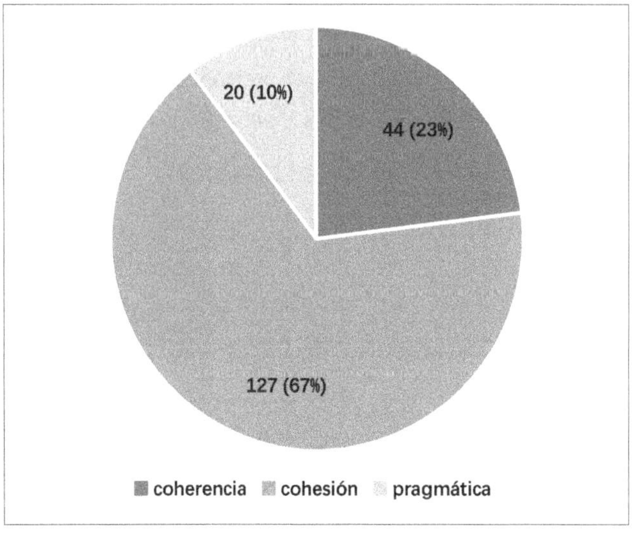

El Gráfico 8.2, por su parte, agrega los errores discursivos según el nivel de chino de los alumnos:

Gráfico 8.2 Distribución de errores discursivos en función del nivel de chino

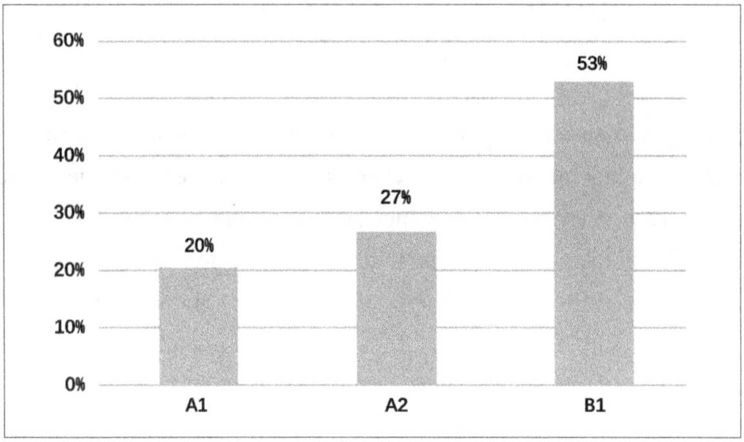

Observamos que más de la mitad de los errores de discurso los firman alumnos del nivel B1 (53%). En cambio, la presencia de estos errores en los niveles iniciales es mucho más moderada. Se deduce, pues, que los problemas discursivos se disparan sobre todo en niveles más avanzados, cuando el lenguaje de los alumnos es más rico y los mensajes que son capaces de producir más complejos.

El Gráfico 8.3 distribuye los diferentes tipos de errores discursivos según el nivel de chino. De él se infiere que la falta de cohesión es el problema más recurrente en todos los casos. Además, el porcentaje que ocupa cada tipo de error es muy parecido en los tres niveles de lengua analizados, por lo que podemos constatar que estos errores se mantienen a lo largo del aprendizaje, siempre en una proporción similar.

Gráfico 8.3 Distribución de los errores discursivos de diferentes tipos en función del nivel de chino

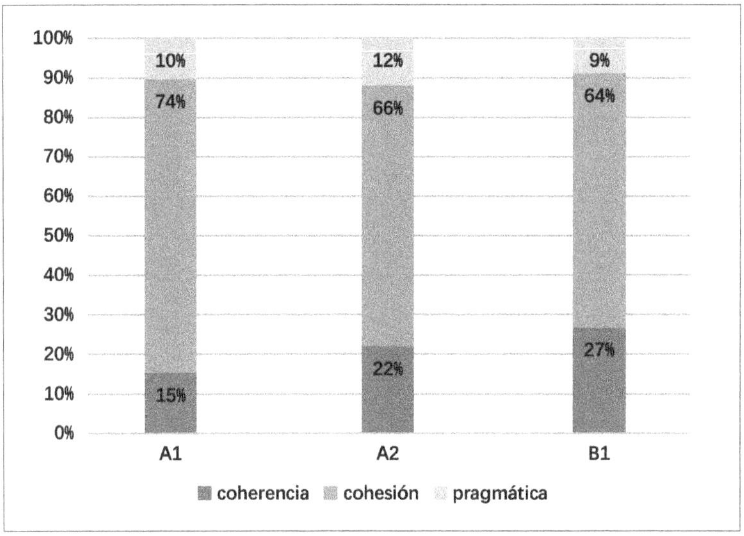

A continuación, analizaremos los tres tipos de errores relacionados con el discurso. Empezaremos con los relativos a la cohesión, pues es la que concentra mayor cantidad de errores.

1. Errores de cohesión

En este apartado analizaremos el error discursivo que más se repite en nuestro corpus: el error de cohesión. Con respecto a la evolución de errores en función del nivel de chino, podemos afirmar que los errores de cohesión muestran una evolución negativa, es decir, su presencia aumenta a medida que se amplían los conocimientos de chino, tal y como evidencia el Gráfico 8.4:

Gráfico 8.4 Distribución de errores de cohesión en función del nivel de chino

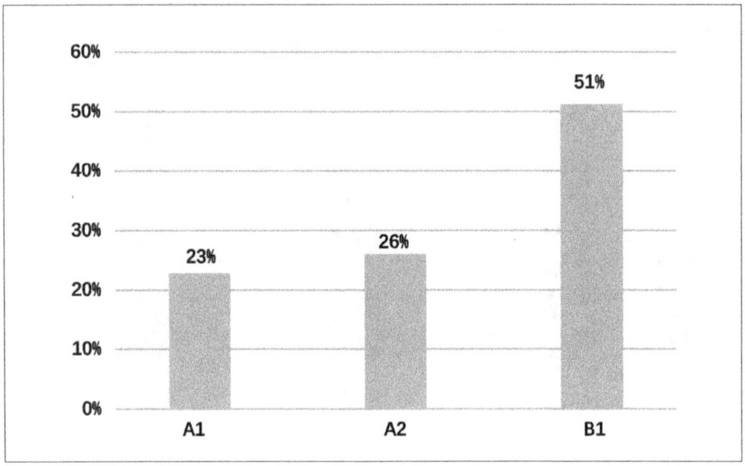

Este gráfico prueba que en el nivel B1 se cometen más errores de este tipo (51%). Por el contrario, la cantidad de dicho error se reduce aproximadamente a la mitad en los niveles A1 (23%) y A2 (26%).

La cohesión se subdivide, a su vez, en tres nuevas categorías de errores: errores relativos a los conectores, a la referencia y a las partículas modales (Gráfico 8.5):

Gráfico 8.5 Distribución de errores de cohesión por subtipo de error

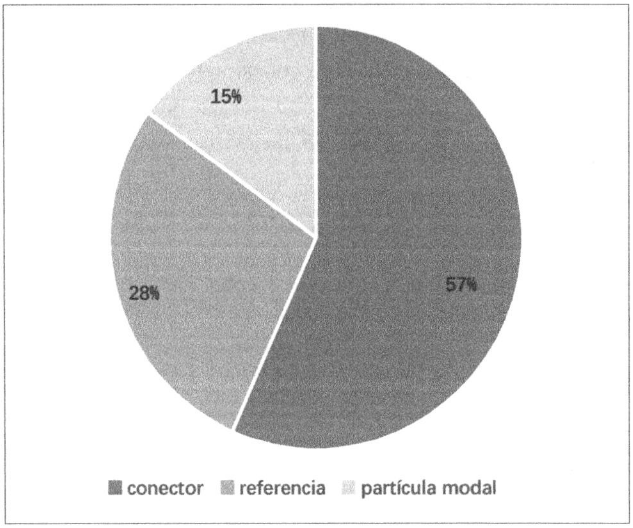

Observamos que los errores predominantes son aquellos relacionados con los conectores, que representan más de la mitad (57%), seguidos por los errores de referencia (28%) y partículas modales (15%).

Elaboramos el Gráfico 8.6 para comprobar la distribución de los subtipos de errores de cohesión en función del nivel de chino de los estudiantes:

Gráfico 8.6 Distribución de errores de cohesión de diferentes subtipos en función del nivel de chino

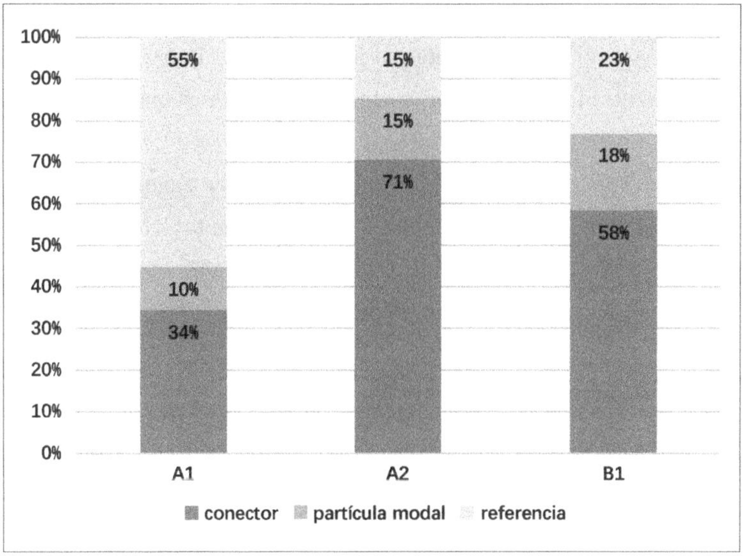

Este gráfico revela que los errores correspondientes a conectores ocupan un porcentaje nada desdeñable en los niveles A2 (71%) y B1 (58%). En cambio, en el caso del nivel A1, este tipo de error ocupa el segundo lugar (34%), por detrás de los errores de referencia. Es decir, a los alumnos del nivel A1 les cuesta más hacer referencias de forma correcta, pero a medida que mejoran su nivel de chino — y por tanto van superando las dificultades iniciales — empiezan a cometer más errores de conectores. Con todo, los tres niveles de lengua analizados sí tienen un punto en común: los errores relacionados con las partículas modales se mantienen constantes, si bien no tienen mucho peso en nuestro corpus.

En los siguientes subapartados, abordaremos en detalle estos tres subtipos de errores de cohesión.

1.1 Errores relativos a los conectores

Como ya hemos comprobado en el Gráfico 8.5, el error relacionado con el uso del conector — mecanismo muy importante para otorgar cohesión al texto — es el subtipo más recurrente dentro de la categoría de errores de cohesión (56%). En términos generales, los errores correspondientes a los conectores están provocados por el mal uso, la redundancia o la omisión de estos en la oración, hecho que conlleva la pérdida de cohesión del texto. En este apartado, veremos estos tres casos concretos y analizaremos los conectores más problemáticos de nuestro corpus.

En primer lugar, veamos el error que más se repite: aquel provocado por el mal uso del conector. Es el error más frecuente porque a muchos alumnos, tengan el nivel que tengan, les cuesta dirimir qué conector deben usar en cada caso para poder cohesionar el texto.

En el nivel A1 se producen sobre todo casos de mal uso, ya que los alumnos no distinguen el significado y ni los usos de los diferentes conectores. Uno de los conectores más problemáticos es *he* (和) 'y', ya que los alumnos lo usan para unir dos verbos o adjetivos que funcionan como predicado en la frase. Por ejemplo:

1a * 但是她很高和瘦。(4-A1-A2)
1b 但是她很高也很瘦。
1c Pero ella es muy alta y muy delgada.

Según la gramática china, el conector *he* (和) 'y' puede ser usado para enlazar adjetivos y verbos predicativos coordinados, siempre y cuando estos últimos compartan el mismo objeto, complemento o modificador. Además, otro requisito es que los verbos y adjetivos sean bisílabos (Liu et al. 2015). Por tanto, y teniendo en cuenta las reglas gramaticales del chino, en esta oración no se puede usar *he* (和) 'y' para conectar los adjetivos monosílabos *gao* (高) 'alto' y *shou* (瘦) 'delgado'. Es preciso emplear otros conectores, tales como *ye* (也) 'también', *you ... you ...* (又……又) 'y' o *bingqie* (并且) 'y'.

La confusión entre *zhihou* (之后) 'después' e *yihou* (以后) 'después, en el futuro' también constituye otro error palmario. La diferencia entre estas dos palabras es que, cuando encabezan una cláusula, la primera indica un momento posterior al que se narra o a una hora indicada; mientras que la segunda significa *en el futuro*, *en adelante*. Dicha confusión se ilustra en los siguientes ejemplos:

2a * 我八点钟起床。我八点十五分吃早饭。我喜欢吃烤面包果酱。以后我八点半洗澡。(31-A1)

2b 我八点钟起床，八点十五分吃早饭。我喜欢吃烤面包果酱。之后我八点半洗澡。

2c Me levanto a las ocho y desayuno a las ocho y cuarto. Me gusta desayunar tostadas con mermelada. A continuación, me ducho a las ocho y media.

En esta oración se emplea el conector *yihou* (以后) ‘después, en el futuro’ incorrectamente, ya que como ya hemos comentado, dicho conector significa en el futuro si se usa solo. Además, este mismo conector también se emplea en la estructura de “acción + *yihou* (以后) ‘después de …” o “periodo de tiempo + *yihou* (以后) ‘después de …’”. En la segunda oración, por ejemplo, se puede añadir una acción antes del conector *yihou* (以后) ‘después de’ para poder mantenerlo:

2d 我八点钟起床。我八点十五分吃早饭。我喜欢吃烤面包果酱。吃完早饭以后我八点半洗澡。

2e Me levanto a las ocho y desayuno a las ocho y cuarto. Me gusta desayunar tostadas con mermelada. Me ducho después de desayunar, a las ocho y media.

Otros errores detectados en nuestro corpus con este conector son:

3a * 我平时八点或者八点半起床，以后我吃早饭牛奶和玉米片。(40-A1)

3b 我平时八点或者八点半起床，之后我早饭喝牛奶和玉米片。

3c Normalmente me levanto a las ocho u ocho y media; luego, tomo leche con cereales.

4a * 我被分心了，以后我寻找它，我不发现我的手机。(8-B1-B2)

4b 我分心了。之后我再找，却找不到我的手机。

4c Me distraje y cuando luego busqué mi móvil, no lo encontré.

Los alumnos también cometen errores a la hora de querer expresar la idea de *además*.

Otro error relacionado con la suma de información es el siguiente:

5a * 前几天，在我看她度蜜月的照片的时候，她坚持我应该领结婚证。再跟我说，因为我的年龄，我应该生孩子了。(5-B1)

5b 前几天，在我看她度蜜月的照片的时候，她坚持我应该领结婚证。还跟我说，因为我的年龄大了，我应该生孩子了。

5c Hace algunos días, mientras miraba las fotos de su luna de miel, ella insistió en que debía casarme. También me dijo que, dada mi edad, debía tener hijos.

Este ejemplo integrado por dos oraciones ofrece información de lo que ha dicho ella. La segunda oración simplemente añade información a la primera. El alumno se ha decantado erróneamente por el conector *zai* (再) 'otra vez', que se usa en aquellos casos en los que se indica la repetición de la acción o la sucesión de acciones futuras, y es preciso usar conectores como *hai* (还) 'todavía, además'.

6a * 冬季温和多雨。最冷月气温在 4-8℃之间。冬天，比利牛斯山脚也是滑雪的最佳场地。再说，气候多风，北风叫 Tramuntana。它寒冷而且通常风力较大。(17-B1-B2)

6b 冬季温和多雨。最冷月气温在 4-8℃之间。冬天，比利牛斯山脚也是滑雪的最佳场地。另外，安普尔丹气候多风，北风叫 Tramuntana。它寒冷而且通常风力较大。

6c El invierno es templado y lluvioso. En el mes más frío, la temperatura oscila entre los cuatro y los ocho grados centígrados. Los Pirineos son también el mejor lugar para esquiar en invierno. Además, en el Ampurdán hace mucho viento que viene del norte y es conocido como "Tramuntana". Es muy frío y bastante fuerte.

Este párrafo describe el clima en invierno del Ampurdán y la información de las oraciones que lo integran es de relación paralela, por eso hay que usar *lingwai* (另外) 'además' en lugar de *zaishuo* (再说) 'además', ya que el primero se usa para añadir información que se encuentra al mismo nivel, mientras que el segundo se usa para añadir información para justificar una decisión.

Además, muchos alumnos eligen mal los conectores porque no saben discernir la relación lógica entre las diferentes cláusulas oracionales. Veamos los siguientes ejemplos:

7a * 不管我的好朋友 Anna 也在巴塞罗那自治大学学习，我们俩不常多月没见了。(8-A1-A2)

7b 虽然我的好朋友 Anna 也在巴塞罗那自治大学学习，但是我们俩好几个月没见了。

7c Aunque mi amiga Anna también estudia en la UAB, no nos hemos visto desde hace varios meses.

Buguan (不 管) 'no importa' normalmente se combina con *ye* (也) 'también' o *dou* (都) 'todo, todos, ya', y denota que la conclusión o resultado no cambiará bajo ninguna circunstancia. Sin embargo, las dos cláusulas de esta oración mantienen una relación concesiva, por lo que es preciso sustituir *buguan* (不管) 'no importa' por *suiran* (虽然) 'aunque'.

8a * 我很小，但我什么也不知道，不知道婚礼的意思。(8-B1)

8b 我很小，所以我什么也不知道，不知道婚礼的意思。

8c Era muy pequeña, por eso no sabía nada y no entendía lo que significaba casarse.

En esta oración, la primera cláusula *wo hen xiao* (我很小) 'era muy pequeño' es lo que explica la segunda parte *wo shenme ye bu zhidao* (我什么也不知道) 'no sabía nada'; de modo que al principio de la segunda cláusula se debería usar un conector que indique consecuencia, en vez de usar *dan* (但) 'pero', que es un conector adversativo.

A continuación, analizaremos errores provocados por la omisión del conector. El conector *suoyi* (所 以) 'por eso' es foco de numerosos errores, pues nuestro corpus contiene siete, entre una totalidad de 72 errores de conectores. De entre ellos, la mayoría se cometen porque los alumnos olvidan ponerlo en la cláusula en la que se indica la consecuencia. Para ilustrar este punto, veamos los siguientes ejemplos:

9a * 因为我在这里一定很长时间，Ø 上个月我家庭到北京看我。(18-A2)

9b 因为我在这里一定待很长时间，所以上个月我家人到北京看我。

9c Como seguramente estaré aquí mucho tiempo, el mes pasado mi familia vino a verme a Beijing.

10a * 因为我们爱上，Ø 虽然我们之间有语言的问题，但是再次见面了。(10-B1)

10b 因为我们爱上了对方，所以虽然我们之间有语言的问题，但是还是再次见面了。

10c Como nos enamoramos, quedamos de nuevo, aunque entre nosotros existía la barrera del idioma.

Estos errores se cometen a causa de las diferencias que existen a la hora de expresar la causa y el resultado de algo en español y en chino. En español, los conectores que indican la causa de algo — *como*, por ejemplo —, y los conectores que indican el resultado — *por eso*, por ejemplo —, no pueden aparecer juntos en una misma oración. Contrariamente, en chino, estos dos tipos de conectores son necesarios en la construcción *yinwei ... suoyi* (因为……所以) 'como ... por eso/ ..., porque'. La influencia de la lengua materna de los alumnos es la causante de que estos hayan prescindido de *suoyi* (所以) 'por eso' en los ejemplos que presentamos a continuación:

11a * 累得跳不达的时，我们 Ø 回家睡觉。(12-A2)
11b 累得跳不动的时候，我们就回家睡觉。
11c Cuando el cansancio nos impidió seguir bailando, regresamos a casa a dormir.

Esta oración está formada por una sucesión de acciones. En primer lugar, ocurre que *lei de tiao bu dong* (累得跳不动) 'el cansancio nos impidió seguir bailando', hecho que lleva a los protagonistas del ejemplo a marcharse a descansar, *women huijia shuijiao* (我们回家睡觉) 'regresamos a casa a dormir'. Como entre las diferentes acciones existe un orden que es preciso mantener, necesitamos usar un conector que indique que la primera acción es un detonante para la segunda. Por eso añadimos el conector *jiu* (就), para enlazar ambas cláusulas.

12a * 现代人们越来越想只有爱情，他们 Ø 结婚。(18-B1)
12b 现代人们越来越想只要有爱情，他们就结婚。
12c La gente de hoy en día cada vez está más a favor de que las personas se casen siempre que se quieran.

El alumno ha querido utilizar la estructura condicional *zhiyao ... jiu ...* (只要……就) 'siempre que ...', pero lo ha hecho de forma incompleta, puesto que ha prescindido del conector *jiu* (就) en la segunda proposición.

Otro conector problemático es *you ... you ...* (又……又……) 'y', que marca la coexistencia de varias situaciones o características. Por ejemplo:

13a * 我不要这样的婚礼，我要一会很 Ø 大又热闹的婚礼。(2-B1)

13b 我不要这样的婚礼，我要一个又大又热闹的婚礼。

13c No quiero una boda así, quiero una boda grande y animada.

En esta oración el alumno solo ha puesto un solo *you* (又), pero la construcción *you ... you ...* (又……又……) 'y' exige ambos constituyentes. El alumno ha cometido este error de omisión por falta de conocimientos o quizá haya confundido este conector con la conjunción *he* (和) 'y'.

Finalmente, veamos ciertos casos en los que aparecen conectores redundantes. El conector *he* (和) 'y', es como ya hemos visto, bastante complicado para los alumnos. Este se usa para enlazar elementos coordinados, más concretamente palabras y sintagmas, pero nunca cláusulas oracionales. La redundancia de dicho conector se produce cuando el alumno lo emplea para unir cláusulas en una oración compleja, algo que la gramática china no permite. Veamos algunos ejemplos:

14a * 然后，我洗澡和我吃早饭。(38-A1)

14b 然后，我洗澡，吃早饭。

14c *Después, me ducho y desayuno.*

15a * 做作业后我吃晚饭和我看一个小时电视。(39-A1)

15b 做作业后我吃晚饭，看一个小时电视。

15c Después de hacer los deberes, ceno y veo la televisión una hora.

Estos dos ejemplos son oraciones complejas en las que se suceden unas cuantas acciones. Los autores de ambos ejemplos han enlazado las dos cláusulas finales mediante el conector *he* (和) 'y', pero como ya hemos indicado, este se usa únicamente para enlazar palabras y sintagmas. Por consiguiente, en estas dos oraciones se debería usar en su lugar una coma (o punto) o conectores como *ranhou* (然 后) 'después' o *suihou* (随后) 'después'.

16a * 然后我们都祝贺新年和我们跳舞唱歌过新年。(4-A2)

16b 然后我们都庆祝新年。我们跳舞唱歌过新年。

16c Después celebramos el Año Nuevo bailando y cantando.

Las dos cláusulas de esta oración tampoco se pueden engarzar mediante *he* (和) 'y'. Además, cabe señalar que las dos cláusulas *qingzhu xinnian* (庆祝新年) 'festejar el Año Nuevo' y *tiaowu changge guo xinnian* (跳舞唱歌过新年) 'pasar el Año Nuevo bailando y cantando' no son elementos coordinados, puesto que el segundo sintagma explica el primero; de ahí que separemos las cláusulas en dos oraciones, ya que ambas expresan ideas diferentes.

El corpus también demuestra que los alumnos abusan de la construcción *yibian ... yibian* (一边……一边……) 'mientras' para referirse a dos acciones que se producen simultáneamente, tal y como se ilustra en los siguientes ejemplos:

17a * 他一边回家一边觉得这位医生很好。(3-A2)
17b 他回家了。他觉得这位医生很好。
17c Regresó a casa pensando que aquel médico era muy amable.

El verbo *juede* (觉得) 'creer' se engloba dentro del grupo de los verbos de sentimiento como *xihuan* (喜欢) 'gustar' o *yao* (要) 'querer', que no se pueden usar con esta estructura. Para corregirla optamos por separar la acción — *regresar a casa* — del pensamiento — *pensando que este médico es muy amable* —.

18a * 一边现代的新娘常常穿一条白色婚纱。一边现代的新郎常常穿一套黑色西装。(9-B1)
18b 现代的新娘常常穿一条白色婚纱，现代的新郎常常穿一套黑色西装。
18c Las novias de hoy en día generalmente llevan un vestido de novia blanco; los novios, en cambio, un traje negro.

Este error probablemente se deba a la traducción literal del español como *por un lado ... por otro lado ....* No obstante, en chino no se usa *yibian...yibian* (一边……一边……) 'mientras', que expresa la idea de simultaneidad, en este tipo de contexto, sino que se tendría que recurrir a una coma o al conector *er* (而) 'mientras que, en cambio'.

En el corpus también detectamos errores de redundancia relativos al conector *jiu* (就), que significa *precisamente, enseguida, entonces.*

19a * 他摸了摸路易的脸就很惊恐，马东怕他好朋友发烧发得厉害。(1-A2)
19b 他摸了摸路易的脸很担心，马东怕他好朋友发烧烧得厉害。
19c Le tocó la cara a Luis y se preocupó mucho. Ma Dong temía que su amigo tuviera mucha fiebre.

El adverbio *jiu* (就) 'enseguida' puede expresar inmediatez, pero por el contexto se sobreentiende no es necesario enfatizar la inmediatez de *sentirse preocupado*, por lo cual hay que eliminar el conector *jiu* (就) 'enseguida' y colocar los verbos seguidos.

En definitiva, los errores relativos a los conectores se producen porque los alumnos no entienden completamente su significado ni tampoco saben cómo usarlos en todos los casos. Además, los alumnos confunden algunos conectores con otros muy parecidos semánticamente. La evolución de este tipo de errores es negativa ya que en el nivel B1 los alumnos usan oraciones complejas y por tanto, cometen más errores de este tipo.

1.2 Errores relativos a la referencia

La referencia también es un mecanismo importante para lograr que un texto tenga cohesión, a través de la alusión y la referencia de la información de una parte del contexto, para permitir la continuidad de la misma. Los errores a la hora de hacer alguna referencia se pueden cometer en tres circunstancias diferentes: cuando la referencia se usa donde no hace falta, cuando la referencia se efectúa de manera incorrecta y cuando la referencia no se coloca donde es necesario. En este apartado, analizaremos estos tres casos por separado.

Para empezar, las referencias redundantes son uno de los errores más repetidos. En nuestro corpus hemos descubierto una cantidad considerable de sujetos redundantes en el nivel A1. De hecho, entre los 16 errores del nivel A1, 15 son de redundancia del sujeto, probablemente porque los alumnos en el nivel inicial solo dominan el uso de oraciones simples con el sujeto al inicio, motivo por el cual suelen repetirlo. De hecho, en el discurso en chino no se conjuga el verbo, de manera que es obligatorio especificar el sujeto siempre que se produzca un cambio en la autoría de la acción, aunque bien es cierto que si la referencia sigue siendo la misma o está clara por el contexto no es necesario, pudiendo usarse la anáfora cero.

20a * 我每天七点钟起床。起床以后我七点一刻洗澡。我八点差十五分吃早饭。然后我出门。(21-A1)

20b 我每天七点钟起床，起床以后七点一刻洗澡。我八点差十五分吃早饭，然后出门。

20c Todos los días me levanto a las siete. Después de levantarme, me ducho a las siete y cuarto. Desayuno a las ocho menos cuarto y a continuación, salgo de casa.

En este párrafo el alumno describe una secuencia de acciones realizadas por una misma persona: *wo* (我) ‘yo’. El problema reside en el hecho de que el alumno repite el sujeto en todas las oraciones, siendo innecesario pues no se produce ningún cambio y la repetición excesiva de este puede romper la cohesión textual. Por lo tanto, es preciso eliminar los sujetos innecesarios y condensar algunas oraciones. Solo de este modo se puede conceder progresión informativa al texto y así, mantener la cohesión sin alargar la oración en exceso.

En los siguientes ejemplos los alumnos repiten el mismo sujeto al principio de todas las oraciones, alargándolas innecesariamente.

21a * 她七点差十五分吃早饭。她八点去大学。她八点半上课。(23-A1)
21b 她七点差十五分吃早饭，八点去上学，八点半上课。
21c Desayuna a las siete menos cuarto, va a la escuela a las ocho y empieza las clases a las ocho y media.

22a * 我爸爸叫 Fernando。他六十岁。你也是西班牙人。(11-A1)
22b 我爸爸叫 Fernando，六十岁，也是西班牙人。
22c Mi padre se llama Fernando, tiene sesenta años y también es español.

En primer lugar, el alumno confunde los pronombres *ni* (你) ‘tú’ y *ta* (他) ‘él’ y hace una correferencia errónea en la oración 22a. Además, en estas oraciones, el tema siempre se mantiene igual sin cambios, de modo que sería mejor eliminar los dos pronombres personales y sustituir los puntos por comas.

23a * 做作业后我吃晚饭和我看一个小时电视。(39-A1)
23b 做作业后我吃晚饭，看一个小时电视。
23c Después de hacer los deberes, ceno y veo una hora la televisión.

En esta oración *chi wanfan* (吃 晚 饭) ‘cenar’ y *kan yige xiaoshi dianshi* (看 一 个 小 时 电 视) ‘ver una hora la televisión’, son dos acciones seguidas hechas por un mismo sujeto *wo* (我) ‘yo’. Dado que las susodichas acciones se encuentran en una misma cadena temática, no hace falta repetir el pronombre *wo* (我) ‘yo’ en la segunda cláusula.

24a * 你大学毕业以后你选你喜欢的工作。(11-B1)
24b 大学毕业以后选择你喜欢的工作。

24c Eliges el trabajo que te gusta después de graduarte de la universidad.

25a * 我觉得最好的季节是夏天，因为你除了短裤和衬衫以外，你不需要穿别的衣服。(14-B1-B2)

25b 我觉得最好的季节是夏天，因为除了短裤和衬衫以外，你不需要穿别的衣服。

25c Creo que la mejor estación es el verano, porque aparte de pantalones cortos y camisas, no necesitas llevar nada.

En las oraciones 25a y 26a también se redundan los pronombres personales. Podemos observar que la cantidad de anáforas redundantes es mayor en el nivel A1, ya que los alumnos aún no disponen de una competencia discursiva madura y tienden a usar oraciones simples, repitiendo el sujeto.

Paralelamente, también se han detectado en nuestro corpus un volumen considerable de referencias omitidas. Entre ellas, destaca especialmente la omisión del pronombre *zhe* (这) 'esto':

26a * 所以他每天都回家的时，他那么累不吃晚饭，只想去睡觉，而 Ø 对他的身体不好。(3-A1-A2)

26b 所以他每天回家的时候，他特别累不吃晚饭，只想去睡觉，而这对他的身体不好。

26c Por eso todos los días cuando regresa a casa está tan cansado que no le apetece ni cenar. Solo quiere dormir, y esto no es bueno para la salud.

En la oración original falta un pronombre que haga referencia a aquello que perjudica la salud del protagonista; por lo tanto, hemos añadido *zhe* (这) 'esto' para referirnos a la información anterior y cohesionar, así, el texto.

A continuación, reproducimos otros ejemplos similares:

27a * 而且因为我受奖学金，所以 Ø 也是第一次我靠我自己钱的。(15-A2)

27b 而且因为我获得了奖学金，所以这也是第一次我用我自己的钱。

27c Además como he obtenido una beca, esta es la primera vez que uso mi propio dinero.

28a * 每年都有很多游客去达利博物馆观光，Ø 是西班牙参观人数最多的博物

馆之一。(17-B1-B2)

28b 每年都有很多游客去达利博物馆观光，这是西班牙参观人数最多的博物馆之一。

28c Cada año numerosos turistas visitan el Museo Dalí, uno de los museos más concurridos en España.

En estos dos ejemplos también falta añadir el pronombre demostrativo *zhe* (这) 'esto' para recuperar la información mencionada en cláusulas anteriores.

La referencia se suele omitir o bien porque los alumnos no están seguros de su uso y optan por evitarla o bien porque no se dan cuenta de que en ese contexto concreto se requiere una referencia para cohesionar el texto. Los errores de omisión se cometen, sobre todo, en los niveles A2 (3 errores) y B1 (3 errores).

Otro tipo de error relacionado con la referencia es la selección incorrecta del pronombre. Veamos algunos errores encontrados en nuestro corpus:

29a * 我哥哥今年三十岁，我比哥哥小七岁。你们家有一只狗，叫Kenny。(14-A1)

29b 我哥哥今年三十岁，我比哥哥小七岁。我们家有一只狗，叫 Kenny。

29c Mi hermano tiene treinta años y yo soy siete años menor que él. En casa tenemos un perro llamado Kenny.

Es ilógico que el alumno, de repente, haga mención al perro de otra familia cuando habla de su familia, por lo cual deducimos que el alumno eligió mal el pronombre y que este debería cambiarse por *women* (我们) 'nosotros'. Este error pertenece a una redacción del nivel A1 y creemos que se debe a la falta de dominio del uso de los pronombres personales.

En el corpus hemos detectado otras referencias incorrectas:

30a * 每天我去坐火车，那时候在那里我很喜欢看小说或听音乐。(15-A1-A2)

30b 每天我坐火车，在车上我很喜欢看小说或听音乐。

30c Todos los días cuando cojo el tren me gusta leer novelas o escuchar música.

En esta última oración, el sintagma preposicional *zai nali* (在 那 里) 'allí' no se refiere claramente a *huoche* (火车) 'el tren', por lo que deberíamos buscar una referencia más concreta que sí funcione en chino: *zai cheshang* (在车上) 'en el tren'.

31a * 我觉得如果两个人彼此相爱，它就好。(3-B1)

31b 我觉得如果两个人彼此相爱，那就好。

31c Creo que lo importante es que las dos personas se quieran.

Este error se comete porque el alumno no entiende bien la diferencia entre *ta* (它) 'ello' y *na* (那) 'aquello'. El pronombre *ta* (它) 'ello' se usa para referirse a animales u objetos, mientras que *na* (那) 'aquello' puede utilizarse al inicio de las cláusulas para hacer referencia a lo dicho anteriormente. Las dos cláusulas de la oración están conectadas mediante la estructura condicional *ruguo ... jiu* (如果……就) 'si ...', así que no se puede usar el pronombre *ta* (它) 'ello', sino que hay que recurrir a *na* (那) 'aquello' para hacer referencia a la cláusula condicional.

32a * 现代的婚礼和婚嫁没有具体规矩：有人不想举行婚礼，有人想要安静的婚礼，也有人想要一个热闹的婚礼，还有人只想度蜜月。尽管这事，有很多人还承袭传统的办法：一个新娘和一个新郎，买一件婚纱，过一个大婚礼，跟很多的请客摆一个宴席。(5-B1)

32b 现代的婚礼和婚嫁没有具体规矩：有人不想举行婚礼，有人想要安静的婚礼，也有人想要一个热闹的婚礼，还有人只想度蜜月。尽管这样，有很多人还承袭传统的办法：一个新娘和一个新郎，买一件婚纱，举办一个婚礼，摆一个宴席邀请很多人。

32c Las bodas actuales no tienen tradiciones fijas: hay quien no quiere celebrar el enlace, hay quien quiere una boda tranquila y hay quien disfruta directamente yéndose de luna de miel. A pesar de esto, mucha gente sigue manteniendo los elementos tradiciones, a saber, la novia y el novio, el vestido de novia, la celebración y un banquete multitudinario.

A diferencia de *zheyang* (这样) 'así', el sintagma nominal *zhe shi* (这事) 'este asunto' no puede usarse para hacer referencia a una situación general. En la corrección sustituimos *zhe shi* (这事) 'este asunto' por *zheyang* (这样) 'así' para hacer una referencia anafórica a la diversidad de bodas. Otra posible corrección sería usando sintagmas como *zhe zhong qingkuang* (这种情况) 'esta situación' para hacer referencia al texto anterior.

1.3 Errores relativos a la partícula modal *le* (了)

La partícula modal *le* (了) como mecanismo de cohesión textual puede tener las siguientes funciones: expresar una nueva situación, es decir, un cambio, indicar tono exclamativo y actualizar información al oyente. Los errores relativos a esta partícula en nuestro corpus son de dos tipos: los que usan *le* (了) en los lugares donde no se debe (redundancia) y los que no la usan cuando hace falta (omisión).

Cabe empezar constatando que los alumnos abusan de la partícula modal *le* (了) al final de la oración. En la mayoría de los casos, los alumnos cometen el error de redundancia porque confunden los usos de la partícula modal *le* (了) y la partícula aspectual *le* (了). Veamos los siguientes ejemplos:

33a * 小的时候 Ángela 和她妈妈一起在 Lleida 住了。(26-A1)
33b 小的时候 Ángela 和她妈妈一起在 Lleida 住。
33c Cuando era niña, Ángela vivía con su madre en Lleida.

34a * 我家人从来举行婚礼在审判庭了。(8-B1)
34b 我家人总是在教堂举行婚礼。
34c Mis familiares siempre celebran la boda en la catedral.

En estas dos oraciones los alumnos hipergeneralizan el uso de la partícula *le* (了) después del verbo al final de la oración pensando que esta puede indicar el tiempo pasado, pero la situación no tiene ningún cambio ni actualización, por lo cual es incorrecto usarla.

35a * 有天我跟朋友们一起去 Sabadell 了。(5-B1-B2)
35b 有天我跟朋友们一起去了 Sabadell。
35c Un día fui con mis amigos a Sabadell.

En esta oración el alumno intenta usar la partícula *le* (了) para marcar una acción pasada, pero la ha puesto erróneamente al final de la oración. Lo correcto hubiera sido usar *le* (了) como partícula aspectual directamente después del verbo. Otra posibilidad aún más simple hubiera sido eliminar la partícula modal *le* (了), puesto que realmente no es necesaria por el contexto.

36a * 夏季中游客都来到梅诺卡，这也很烦人了。(16-B1-B2)
36b 夏季游客都来到梅诺卡，这也很烦人。
36c En verano los turistas vienen a Menorca, lo cual es muy molesto.

37a * 一到秋天，平常就下大雨了，但天气不冷。(16-B1-B2)
37b 一到秋天，平常就下大雨，但天气不冷。
37c Una vez llegado el otoño, llueve mucho, pero no hace frío.

Estas oraciones no concuerdan con ninguna de las tres condiciones de usar la partícula modal *le* (了) al final de la oración (cambio, exclamación y actualización de información), sino que se habla de algo habitual, por lo tanto, no es necesaria la partícula.

A continuación, veamos los errores de omisión de *le* (了). Como avanzábamos, la partícula modal *le* (了) puede indicar un cambio de estado, situación o naturaleza, y actualizar la información al oyente. Pero muchos alumnos olvidan ponerla cuando existe dicho cambio. Veamos algunos ejemplos concretos:

38a * 谢谢。我回家 Ø。再见。(10-A1)
38b 谢谢。我回家了。再见。
38c Gracias. Me voy a casa. Adiós.

La oración *wo huijia le* (我回家了) 'Me voy a casa' es una oración de despedida, ya que el hablante se dispone a regresar a casa. Como se va a producir un cambio de situación, no puede usar solo sujeto + verbo, sino que se necesita añadir la partícula modal *le* (了) al final.

39a * 然后医生对路易说他好像发烧 Ø，可是他别着急因为他只有点感冒。(2-A2)
39b 然后医生对路易说他好像发烧了，可是要他别着急因为他只有点感冒。
39c A continuación, el médico le dijo a Luis que le parecía que tenía fiebre, pero que no se preocupara porque solo era un resfriado.

40a * 医生给他开药方，而且让他躺一下儿，直到舒服 Ø 他才会去上课。(2-A2)
40b 医生给他开药方，而且让他躺一下儿，直到感觉舒服了才能去上课。
40c El médico le hizo una receta y le pidió que se acostara, que no fuera a clase hasta que no se sintiera recuperado.

En estas dos oraciones, *fashao* (发烧) 'tener fiebre' y *shufu* (舒服) 'sentirse cómodo' son cambios del estado de salud, y el médico le comunica al enfermo esta nueva información, de modo que hay que añadir la partícula modal *le* (了) al final.

41a * 春季到多雨起来，各种花都开 Ø，虫子回来 Ø。(17-B1-B2)
41b 到春季多雨起来，各种花都开了，虫子也回来了。
41c Cuando llega la primavera empieza a llover mucho. Las plantas florecen y los insectos regresan.

En esta oración, *hua dou kai* (花都开) 'las plantas florecen' y *chongzi huilai* (虫子回来) 'los insectos regresan' son cambios en la situación de las flores y los insectos, así que hay que añadir *le* (了) después de los sintagmas verbales.

Del análisis de los errores observados relacionados con la partícula modal *le* (了) podemos concluir que el uso de dicha partícula supone una dificultad nada desdeñable para los alumnos. Por una parte, los alumnos confunden aspecto, tiempo y modo, y trasladan la expresión sistemática de tiempo pasado del español al *le* (了) en chino, cuando en la mayoría de los casos no coinciden con la función que desempeña esta partícula. Por otra parte, destaca el hecho de que los alumnos no han interiorizado bien la función de *le* (了) de indicar cambio o actualizar la información al oyente, y olvidan usarla en los lugares debidos. En cuanto a la evolución, los errores de la partícula modal aumentan de cantidad en el nivel B1, y los errores de omisión y redundancia tienen tendencia a fosilizarse.

Para concluir este apartado sobre errores relativos a la cohesión, cabe decir que estos copan la mayor parte de errores discursivos, dada la alta frecuencia de problemas de conectores y de referencia, como se muestra en el Gráfico 8.5. Los errores con conectores se deben principalmente a la subcompetencia lingüística de los alumnos, ya que estos no entienden bien su significado ni dominan su uso, también confunden los conectores similares e hipergeneralizan el uso sin tener en cuenta las reglas gramaticales concretas en cada caso. En cambio, los errores de referencia se producen porque los alumnos no entienden la lógica textual ni otros factores de tipo pragmático, hecho que conlleva la producción de una cohesión incorrecta. Los errores en el uso de partículas modales son menos abundantes y se cometen principalmente por confundir el uso de *le* (了) como partícula aspectual o modal, y no saber usarla correctamente para indicar cambios de situación al final de la oración.

La evolución de errores de cohesión es negativa, con un notable aumento en B1 por la complejidad textual de su redacción en el nivel intermedio y por la dificultad de interiorizar los usos del chino que difieren más a los de español, el uso de algunos conectores y el de la partícula modal *le* (了).

2. Errores de coherencia

Como ya hemos indicado, los errores de coherencia suponen el 23% del total de errores de discurso (véase el Gráfico 8.1). Para analizarlos de manera más exhaustiva, examinaremos cuatro subtipos, a saber: errores de puntuación, ambigüedades, incongruencias y errores relativos al tema-rema. La proporción de cada uno de estos errores en nuestro corpus según el nivel de chino se muestra en el Gráfico 8.7:

Gráfico 8.7 Distribución de los errores de coherencia en función del nivel de chino

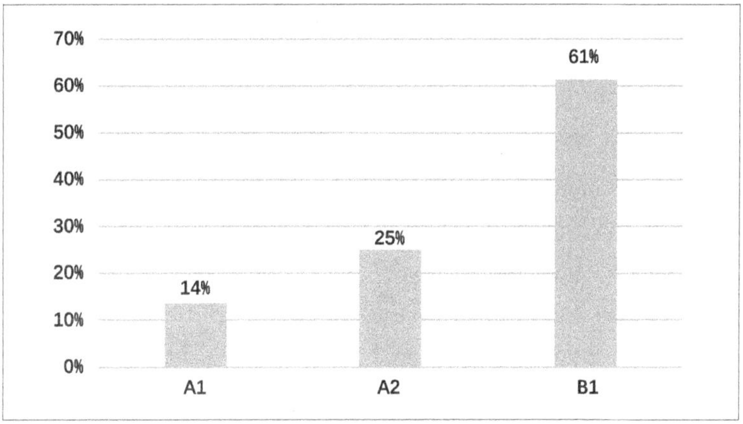

Los errores correspondientes a la coherencia se concentran en el nivel B1, con un 61% del total, mientras que son muy escasos en los niveles A1 (14%) y A2 (25%).

El Gráfico 8.8 proporciona información acerca de la distribución de los subtipos de errores de coherencia

Gráfico 8.8 Distribución de los errores de coherencia por subtipo de error

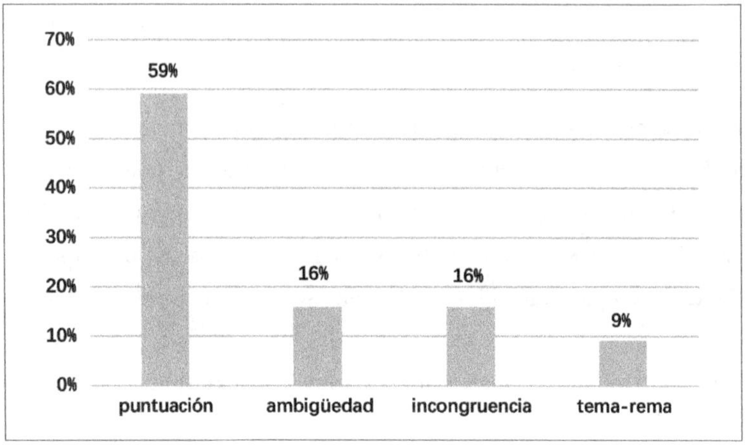

Resulta evidente que, de los cuatro subtipos de errores, la puntuación es el área más problemática (59%), mientras que la ambigüedad y las incongruencias ocupan 16% cada una. Los errores relacionados con el tema y el rema, en cambio, ocupan un porcentaje muy discreto, con tan solo el 9% de los casos.

El Gráfico 8.9 muestra la distribución de estos tipos de errores según el nivel de chino de los alumnos.

Gráfico 8.9 Distribución de los errores de coherencia de diferentes subtipos en función del nivel de chino

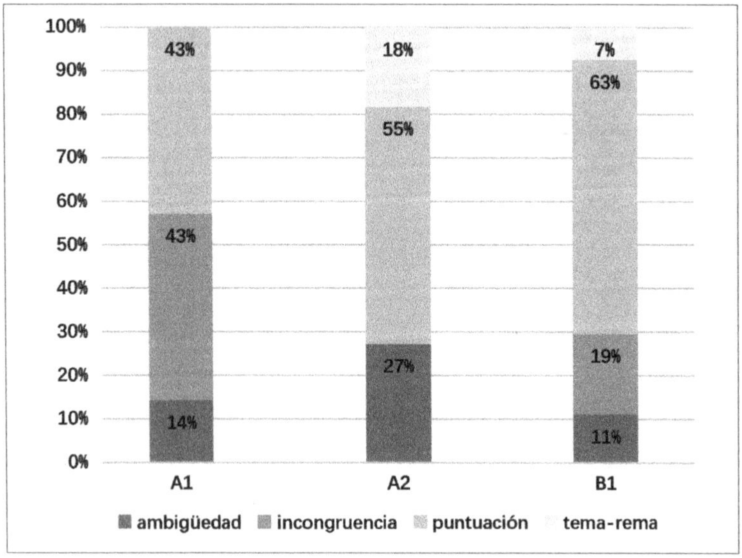

En el nivel A1 los problemas más relevantes son de incongruencia y de puntuación; en A2, los problemas de tema-rema y de ambigüedad se alzan como los más representativos; y en B1 los errores más recurrentes están relacionados, de nuevo, con la puntuación. A continuación, analizaremos estos subtipos de errores de coherencia.

2.1 Errores de puntuación

La puntuación es muy importante a la hora de organizar el discurso y de separar las ideas. En nuestro corpus hemos hallado pruebas de que los alumnos no siempre son capaces de usar los signos de puntuación en chino correctamente. Dichos errores se deben, más concretamente, al uso indebido de los siguientes signos de puntuación: la coma, el punto, el signo de pausa, las comillas y los dos puntos. El signo de pausa es un signo de puntuación chino para marcar una pequeña pausa entre palabras o frases coordinadas en una oración. La proporción de errores correspondiente a cada signo de puntuación se muestra en el Gráfico 8.10.

Gráfico 8.10 Distribución de los errores de puntuación

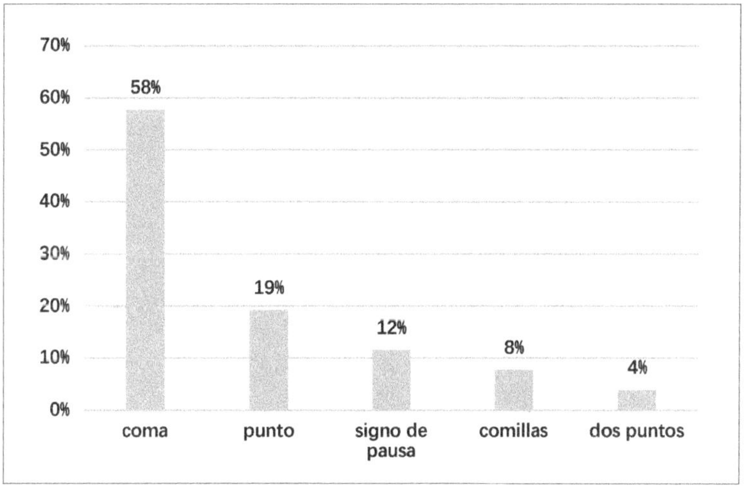

Se observa que el mal uso de la coma representa la gran mayoría de errores de este tipo, con un porcentaje del 58%, seguido por el punto (con un 19%) y el signo de pausa (con un 12%). Los errores causados por el uso indebido de las comillas y los dos puntos son muy escasos, con un porcentaje de 8% y 4%, respectivamente.

Si analizamos los errores de puntuación en base a los conocimientos de chino, obtenemos el Gráfico 8.11.

Gráfico 8.11 Distribución de los errores de puntuación en función del nivel de chino

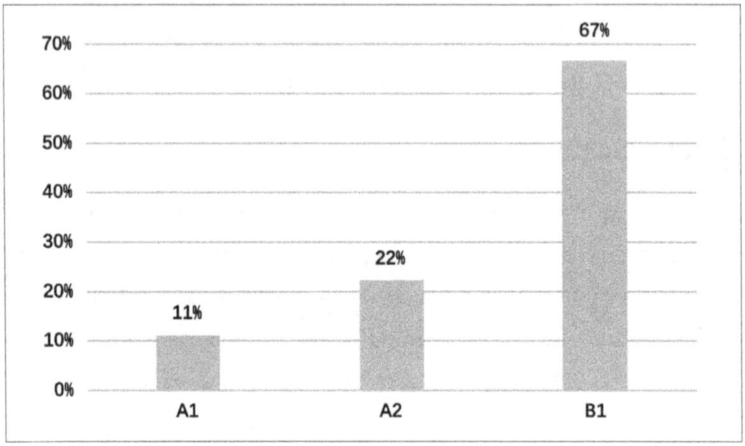

Este gráfico pone de manifiesto que la mayoría de los errores de puntuación se concentran en el nivel B1 (67%), hecho que a nuestro parecer se debe a que en este nivel aumenta la complejidad oracional y discursiva, por lo que los alumnos se encuentran con más problemas separando ideas mediante signos de puntuación. Por el contrario, en los niveles A1 y A2, al ser las oraciones más simples, hay menos oportunidades de incurrir en errores relativos a la puntuación.

A continuación, se muestra el Gráfico 8.12, que refleja la distribución de los errores de puntuación según el nivel de chino.

Gráfico 8.12 Distribución de los errores de diferentes puntuaciones en función del nivel de chino

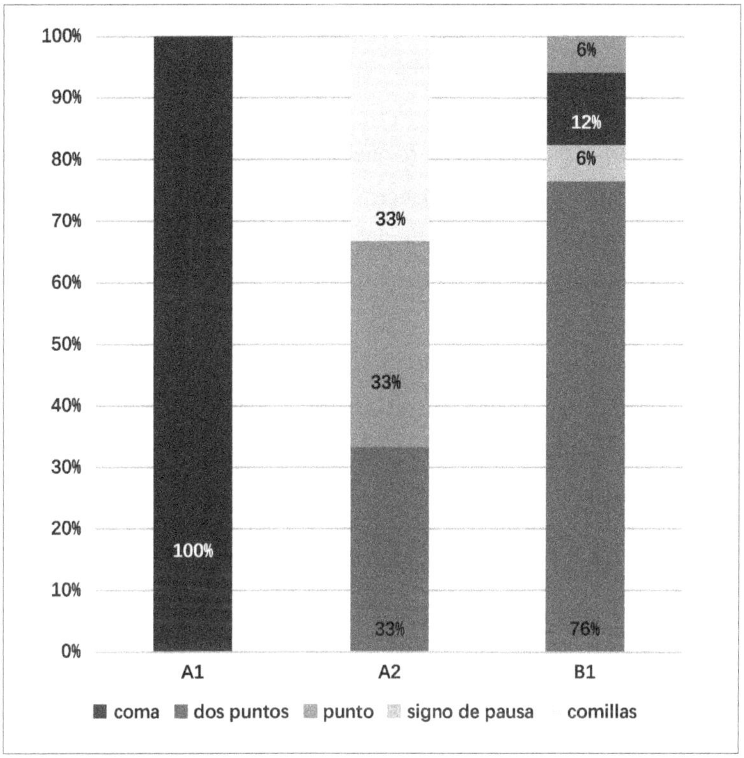

Este gráfico revela que el signo de puntuación más problemático en el nivel A1 es el punto, y a mayor nivel de chino, el abanico de errores se amplía, con un predominio claro del uso incorrecto de la coma. Cabe mencionar aquí que, dentro de los errores etiquetados como errores de coma — según nuestra metodología de procesamiento del corpus (el apartado 2.3 Herramientas de procesamiento del corpus y creación de la base de datos), hemos etiquetado los errores de acuerdo con la localización del error en la oración original — hay muchos casos en que los alumnos usan coma cuando deberían usar el signo de pausa. Por ello podemos afirmar que el signo de pausa también constituye un problema recurrente en la puntuación, aunque este no destaca tanto en el Gráfico 8.12 a causa de nuestra metodología en etiquetar los errores.

A continuación analizaremos los errores concretos de puntuación. Empezaremos por la coma que, como ya hemos visto, es el signo de puntuación donde más errores se concentran. Hemos detectado en nuestro corpus algunas oraciones en las que falta dicho signo para indicar la pausa:

42a * 举行婚礼在礼堂 Ø 很漂亮。(1-B1)
42b 婚礼在礼堂举行，很漂亮。
42c La boda se celebra en el vestíbulo, que es muy bonito.

En la oración original no queda claro cuál es el elemento al que describe el adjetivo *piaoliang* (漂亮) ‘bonito’ porque se ponen todos los elementos seguidos, confundiendo así al lector, que no sabe si lo que es bonito es el vestíbulo o la boda. Por lo tanto, se requiere usar una coma antes de *hen piaoliang* (很漂亮) ‘muy bonito’ para evitar la ambigüedad. Por ello este error también puede ser considerado como un error de ambigüedad, provocado por el mal uso de puntuación.

Además, en las oraciones compuestas normalmente se pone una coma entre la oración principal y la subordinada o la coordinada para marcar la pausa dentro de la oración. Veamos los siguientes ejemplos:

43a * 可是我的男朋友没有足够时间 Ø 所以我们经常不能见面。(10-B1)
43b 可是我的男朋友没有足够的时间，所以我们不能经常见面。
43c Sin embargo, mi novio no tiene suficiente tiempo; por eso no podemos vernos a menudo.

44a * 我听得见 Ø 可是什么也听不懂。(10-B1)
44b 我听得见，可是什么也听不懂。
44c Lo oigo, pero no entiendo nada.

45a * 一月是最冷的月 Ø 也八月最热的。(13-B1-B2)
45b 一月是最冷的月份，八月是最热的。
45c Enero es el mes más frío, mientras que agosto es el más caluroso.

En estos ejemplos, la segunda cláusula de la oración constituye una subordinada consecutiva, una adversativa y una oración compuesta coordinada, respectivamente. Todas deberían tener una coma delante de ellas para separarlas de la primera cláusula.

Además, en nuestro corpus también se detectan errores que surgen al colocar comas en lugares donde habría que usar un punto o un signo de pausa. A continuación, ponemos algunos ejemplos de dichos errores.

46a * 树上的叶再也不是绿叶了，它们就是棕色的，黄色的，橙色的等。(1-B1-B2)

46b 树上的叶再也不是绿叶了，它们就成了棕色的、黄色的、橙色的等等。

46c Las hojas de los árboles ya no están verdes: se han teñido de marrón, amarillo y naranja, entre otros colores.

En chino se usa normalmente el signo de pausa en vez de la coma al unir palabras que forman parte de una enumeración.

En algunas oraciones, los alumnos han puesto comas en lugares donde deberían haber usado un punto, formando así una oración demasiada larga. Veamos las siguientes oraciones a modo de ejemplo:

47a * 我要捍卫我的财产，所以我觉得您们跟他可能说话，但是若他不改变他的态度，您们应该罚他用经济制裁。(4-B1-B2)

47b 我要捍卫我的财产，所以我觉得您们可以跟他谈话。但是若他不改变他的态度，您们应该用经济制裁罚他。

47c Tengo que salvaguardar mis bienes, por eso creo que ustedes pueden hablar con él. No obstante, si él no cambia de actitud, pueden castigarlo imponiéndole sanciones económicas.

Las dos primeras cláusulas comparten un mismo tema, *wo* (我) 'yo', pero tras el conector adversativo *danshi* (但是) 'no obstante' se introduce un nuevo tema, *ta* (他) 'él'. Por tanto, hay que separarlas en dos oraciones independientes con un punto.

48a * 乡间气候干燥，所以四五月一出太阳，天气就热起来了，但是山区天气还很冷，人们还要穿羽绒服。(19-B1-B2)

48b 乡间气候干燥，所以四五月一出太阳，天气就热起来了。但是山区天气还很冷，人们还要穿羽绒服。

48c El clima en el pueblo es seco; por lo tanto, por abril o mayo, nada más salir el sol, sube la temperatura. No obstante, en las montañas todavía hace mucho frío y la gente aún tiene que llevar plumón.

Este fragmento proporciona información sobre el clima de dos lugares que constituyen dos temas diferentes que se unen mediante el conector adversativo *danshi* (但是) 'no obstante'. Al tratarse pues, de temas diferentes, hay que separarlos con un punto.

Los errores cometidos en el uso del punto engloban dos subtipos: la omisión del punto y el uso de este donde debería colocarse la coma. Veamos primero algunos ejemplos de omisión:

49a * 她七点钟跟她她爸爸和弟弟一起吃晚饭 Ø 然后，八点二十分钟洗碗。(24-A1)

49b 她七点钟跟她爸爸和弟弟一起吃晚饭。然后，八点二十洗碗。

49c Ella cena con su padre y su hermano a las siete. A continuación, lava los platos a las ocho y veinte.

50a * 我每天先吃早饭烤面包，豆浆和水果 Ø 然后，星期一和星期三从十一点整到两点半，星期二和星期四从九点半到三点整我坐开车在大学。(36-A1)

50b 我每天先吃早饭，早饭吃烤面包，豆浆和水果。然后，星期一和星期三从十一点整到两点半，星期二和星期四从九点半到三点整我在学校。我坐车往返学校。

50c Cada día desayuno tostadas, leche de soja y fruta. Los lunes y los miércoles estoy en la universidad desde las once hasta las dos y media; en cambio los martes y jueves mi horario es de nueve y media a tres. Voy y vuelvo en autobús.

Estos dos ejemplos son párrafos integrados por una secuencia de acciones, enlazadas mediante el conector *ranhou* (然后) 'después', que se usa al principio de la cláusula o la oración para denotar que después de que ocurra una acción o situación, se produce otra. Por tanto, resulta lógico que delante de *ranhou* (然 后) 'después' haya que poner un punto para indicar una pausa.

A continuación, listamos algunos ejemplos en los que se ha usado el punto en lugares donde se debería haber puesto una coma:

51a * 我认为婚礼得有家人和朋友。也很多酒和很多好吃的饭。(8-B1)

51b 我认为婚礼得有家人和朋友，也得有很多酒和很多好吃的饭。

51c Creo que en la boda tiene que haber familiares y amigos, así como buen vino y comida deliciosa.

Las cláusulas de esta oración coordinada están unidas mediante el adverbio *ye* (也) 'también', que debe ir seguido de una coma para separarlas, ya que el punto se usa para marcar el final de la oración y no se puede usar en medio de la misma.

52a * 菲格拉斯在比利牛斯山脚下。而且离海岸不远。(17-B1-B2)
52b 菲格拉斯在比利牛斯山脚下，离海岸不远。
52c Figueras se encuentra a los pies de los Pirineos, cerca de la costa.

Las dos partes de esta oración ofrecen información acerca de la ubicación de Figueras y están enlazadas entre sí, por lo tanto hay que separarlas con coma en vez de con punto.

A continuación, veamos los errores relacionados con el signo de pausa, puntuación inexistente en español que se usa principalmente para indicar la pausa entre palabras jerárquicamente iguales. Los errores relativos a estos signos de puntuación se basan generalmente en confundir su uso con la coma, ya que ambas puntuaciones se utilizan para indicar una pausa dentro de la oración, aunque el signo de pausa solo se usa entre palabras. Veamos unos ejemplos:

53a * 我很喜欢溜冰、也喜欢打牌。(13-A1-A2)
53b 我很喜欢溜冰，也喜欢打牌。
53c Me gusta patinar sobre hielo, también me gusta jugar a las cartas.

54a * 我说对他们说新年好、咱们聊聊天、哈哈大笑 ... (7-A2)
54b 我对他们说新年好，我们聊聊天，哈哈大笑 ...
54c Les felicité el Año Nuevo, charlamos y nos reímos mucho.

En estos dos ejemplos el alumno intenta indicar la pausa entre sintagmas de una oración, pero estos sintagmas siguen una estructura de predicado + objeto o sujeto + predicado, por lo tanto se debería usar la coma en vez del signo de pausa.

55a * 北方的冬天很冷因为常常刮风、下雨得很多。(13-B1-B2)
55b 北方的冬天很冷因为常常刮风，雨下得很多。
55c En el norte hace mucho frío en invierno porque frecuentemente hace viento y llueve mucho.

Aunque el signo de pausa se use entre palabras jerárquicamente iguales, en este caso los verbos que aparece no lo son. El alumno ha confundido diferentes estructuras pensando que en esta oración *gua feng* (刮风) 'soplar el viento o hacer viento' y *xia yu* (下雨) 'llover' son verbos paralelos, siendo de hecho dos oraciones que requieren una coma para enlazarlas, ya que *xia yu* (下雨) 'llover' va seguido de un complemento de grado.

Por otra parte, los errores referentes a las comillas ocurren cuando los alumnos citan palabras dichas por terceros, omitiendo las comillas o colocándolas en lugares erróneos. Por ejemplo:

56a * 然后我们说：Ø 恭喜。Ø (6-A2)
56b 然后我们说："恭喜。"
56c Luego decimos: "¡Felicidades!"

57a * 吃的以后，我们说："新年好！恭喜恭喜"！ (7-A2)
57b 吃了以后，我们说："新年好！恭喜恭喜！"
57c Después de comer, dijimos: "¡Feliz Año Nuevo! ¡Muchas felicidades!"

El uso de comillas en chino en estos casos no difiere del uso en español, por lo que pensamos que estos dos son errores responden a un descuido.

En cuanto a los dos puntos, solo hemos detectado un error relacionado con este uso:

58a * 我觉得不同的人总是有不同的感想，所以我觉得："知人知面不知心"，我很同意。(7-B1)

58b 我觉得不同的人总是有不同的想法，所以人们说"世上没有两片相同的树叶"，我很同意。

58c Me parece que cada uno tiene su propia opinión, de ahí que la gente diga que en el mundo no existen dos hojas iguales, frase con la que estoy muy de acuerdo.

En chino, los dos puntos pueden ser usados para introducir el objeto. Sin embargo, en la oración original, el refrán *zhi ren zhi mian bu zhi xin* (知人知面不知心) 'conocer a la persona y conocer su cara, no significa conocer su corazón' no es el final de la oración, por lo que hay que eliminar los dos puntos.

En resumen, en el nivel A1 solo se cometen errores con el punto, mientras que en A2 y B1, se cometen errores de tipología más diversa. El signo de puntuación más problemático es sin duda alguna la coma. Los alumnos no la suelen poner para indicar las pausas dentro de la oración, especialmente en las oraciones complejas. Además, un problema destacado es la confusión de diferentes puntuaciones: los alumnos confunden la coma con el punto, ya que recurren al punto antes del conector en las oraciones complejas, o usan la coma para unir dos oraciones independientes, donde se debería usar el punto para marcar el final de la oración. Además, también se detecta confusión entre la coma y el signo de pausa. Creemos que los errores se deben al entendimiento incorrecto e incompleto del uso de la puntuación, y la insuficiente competencia discursiva de los alumnos. En el caso del signo de pausa — que no existe en la lengua materna de los alumnos —, concentra errores también porque es un uso específico del chino y a los alumnos les cuesta más usarlo correctamente por la interferencia de la lengua materna.

2.2 Errores relativos a la ambigüedad

En este apartado vamos a analizar el segundo subtipo de errores de coherencia: la ambigüedad, que ocupa un porcentaje discreto (16%) en la totalidad de errores discursivos. No obstante, y dado que afecta a la precisión del mensaje en el texto, consideramos oportuno mencionarlo. El Gráfico 8.13 muestra la evolución de este tipo de error durante parte del proceso de aprendizaje del chino.

Gráfico 8.13 Distribución de los errores de ambigüedad en función del nivel de chino

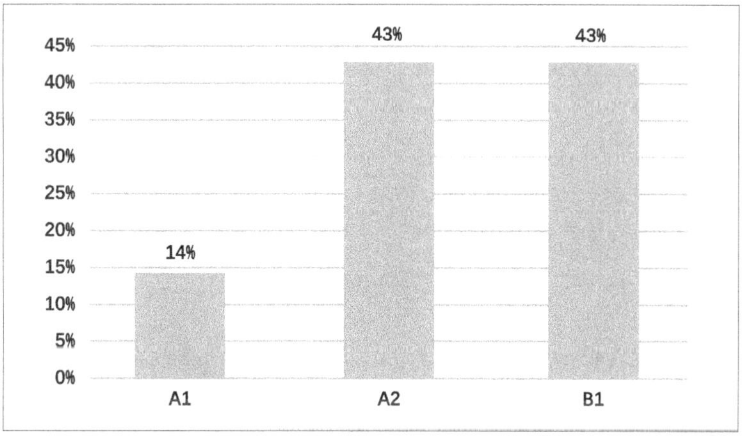

A partir de este gráfico se observa que la ambigüedad presenta una evolución negativa, es decir, los alumnos del nivel A2 y B1 tienen más dificultades para expresar sus ideas de forma clara y precisa que los del nivel inferior. A continuación, analizaremos los errores con ejemplos concretos.

59a * 我每天先吃早饭烤面包，豆浆和水果然后，星期一和星期三从十一点整到两点半，星期二和星期四从九点半到三点整我坐开车在大学。(36-A1)

59b 我每天先吃早饭，早饭吃烤面包，豆浆和水果。然后，星期一和星期三从十一点整到两点半，星期二和星期四从九点半到三点整我在学校。我坐车往返学校。

59c Cada día desayuno tostadas, leche de soja y fruta. Los lunes y los miércoles estoy en la universidad desde las once hasta las dos y media; en cambio, los martes y jueves mi horario es de nueve y media a tres. Voy y vuelvo en autobús.

En esta oración el alumno mezcla varios complementos de tiempo con el sintagma verbal *zuoche* (坐车) 'coger el autobús' con el sintagma preposicional *zai daxue* (在大学) 'en la universidad', creando así confusión en el lector. Por consiguiente, y para que resulte más claro, hemos separado esta oración en dos. En la primera oración expresamos que por cierto periodo de tiempo el alumno está en la universidad, y en la segunda que el autobús es el método de transporte utilizado para llegar allí. A nuestro parecer, la causa del error es la diferencia al expresar ideas entre las dos lenguas. En español varios elementos oracionales se pueden aglutinar en una oración compleja, de la que pueden colgar oraciones subordinadas. El chino presenta la información en forma de tema-rema, es decir, presenta un tema y hace un comentario sobre este; luego otro tema y otro comentario. Por consiguiente, evita las frases largas y complicadas. Además, se suelen separar las ideas con signos de puntuación en vez de con conectores u oraciones subordinadas.

60a *Laia 和我越说越好的朋友。(7-A1-A2)

60b Laia 和我的关系越来越好。

60c Mi relación con Laia es cada día mejor.

En esta oración el sintagma *yue shuo yue hao* (越说越好) 'mejora a medida que hablan' expresa una idea ambigua en chino, además no puede modificar al sustantivo *pengyou* (朋友) 'amigos'. Por lo tanto, y para concretar la idea, se debería añadir el sustantivo *guanxi* (关系) 'relación'.

En nuestro corpus detectamos oraciones cuyos autores carecen de los recursos lingüísticos suficientes para aclarar cierta información:

61a * 再跟我说，因为我的年龄 Ø，我应该生孩子了。(5-B1)
61b 还跟我说，因为我的年龄大了，我应该生孩子了。
61c También me dijo que, dada mi edad, debía tener hijos.

En esta oración, la subordinada causal *yinwei wo de nianling* (因为我的年龄) 'debido a mi edad' resulta ambigua en el caso del chino, ya que no aclara qué tiene que ver la edad de la hablante con dar a luz. Los conocedores de la cultura china podemos intuir que seguramente sea porque la edad mujer no le permitirá tener hijos en un futuro cercano, pero es preciso añadir *da le* (大了) 'mayor' para añadir más información que no se tiene por el contexto.

62a *Ø 现代婚礼的习惯跟我来的很不一样。(17-B1)
62b 这边现代婚礼的习惯跟我那儿的很不一样。
62c Las costumbres nupciales de aquí hoy en día son muy diferentes a las de mi pueblo natal.

En esta oración falta un pronombre para indicar de dónde son las costumbres nupciales a las que se hace referencia. Es preciso añadir *zhebian* (这边) 'aquí' para que se pueda formar un contraste entre *zhebian* (这边) 'aquí' y *na'er* (那儿) 'allá'.

En resumen, los errores correspondientes a ambigüedad muestran una evolución negativa y se concentran sobre todo en el nivel B1. Los errores se cometen o bien porque los alumnos no saben separar bien las oraciones para expresar sus ideas, o bien porque omiten palabras necesarias para otorgar concreción a sus oraciones.

2.3 Errores relativos a incongruencias

Los errores relacionados con incongruencias son escasos, pues tan solo representan el 16% de los errores de coherencia. Además, estos se reparten equilibradamente entre los niveles A1 y B1 (Gráfico 8.14).

Gráfico 8.14 Distribución de los errores de incongruencias en función del nivel de chino

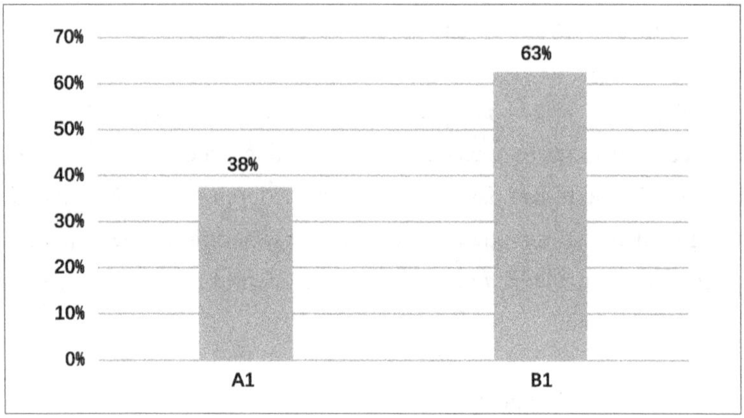

A continuación, analizaremos algunos ejemplos de incongruencia. Para empezar, hemos detectado dos errores relacionados con *zai* (再) 'otra vez', que marca la repetición de la acción.

63a * —家常豆腐怎么样?
—好吃极了。
—那再来一份。(4-A1)
63b —家常豆腐怎么样?
—好吃极了。
—那来一份。
63c —¿Qué tal el tofu casero?
—Riquísimo.
—Entonces tráiganos una ración.

En esta oración sobra la palabra *zai* (再) 'otra vez', porque el contexto indica que es la primera vez que piden platos.

64a * 她说不会 Ø 她的车错停在我的车位上。(2-B1-B2)
64b 她说不会再把她的车错停在我的车位上。
64c Ella dijo que no volvería a aparcar su coche en mi plaza por error.

En esta oración falta la palabra *zai* (再) 'otra vez' para indicar que ella no volverá a aparcar el coche en esa plaza, que no le pertenece.

Otras incongruencias halladas en nuestro corpus son:

65a * 中国现代的婚礼和西方传统的同举行。(20-B1)
65b 中国现代的婚礼和西方传统的举行方式差不多。
65c Las formas de celebrar la boda en China y en el occidente son casi iguales.

66a * 气温才 40 度！ (15-B1-B2)
66b 气温 40 度！
66c ¡Son 40 grados!

Para concluir, pese a que hay pocas incongruencias en general, estas se distribuyen de forma más o menos equitativa en los tres niveles estudiados. La dificultad de expresar de forma congruente no solo afecta a la parte discursiva: la falta de dominio del léxico y del uso de construcciones oracionales, así como la falta de capacidad discursiva impide que los alumnos expresen sus ideas de forma congruente.

2.4 Errores relativos a la estructura tema-rema

El último subtipo de error de coherencia que vamos a analizar es el relacionado con el tema y el rema, cuya distribución según el nivel de chino se muestra en el Gráfico 8.15.

Gráfico 8.15 Distribución de los errores de tema-rema en función del nivel de chino

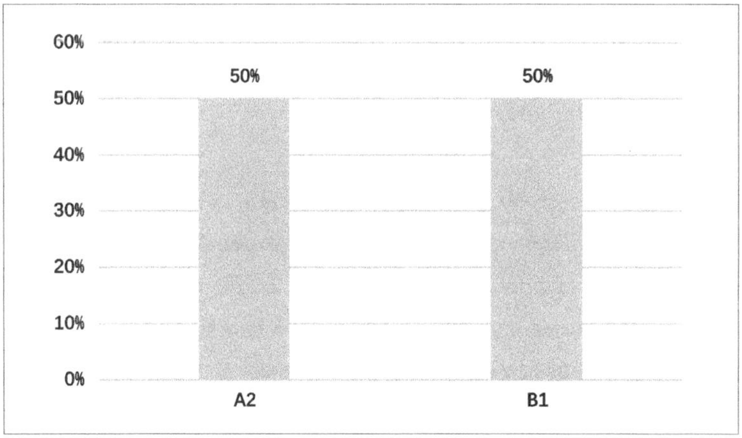

Este gráfico permite observar que estos errores se distribuyen equilibradamente entre los niveles A2 y B1. Pensamos que esta distribución se debe a que los alumnos de estos niveles tienen mayor probabilidad de cometer fallos de este tipo porque se expresan con oraciones más complejas, a diferencia de lo que ocurre en el nivel A1. Además, la concentración de errores también refleja la falta de dominio de la estructura de tema-rema, especialmente la regla de colocación de palabras en chino de dicha estructura. Veamos algunos ejemplos:

67a * 从来我很喜欢学语，可是不是容易的语喜欢的，是难语我很喜欢的。(14-A2)

67b 我一直很喜欢学语言，可是我喜欢的不是容易的语言，是难的语言。

67c Siempre me ha gustado aprender idiomas, pero los que me gustan son los difíciles, no los fáciles.

En esta oración el tema *wo xihuan de* (我喜欢的) 'lo que me gusta' modifica a dos remas, que son *bushi rongyi de yuyan* (不是容易的语言) 'no son idiomas fáciles' y *shi nan de yuyan* (是难的语言) 'son idiomas difíciles'. En chino, el tema tiene tendencia a ubicarse al inicio de la oración y el rema, que ofrece información acerca del primero, se coloca después. Por ello se debería poner *wo xihuan de* (我喜欢的) 'lo que me gusta' antes de los dos remas.

Otra posibilidad es considerar la oración 69a como estructura de tópico contrastivo, por lo que también podemos corregir esta oración colocando en posición inicial los dos tópicos:

67d 我一直很喜欢学语言，可是容易的语言我不喜欢，难的语言我才喜欢。

67e Siempre me ha gustado aprender idiomas, pero no me gustan los idiomas fáciles; solo me gustan los idiomas difíciles.

De hecho, algunos errores de mala colocación del tema, a nuestro parecer, pueden atribuirse a la diferencia entre el español y el chino. Loar (2011) considera las estructuras comparativas como un tipo de construcción de tema-rema del chino, ya que el objeto que se compara es seguramente el tema de la oración, mientras el resto de la oración, que es el rema, ofrece información sobre la comparación entre el tópico y otro objeto. En cambio, en español no es obligatorio que el objeto que se compare se ubique al principio de la frase y funcione como tópico, sino que se puede cambiar el orden y colocar el elemento enfocado en el primer lugar (Rovira-Esteva y Liu 2016). Otro ejemplo de error relacionado con la estructura de tópico contrastivo es el siguiente:

68a * 在中学，大家学法文，但是是德文我想学的。(14-A2)

68b 在中学，大家学法文，但是我想学的是德文。

68c En el bachillerato todos aprenden francés pero el que yo quiero aprender es alemán.

En esta oración se comparan los temas *dajia xue de yuyan* (大家学 [的语言]) 'los idiomas que aprenden todos' y *wo xiang xue de* (我想学的) 'el idioma que quiero aprender', y hay que colocarlos al inicio de la oración.

69a * 我也喜欢夏天因为我去得了很多地方因为气候很好。(14-B1-B2)

69b 我也喜欢夏天，因为气候很好，我去得了很多地方。

69c También me encanta el verano ya que el clima es agradable y puedo ir a muchos lugares.

En esta oración, el alumno no sigue la progresión temática ya que primero habla de *xiatian* (夏天) 'el verano' y luego pasa directamente a la subordinación causal *wo qu de liao henduo difang* (我去得了很多地方) 'puedo ir a muchos lugares', especificando la razón al final. Sin embargo, *qihou hen hao* (气候很好) 'el clima es muy agradable' está en la misma cadena temática que *xiatian* (夏天) 'el verano' y ofrece información nueva de este; por lo tanto, y con el objetivo de seguir la progresión informativa, hay que adelantarlo.

Por lo que hemos podido apreciar, los errores de tema-rema se cometen principalmente en los niveles A2 y B1. Dichos errores se deben a que los alumnos no saben organizar coherentemente el texto y seguir de forma ordenada la progresión temática, o no llegan a distinguir las diferencias de ubicación del tema entre el chino y el español, por lo cual colocan los elementos de la oración en un orden erróneo.

En resumen, el tipo de error más recurrente en cuanto a la coherencia es la puntuación, seguido por la ambigüedad, la incongruencia y el tema-rema. La mayoría de los errores de coherencia se cometen en el nivel B1 porque requiere la redacción de oraciones más complejas. Por lo que respecta a la puntuación, la coma es el signo que concentra mayor cantidad de errores. Uno de ellos es la confusión que existe a la hora de decidir si hay que emplear el punto o la coma. Con respecto a los errores de ambigüedad y de incongruencia, hemos podido comprobar que los alumnos omiten o añaden palabras que expresan ideas ambiguas o contradictorias. Las causas de los errores correspondientes a la coherencia son la falta de dominio de la puntuación, la interferencia de la lengua materna, la falta de capacidad para seguir la progresión temática de la oración y la incapacidad para usar bien las palabras con el fin de expresar ideas claras y congruentes.

3. Errores relativos a la pragmática

En este apartado analizaremos los errores relativos a la pragmática, que se subdividen en errores de registro, errores del uso de exponentes lingüísticos y errores culturales.

Para empezar, en el nivel inicial se detecta que los alumnos no saben usar las palabras y expresiones adecuadas para ciertos actos comunicativos como, por ejemplo, para dar respuesta a una invitación o a un regalo:

70a *— 我家饭很贵，可是很好吃。(2-A1)
— 我请你！
— 哪里哪里，我请你！
70b — 我家饭很贵，可是很好吃。
— 我请你！
— 太客气了，我请你！
70c — Los platos de este restaurante son muy caros, pero están muy ricos.
— ¡Te invito!
— Muy amable, ¡pero ya te invito yo!

En este diálogo, uno de los hablantes pretende rechazar la invitación de su interlocutor y pagar la cuenta, pero el alumno ha escogido mal la expresión con la que refleja su idea. *Nali nali* (哪里哪里) es una expresión coloquial china para responder de forma modesta a los elogios que se le dedican a uno, por ejemplo:

71a —你今天表现真好！
—哪里哪里。
71b —*¡Qué bien te comportas hoy!*
—No hay para tanto.

72a — 老李你真行！
— 哪里哪里。
72b — ¡Señor Li, ha hecho usted un buen trabajo!
— No hay para tanto.

Sin embargo, en el ejemplo que hemos recuperado no hay elogio alguno, sino intención de pagar la cuenta, de modo que resulta incongruente usar en chino la expresión *nali nali* (哪里哪里). Optamos, pues, por corregirla sustituyéndola por *tai keqi le* (太客气了) 'Eres muy amable'. Es evidente que las expresiones coloquiales representan una dificultad para los alumnos del nivel inicial. El motivo es sencillo: estas son propias de cada cultura y no tienen un equivalente literal en la lengua española, por lo cual se requiere un amplio conocimiento de la cultura y de las costumbres chinas.

Aparte de las expresiones coloquiales, los alumnos también cometen errores relativos a la pragmática cuando hacen una traducción literal del español al chino obviando las diferencias en este sentido entre ambas lenguas. Veamos algunos ejemplos a continuación:

73a * 她八点去大学。(23-A1)
73b 她八点去上学。
73c Ella va a la universidad a las ocho.

En español, "ir + lugar" puede significar *ir a algún lugar a hacer algo*, como *ir al mercado*, *ir al cine*, entre otros, y en estas expresiones el "lugar" ya evidencia la acción que se va a realizar. Sin embargo en chino se suele poner el verbo para aclarar la acción que se va a llevar a cabo. Por lo tanto, *ir al mercado* no puede traducirse literalmente como *qu shichang* (去市场), sino que debería decirse *qu shichang mai dongxi* (去市场买东西) 'ir al mercado a comprar', o simplemente *qu mai dongxi* (去买东西) 'ir a comprar'. Del mismo modo, cuando uno desea *ir al cine* no es correcto limitarse a decir *qu dianyingyuan* (去电影院) 'ir al cine', sino que debería decirse *qu dianyingyuan kan dianying* (去电影院看电影) 'ir al cine a ver una película', o simplemente *qu kan dianying* (去看电影) 'ir a ver una película'. Vemos pues, que traducir literalmente el sintagma *ir a la universidad* por *qu daxue* (去大学) es erróneo porque el sustantivo *daxue* (大学) 'la universidad' no expresa la idea de *ir a clase*; de modo que para aclarar la idea hay que poner el verbo *shangxue* (上学) 'ir a clase'.

En nuestro corpus también hemos detectado otros errores similares, que listamos a continuación:

74a * 我妹妹还去学校。(1-A1-A2)
74b 我妹妹还在上学。
74c Mi hermana todavía va a la escuela.

Este alumno ha hecho una traducción literal del español ir a la escuela y ha escrito *qu xuexiao* (去学校), pensando que dicha expresión puede llevar implícito el sentido de *estudiar* o *ir a clase*. Para corregirla, deberíamos usar el verbo *zai shangxue* (在上学) 'está estudiando'.

75a * 我们喜欢去出晚会一起。(16-A1-A2)
75b 我们喜欢一起出去参加晚会。
75c Nos gusta ir juntos a las fiestas.

De nuevo, la traducción literal del español no funciona en chino ya que en este caso en concreto habría que añadir el verbo *canjia* (参加) 'acudir, participar en' para aclarar la información.

Las diferencias existentes entre la cultura española y la china también quedan reflejadas en el uso que se hace de las palabras, que no siempre es acertado:

76a * 安娜的爸爸妈妈下午八点二十分做饭晚饭。(23-A1)
76b 安娜的爸爸妈妈晚上八点二十做晚饭。
76c Los padres de Ana hacen la cena a las ocho y veinte de la tarde.

Las ocho y veinte de España no son las ocho y veinte de China en el sentido de que en China se considera que esa hora pertenece ya a la noche. Por lo tanto, en este ejemplo habría que cambiar *xiawu* (下午) 'tarde' por *wanshang* (晚上) 'noche'.

Cuando los alumnos quieren expresar una idea pero no saben o no recuerdan cómo hacerlo en chino, tienden a explicarla con sus propias palabras parafraseando o directamente inventando expresiones. Veamos los siguientes ejemplos:

77a * 我他们的话听是听，但是我不做他们对我说的话。(3-A1-A2)
77b 他们的话我听是听，但是我不听话。
77c Aunque les escucho, no les hago caso.

En chino, la palabra *tinghua* (听话) tiene dos sentidos: *escuchar palabras*, que es el significado literal, y *obedecer*, que responde a un uso más metafórico. El alumno no domina o desconoce este último significado, de modo que no sabe que *desobedecer* se diría *bu tinghua* (不听话), así que explica lo que quiere decir con sus propias palabras: *bu zuo tamen dui wo shuo de hua* (不做他们对我说的话) 'no hago lo que ellos me dicen'. Aunque la frase se entiende, no es la forma de expresión más genuina.

78a * 还说如果我们敢对警察说话他就会回来找我们。(5-B1-B2)

78b 还说如果我们敢报警他就会回来找我们。

78c También dice que si nos atrevemos a llamar a la policía, volverá a por nosotros.

En esta oración el alumno no domina o probablemente desconoce la palabra *baojing* (报警) 'llamar a la policía' y de nuevo explica su idea mediante palabras con las que ya está familiarizado: *dui jingcha shuohua* (对警察说话) 'hablar con la policía'.

79a * 通常晚上人离开家，因为白天太热。(15-B1-B2)

79b 通常晚上人们出门，因为白天太热。

79c Normalmente la gente sale por la noche porque hace mucho calor durante el día.

En chino la palabra equivalente a salir de casa es *chumen* (出门), pero el alumno ha elegido el sintagma verbal *likai jia* (离开家) 'marcharse de casa', que no concuerda con el contexto.

80a * 别的没关系，所以都很高兴，玩得很多好。(8-B1)

80b 别的都不重要，所以都很高兴，玩得很好。

80c Lo demás no tiene importancia, por eso todos están muy alegres y lo pasan en grande.

El alumno confunde *mei guanxi* (没关系) 'no importar' con *bu zhongyao* (不重要) 'no ser importante', creyendo que ambos significan cosas sin importancia. No obstante, la primera resulta inapropiada porque es una expresión de cortesía usada para responder a alguien que se excusa.

Además, también hemos descubierto en nuestro corpus que los alumnos tienen dificultades para adaptar sus textos a diferentes registros, especialmente en el nivel B1. Veamos los siguientes ejemplos:

81a * 她先生三十岁，比我姐姐老三岁。(12-B1)
81b 她先生三十岁，比我姐姐大三岁。
81c Su esposo tiene treinta años, tres años mayor que mi hermana.

En la oración 81a, el esposo y mi hermana son todavía jóvenes, por lo tanto no debería usar el adjetivo *lao* (老) 'mayor'.

82a 我被分心了，以后我寻找它，我不发现我的手机。(8-B1-B2)
82b 我分心了。之后我再找，却找不到我的手机。
82c Me distraje y cuando luego busqué mi móvil, no lo encontré.

Los dos verbos *xunzhao* (寻找) y *zhao* (找) tienen el mismo significado, buscar, pero el primero se usa en registros más formales. Creemos que uno de los posibles motivos de este tipo de usos es que los alumnos buscan las palabras en diccionarios bilingües que no tienen información de los usos y escogen la primera que les parece, sin saber si concuerda o no con el contexto.

En definitiva, los errores sobre cuestiones pragmáticas no son demasiado abundantes y tienen como causa una competencia ilocutiva insuficiente y la pobreza de conocimientos socioculturales.

4. Conclusiones sobre el análisis de errores discursivos

Para concluir podemos constatar que los errores discursivos son mayoritariamente errores de cohesión, seguidos por problemas de coherencia y de pragmática. Los errores más recurrentes son aquellos en los que se ha producido un uso incorrecto de conectores, principalmente por el entendimiento no preciso del significado y uso de los conectores en chino; también el uso incorrecto de referencias, especialmente la sustitución de referencias pronominales por la anáfora cero y por mala selección del pronombre para hacer dicha referencia anafórica, debido a la incapacidad discursiva de cohesionar las oraciones en un texto y por subcompetencia lingüística; la confusión entre coma y punto, coma y signo de pausa, debido a un dominio incorrecto e incompleto de su uso, así como por la interferencia de la lengua materna y a la inexistencia de signo de pausa en esta última. A su vez, también encontramos errores de otros subtipos como ambigüedad, incongruencia y la estructura tema-rema, aunque ocupan un porcentaje de menos importancia. Para acabar, los errores de pragmática muestran una insuficiencia de conocimientos de la cultura y de las expresiones coloquiales de la lengua extranjera, pero dichos errores no son muy destacados en cantidad.

Del análisis de los errores más recurrentes a nivel discursivo podemos observar que no solo se explican por una competencia discursiva insuficiente de los alumnos — que afecta la capacidad de usar los mecanismos para cohesionar y hacer coherente el texto producido —, sino que estos también tienen una estrecha relación con su competencia gramatical, lo que permite a los alumnos entender con precisión el significado y las reglas de uso de los mecanismos, así como emplear correctamente los recursos lingüísticos. De ahí que las competencias a nivel léxico, oracional y discursivo estén interconectadas e interactúen entre sí. Por lo tanto entre las causas de errores a este nivel destaca la imprecisión de dominio de los recursos lingüísticos que conducen a la confusión e hipergeneralización de conectores, de referencias, de puntuación y de la partícula modal *le* (了). Al mismo tiempo, los errores también reflejan que los alumnos no tienen una conciencia discursiva para ver el texto como una unidad y hacerlo coherente con los recursos lingüísticos aprendidos. Además, la escasez de conocimientos sociolingüísticos para expresar las ideas con claridad y genuinidad puede conducir a errores pragmáticos.

La tendencia general de la evolución de errores es que a medida que aumenta el dominio del idioma, los errores discursivos también aumentan y se diversifican. En el nivel A1 encontramos errores simples, como el mal uso de los conectores, el uso incorrecto de expresiones coloquiales, la redundancia del sujeto al inicio de la oración como referencia anafórica y el mal uso del punto. En el nivel A2 y B1, los alumnos resuelven los problemas de mal uso de los conectores o de referencia que tienen en los niveles iniciales, pero cometen otros errores de uso con los conocimientos nuevos adquiridos. Se diversifican los errores de puntuación, ambigüedad, incongruencia y tema-rema, a causa de una mayor complejidad oracional en las redacciones. La mayoría de los errores son transitorios con la excepción de la partícula modal *le* (了), que tiene tendencia de fosilizarse debido a la confusión con la partícula aspectual *le* (了) y por la equiparación errónea de esta con el tiempo pasado en español.

Capítulo 9 Conclusiones generales

Tal y como se indicó en la introducción, la presente investigación tenía como objetivo principal realizar un análisis panorámico de los diferentes errores que cometen los estudiantes españoles de chino en sus producciones escritas. También pretendía indagar las diferentes causas que pueden provocarlos para así poder proponer medidas que mejoren su enseñanza y aprendizaje. Para lograr dicho objetivo ha sido necesario conocer cuáles son sus errores transitorios más frecuentes y cuáles se fosilizan; descubrir las dificultades con las que se encuentran y los progresos que experimentan en cada estadio del aprendizaje; y detectar los detonantes de los errores para apuntar posibles medidas didácticas. Basándonos en dichos objetivos, hemos formulado inicialmente las siguientes dos hipótesis:

a. Hay errores que los estudiantes españoles cometen más a menudo en sus producciones escritas en chino, particularmente aquellos aspectos gramaticales que difieren más entre su lengua materna y el chino; por ejemplo, el aspecto verbal, los complementos verbales o el orden de las palabras.

b. Los errores en el plano léxico y sintáctico tienden a desaparecer en estadios intermedios del aprendizaje, mientras que los de tipo discursivo permanecen hasta estadios más avanzados.

En lo relativo a la primera hipótesis, cabe afirmar que las diferencias entre la lengua materna y la LE son un foco de errores; de modo que los aspectos gramaticales que difieren más entre la lengua materna y el chino concentran una cantidad importante de equivocaciones. No obstante, estos aspectos gramaticales no son los únicos que presentan problemas. Como avanzábamos en las características de la IL, los errores están provocados por la combinación de una serie de factores. Además, a medida que se mejora el nivel de chino, los factores intralingüísticos adquieren mayor relevancia y la falta de competencia discursiva también desemboca en errores.

En cuanto a la segunda hipótesis, y según nuestro recuento global, los errores léxicos y oracionales se mantienen en un porcentaje elevado en todos los niveles analizados, mientras que los errores discursivos ocupan un porcentaje bajo, con un leve aumento en el nivel B1. A partir de estos datos podemos afirmar que los errores léxicos y oracionales no disminuyen, ni mucho menos desaparecen, en la progresión hasta el nivel B1. Los errores discursivos, por su parte, tienden a ir ligeramente al alza. Este fenómeno se debe a los siguientes factores. En primer lugar, la IL de los alumnos no les permite usar correctamente muchas palabras y estructuras oracionales por los motivos ya explicados. En segundo lugar, los alumnos siguen adquiriendo nuevos conocimientos a nivel léxico y oracional; por lo tanto, el proceso dinámico de la IL de formar nuevas hipótesis y corregirlas durante el aprendizaje no se detiene en ningún momento.

Para conocer más concretamente los errores más recurrentes y la evolución de errores, en este capítulo presentaremos en primer lugar, los principales resultados que hemos obtenido en la segunda parte de este libro. Dichos resultados nos permitirán conocer el patrón de los errores en función del nivel de análisis (léxico, oracional y discursivo), del nivel de chino (A1, A2 y B1) y del tipo de error (omisión, redundancia, mal uso, entre otros). Basándonos en dichos resultados, terminaremos apuntando posibles medidas didácticas para la enseñanza del chino como lengua extranjera.

1. Resultados principales de la investigación

En la Parte II del libro hemos analizado los errores que contenían las producciones escritas que componían nuestra muestra. Dicho análisis se ha llevado a cabo tanto de manera global como de forma más concreta por niveles (léxico, oracional y discursivo), con la posterior obtención de resultados cuantitativos y cualitativos. En este apartado sintetizaremos los resultados de cada capítulo para extraer, *grosso modo*, el patrón de los errores y sus causas.

Los errores de nuestra muestra se concentran principalmente en los niveles léxico y oracional, mientras que el nivel discursivo alberga una cantidad de errores relativamente menor. En cuanto a la evolución, los errores son más escasos en el nivel A1 y aumentan en los niveles A2 y B1. Además, en todo el recorrido desde los niveles A1 a B1, los errores léxicos y oracionales ocupan la mayor proporción, mientras que la cantidad de errores discursivos es más moderada. Sin embargo, cabe señalar que el incremento de errores en los niveles A2 y B1 no significa necesariamente que la evolución sea negativa. Los alumnos de estos niveles están progresando y por ello hemos de tener en cuenta que también aumenta la extensión de sus redacciones, así como la complejidad de estructuras, vocabulario, temática de textos que deben redactar, etc.; de ahí que sea preciso ponderar la relación entre la cantidad de errores y la extensión de la producción escrita. A continuación, resumimos los errores más recurrentes en cada nivel de análisis y su evolución, así como las posibles causas.

A nivel léxico, las categorías gramaticales que acumulan mayor cantidad de errores, en términos generales, son el verbo y el sustantivo, siendo el error más frecuente el mal uso, más concretamente la selección incorrecta del léxico. Los problemas que encontramos sobre todo, son de tipo semántico, especialmente en las palabras en chino que coinciden parcialmente con el sentido de la palabra en español y en las palabras polisémicas. También destacan las coocurrencias inadecuadas entre verbo y sustantivo y entre adjetivo y sustantivo.

En cuanto a la evolución, en el nivel A1 destacan errores de mala selección del verbo y la omisión de medidor. El primer error se comete por la traducción literal de la lengua materna al chino o por confundir palabras en español con las palabras en chino que tienen una coincidencia parcial del significado. El segundo se debe a la inexistencia de la categoría gramatical de medidor en español. Además, también detectamos una cantidad nada desdeñable de errores de formación de palabras (por ejemplo, escribir *ran* [然] en lugar de *ranhou* [然后] 'después'), por no haber interiorizado la diferencia entre morfemas dependientes e independientes, o la forma o significado de las palabras, así como errores de confusión de antónimos por la similitud de su forma (por ejemplo, usar *shangke* [上课] 'tener clase' en vez de *xiake* [下课] 'terminar la clase').

En el nivel A2, los errores se concentran en los verbos, sustantivos y adverbios. En este nivel destacan por un lado, errores derivados de coocurrencias incorrectas entre sustantivo y verbo, y por la hipergeneralización del uso de algunos verbos en combinación con los sustantivos por la insuficiencia de dominio de su uso; por otro lado, destaca el mal uso de adverbios por la falta de comprensión del significado y uso debido a las diferencias entre la lengua materna y la extranjera.

En el nivel B1 los errores más frecuentes ocurren en las categorías de sustantivos y verbos. Además, en este nivel se detecta un leve aumento de los errores con adjetivos. Con respecto a los tipos de errores más frecuentes, la mala selección ocupa el lugar más predominante en este nivel, pues como ya hemos explicado, el aumento del vocabulario de los alumnos, así como la complejidad de las construcciones que usan o los temas sobre los que escriben redacciones , dificultan la elección de palabras adecuadas.

A nivel oracional, el modificador adverbial y el predicado acumulan la mayoría de los errores. En concreto, la colocación incorrecta del modificador adverbial y la omisión del predicado son los problemas más reseñables. Las construcciones especiales oracionales — como la oración con *shi* (是), las oraciones comparativas, la construcción con *shi* ... *de* (是……的), la oración con *ba* (把) y la oración de verbos en serie — también son un foco nada desdeñable de errores. Asimismo, cabe subrayar la gran cantidad de errores cometidos en relación con las partículas, a saber, la partícula aspectual *le* (了) en el predicado, la partícula estructural *de* (的) en el modificador adjetival y la partícula estructural *de* (得) en el complemento verbal. En lo relativo a la tipología de errores, los más frecuentes son los correspondientes al orden y a la omisión. Los elementos principales de la oración — sujeto, predicado y objeto — son frecuentemente omitidos. En cambio, los errores relativos a las funciones gramaticales que los modifican o complementan — a saber, los modificadores adverbiales, los modificadores adjetivales y los complementos verbales — suelen ser de orden.

En cuanto a los errores en diferentes niveles de chino, en el nivel A1 los errores están relacionados con la mala colocación del modificador adverbial, la omisión del verbo que funciona como predicado, la omisión de la partícula estructural *de* (的) en el modificador adjetival y la omisión de la partícula estructural *de* (得) en el complemento verbal, así como con fallos derivados de la oración con *shi* (是). La mayoría de los errores recurrentes de este nivel, salvo la omisión del verbo que funciona como predicado, son usos específicos del chino que no tienen equivalentes en español, representando la causa principal de dichos errores. Los errores de omisión de verbos que funcionan como predicado se explican por la falta de competencia tanto sintáctica como léxica: por un lado, los alumnos hacen traducción literal del español al chino y de esta forma omiten los predicados por las diferencia sintácticas entre las dos lenguas; por otra parte, no llegan a dominar bien la categoría gramatical de algunas palabras, por ejemplo, usan sustantivos como verbos debido a la interferencia de la lengua materna (usan *wanfan* [晚饭] 'cena' como el verbo cenar) y usan incorrectamente el verbo auxiliar (por ejemplo, omisión del verbo principal después del verbo auxiliar en *xiangxiang shenme jihua* [想想什么计划] 'pensar bien un plan').

En el nivel A2, entre los errores de las funciones gramaticales destacan por un lado, la mala colocación del modificador adverbial y del complemento verbal, por la diferencia de orden de estas dos funciones gramaticales entre la lengua materna y la lengua extranjera; por otro lado, el uso incorrecto de la partícula aspectual *le* (了) en el predicado, por la inexistencia de dicha partícula en español y por su equiparación errónea con el tiempo pasado del español. En las construcciones especiales de la oración, la oración con *shi* (是) y las oraciones comparativas siguen ocupando un lugar predominante; además, aparecen errores de la construcción con *shi*...*de* (是 …… 的). Dichos errores se cometen cuando los alumnos olvidan o evitan usar las construcciones oracionales específicas del chino, mezclan diferentes construcciones en una misma oración y cuando se emplean construcciones oracionales especiales donde no es debido.

En el nivel B1 los errores con modificadores adverbiales persisten con un porcentaje alto, errores del predicado y de omisión de partículas de funciones gramaticales en la oración; en cambio, se reducen notablemente los errores con el complemento. En lo relativo a las construcciones oracionales especiales, se mantienen los errores de las construcciones que hemos mencionado en el nivel A2, y aparecen errores en la oración con *ba* (把). Además, se constata un aumento en la complejidad sintáctica y en la variedad de los errores detectados, tanto en las construcciones oracionales normales como en las especiales.

A nivel discursivo, destacan mayoritariamente los de cohesión, seguidos por problemas de coherencia y de pragmática. Los errores más recurrentes están relacionados con el uso incorrecto de conectores, de la referencia y de los signos de puntuación.

Con respecto a la evolución, la distribución de los diferentes subtipos de errores no muestra mucho cambio en los distintos niveles de chino. En el nivel A1, son habituales los sujetos redundantes u omitidos por la interferencia de la lengua materna y por la falta de dominio de anáfora cero, así como los pronombres personales empleados de forma inapropiada por insuficiencia de dominio de su uso. También destacan los errores causados por no saber distinguir conectores que guardan un gran parecido entre sí. Además, también hallamos los siguientes errores que merecen ser mencionados — aunque con una cantidad no tan relevante como los anteriores — como son los de redundancia de la partícula modal *le* (了) al final de la oración a causa de hipergeneralizar el uso de dicha partícula con la idea errónea de que indica acciones pasadas, así como la omisión de la misma en oraciones donde se debe indicar un cambio de situación, o la omisión de la coma entre proposiciones por no separar correctamente oraciones demasiadas largas.

En el nivel A2, la mala selección del conector para cohesionar el texto es el error predominante. También aparecen ambigüedades al mezclar construcciones oracionales y al confundir expresiones por falta de conocimientos socioculturales de la lengua china. En este nivel se reducen notablemente errores de referencia; al mismo tiempo, los errores de puntuación son más diversificados: destaca la confusión entre la coma y el signo de pausa por la interferencia de la lengua materna, y el mal uso de comillas por descuido.

En el nivel B1, no se detectan grandes diferencias en el patrón de errores en comparación con A2: los errores con conectores muestran una evolución positiva, mientras que los errores de puntuación y de la partícula modal *le* (了) siguen aumentando en porcentaje. Además, en este nivel se comprueba la presencia de errores en paráfrasis de expresiones fijas y en oraciones donde los signos de puntuación se han empleado de forma incorrecta por aplicar mal la lógica oracional o textual.

Del resumen de los resultados que hemos hecho, podemos observar que la interlengua de los alumnos se encuentra en constante evolución, de modo que no es de extrañar que se muestre inestable y con cierta variabilidad. El factor interlingüístico es el que interfiere más en el nivel A1, puesto que la causa principal de los errores en este estadio es la interferencia con la lengua materna. Cuando se da el salto al nivel A2, los alumnos amplían notablemente su vocabulario y su gama de construcciones oracionales. En este proceso, la influencia de la lengua materna empieza a perder importancia, mientras que las estrategias intralinguales desempeñan un papel cada vez más importante en la formación de la IL de los alumnos. Ejemplos de dichas estrategias son la hipergeneralización de uso y la ignorancia de las restricciones de las reglas de la LE.

A causa de los motivos mencionados, en la IL de los alumnos se detectan algunos elementos susceptibles de fosilizarse, aunque no se trata de una fosilización propiamente dicha ya que la IL todavía está inmersa en un proceso de cambio. Algunos ejemplos de estos elementos son la omisión de las partículas aspectuales y estruturales, los problemas de orden del modificador adverbial, el mal uso de los conectores discursivos, la omisión y redundancia de la partícula modal *le* (了) al final de la oración como mecanismo de cohesión discursiva, así como el mal uso de los signos de puntuación como mecanismo de coherencia discursiva. Además, los errores discursivos ocupan la mitad de los errores fosilizables ya que muchos de ellos aparecen en los niveles A2 y B1, y la IL de los alumnos requiere más conocimientos y prácticas para corregir las hipótesis erróneas.

Aparte de los factores individuales de los alumnos que provocan errores, también nos gustaría formular como futura hipótesis de trabajo el hecho de que la metodología de la enseñanza y los materiales didácticos empleados, así como una serie de ayudas externas que se obtienen a través de diccionarios, de consultas a nativos o al recurso de traductores automáticos también pueden causar errores, puesto que pueden orientar de forma errónea, confusa e incompleta a los alumnos. Por ejemplo, algunos materiales didácticos y diccionarios explican el significado de las palabras en chino mediante sinónimos parciales en español, motivando así a los alumnos a buscar palabras próximas semánticamente en chino cuando redactan. Del mismo modo, a veces los materiales didácticos no ofrecen explicación alguna sobre el registro al que pertenecen las palabras.

La ausencia de dichas explicaciones, así como las aclaraciones parciales sobre los conectores y la falta de ejemplos de coocurrencias también dificultan el uso correcto del chino en las redacciones.

2. Propuestas didácticas

Basándonos en los errores más frecuentes que hemos detectado y en sus principales causas, apuntaremos posibles medidas didácticas de acuerdo con el nivel de análisis de error y el nivel de chino de los alumnos.

A nivel léxico, pensamos que la enseñanza debería poner énfasis en distinguir las diferencias semánticas entre palabras, dada la gran cantidad de errores de este tipo presentes en nuestro corpus. Por ello, apuntaríamos las siguientes medidas:

a. Se debería presentar el vocabulario contextualizándolo. Es preciso concretar, sobre todo, sus reglas de uso y coocurrencias, así como su registro y delimitaciones pragmáticas. Todo ello debería sustituir a la clásica explicación que se limita a presentar las palabras emparejándolas con sus equivalentes en la lengua materna, ciñendo así la enseñanza de las palabras exclusivamente al plano léxico.

b. Los alumnos necesitan que se les guíe para aprender a usar de forma correcta y práctica los diccionarios, tanto en el aula como fuera de ella. Este ejercicio podría plantearse junto al docente en vez de considerarse solamente como parte del autoaprendizaje de los alumnos.

A nivel oracional, son recurrentes la analogía del uso de la lengua materna y la insuficiencia de comprensión del significado y del uso correcto de construcciones oracionales. Basándonos en estos problemas, pensamos que el docente de chino podría emprender las siguientes acciones:

a. Dirigir a los alumnos en el uso de forma correcta de las funciones gramaticales y de las construcciones oracionales en contextos concretos en lugar de solo explicar las reglas gramaticales. Además, se deberían subrayar las limitaciones de uso de las construcciones oracionales especiales, para así evitar la hipergeneralización de las mismas.

b. Hacer más hincapié en el significado de las estructuras oracionales, para así evitar su distorsión sintáctica y la mezcla de distintas construcciones oracionales. Por ejemplo, explicar a los alumnos que la oración con *ba* (把) se utiliza para indicar que alguien hace algo sobre un objeto, de modo que esta acción le afecta de alguna manera o tiene ciertas consecuencias sobre este, en vez de significar 'hacer (que alguien haga algo o hacer que algo suceda)', para evitar la confusión con el verbo *rang* (让).

c. Enfatizar las diferencias más destacadas entre la lengua materna y la lengua extranjera, especialmente en los usos de la LE que difieren más de los de la lengua materna. Estos conocimientos podrían consolidarse mejor mediante ejercicios para evitar que los alumnos imiten las estructuras oracionales de la lengua materna.

A nivel discursivo, los errores se concentran en los conectores, signos de puntuación, referencias y en el plano de la pragmática, por lo cual plantearíamos las siguientes medidas:

a. Enseñar a los alumnos no solo unidades léxicas y oracionales, sino también unidades discursivas. De esta manera mejorará su capacidad discursiva, especialmente el uso adecuado de los mecanismos de cohesión.

b. Poner especial atención en la separación de las ideas mediante el uso correcto de la puntuación y poniendo de relieve sus diferencias respecto al español.

c. Presentar conocimientos socioculturales de la LE mediante la enseñanza de costumbres de expresión, forma de pensar, diferencias culturales, etc., para evitar errores como *qu daxue* (去大学) 'ir a la universidad' en lugar de *qu xuexiao* (去学校) 'ir a la universidad', *qu dianying* (去电影) 'ir a la película' en vez de qu *kan dianying* (去看电影) 'ir a ver una película'.

3. Principales aportaciones y futuras líneas de investigación

Para terminar, pensamos que nuestra investigación ha cumplido todos los objetivos que nos habíamos planteado al inicio y ha hecho una aportación en varios aspectos, que enumeraremos a continuación.

Basándonos en las particularidades del chino y del español, y con el propósito de conocer el patrón de los errores y de mejorar la enseñanza del chino para hispanohablantes, hemos formulado una taxonomía de errores en producciones escritas de esta lengua cometidos por alumnos españoles. Dicha taxonomía abarca tres niveles de análisis y permite realizar un análisis de forma global.

Hemos elaborado un corpus de errores extraídos de redacciones de alumnos españoles del Grado en Traducción e Interpretación y del Grado en Estudios de Asia Oriental en la Universidad Autónoma de Barcelona, el cual quedará a disposición de otros investigadores y permitirá abrir puertas para futuras investigaciones sobre este tema.

Hemos llevado a cabo un análisis cuantitativo y cualitativo de los errores léxicos, oracionales y discursivos del corpus. A pesar de su carácter prospectivo, su valor reside en ser el primero de este tipo para esta combinación lingüística y en la sistematización del análisis de errores.

No obstante, somos conscientes de que debido a la limitación de tiempo y recursos, esta investigación también tiene sus flaquezas. Para empezar, el corpus no abarca una cantidad de errores lo suficientemente grande como para alcanzar un grado alto de representatividad. En segundo lugar, no hemos aplicado el criterio comunicativo de AE al nivel léxico y oracional, sino que solo se ha aplicado al discursivo, aunque dicho criterio sea aplicable de igual manera al léxico y al oracional a pesar de que cometan errores lingüísticos. Además, como la investigadora es profesora de español para alumnos chinos, al iniciar esta investigación disponía de una experiencia muy limitada en la materia y por tanto, le ha resultado complicado llevar a cabo un análisis inverso al que está acostumbrada en su ejercicio profesional habitual, especialmente en dilucidar las causas de los errores.

Con respecto a futuras líneas de investigación, pensamos que esta investigación podría abrir muchas vías de investigación que profundizarán algunos de los aspectos tratados. En primer lugar, desde la perspectiva de la evolución de los errores, se podría ampliar el corpus recogiendo trabajos del nivel B2 para observar la evolución desde el nivel inicial hasta el intermedio. Además, como hemos señalado, la cantidad de errores no significa necesariamente un progreso o un empeoramiento del nivel de chino pues el volumen de equivocaciones está íntimamente ligado a la extensión de las redacciones. Por ello, pensamos que se podría realizar un análisis cuantitativo de la tasa de error para determinar la proporción exacta de fallos en función del número de caracteres escritos.

Desde el punto de vista cualitativo, se podrían investigar otros factores determinantes en la adquisición de la LE, como las características individuales de los estudiantes, que se podrían conocer mediante encuestas, los materiales usados o el enfoque didáctico del profesorado. Además, también se podría integrar el criterio comunicativo en el análisis de errores léxicos y oracionales. Analizar todos estos aspectos permitiría triangular los datos, profundizar en el análisis y llegar a resultados más completos.

Para concluir, esta investigación ha llevado a cabo un análisis cuantitativo y cualitativo de los errores a nivel léxico, oracional y discursivo en chino cometidos por alumnos españoles. Con ello esperamos haber contribuido a dar respuesta al vacío que existía sobre el análisis sistemático de errores con esta combinación de lenguas, aportando nuestro granito de arena a lo que, sin duda, constituye un campo de estudio en auge. También esperamos que nuestra investigación abra nuevas vías de estudio en este ámbito con el fin de promover y mejorar la didáctica del chino para alumnos españoles.

BIBLIOGRAFÍA

Adjémian, Christian. (1976). On the nature of interlanguage systems. *Language Learning, 26*(2), 279-320. doi:10.1111/j.1467-1770.1976.tb00279.x.

Alexopoulou, Angélica. (2005). Aproximación al tratamiento del error en la clase de E/LE desde la perspectiva del análisis de errores. *Estudios de Lingüística Aplicada, 23*(41), 101-125.

Baralo, Marta. (1999). *La adquisición del español como lengua extranjera*. Madrid: Arco Libros.

Cao, Yufei. (2007). Un estudio contrastivo de los fonemas oclusivos entre español y chino — Reflexiones sobre la enseñanza de la fonética española a estudiantes chinos. *México y la Cuenca Pacífico, 10*(28), 91-98. doi:10.32870/mycp.v10i28.289.

Cao, Yufei. (2016). Anáfora con artículo definido y construcción del discurso: comparación entre español y chino. *Clac, 67*, 89-109. doi:10.5209/clac.53479.

Casas Tost, Helena. (2008). Estudio comparativo de las onomatopeyas chinas y españolas. En San Ginés, Pedro (Ed.), *Nuevas perspectivas de investigación sobre Asia Pacífico* (pp. 339-353). Granada: Universidad de Granada.

Casas Tost, Helena, Rovira Esteva, Sara y Suárez Girard, Anne-Helene. (2015). *Lengua china para traductores* (4 ed. Vol. II). Bellaterra (Barcelona): Servei de Publicaciones Universitat Autónoma de Barcelona.

Casas Tost, Helena, Rovira Esteva, Sara y Suárez Girard, Anne-Helene. (2015). *Lengua china para traductores* (4 ed. Vol. I). Bellaterra (Barcelona): Servei de Publicaciones Universitat Autónoma de Barcelona.

Chen, Chen (陈晨). (2005). Yingyu guojia xuesheng xuexi Hanyu zai pianzhang lianguan fangmian de changjian pianwu (英语国家学生学习汉语在篇章连贯方面的常见偏误) [Los errores más frecuentes de cohesión en el aprendizaje de chino en los países que hablan inglés]. *Journal of Sichuan University (Social Science Edition)*(3), 76-83.

Chen, Xiaoping (陈晓萍). (2013). *The investigation and errors analysis on Chinese "shì" sentence acquisition of Kenya students*. (máster trabajo de final de máster), Universidad de Lanzhou.

Chen, Yanhe (陈延河). (2002). Yinniyu, Hanyu yuxu duibi yiji yinni xuesheng Hanyu xuexi zhong changjian yuxu pianwu fenxi (印尼语，汉语语序对比及印尼学生汉语学习中常见语序偏误分析) [Análisis contrastivo de orden de palabras de indonesio y chino y análisis de errores de orden de palabras en el aprendizaje de chino]. *Periódico de la Facultad de Literatura de la Universidad de Jinan, 1,* 9-18.

Cheng, Meizhen (程美珍) y Li, Zhu (李珠). (1997). *Hanyu Bingju Bianxi Jiubai Li (汉语病句辨析九百例) [Análisis de 900 oraciones erróneas en chino]*. Beijing: Huayu Jiaoxue Chubanshe.

Chomsky, Noam. (1969). *Aspects of the theory of syntax*. Ann Arbor, Michigan: The M.I.T. Press.

Chomsky, Noam. (1993). *Lectures on government and binding* (7 ed.). Berlín, New York: Mouton de Gruyter.

Corder, Stephen. (1967). The significance of learner's error. *Applied Linguistics, 5*(1-4), 161-170. doi:10.1515/iral.1967.5.1-4.161.

Corder, Stephen. (1971). Idiosyncratic dialects and error analysis. *International Review of Applied Linguistics in Language Teaching*, *9*(2), 147-160. doi:10.1515/iral.1971.9.2.147.

Corder, Stephen. (1973). *Introducing applied linguistics*. Baltimore: Penguin.

Corder, Stephen. (1974). *Error analysis The Edinburgh course in applied linguistics* (Vol. 3). Oxford: Edinburgh University Press.

Corder, Stephen. (1981). *Error analysis and interlanguage*. Oxford: Oxford University Press.

Cortés Moreno, Maximiano. (2009). Chino y español: un análisis contrastivo. En Sánchez Griñán, Alberto y Melo, Mónica (Eds.), *Qué saber para enseñar a estudiantes chinos* (pp. 173-200). Argentina: Voces del sur.

Cortés Moreno, Maximiano. (2014). Dificultades lingüísticas del español para los estudiantes sinohablantes y búsqueda de soluciones motivadoras. *Monográficos Sinoele: la Enseñanza del Español para Sinohablantes en Contextos, 10,* 173-208.

Dai, Guohua (戴国华). (2000). Riben liuxuesheng Hanyu dongci changjian pianwu fenxi (日本留学生汉语动词常见偏误分析) [Análisis de errores de los verbos usuales de los alumnos japoneses]. *Hanyu Xuexi (汉语学习) [Aprender el chino]*(6), 61-65.

Ding, Chongming (丁崇明). (2009). Hanguo Hanyu zhonggaoji shuiping xuesheng yufa pianwu fenxi (韩国汉语中高级水平学生语法偏误分析) [Análisis de errores de gramática de chino de alumnos coreanos de nivel intermedio y avanzado]. *Revista de la Universidad Normal de Beijing (Ciencias sociales)*(6), 105-110.

Ding, Lijing (丁丽静). (2010). Guanyu liuxuesheng juwei "le" changjian cuowu de fenxi yanjiu (关于留学生句尾"了"常见错误的分析研究) [Análisis de errores de la partícula le de los extranjeros]. *Wenxue Jiaoyu (文学教育) [Didáctica de la literatura]* (10), 120.

Ding, Yinzhen (丁银贞). (2010). *Hanguo xuesheng xuexi Hanyu yufa de kunnan he duice (韩国学生学习汉语语法的困难和对策) [Las dificultades del aprendizaje de la gramática china por parte de los alumnos coreanos y sus soluciones].* (tesis doctoral), East China Normal University, Shanghai.

Dong, Linli (董琳莉) y Lin, Lunlun (林伦伦). (2000). Liuxuesheng xuexi Hanyu guanlianci changjian cuowu de yuanyin ji xiangguan wenti (留学生学习汉语关联词常见错误的原因及相关问题) [Las causas y otras cuestiones concernientes de errores frecuentes de conectores chinos de alumnos extranjeros]. *Haiwai Huawen Jiaoyu (海外华文教育) [Enseñanza de chino en el extranjero]*, 16, 15-19.

Doughty, Catherine y Williams, Jessica. (1998). Pedagogical choices in focus on form. *Focus on form in classroom second language acquisition* (pp. 197-261). Cambridge: Cambridge University Press.

Dubois, Jean, Giacomo, Mathée y Guespin, Louis. (Eds.). (1973). *Dictionnaire de linguistique*, París: Librairie Larousse.

Dulay, Heidi, Burt, Marina y Krashen, Stephen. (1982). *Language two.* New York: Oxford University Press.

Eckman, Fred. (1977). Markedness and the contrastive analysis hypothesis. *Language Learning*(27), 315-330.

Ellis, Rod. (1985). *Understanding second language acquisition.* Oxford; New York: Oxford University Press.

Ellis, Rod. (1994). *The study of second language acquisition.* Oxford: Oxford University Press.

Fan, Xiuying (番秀英). (2009). *Hanyu he Taiyu geti liangci duibi yanjiu (汉语和泰语个体量词对比研究) [A comparative study on classifiers of Chinese and Thai].* (tesis doctoral), Universidad de Lengua y Cultura de China, Beijing.

Fang, Yu (方玉). (2014). *Bilu xuesheng Hanyu xuexi chuji jieduan dingyu pianwu ji jiaoxue duice — Jiyu bilu tianzhujiao daxue kongzi xueyuan de jiaoxue shijian (秘鲁学生汉语学习初级阶段定语偏误及教学对策——基于秘鲁天主教大学孔子学院的*

教学实践）[Errores de determinante de los alumnos peruanos durante la etapa inicial de aprendizaje de chino y las soluciones didácticas — basándose sobre las prácticas de enseñanza del Instituto de Confucio en la Universidad Católica de Perú]. (trabajo de final de máster), Universidad de Estudios Internacionales de Shanghai, Shanghai.

Fernández López, Sonsoles. (1995). Errores e interlengua en el aprendizaje del español como lengua extranjera. *Didáctica. Lengua y Cultura, 7*, 203-216. Recuperado de https://core.ac.uk/download/pdf/38833820.pdf

Fries, Charles. (1945). *Teaching and Learning English as a Foreign Language.* Ann Arbor, Michigan: University of Michigan Press.

Gao, Xianju（高鲜菊）. (2010). Liuxuesheng Hanyu yupian pianwu yanjiu zongshu（留学生汉语语篇偏误研究综述）[Resumen de análisis de errores discursivos de chino de alumnos extranjeros]. *Journal of Shaoyang University (Social Science Edition)* (2), 64-68.

Gao, Zhijie（高智洁）. (2013). *Yingyu wei muyu de Hanyu xuexizhe "shi ... de" jushi de pianwu fenxi yanjiu（英语为母语的汉语学习者"是……的"句式的偏误分析研究）[Análisis de errores de oración con "shi ... de" de los aprendientes de chino que tienen el inglés como lengua materna].* (trabajo de final de máster), Universidad Normal de China Central, Wuhan.

García González, Javier. (2007). Una propuesta de tipología de errores. *Adquisición y enseñanza de lenguas en contextos plurilingües* (pp. 87-94). Palma de Mallorca: Universidad de las Islas Baleares.

Griffin, Kim. (2005). *Lingüística aplicada a la enseñanza del español como L2.* Madrid: Arco libros.

Guojia Duiwai Hanyu Jiaoxue Lingdao Xiaozu Bangongshi, Hanyu Shuiping Kaoshibu（国家对外汉语教学领导小组办公室汉语水平考试部）[Departamento de examinación del nivel de chino del Grupo nacional de líderes de trabajo de didáctica de chino exterior]. (1998). *Hanyu Shuiping Dengji Biaozhun yu Yufa Dengji Dagang（汉语水平等级标准与语法等级大纲）[El estándar de las categorías del nivel de chino y el compendio de las categorías de la gramática de chino].* Beijing: Gaodeng Jiaoyu Chubanshe.

Han, Zaijun（韩在均）. (2003). Hanguo liuxuesheng xuexi Hanyu "le"de changjian pianwu fenxi（韩国留学生学习汉语"了"的常见偏误分析）[Análisis de errores de la partícula "le" en el aprendizaje de chino de los alumnos coreanos]. *Hanyu Xuexi（汉语学习）[Aprender el chino]*(4), 67-71.

Hidalgo, Andrea. (2015). *Estudio contrastivo español-chino: el artículo indefinido y su tratamiento en los manuales de enseñanza de español como segunda lengua.* (trabajo de final de máster), Universidad Nacional de Córdoba.

Huang, Liqiu (黄理秋) y Shi, Chunhong (施春宏). (2010). Hanyu zhongjieyu jiecixing kuangshi jiegou de pianwu fenxi (汉语中介语介词性框式结构的偏误分析) [An analysis of the errors of adpositional circum-construction on Chinese interlanguage]. *Huawen Jiaoxue yu Yanjiu (华文教学与研究) [Investigación y didáctica Huawen*](3), 33-41.

Huang, Yuhua (黄玉花). (2005). Hanguo liuxuesheng de pianzhang pianwu fenxi (韩国留学生的篇章偏误分析) [Análisis de errores de discurso de los estudiantes coreanos] . *Zhongguo Minzu Daxue Xuebao (Zhexue Shehui Kexue Ban) (中国民族大学学报 [哲学社会科学版]) [Periódico académico de la Universidad de Etnias de China (apartado de ciencias sociales y filosóficas)]*, *32*(5), 100-106.

Hyams, Nina. (1986). *Core and peripheral grammar and the acquisition of inflection.* Papel presentado en 11th Annual Boston University Conference, Boston. https://files.eric.ed.gov/fulltext/ED291237.pdf.

Instituto de Confucio de Barcelona. (2019). El chino en el sistema educativo español (II) Tendencias y recursos. Recuperado el 13 de mayo de 2019 https://bit.ly/2YqLsfy.

Jia, Futian (贾甫田). (1987). Xibanyayu Hanyu bijiao fangshi de duibi (西班牙语、汉语比较方式的对比) [Estudio de las construcciones comparativas de español y chino]. *Didáctica Mundial de Chino*, 9, 50-52.

Jiang, Yang (蒋 旸). (2014). *Xibanyayu muyu xuexizhe Hanyu quxiang buyu pianwu fenxi ji jiaoxue duice (西班牙语母语学习者汉语趋向补语偏误分析及教学对策) [Análisis de errores de complementos direccionales de chino de los alumnos hispanohablantes y las estrategias de didáctica].* (trabajo de final de máster), Universidad de Estudios Internacionales de Shanghai, Shanghai.

Jin, Daorong (金道荣). (2010). *"Ba" ziju pianwu xingcheng jizhi ji jiaoxue duice (" 把 " 字句偏误形成机制及教学对策) [Mecanismo de formación de errores de la oración con "ba" y las estrategias de didáctica].* (tesis doctoral), Universidad de Beijing, Beijing.

Krashen, Stephen. (1981). *Second language acquisition and second language learning.* Oxford: Pergamon.

Krashen, Stephen. (1985). *The input hypothesis: issues and implications.* Oxford: Pergamon Press.

Lado, Robert. (1957). *Linguistic across culture.* Ann Arbor, Michigan: University of Michigan Press.

Larsen-Freeman, Diane y Long, Michael. (1991). *An introduction to second language acquisition research*. London: Longman.

Li, Dazhong (李大忠). (1999). Pianwu chengyin de siwei xinli fenxi (偏误成因的思维心理分析) [Análisis cognitivo y psicoloógico de las causas de los errores]. *Yuyan Jiaoxue yu Yanjiu (语言教学与研究) Language Teaching and Linguistic Studies*(2), 110-119.

Li, Dazhong (李大忠). (2007). *Waiguoren Xue Hanyu Yufa Pianwu Fenxi (外国人学汉语语法偏误分析) [Análisis de errores gramaticales en el aprendizaje de chino por los extranjeros]*. Beijing: Beijing Yuyan Daxue Chubanshe.

Li, Hanyou. (2011). *A research on grammatical errors of Chinese as a second language on the basis of learning strategies.* (tesis doctoral), Universidad Normal de Fujian, Fuzhou (China).

Li, Jing (李敬). (2012). *The textual error analysis and teaching methods research on primary stage students who learn Chinese in Thailand.* (trabajo de final de máster), Universidad de Shandong, Jinan (China).

Li, Shouji (李守纪). (2016). Meiguo liuxuesheng ciyu dapei de pianwu fenxi ji qi dui ciyu jiaoxue de qishi (美国留学生词语搭配的偏误分析及其对词语教学的启示) [Análisis de errores de la combinación de palabras de los alumnos estadounidenses y las reflexiones de la didáctica del léxico]. *Chinese as a Second Language*, *51*, 62-78.

Li, Xinghua. (2016). *Aspectos contrastivos de los actos de habla de petición en chino y en español.* (tesis doctoral), Universidad de Valladolid, Valladolid.

Li, Yanqin (李炎沁). (2012). *Zhili xuesheng Hanyu xuexi chuji jieduan yuxu pianwu fenxi ji jiaoxue duice (智利学生汉语学习初级阶段语序偏误分析及教学对策) [Análisis de errores de orden de palabras de los estudiantes chilenos en su etapa inicial de aprendizaje y las estrategias didácticas].* (trabajo de final de máster), Universidad de Nanjing, Nanjing (China).

Li, Yuling. (2014). *Gramática china: Comparación entre el chino y el español y análisis de los errores típicos de hispanohablantes en el aprendizaje del chino. Libro de estudiantes: nivel HSK2 para principiantes*. Valencia: Obrapropia.

Liang, Jing (梁静). (2010). *Han-Xi shuci duibi fenxi ji Hanyu shuci de Xi yi (汉西数词对比分析及汉语数词的西译) [Análisis contrastivo de numerales chinos y españoles y la traducción al español de chino]*. (trabajo de final de máster), Universidad de Estudios Internacionales de Shanghai, Shanghai.

Lin, Meishu (林美淑). (2005). *Dui han Hanyu jiaoxue liheci yanjiu (对韩汉语教学离合词研究) [Estudio de palabras separables en la enseñanza de chino a coreanos*].

(tesis doctoral), Universidad de Shandong, Shandong (China).

Liu, Bao (刘宝). (2012). *Zhonggaoji jieduan taiguo xuesheng Hanyu xushuti pianzhang xianjie shouduan pianwu fenxi (中高级阶段泰国学生汉语叙述体篇章衔接手段偏误分析) [Análisis de errores de cohesión del discurso en textos narrativos en el aprendizaje de chino de alumnos tailandeses de nivel mediano y avanzado].* (trabajo de final de máster), Guangxi University for Nationalities, Nanning (China).

Liu, Chenling. (2012). *Morfología contrastiva entre el chino mandarín y el español: Formas de gramaticalización y lexicalización.* (tesis doctoral), Universidad de Valladolid, Valladolid.

Liu, Junling (刘俊玲). (2005). Liuxuesheng zuowen zhong de pianzhang pianwu leixing (留学生作文中的篇章偏误类型) [Tipos de errores de discurso en las redacciones de alumnos extranjeros]. *Yuyan Wenzi Yingyong (语言文字应用) [Aplicación de caracteres y lengua]*(S1), 36-38.

Liu, Liu. (2015). *Un análisis comparativo del sintagma determinante en español y chino.* (tesis doctoral), Universidad Autónoma de Barcelona, Barcelona.

Liu, Xiangyou (刘祥友). (2012). *Duiwai Hanyu Pianwu Fenxi (对外汉语偏误分析) [Análisis de errores de chino para extranjeros].* Beijing: Shijie Tushu Chuban Gongsi.

Liu, Xiao (刘筱). (2014). *Yingyu guojia Hanyu xuexizhe tiaojian fuju pianwu fenxi ji jiaoxue duice (英语国家汉语学习者条件复句偏误分析及教学对策) [Análisis de errores de oraciones compuestas condicionales de los aprendientes de chino en países de habla inglesa y las estrategias didácticas].* (trabajo de final de máster), Universidad Normal de Hunan, Changsha (China).

Liu, Xiaowei (刘晓薇). (2014). *Han-Ying mingliangci duibi ji duiwai Hanyu liangci jiaoxue celue (汉英名量词对比及对外汉语量词教学策略) [Chinese and English partitives contrast and partitives teaching strategies].* (trabajo de final de máster), Universidad de Ludong, Yantai (China).

Liu, Yibing (刘怡冰). (2006). *Zhongji yinni liuxuesheng pianzhang xianjie pianwu fenxi ji xiezuoke pianzhang jiaoxue (中级印尼留学生篇章衔接偏误分析及写作课篇章教学) [Análisis de errores de cohesión discursiva de alumnos de Indonesia de nivel intermedio y la enseñanza de discurso de redacción].* (trabajo de final de máster), Universidad de Jinan, Guangzhou (China).

Liu, Yuehua (刘月华), Pan, Wenyu (潘文娱) y Hu, Wei (故韡). (2015). *Shiyong Xiandai Hanyu Yufa (实用现代汉语语法) [Gramática práctica de chino].* Beijing: Shangwu Yinshuguan.

Loar, Jian Kang. (2011). *Chinese syntactic grammar.* New York: Peter Lang.

Lu, Jianji (鲁健骥). (1984). Zhongjieyu lilun yu waiguoren xuexi Hanyu de yuyin pianwu fenxi (中介语理论与外国人学习汉语的语音偏误分析) [La teoría de la interlengua y el análisis de errores de fonética cometidos por extranjeros en el aprendizaje del chino]. *Yuyan Jiaoxue yu Yanjiu (语言教学与研究) Language Teaching and Linguistic Studies*(9), 44-56.

Lu, Jianji (鲁健骥). (1987). Waiguoren xuexi Hanyu de ciyu pianwu fenxi (外国人学习汉语的词语偏误分析) [Análisis de errores léxicos de chino por extranjeros]. *Yuyan Jiaoxue yu Yanjiu (语言教学与研究) Language Teaching and Linguistic Studies*(4), 122-132.

Lu, Jianji (鲁健骥). (1994). Waiguoren xue Hanyu de yufa pianwu fenxi (外国人学汉语的语法偏误分析) [Análisis de los errores gramaticales de los extranjeros en el aprendizaje del chino]. *Yuyan Jiaoxue yu Yanjiu (语言教学与研究) Language Teaching and Linguistic Studies*(1), 49-64.

Lu, Jianji (鲁健骥). (1999). *Waiguoren xue Hanyu de pianzhang pianwu fenxi — jian tan tuokuan zhongjieyu de yanjiu lingyu (外国人学汉语的篇章偏误分析——兼谈拓宽中介语的研究领域) [Análisis de error de chino como lengua extranjera — ampliación del ámbito de investigación de interlengua].* Papel presentado en Diliujie guoji Hanyu jiaoxue taolunhui (第六届国际汉语教学讨论会) [Sexto Seminario de Didáctica Internacional de Chino], Hanover.

Lu, Jingsheng (陆经生). (1991). Hanyu he Xibanyayu yuyin duibi — Jianxi gezi zuowei waiyu xuexi de yuyin nandian (汉语和西班牙语语音对比——兼析各自作为外语学习的语音难点) [Análisis comparativo de la fonética de chino y español — análisis de las dificultades de aprendizaje de sendas lenguas como lengua extranjera]. *Waiguoyu (外国语) [Lengua extranjera],* 6, 58-73.

Lu, Jingsheng (陆经生). (2008). Distancia interlingüística: partida de reflexiones metodológicas del español en el contexto chino. *México y la Cuenca del Pacífico, 11*, 45-56.

Lv, Wenhua (吕文华) y Lu, Jianji (鲁健骥). (1993). Waiguoren xue Hanyu de yuyong shiwu (外国人学汉语的语用失误) [Errores pragmáticos en el aprendizaje de chino por los extranjeros]. *Hanyu Xuexi (汉语学习) [Aprender el chino]*(1), 41-44.

Mao, Jiabin (毛嘉宾). (2003). Waiguoren xue Hanyu de yuyong shiwu chengyin tanxi (外国人学汉语的语用失误成因探析) [El análisis de causas de errores pragmáticos de chino por los extranjeros]. *Yunnan Shifan Daxue Xuebao: duiwai Hanyu jiaoxue yu yanjiu ban (云南师范大学学报：对外汉语教学与研究版) [Revista de la*

Universidad Normal de Yunnan: versión de la didáctica e investigación de la lengua extranjera](3), 12-16.

Martín Peris, Ernesto (dir). (Ed.) (2008) *Diccionario de términos clave de ELE* (1 ed.). Madrid: SGEL.

Mei, Lichong (梅立崇), Tian, Shiqi (田士琪), Han, Hong (韩红), Liu, Xinli (刘新丽) y Zhou, Cuilin (周翠琳). (1984). Dui liuxuesheng Hanyu xide guocheng zhong de cuowu de fenxi (对留学生汉语习得过程中的错误的分析) [Análisis de errores durante el aprendizaje del chino por parte de alumnos extranjeros]. *Yuyan Jiaoxue yu Yanjiu (语言教学与研究) Language Teaching and Linguistic Studies*(4), 115-121.

Meng, Aiqun (孟爱群). (2001). Han-Xi fuci yongfa zhi wo jian — cong zhongwai xuesheng de yubing shuoqi (汉西副词用法之我见——从中外学生的语病说起) [Mis opiniones sobre usos de advebios chinos y españoles — desde errores de alumnos chinos y extranjeros]. *Journal of Xi-an Foreign Language University*, *9*(3), 48-51.

Meng, Yali (孟亚利). (2009). *Waiguo liuxuesheng Hanyu xuexi zhong liheci pianwu fenxi (外国留学生汉语学习中离合词偏误分析) [Análisis de errores de palabras separables en el aprendizaje de chino de los alumnos extranjeros].* (trabajo de final de máster), Universidad Normal de Tianjin, Tianjin.

Mou, Zongying (牟宗英). (2013). *Chuji jieduan hanguo chuzhongsheng Hanyu yuyin xuexi pianwu fenxi ji jiaoxue duice (初级阶段韩国初中生汉语语音学习偏误分析及教学对策) [Análsis de error de fonética en el aprendizaje de chino de los alumnos coreanos de secundaria de nivel inicial de chino].* (trabajo de final de máster), Universidad de Ludong, Yantai (China).

Nemser, William. (1992). Los sistemas aproximados de los que aprenden lenguas segundas (Marcelino, Marcos, Trad.). En Liceras, J.M (com) (Ed.), *La adquisición de las lenguas extranjeras: hacia un modelo de análisis de la interlengua* (pp. 51-62). Madrid: Visor.

Norrish, John. (1987). *Language learners and their errors*. Londrés y Basingstoke: Macmillan Publishers Ltd.

Pienemann, Manfred. (1985). Learnability and syllabus construction. En Hyltenstam, K. y Pienemann, M. (Eds.), *Modeling and assessing second language acquisition* (pp. 23-75). Clevedon, Avon: Multilingual Matters.

Qin, Yifan (秦弋凡). (2013). *Foreign students Chinese syntax error analysis*. (trabajo de final de máster), Universidad Normal de Sichuan, Chengdu (China).

Ramírez, Laureano. (2009). *Manual de traducción (chino-castellano)*. España: Editorial Gedisa.

Real Academia Española. (2010). *Nueva gramática de la lengua española*. Madrid: Espasa.

Ren, Zhixuan (任芷萱). (2014). *Xibanyayu xuesheng Hanyu xuexi yuxu pianwu fenxi ji jiaoxue duice (西班牙语学生汉语学习语序偏误分析及教学对策) [Análisis de errores de orden de chino de los alumnos españoles y las estrategias didácticas].* (trabajo de final de máster), Universidad Normal de Hunan, Changsha.

Richards, Jack. C. (1990). Cuowu fenxi, zhongjieyu he di-er yuyan xide yanjiu shuping (错误分析，中介语和第二语言习得研究述评) [Comentarios sobre análisis de error, interlengua y la adquisición de segunda lengua] [Sun, Dekun (孙 德 坤) Trad.]. *Yuyan Jiaoxue yu Yanjiu (语言教学与研究) Language Teaching and Linguistic Studies*(1), 58-65.

Rossipal, H. (1972). *Om felanalys och om en felanalys av svenskars tyska Spräkforskning I relation till spräkundervisning*. Copenhagen (Nordisk Sommeruniversitets Generalsekretanat, Fiolstraede 26).

Rovira-Esteva, Sara y Liu, Shiyang. (2016). La estructura temática en chino y español: análisis contrastivo con aplicación en la didáctica de las lenguas extranjeras y la traducción. *Íkala, Revista de Lenguaje y Cultura*, 21(2), 189-202.

Sánchez Iglesias, Javier. (2003). *Errores, corrección y fosilización en la didáctica de lenguas afines: análisis de errores en la expresión escrita de estudiantes italianos de E/LE*. (tesis doctoral), Universidad de Salamanca, Salamanca.

Santos Gargallo, Isabel. (1992). *La enseñanza de segundas lenguas. Análisis de errores en la expresión escrita de estudiantes de español cuya lengua nativa es el serbo-croata.* Madrid: Universidad Compultense de Madrid.

Santos Gargallo, Isabel. (1993). *Análisis contrastivo, análisis de errores e interlengua en el marco de la lingüística contrastiva.* España: Editorial Síntesis, S.A.

Santos Rovira, José M. (2007). Errores en el proceso de aprendizaje de la lengua española. Un estudio sobre alumnos chinos. *IDEAS–Investigaciones y Estudios Hispánicos Aplicados*, *4*, 16-27.

Selinker, Larry. (1972). Interlanguage. *International Review of Applied Linguistics, 10*, 209-241.

Selinker, Larry. (1992). La interlengua. En Liceras, J.M (Ed.), *La adquisición de las lenguas extranjeras: hacia un modelo de análisis de la interlengua* (pp. 79-104). Madrid: Visor.

Song, Yang. (2010). *Estudio comparativo de las formas pronominales de tratamiento en español peninsular actual y en putonghua de China.* (tesis doctoral),

Universidad de León, León.

Sridhar, Shikaripur. (1975). Contrastive analysis, error analysis and interlanguage: Three phases of one goal. *Studies in Language Learning, 1*, 60-94.

Tang, Wen (唐雯). (2011). *Leixingxue shijiao xia Xiyu xingrongci zai mingci duanyu zhong de weizhi jiqi yu Hanyu xingrongci dingyu de bijiao (类型学视角下西语形容词在名词短语中的位置及其与汉语形容词定语的比较) [La posición del adjetivo en los sintagmas nominales en español desde una perspectiva tipológica y comparación con el adjetivo en los modificadores adjetivales en chino].* (tesis doctoral), Universidad de Estudios Internacionales de Shanghai, Shanghai.

Tian, Shanji (田善继). (1995). Fei duibi xing pianwu qianxi (非对比性偏误浅析) [Análisis no contrastivo de errores de chino por extranjeros]. *Hanyu Xuexi (汉语学习) [Aprender el chino], 6*, 50-53.

Tong, Huijun (佟慧君). (1986). *Waiguoren Xue Hanyu Bingju Fenxi (外国人学汉语病句分析) [Análisis de errores oracionales de los extranjeros].* Bejing: Beijing Yuyan Xueyuan Chubanshe.

Van Els, Theo, Bongaerts, Theo, Extra, Guus, Van Os, Charles y Janssen-Van Dieten, Anne-Mieke. (1984). *Applied linguistics and the learning and teaching of foreign languages*. Londrés: Edward Arnold.

Vázquez, Graciela. (1991). *Análisis de errores y aprendizaje de español/lengua extranjera: análisis, explicación y terapia de errores transitorios y fosilizables en el proceso de aprendizaje del español como lengua extranjera en cursos universitarios para hablantes nativos de alemán*. Frankfurt/M.: Peter Lang.

Vázquez, Graciela. (1999). *¿Errores? ¡Sin falta!* Madrid: Edelsa.

Wang, Carlos. (2005). Usos del 'que' y su manifestación equivalente en chino. *Encuentros en Catay, 19*, 205-242.

Wang, Carlos. (2007). Estudio fónico de los fonemas vocálicos y consonánticos del español y del taiwanés. *Encuentro en Catay, 21*, 204-250.

Wang, Jinwei. (2010). *Estudio comparativo de los complementos del nombre en español y chino*. (tesis doctoral), Universidad de León, León.

Wang, Qi (王琦). (2012). *Estudio comparativo del eufemismo chino y el español desde la perspectiva intercultural*. (trabajo de final de máster), Universidad de Estudios Internacionales de Xi-an, Xi-an.

Wang, Yei Lin Ching (2012). *Análisis contrastivo de la expresión del diminutivo apreciativo en el español y en el chino*. (trabajo de final de máster), Universidad Nebrija, Madrid.

Wang, Zhenlai (王振来). (2005). Hanguo liuxuesheng xuexi guanlian ciyu de pianwu fenxi (韩国留学生学习关联词语的偏误分析) [Análisis de error de conectores en el aprendizaje de chino de los alumnos coreanos]. *Yunnan Shifan Daxue Xuebao* （云南师范大学学报）*[Revista de la Universidad Normal de Yunnan]*(3), 14-18.

Wu, Si (吴思). (2014). *Xi-Han pianzhang xianjie shouduan duibi ji fanyi — yi "Bainian gudu" yu qi liangbu Zhong-yi weili (西汉篇章衔接手段对比及翻译——以《百年孤独》与其两部中译为例) [Análisis contrastivo de conexión en el discurso entre el chino y el español y la traducción — tomando como ejemplo las dos versiones de la traducción al chino de "Cien años de soledad"].* (trabajo de final de máster), Universidad de Estudios Internacionales de Shanghai, Shanghai.

Wu, Tao (吴涛). (2013). *Error analysis of advanced Chinese lexical learning of Mongolian students and the implications for HSK learning.* (trabajo de final de máster), Universidad Normal de Shandong, Jinan (China).

Xiao, Xiqiang (肖奚强) y Zhou, Wenhua (周文华). (2014). Hanyu zhongjieyu yuliaoku biaozhu de quanmianxing ji leibie wenti (汉语中介语语料库标注的全面性及类别问题) [Cuestiones de globalidad y tipología de la etiquetación de corpus de interlengua de chino]. *Chinese Teaching in the World*, 3, 368-377.

Xiao, Yanhong. (2013). Metáfora y fraseología: estudio tipológico contrastivo entre el chino y el español. *Revista Internacional de Filología, Comunicación y sus Didácticas*, *36*, 207-235.

Xu, Lixin (徐利新). (2015). Yuenan xuesheng Hanyu zhong wanju chengfen pianwu fenxi (越南学生汉语中完句成分偏误分析) [Análsis de errores de oraciones completas de chino cometidos por alumnos vietnamitas]. En Zhang, Xiaoke (张小克) (Ed.), *Yuenan Xuesheng Xue Hanyu Pianwu Fenxi (越南学生学汉语偏误分析) [Análisis de error de chino de alumnos vietnamitas]* (pp. 1-59). Guangzhou: Zhongguo Chuban Jituan.

Xu, Yang. (2013). *Error analysis of Chinese pronunciation of Indian students and how to counter through teaching methods* (trabajo de final de máster), Universidad Normal de Shandong, Jinan (China).

Yan, Juan (颜娟) y Wang, Lei (王磊). (2016). Han-Xi weiwanyu bijiao yanjiu (汉西委婉语比较研究) [Análisis contrastivo de eufemismos chinos y españoles]. *Jiaoyu Xiandaihua (教育现代化) [La modernización educativa]*, 25, 256-257.

Yan, Ming (颜明) y Xiao, Xiqiang (肖奚强). (2017). Lun Hanyu zhongjieyu yuliaoku jianshe de jiben wenti (论汉语中介语语料库建设的基本问题) [Sobre las cuestiones básicas del establecimiento de corpus de interlengua de chino]. *Applied*

Linguistics, *1*, 136-144.

Yang, Chun (杨春). (2004). Yingyu guojia xuesheng chuji Hanyu yupian zhaoying pianwu kaocha (英语国家学生初级汉语语篇照应偏误考察) [Análisis de errores de coherencia de nivel inicial de los alumnos en países que hablan inglés]. *Apernder el Chino*, *3*, 62-66.

Yang, Haimeng (杨海梦). (2007). *Xiyu xiciju he Hanyu "shì" ziju duibi yanjiu (西语系词句和汉语 " 是 " 字句对比研究) [Estudio contrastivo de las oraciones copulativas en español y las oraciones con "shì" en chino]*. (trabajo de final de máster), Universidad de Estudios Internacionales de Shanghai, Shanghai.

Yang, Jingyi. (2016). *Traducción jurídica chino-español: análisis contrastivo y problemas de traducción del Reglamento para la implementación de la ley de la RPC sobre Joint Ventures equitativas sino-extranjeras*. (trabajo de final de máster), Universidad de Alcalá, Alcalá.

Yao, Junming. (2012). *Estudio comparativo de los marcadores del discurso en español y en chino mandarín a través de diálogos cinematográficos.* (trabajo de final de máster), Univesidad de León, León.

Yu, Chi-Hsin y Chen, Hsin-Hsi (2012). *Detecting word ordering errors in Chinese sentences for learning Chinese as a foreign language.* Papel presentado en Coling 2012, Mumbai, India.

Yu, Shijuan (余诗隽). (2007). *Hanguoren xuexi Hanyu yuyin de pianwu fenxi ji qi duice (韩国人学习汉语语音的偏误分析及其对策) [Análisis de errores de fonética de chino de los alumnos coreanos y las soluciones].* (trabajo de final de máster), Universidad Normal de Huazhong, Wuhan.

Yuan, Yulin (袁毓林). (2005). Shi xi zhongjieyu zhong gen "meiyou" xiangguan de pianwu (试析中介语中跟 " 没有 " 相关的偏误) [Análisis de errores relacionados con "nada" en interlengua]. *Chinese Teaching in the World*(2), 56-70.

Zhang, Deshao. (2011). *A study on foreigners' Chinese character errors*. (trabajo de final de máster), East China Normal University, Shanghai.

Zhang, Jia. (2013). *The error analysis and teaching strategies of the advanced foreign students in learning Chinese idioms*. (trabajo de final de máster), Universidad Normal de Mongolia Interior, Mongolia Interior.

Zhang, Ke (张珂) y Tian, Yan (田琰). (2014). Hanyu he Xibanyayu zhong yanse cihui de renzhi duibi yanjiu — yi hei, lv weili (汉语和西班牙语中颜色词汇的认知对比研究——以黑、绿为例) [Estudio comparativo del conocimiento de las palabras de color en el chino y el español — tomando como ejemplo el negro y el verde]. *Modern*

Chinese(5), 143-144.

Zhang, Yutong (2014). *Hanguo chuzhongsheng Hanyu xuexi changjian pianwu fenxi (韩国初中生汉语学习常见偏误分析) [Análisis de errores frecuentes en el aprendizaje de chino de alumnos de secundaria en Corea].* (trabajo de final de máster), Universidad Normal de Shenyang, Shenyang (China).

Zhao, Chengxin (赵成新). (2005). Liuxuesheng Hanyu yupian xianjie pianwu mudiyu yinsu kaocha (留学生汉语语篇衔接偏误目的语因素考察) [Estudio de los elementos de lengua de destino de los errores discursivos de chino cometidos por los alumnos extranjeros]. *Journal of Zhoukou Normal University*, *22*(4), 74-77.

Zhao, Chunli (赵春利). (2005). Duiwai Hanyu pianwu fenxi ershi nian yanjiu huigu (对外汉语偏误分析二十年研究回顾) [Una mirada retrospectiva de veinte años de investigación de análisis de errores de chino para extranjeros]. *Yunnan Shifan Daxue Xuebao (云南师范大学学报) [Periódico académico de la Universidad Normal de Yunnan]*, *3*(2), 70-76.

Zhao, Jinming (赵金铭). (2002). Waiguoren yufa pianwu juzi de dengji xulie (外国人语法偏误句子的等级序列) [La jerarquía del error gramático oracional de los extranjeros]. *Yuyan Jiaoxue yu Yanjiu (语言教学与研究) Language Teaching and Linguistic Studies*(2), 1-9.

Zhao, Linian (2014). *Estudio contrastivo de unidades lingüísticas: español-chino.* (tesis doctoral), Universidad de Salamanca, Salamanca.

Zhao, Shiyu (赵士钰). (1999). *Hanyu Xibanyayu Shuangyu Bijiao (汉语西班牙语双语比较) [Comparación bilingüe entre el chino y el español]*. Beijing: Waiyu Jiaoyu yu Yanjiu Chubanshe.

Zheng, Yanqun (郑艳群). (2006). Zhongjieyu zhong chengdu fuci de shiyong qingkuang fenxi (中介语中程度副词的使用情况分析) [Análisis del estado de uso de adverbios de grado en la interlengua]. *Aprender el Chino*(6), 66-72.

Zhou, Liming. (2013). *An error analysis on Korean students' initial stage of Chinese acquisition and a study on the teaching strategies.* (trabajo de final de máter), Universidad Normal de Shandong, Jinan (China).

Zhou, Minkang. (1995). *Estudio comparativo del chino y el español: aspectos lingüísticos y culturales.* (tesis doctoral), Universidad Autónoma de Barcelona, Barcelona.

Zhou, Xiaobing (周小兵), Zhu, Qizhi (朱其智) y Deng, Xiaoning (邓小宁). (2007). *Waiguoren Xue Hanyu Yufa Pianwu Yanjiu (外国人学汉语语法偏误研究) [Análisis de los errores gramaticales de chino producidos por alumnos extranjeros].*

Beijing: Beijing Yuyan Daxue Chubanshe.

Zhu, Qizhi (朱其智) y Zhou, Xiaobing (周小兵). (2007). Yufa pianwu leibie de kaocha (语法偏误类别的考察) [Estudio de tipos de errores gramaticales]. *Applied Linguistics*(1), 111-118.

Zhu, Xi (朱茜). (2013). *Xibanyayu guojia xuesheng Hanyu changyong jieci xide pianwu fenxi ji jiaoxue duice (西班牙语国家学生汉语常用介词习得偏误分析及教学对策) [Análisis de errores del aprendizaje de los pronombres usuales de los alumnos hispanohablantes durante su aprendizaje de chino]*. (trabajo de final de máster), Universidad de Nanjing, Nanjing (China).

Zhu, Yizhi (朱一之). (1977). Tongguo duibi bangzhu shuo Xibanyayu de xuesheng zhangwo Hanyu yuxu (通过对比帮助说西班牙语的学生掌握汉语语序) [Ayudar a los alumnos hispanohablantes a dominar el orden de palabras de chino a través de análisis contrastivo]. *Yuyan Jiaoxue yu Yanjiu (语言教学与研究) Language Teaching and Linguistic Studies*, *2*, 105-117.

Zobl, Helmut. (1983). Markedness and the projection problem. *Language Learning*(33), 293-313.

APÉNDICE: BASE DE DATOS

En este apéndice adjuntamos la versión resumida de la base de datos (la configuración de la base de datos la hemos presentado en el apartado "2 Corpus de trabajo" del Capítulo 4), por las limitaciones que nos impone el formato en papel. Las columnas que incluían datos que no han sido tomados en consideración en el análisis han sido eliminadas en este apéndice. En esta versión hemos utilizado las abreviaturas que se muestran en la tabla 9.1:

Tabla 9.1 Abreviaturas usadas en la versión impresa de la base de datos

ABREVIATURA	PALABRA COMPLETA
Columna B Asignatura	
Ch.C7	Chino C7
Ch.Int.	Chino intermedio
Id. I	Idioma I
Id. II	Idioma II
Id. III	Idioma III
Id. VI	Idioma VI
I&T C1	Idioma y traducción C1
T&C	Texto y contexto
Columna D - NC: Nivel de chino	
Columna H - NA: Nivel de análisis	
L	error léxico
O	error oracional
D	error discursivo
Columna I - L: error léxico	
v.	verbo

续 表

sust.	sustantivo
prep.	preposición
v.aux.	verbo auxiliar
adj.	adjetivo
adv.	adverbio
part.	partícula
med.	medidor
pron.	pronombre
num.	numeral
Columna J - O: error oracional	
suj.	sujeto
pred.	predicado
obj.	objeto
m.adj.	modificador adjetival
m.adv.	modificador adverbial
comp.	complemento verbal
Columna K - CON.O.: construcción oracional especial	
ba	oración con *ba* (把)
d.obj.	construcción con doble objeto
shi	oración con *shi* (是)
shi-de	construcción con *shi...de* (是……的)
pasiva	oración pasiva
pivote	oración pivote
exis.	oración existencial
you	oración con *you* (有)
v.sr.	oración de verbos en serie
comp.	oración comparativa
Columna L - D: error discursivo	
amb.	ambigüedad
con.	conector
incon.	incongruencia
part.mo.	partícula modal

续 表

prag.	pragmática
punt.	puntuación
ref.	referencia
T-R	tema-rema
Columna M - Tipo: tipo de error	
M.U.	mal uso
Ord.	orden
Red.	redundancia
Om.	omisión
Prag.	pragmática
Chr.	coherencia
Chs.	cohesión

A continuación, presentamos la versión resumida de la base de datos como la Tabla 9.2:

Tabla 9.2 Versión resumida de la base de datos

A	B	C	D	E	F	G	H	I	J	K	L	M
Código	Asignatura	Curso	NC	Frase con el error	Frase corregida	Error	NA	L	O	CON.O.	D	Tipo
1-A1	Id. I	12-13	A1	好，等一会儿，我马上**来**你们的菜。	好，等一会儿，我马上**上**你们的菜。	来	L	v.				M.U.
2-A1	Id. I	12-13	A1	这家饭很贵，可是**吃饭**很好。	这家饭很贵，可是**饭**很好。	吃饭	L	v.				M.U.
2-A1	Id. I	12-13	A1	**哪里哪里**，我请你！	**太客气了**，我请你！	哪里哪里	D				prag.	Prag.
2-A1	Id. I	12-13	A1	我们吃饭以后，去电影。	我们吃完饭以后，去**看**电影。	看	O			v.sr.		Om.
3-A1	Id. I	12-13	A1	请这儿坐好。	请**在**这儿坐好。	在	O		m.adv.			Om.
3-A1	Id. I	12-13	A1	你们点，**我来的时候**你们可以吃饭了	你们点，**等会儿**你们就可以吃饭了。	我来的时候	D				con.	Chs.
3-A1	Id. I	12-13	A1	你们点，我来的时候你们可以吃饭了	你们点，等会儿你们就可以吃饭了。	punto	D				punt.	Chr.
3-A1	Id. I	12-13	A1	**小姐**谢谢	谢谢**小姐**。	小姐	O		obj.			Ord.
3-A1	Id.II	14-15	A1	我帮忙**你**。	我帮**你**忙。	你	O		obj.			Ord.
4-A1	Id. I	12-13	A1	我不**想**汽水。	我不**要**汽水。	想	L	v.aux.				M.U.

续 表

4-A1	Id. I	12-13	A1	那**再**来一份。	那来一份。	再	D				incon.	Chr.
4-A1	Id. I	12-13	A1	我**很**吃饱，可是我很不高兴。	我吃**得很**饱，可是我很不高兴。	很	O		comp.			Ord.
4-A1	Id. I	12-13	A1	我也**想**服务很不好。	我也**觉得**服务很不好。	想	L	v.aux.				M.U.
5-A1	Id. I	12-13	A1	你好。**有一点**什么？	你好。**要**点什么？	有	L	v.				M.U.
6-A1	Id. I	12-13	A1	我们**想**一瓶啤酒和一瓶红茶。	我们**要**一瓶啤酒和一瓶红茶。	想	L	v.aux.				M.U.
7-A1	Id. I	12-13	A1	请**你**坐。	**你**请坐。	你	O		suj.			Ord.
7-A1	Id. I	12-13	A1	你们**有一点**什么？	你们**要**点什么？	有	L	v.			incon.	M.U.
7-A1	Id. I	12-13	A1	三碗**来**饭。	**来**三碗饭。	来	O		pred.			Ord.
7-A1	Id. I	12-13	A1	我很**想**这饭，你呢？	我很**喜欢**这种饭，你呢？	想	L	v.aux.				M.U.
7-A1	Id. I	12-13	A1	我很想这饭，你呢？	我很想要这**种**饭，你呢？	种	L	med.				Om.
7-A1	Id. I	12-13	A1	想都很好吃了。	**我觉**得这都很好吃。	我	O		suj.			Om.
7-A1	Id. I	12-13	A1	**想**都很好吃了。	我**觉得**这都很好吃。	想	L	v.aux.				M.U.
7-A1	Id. I	12-13	A1	想都很好吃了。	我觉得**这都**很好吃。	这	D				ref.	Chs.
7-A1	Id. I	12-13	A1	我很想这饭，你呢？想都很好吃**了**。	我很喜欢这饭，你呢？我觉得这都很好吃。	了	D				part. mo.	Chs.
7-A1	Id. I	12-13	A1	请你，王明！	**我**请你，王明！	我	O		suj.			Om.
8-A1	Id. I	12-13	A1	我**很**吃饱，你呢？	我吃**得很**饱，你呢？	得	O		comp.			Om.

续 表

8-A1	Id. I	12-13	A1	我还点一份饭。	我还**要**点一份饭。	要	L	v.aux.				Om.
9-A1	Id. I	12-13	A1	我饿死了。为什么我们点吃饭?	我饿死了。为什么我们**不**点饭?	不	D				incon.	Chr.
10-A1	Id. I	12-13	A1	你说很对。	你说**得**很对。	得	O		comp.			Om.
10-A1	Id. I	12-13	A1	谢谢。我回家。再见。	谢谢。我回家**了**。再见。	了	D				part. mo.	Chs.
11-A1	Id. I	12-13	A1	我爸爸叫 Fernando。他六十岁。**你**也是西班牙人。	我爸爸叫 Fernando，六十岁，也是西班牙人。	你	D				ref.	Chs.
11-A1	Id. I	12-13	A1	我会说四语言。	我会说四**种**语言。	种	L	med.				Om.
12-A1	Id. I	12-13	A1	我爸爸比我妈妈大**二**岁。	我爸爸比我妈妈大**两**岁。	二	L	num.				M.U.
13-A1	Id. I	12-13	A1	她德国人。	她**是**德国人。	是	O			shi		Om.
13-A1	Id. I	12-13	A1	我狗叫 Lemmy。	我**的**狗叫 Lemmy。	的	O		m.adj.			Om.
14-A1	Id. I	12-13	A1	我哥哥今年三十岁，我比哥哥小七岁。**你们**家有一只狗，叫 Kenny。	我哥哥今年三十岁，我比哥哥小七岁。**我们**家有一只狗，叫 Kenny。	你们	D				ref.	Chs.
15-A1	Id. I	12-13	A1	我会说四种语言：西班牙语，英语，法语和汉语**一点儿**。	我会说四种语言：西班牙语，英语，法语和**一点儿**汉语。	一点儿	O		m.adj.			Ord.

续表

15-A1	Id. I	12-13	A1	妈妈叫 Rosa，比爸爸两个岁。	妈妈叫 Rosa，比爸爸**小**两岁。	小	O			comp.		Om.
15-A1	Id. I	12-13	A1	妈妈叫 Rosa，比爸爸两**个**岁。	妈妈叫 Rosa，比爸爸小两岁。	个	L	med.				Red.
16-A1	Id. I	12-13	A1	我会说**只**一点汉语。	我**只**会说一点汉语。	只	O		m.adv.			Ord.
17-A1	Id. I	12-13	A1	我会说三语言。	我会说三**种**语言。	种	L	med.				Om.
18-A1	Id. I	12-13	A1	我英语比他的好多了。	我**的**英语比他的好多了。	的	O		m.adj.			Om.
19-A1	Id. I	12-13	A1	我会说**二**语言。	我会说**两**种语言。	二	L	num.				M.U.
19-A1	Id. I	12-13	A1	我会说二语言。	我会说两**种**语言。	种	L	med.				Om.
20-A1	Id. I	12-13	A1	我家有五口人：我爸爸，我妈妈，我猫，我狗和我。	我家有五口人：我爸爸，我妈妈，我**的**猫，我的狗和我。	的	O		m.adj.			Om.
20-A1	Id. I	12-13	A1	我家有五口人：我爸爸，我妈妈，我猫，我狗和我。	我家有五口人：我爸爸，我妈妈，我的猫，我**的**狗和我。	的	O		m.adj.			Om.
21-A1	Id. II	14-15	A1	我每天七点钟起床。起床以后**我**七点一刻洗澡。我八点差十五分吃早饭。然后我出门。	我每天七点钟起床。起床以后七点一刻洗澡。我八点差十五分吃早饭，然后出门。	我	D				ref.	Chs.
21-A1	Id. II	14-15	A1	我从家到大学骑自行车**有**一小时。	我从家到大学骑自行车**要**一小时。	有	L	v.				M.U.

续 表

21-A1	Id. II	14-15	A1	我从上午八点到中午十二点半上课。下课后**我**吃午饭。	我从上午八点到中午十二点半上课。下课后吃午饭。	我	D				ref.	Chs.
21-A1	Id. II	14-15	A1	睡午觉后我每天作业。	睡午觉后我每天**写**作业。	写	L	v.				Om.
21-A1	Id. II	14-15	A1	**然**我帮爸爸忙。	**然后**我帮爸爸忙。	然	L	adv.				M.U.
21-A1	Id. II	14-15	A1	帮忙后我**十一**晚上睡觉。	帮忙后我晚上十一**点**睡觉。	十一点	L	med.				Om.
21-A1	Id. II	14-15	A1	帮忙后我十一**晚上**睡觉。	帮忙后我**晚上**十一点睡觉。	晚上	O		m.adv.			Ord.
22-A1	Id. II	14-15	A1	她八点差一刻吃早饭。**她**喝一杯果汁。**她**吃一个烤面包。她八点半上课。上课以后**她**二十点半吃午饭。	她八点差一刻吃早饭，之后喝一杯果汁，吃一个烤面包。她八点半上课，下课后她十二点吃午饭。	她	D				ref.	Chs.
22-A1	Id. II	14-15	A1	她八点差一刻吃早饭。**她**喝一杯果汁。**她**吃一个烤面包。她八点半上课。上课以后**她**二十点半吃晚饭。	她八点差一刻吃早饭，之后喝一杯果汁，吃一个烤面包。她八点半上课。下课后晚上八点半吃晚饭。	她	D				ref.	Chs.

续 表

22-A1	Id. II	14-15	A1	她八点差一刻吃早饭。**她**喝一杯果汁。**她**吃一个烤面包。她八点半上课。上课以后**她**二十点半吃晚饭。	她八点差一刻吃早饭。之后喝一杯果汁，吃一个烤面包。她八点半上课。下课后她晚上八点半吃晚饭。	她	D				ref.	Chs.
22-A1	Id. II	14-15	A1	**上课**以后她二十点半吃午饭。	**下课**以后她十二点吃午饭。	上课	L	v.				M.U.
22-A1	Id. II	14-15	A1	上课以后她**二十**点半吃午饭。	下课以后她晚上**八**点半吃午饭。	二十	L	num.				M.U.
22-A1	Id. II	14-15	A1	然后她七点吃晚饭**跟她的家人**。	然后她**跟她的家人**七点吃晚饭。	跟……	O		m.adv.			Ord.
23-A1	Id. II	14-15	A1	安娜每天上午七点钟起床**很高兴**。	安娜每天七点钟**很高兴**地起床。	很高兴	O		m.adv.			Ord.
23-A1	Id. II	14-15	A1	安娜七点**一刻钟**洗澡。	安娜七点**一刻**洗澡。	一刻钟	L	sust.				Red.
23-A1	Id. II	14-15	A1	她七点差十五分吃早饭。**她**八点去大学。她八点半上课。	她七点差十五分吃早饭，八点去上学，八点半上课。	她	D				ref.	Chs.
23-A1	Id. II	14-15	A1	她七点差十五分吃早饭。她八点去大学。**她**八点半上课。	她七点差十五分吃早饭，八点去上学，八点半上课。	她	D				ref.	Chs.
23-A1	Id. II	14-15	A1	她八点去**大学**。	她八点去**上学**。	大学	D				prag.	Prag.

续 表

23-A1	Id. II	14-15	A1	安娜和她朋友十二点半吃午饭**大学里**。	安娜和她朋友十二点半**在学校**吃午饭。	大学里	O		m.adv.			Ord.
23-A1	Id. II	14-15	A1	安娜的爸爸妈妈**下午**八点二十分做饭晚饭。	安娜的爸爸妈妈**晚上**八点二十做晚饭。	下午	D				prag.	Prag.
23-A1	Id. II	14-15	A1	安娜的爸爸妈妈下午八点二十分**做饭晚饭**。	安娜的爸爸妈妈晚上八点二十**做晚饭**。	做饭晚饭	L	sust.				Red.
23-A1	Id. II	14-15	A1	她早上七点起床，**她**平时七点十五分洗澡。她差十五分八点吃早饭。她八点坐去大学。	她平时早上七点起床，七点一刻洗澡，差十五分八点吃早饭，之后坐车去学校。	她	D				ref.	Chs.
23-A1	Id. II	14-15	A1	她早上七点起床，她平时七点十五分洗澡。**她**差十五分八点吃早饭。她八点坐去大学。	她平时早上七点起床，七点一刻洗澡，差十五分八点吃早饭，之后坐车去学校。	她	D				ref.	Chs.
23-A1	Id. II	14-15	A1	她早上七点起床，她平时七点十五分洗澡。她差十五分八点吃早饭。**她**八点坐去大学。	她平时早上七点起床，七点一刻洗澡，差十五分八点吃早饭，之后坐车去学校。	她	D				ref.	Chs.
23-A1	Id. II	14-15	A1	她早上七点起床，她平时七点十五分洗澡。她差十五分八点吃早饭。她八点**坐去**大学。	她平时早上七点起床，七点一刻洗澡，差十五分八点吃早饭，之后**坐车去**学校。	坐去	O		m.adv.			Om.

续 表

23-A1	Id. II	14-15	A1	她早上七点起床，她平时七点十五分洗澡。她差十五分八点吃早饭。她八点坐去**大学**。	她平时早上七点起床，七点一刻洗澡，差十五分八点吃早饭，之后坐车去**学校**。	大学	D				prag.	Prag.
23-A1	Id. II	14-15	A1	她六点**做中文业**。	她六点**做中文作业**。	做中文业	L	v.				M.U.
23-A1	Id. II	14-15	A1	以后八点二十分她的哥哥**帮忙**。	八点二十以后她的哥哥**帮她写作业**。	帮忙	O			d.obj.		Om.
23-A1	Id. II	14-15	A1	**以后**八点二十分她的哥哥帮忙。	八点二十**以后**她的哥哥帮她写作业。	以后	O		m.adv.			Ord.
24-A1	Id. II	14-15	A1	从六点钟到七点钟专心**做**工作。	从六点钟到七点钟专心工作。	做	L	v.				Red.
24-A1	Id. II	14-15	A1	她七点钟跟**她**爸爸和弟弟一起吃晚饭然后，八点二十分钟洗碗。	她七点钟跟爸爸和弟弟一起吃晚饭。然后，八点二十洗碗。	她	D				ref.	Chs.
24-A1	Id. II	14-15	A1	她七点钟跟她爸爸和弟弟一起吃晚饭然后，八点二十分钟洗碗。	她七点钟跟她爸爸和弟弟一起吃晚饭**。**然后，八点二十洗碗。	punto	D				punt.	Chr.
24-A1	Id. II	14-15	A1	她**在**她的房间很差不多七点很喜欢听音乐或者看书。	她差不多七点**回到**她的房间。她喜欢在房间听音乐或者看书。	在	L	v.				M.U.
24-A1	Id. II	14-15	A1	她在她的房间**很**差不多七点很喜欢听音乐或者看书。	她差不多七点回到她的房间。她喜欢在房间听音乐或者看书。	很	L	adv.				Red.

续 表

24-A1	Id. II	14-15	A1	她在她的房间很**差不多**七点很喜欢听音乐或者看书。	她**差不多**七点回到她的房间。她喜欢在房间听音乐或者看书。	差不多	O		m.adv.			Ord.
25-A1	Id. II	13-14	A1	Yaiza 的家**是**爸爸、妈妈和她。	Yaiza 的家里**有**爸爸、妈妈和她。	是	O			shi		M.U.
25-A1	Id. II	13-14	A1	她**会说**中文不太好。	她中文**说得**不太好。	会说	O		comp.			Om.
25-A1	Id. II	13-14	A1	她学汉语学了两**个**年。	她学汉语学了两年。	个	L	med.				Red.
25-A1	Id. II	13-14	A1	Yaiza 的毛衣是红色。	Yaiza 的毛衣是红色**的**。	的	O		m.adj.			Om.
25-A1	Id. II	13-14	A1	Yaiza 是很好朋友。	Yaiza 是很好**的**朋友。	的	O		m.adj.			Om.
25-A1	Id. II	13-14	A1	她比我**他**小。	她比我小。	他	L	pron.				Red.
25-A1	Id. II	13-14	A1	我**是**很高。	我很高。	是	O			shi		Red.
25-A1	Id. II	13-14	A1	Yaiza 比我说汉语**很**好。	Yaiza 比我说汉语说**得**好。	很	O			comp.		Om.
26-A1	Id. II	13-14	A1	坐**着**在我左边的是 Angela Altisent。	坐**在**我左边的是 Angela Altisent。	着	O		pred.			Red.
26-A1	Id. II	13-14	A1	**连**汉语，Angela 也会说西班牙语和英语。	**除了**汉语，Angela 也会说西班牙语和英语。	连	D				con.	Chs.
26-A1	Id. II	13-14	A1	小的时候 Ángela 和她妈妈一起在 Lleida 住**了**。	小的时候 Ángela 和她妈妈一起在 Lleida 住。	了	D				part. mo.	Chs.

续 表

26-A1	Id. II	13-14	A1	他只**有**坐车五分钟。	他只坐五分钟车。	有	O			you		Red.
26-A1	Id. II	13-14	A1	他只有坐车**五分钟**。	他只坐**五分钟**车。	五分钟	O		comp.			Ord.
26-A1	Id. II	13-14	A1	她比我大一**年**。	她比我大一**岁**。	年	L	med.				M.U.
26-A1	Id. II	13-14	A1	坐在的旁边是安娜。	坐在**我**的旁边的是安娜。	我	O		m.adj.			Om.
26-A1	Id. II	13-14	A1	坐在的旁边是安娜。	坐在我的旁边**的**是安娜。	的	O		m.adj.			Om.
26-A1	Id. II	13-14	A1	她今年 24 岁，所以她比我**高**五岁。	她今年 24 岁，所以她比我**大**五岁。	高	L	adj.				M.U.
27-A1	Id. II	13-14	A1	他从六个月学汉语。	他从六个月**前**开始学汉语。	前	L	prep.				Om.
27-A1	Id. II	13-14	A1	他从六个月学汉语。	他从六个月前**开始**学汉语。	开始	O			v.sr.		Om.
27-A1	Id. II	13-14	A1	因为她女朋友**会**说中文非常好。	因为她女朋友中文**说得**非常好。	会	D				con.	Chs.
27-A1	Id. II	13-14	A1	他正在上课**上**坐着。	他正在**坐着**上课。	上	O		m.adv.			Ord.
27-A1	Id. II	13-14	A1	因为我们没有汉语**上课**。	因为我们没有**上汉语课**。	上课	L	v.				M.U.
28-A1	Id. II	13-14	A1	他很喜欢唱歌，所以他上三次音乐课。	他很喜欢唱歌，所以他**每个星期**上三次音乐课。	每个星期	O		m.adv.			Om.

续表

28-A1	Id. II	13-14	A1	他除了音乐以外，还**喜**做运动。	他除了音乐以外，还**喜欢**做运动。	喜	L	v.				M.U.
28-A1	Id. II	13-14	A1	他跑步跑得很快，**比我那么快**。	他跑步跑得很快，**像我一样那么快**。	比	O			comp.		M.U.
28-A1	Id. II	13-14	A1	他有很多问题，所以我**帮忙**你。	他有很多问题，所以我**帮他忙**。	帮忙	O			d.obj.		M.U.
28-A1	Id. II	13-14	A1	他有很多问题，所以我帮忙**你**。	他有很多问题，所以我帮**他**忙。	你	L	pron.				M.U.
28-A1	Id. II	13-14	A1	我旁边的**女儿**是 Marta Audia。	我旁边的**女孩**是 Marta Audia。	女儿	L	sust.				M.U.
28-A1	Id. II	13-14	A1	虽然我们一起学汉语，但是 Marta 比我**说很好**。	虽然我们一起学汉语，但是 Marta 比我说**得**好。	得	O		comp.			Om.
28-A1	Id. II	13-14	A1	她看书得快。	她看书**看**得很快。	看	O		comp.			Om.
29-A1	Id. II	13-14	A1	他会说两**个**语：西班牙语和一点中文。	他会说两**种**语言：西班牙语和一点中文。	个	L	med.				M.U.
29-A1	Id. II	13-14	A1	他会说两个**语**：西班牙语和一点中文。	他会说两种**语言**：西班牙语和一点中文。	语	L	sust.				M.U.
29-A1	Id. II	13-14	A1	他是一个很好朋友。	他是一个很好**的**朋友。	的	O		m.adj.			Om.
30-A1	Id. II	13-14	A1	她每天坐火车去**中校**学习。	她每天坐火车去**学校**学习。	中校	L	sust.				M.U.

续 表

30-A1	Id. II	13-14	A1	她就**想**外国电影。	她就**喜欢**外国电影。	想	L	v.aux.				M.U.
30-A1	Id. II	13-14	A1	她有很多朋友。她也**有意思**。	她有很多朋友。她很**有趣**。	有意思	L	adj.				M.U.
31-A1	Id. II	14-15	A1	我八点十五分中饭。	我八点十五分**吃**早饭。	吃	O		pred.			Om.
31-A1	Id. II	14-15	A1	我八点十五分**中饭**。	我八点十五分吃**早饭**。	中饭	L	sust.				M.U.
31-A1	Id. II	14-15	A1	我八点钟起床。我八点十五分吃早饭。我喜欢吃烤面包果酱。**以后**我八点半洗澡。	我八点钟起床，八点十五分吃早饭。我喜欢吃烤面包果酱。**之后**我八点半洗澡。	以后	D				con.	Chs.
31-A1	Id. II	14-15	A1	**以后**我跟我的狗去公园跑步。	**之后**我跟我的狗去公园跑步。	以后	D				con.	Chs.
32-A1	Id. II	14-15	A1	**然**从五点钟到七点做作业。	**然后**从五点钟到七点做作业。	然后	L	adv.				M.U.
32-A1	Id. II	14-15	A1	从七到八半看电视。	从七**点**到八点半看电视。	点	L	med.				Om.
32-A1	Id. II	14-15	A1	从七到八半看电视。	从七点到八**点**半看电视。	点	L	med.				Om.
33-A1	Id. II	14-15	A1	我早饭八点差一刻，**品**是一杯橙汁。	我早饭八点差一刻，**喝**一杯橙汁。	品	L	v.				M.U.
33-A1	Id. II	14-15	A1	我早饭八点差一刻，品**是**一杯橙汁。	我早饭八点差一刻，喝一杯橙汁。	是	O			shi		M.U.

续 表

33-A1	Id. II	14-15	A1	我**也**平时早饭在课和课的中间。	我平时在课间吃早饭。	也	D				con.	Chs.
33-A1	Id. II	14-15	A1	我也平时早饭在课和课的中间。	我也平时在课间**吃**早饭。	吃	O		pred.			Om.
33-A1	Id. II	14-15	A1	我也平时早饭**在课和课的中间**。	我也平时**在课间**吃早饭。	在……	O		m.adv.			Ord.
33-A1	Id. II	14-15	A1	吃饭以后，我**一点儿**看电视。	吃完饭以后，我看**一点儿**电视。	一点儿	O		comp.			Ord.
33-A1	Id. II	14-15	A1	我晚上九点半晚饭。	我晚上九点半**吃**晚饭。	吃	O		pred.			Om.
33-A1	Id. II	14-15	A1	我看电视**一点儿**。	我看**一点儿**电视。	一点儿	O		comp.			Ord.
34-A1	Id. II	14-15	A1	我**吃**早饭高乐高和玉米片。	我早饭**吃**高乐高和玉米片。	吃	O		pred.			Ord.
34-A1	Id. II	14-15	A1	九点钟我坐**辆**公交车。	九点钟我坐公交车。	辆	L	med.				Red.
35-A1	Id. II	14-15	A1	我一个**点**左右跑步。	我跑步一个**小时**左右。	点	L	med.				M.U.
35-A1	Id. II	14-15	A1	我**一个点**左右跑步。	我跑步**一个小时**左右。	点	O		comp.			Ord.
35-A1	Id. II	14-15	A1	吃晚饭以后，两个**点**看本书或看电影。	吃完晚饭以后，看两个**小时**书或电影。	点	L	med.				M.U.
35-A1	Id. II	14-15	A1	吃晚饭以后，**两个点**看本书或看电影。	吃完晚饭以后，看**两个小时**书或电影。	两个点	O		comp.			Ord.

续 表

36-A1	Id. II	14-15	A1	我每天先吃早饭烤面包，豆浆和水果然后，星期一和星期三从十一点整到两点半，星期二和星期四从九点半到三点整我坐开车在大学。	我每天先吃早饭，早饭吃烤面包，豆浆和水果。**然后**，星期一和星期三从十一点整到两点半，星期二和星期四从九点半到三点整我在学校。我坐车往返学校。	然后	D				ref.	Chs.
36-A1	Id. II	14-15	A1	我每天先吃早饭烤面包，豆浆和水果然后，星期一和星期三从十一点整到两点半，星期二和星期四从九点半到三点整我坐开车在大学。	我每天先吃早饭，早饭吃烤面包，豆浆和水果**。**然后，星期一和星期三从十一点整到两点半，星期二和星期四从九点半到三点整我在学校。我坐车往返学校。	punto	D				punt.	Chr.
36-A1	Id. II	14-15	A1	我每天先吃早饭烤面包，豆浆和水果然后，**星期一和星期三从十一点整到两点半，星期二和星期四从九点半到三点整**我坐开车在大学。	我每天先吃早饭，早饭吃烤面包，豆浆和水果。然后，星期一和星期三从十一点整到两点半，**星期二和星期四从九点半到三点整我在学校。我坐车往返学校。**	从……到	D				amb.	Chr.

续 表

36-A1	Id. II	14-15	A1	我每天先吃早饭烤面包，豆浆和水果然后，星期一和星期三从十一点整到两点半，星期二和星期四从九点半到三点整我坐**开车**在大学。	我每天先吃早饭，早饭吃烤面包，豆浆和水果。然后，星期一和星期三从十一点整到两点半，星期二和星期四从九点半到三点整我在学校。我**坐车**往返学校。	开车	L	v.				M.U.
36-A1	Id. II	14-15	A1	**以后**大学我回家吃午饭跟我的妈妈，然后从六点整到七点半做作业。	从大学回来**之后**我回家跟我的妈妈吃午饭，然后从六点整到七点半做作业。	以后	D				con.	Chs.
36-A1	Id. II	14-15	A1	以后**大学**我回家吃午饭跟我的妈妈，然后从六点整到七点半做作业。	**从大学回来**之后我回家跟我的妈妈吃午饭，然后从六点整到七点半做作业。	大学	O		pred.			Om.
36-A1	Id. II	14-15	A1	以后大学我回家吃午饭**跟我的妈妈**，然后从六点整到七点半做作业。	从大学回来之后我回家**跟我的妈妈**吃午饭，然后从六点整到七点半做作业。	跟……	O		m.adv.			Ord.
36-A1	Id. II	14-15	A1	我一点刻睡觉。	我一点**一**刻睡觉。	一	L	num.				Om.
37-A1	Id. II	14-15	A1	平时我七点差一刻去**火车**。	平时我七点差一刻去**火车站**。	火车	L	sust.				M.U.

续 表

37-A1	Id. II	14-15	A1	我星期六八点半去**火车**。	我星期六八点半去**火车站**。	火车	L	sust.				M.U.
38-A1	Id. II	14-15	A1	我天天起床**的**音乐。	我天天起床听音乐。	的	O		m.adj.			Red.
38-A1	Id. II	14-15	A1	然后，我洗澡**和**我吃早饭。	然后，我洗澡，吃早饭。	和	D				con.	Chs.
38-A1	Id. II	14-15	A1	我很喜欢吃早饭**跟我妈妈和我妹妹**。	我很喜欢**跟我妈妈和我妹妹**吃早饭。	跟……	O		m.adv.			Ord.
38-A1	Id. II	14-15	A1	所有的早上我吃早饭一杯热咖啡和果酱的面包。	每天早上我早饭喝一杯热咖啡，吃抹果酱**的**面包。	的	O		m.adj.			Om.
38-A1	Id. II	14-15	A1	**所有的**早上我吃早饭一杯热咖啡和果酱的面包。	**每天**早上我早饭喝一杯热咖啡，吃抹果酱的面包。	所有的	L	adj.				M.U.
38-A1	Id. II	14-15	A1	所有的早上我吃早饭一杯热咖啡和果酱的面包。	每天早上我早饭**喝**一杯热咖啡，吃抹果酱的面包。	喝	O		pred.			Om.
38-A1	Id. II	14-15	A1	所有的早上我吃早饭一杯热咖啡和果酱的面包。	每天早上我早饭喝一杯热咖啡，**吃**抹果酱的面包。	吃	O		pred.			Om.
38-A1	Id. II	14-15	A1	所有的早上我吃早饭一杯热咖啡和果酱的面包。	每天早上我早饭喝一杯热咖啡，吃**抹**果酱的面包。	抹	O		pred.			Om.

续 表

38-A1	Id. II	14-15	A1	有时候，我吃早饭一杯高乐高和水果。	有时候，我早饭**喝**高乐高，吃水果。	喝	O		pred.			Om.
38-A1	Id. II	14-15	A1	有时候，我吃早饭一杯高乐高和水果。	有时候，我早饭喝高乐高，**吃**水果。	吃	O		pred.			Om.
38-A1	Id. II	14-15	A1	我坐 fgc 地铁**跟别的多学生**。	我**跟其他很多学生**坐 fgc 地铁。	跟……	O		m.adv.			Ord.
38-A1	Id. II	14-15	A1	我坐 fgc 地铁跟**别的**多学生。	我跟**其他**很多学生坐 fgc 地铁。	别的	L	adj.				M.U.
38-A1	Id. II	14-15	A1	我坐 fgc 地铁跟别的**多**学生。	我跟其他**很多**学生坐 fgc 地铁。	多	L	adj.				M.U.
38-A1	Id. II	14-15	A1	uab 大学**是**远。	uab 大学很远。	是	O			shi		Red.
38-A1	Id. II	14-15	A1	**看**下班我回家和吃午饭我的爸爸。	下班后我回家和我的爸爸吃午饭。	看	L	v.				Red.
38-A1	Id. II	14-15	A1	看下班我回家和吃午饭**我的爸爸**。	下班后我回家**和我的爸爸**吃午饭。	我的爸爸	O		m.adv.			Ord.
39-A1	Id. II	14-15	A1	我的吃早饭一杯咖啡，牛奶和两果酱面包。	我早饭**喝**一杯咖啡加牛奶，吃两片面包蘸果酱。	喝	O		pred.			Om.
39-A1	Id. II	14-15	A1	我的吃早饭一杯咖啡，牛奶和两果酱面包。	我早饭喝一杯咖啡**加**牛奶，吃两片面包蘸果酱。	加	L	v.				Om.

续 表

39-A1	Id. II	14-15	A1	我的吃早饭一杯咖啡，牛奶和两果酱面包。	我早饭喝一杯咖啡加牛奶，**吃**两片面包蘸果酱。	吃	O		pred.			Om.
39-A1	Id. II	14-15	A1	我的吃早饭一杯咖啡，牛奶和两果酱面包。	我早饭喝一杯咖啡加牛奶，吃两**片**面包蘸果酱。	片	L	med.				Om.
39-A1	Id. II	14-15	A1	我的吃早饭一杯咖啡，牛奶和两果酱面包。	我早饭喝一杯咖啡加牛奶，吃两片面包**蘸**果酱。	蘸	L	v.				Om.
39-A1	Id. II	14-15	A1	星期一和星期三我**从十一点到三点**下课。	星期一和星期三我**从十一点到三点上课**。	从……到	O		m.adv.			Ord.
39-A1	Id. II	14-15	A1	做作业后我吃晚饭**和**我看一个小时电视。	做作业后我吃晚饭，看一个小时电视。	和	D				con.	Chs.
39-A1	Id. II	14-15	A1	做作业后**我**吃晚饭和我看一个小时电视。	做作业后我吃晚饭，看一个小时电视。	我	D				ref.	Chs.
40-A1	Id. II	14-15	A1	我平时八点或者八点半起床，**以后**我吃早饭牛奶和玉米片。	我平时八点或者八点半起床，**之后**我早饭喝牛奶和玉米片。	以后	D				con.	Chs.
1-A1-A2	I&T C1	15-16	A2	他最喜欢运动，比如：**打**足球，打篮球，打排球什么的。	他最喜欢运动，比如：**踢**足球，打篮球，打排球什么的。	打	L	v.				M.U.
1-A1-A2	I&T C1	15-16	A2	他也喜欢柔道，他**有**黑带。	他也喜欢柔道，他**是**黑带。	有	L	v.				M.U.

续 表

1-A1-A2	I&T C1	15-16	A2	当然她也喜欢**比较**我姐妹和我。	当然她也喜欢我姐姐和我。	比较	O		m.adv.			Ord.
1-A1-A2	I&T C1	15-16	A2	当然她也喜欢比较我**姐妹**和我。	当然她也喜欢我**姐姐，我妹妹**和我。	姐妹	L	sust.				M.U.
1-A1-A2	I&T C1	15-16	A2	我姐姐不住在我家，因为她是我小的时候结婚的。	我姐姐不住在我家，因为她是**在**我小的时候结婚的。	在	O		m.adv.			Om.
1-A1-A2	I&T C1	15-16	A2	我妹妹还**去学校**。	我妹妹还**在上学**。	去学校	D				prag.	Prag.
1-A1-A2	I&T C1	15-16	A2	它也有很多爱好，比如：吃火腿、**犬吠声**，去公园跑步等等。	它也有很多爱好，比如：吃火腿，**大声叫**，去公园跑步等等。	犬吠声	L	sust.				M.U.
2-A1-A2	I&T C1	15-16	A2	他也喜欢旅游，所以上周他去意大利。	他也喜欢旅游，所以上周他去**了**意大利。	了	O		pred.			Om.
2-A1-A2	I&T C1	15-16	A2	他不是工作**会**就是在旅游。	他不是工作就是在旅游。	会	L	v.aux.				Red.
2-A1-A2	I&T C1	15-16	A2	每周**一次**我跟他打电话。	每周我给他打**一次**电话。	一次	O		comp.			Ord.
2-A1-A2	I&T C1	15-16	A2	我妈妈**恶**运动。	我妈妈**不喜欢**运动。	恶	L	v.				M.U.
2-A1-A2	I&T C1	15-16	A2	她不喜欢睡觉，所以她**早**起床。	她不喜欢睡觉，所以她起床**早**。	早	O		comp.			Ord.

续 表

2-A1-A2	I&T C1	15-16	A2	他产业工人。	他**是**产业工人。	是	O			shi		Om.
2-A1-A2	I&T C1	15-16	A2	他特别喜欢**科学幻想**。	他特别喜欢**科幻**。	科学幻想	L	sust.				M.U.
2-A1-A2	I&T C1	15-16	A2	虽然我不喜欢科学幻想，但是爸爸和我一样一点。	虽然我不喜欢科学幻想，但是爸爸和我**有**一点一样。	有	O		pred.			Om.
2-A1-A2	I&T C1	15-16	A2	虽然我不喜欢科学幻想，但是爸爸和我一样**一点**。	虽然我不喜欢科学幻想，但是爸爸和我有**一点**一样。	一点	O		m.adj.			Ord.
3-A1-A2	I&T C1	15-16	A2	我们**也**有一只猫，六只鸟。	我们**还**有一只猫，六只鸟。	也	D				con.	Chs.
3-A1-A2	I&T C1	15-16	A2	不管天气好不好，他每个星期都跟朋友去公园**两次**踢足球。	不管天气好不好，他每个星期都跟朋友去公园踢**两次**足球。	两次	O		comp.			Ord.
3-A1-A2	I&T C1	15-16	A2	妈妈一点都不喜欢我弟弟做的**东西**。	妈妈一点都不喜欢我弟弟做的**事情**。	东西	L	sust.				M.U.
3-A1-A2	I&T C1	15-16	A2	所以他每天**都**回家的时，他那么累不吃晚饭，只想去睡觉，而对他的身体不好。	所以他每天回家的时候，他**都**累得不想吃晚饭，只想去睡觉，而这对他的身体不好。	都	O		m.adv.			Ord.

续 表

3-A1-A2	I&T C1	15-16	A2	所以他每天都回家的**时**，他那么累不吃晚饭，只想去睡觉，而对他的身体不好。	所以他每天回家的**时候**，他都累得不想吃晚饭，只想去睡觉，而这对他的身体不好。	时	L	sust.				M.U.
3-A1-A2	I&T C1	15-16	A2	所以他每天都回家的时，他**那么**累不吃晚饭，只想去睡觉，而对他的身体不好。	所以他每天回家的时候，他**都累得不想吃晚饭**，只想去睡觉，而这对他的身体不好。	累得	O		comp.			M.U.
3-A1-A2	I&T C1	15-16	A2	所以他每天都回家的时，他那么累不吃晚饭，只想去睡觉，而对他的身体不好。	所以他每天回家的时候，他都累得不想吃晚饭，只想去睡觉，而**这**对他的身体不好。	这	D				ref.	Chs.
3-A1-A2	I&T C1	15-16	A2	我最喜欢是跳舞，听音乐，看东方的节目，跟朋友聊天儿什么的。	我最喜欢**的**是跳舞，听音乐，看东方的节目，跟朋友聊天儿什么的。	的	O		m.adj.			Om.
3-A1-A2	I&T C1	15-16	A2	我他们的话听是听，但是我不做他们对我说的话。	我**对**他们的话听是听，但是我不能做到他们对我说的话。	对……	O		m.adv.			Om.
3-A1-A2	I&T C1	15-16	A2	**我**他们的话听是听，但是我不做他们对我说的话。	他们的话**我**听是听，但是我不听话。	我	O		suj.			Ord.

续 表

3-A1-A2	I&T C1	15-16	A2	我他们的话听是听，但是我**不做他们对我说的话**。	他们的话我听是听，但是我**不听话**。	听话	D				prag.	Prag.
3-A1-A2	I&T C1	15-16	A2	我以前每个星期跟朋友去**了**一次健身房跳舞。	我以前每个星期跟朋友去一次健身房跳舞。	了	O		pred.			Red.
3-A1-A2	I&T C1	15-16	A2	如果我不学习我的成绩会**坏**了。	如果我不学习铁成绩会**不好**了。	坏	L	adj.				M.U.
3-A1-A2	I&T C1	15-16	A2	我家人对我有很多意见，但是我家人对我的猫有意见有得**更多**。	我家人对我有很多意见，但是他们对我的猫有**更多**意见。	更多	O		comp.			Red.
3-A1-A2	I&T C1	15-16	A2	我家人对我有很多意见，但是**我家人**对我的猫有意见有得更多。	我家人对我有很多意见，但是**他们**对我的猫有更多意见。	我家人	D				ref.	Chs.
3-A1-A2	I&T C1	15-16	A2	她喜欢看书**很多**和跳舞。	她**很**喜欢看书和跳舞。	很多	O		m.adv.			Ord.
3-A1-A2	I&T C1	15-16	A2	我每个星期都要滑冰**三次**。	我每个星期都要滑**三次**冰。	三次	O		comp.			Ord.
3-A1-A2	I&T C1	15-16	A2	我得冰鞋**买**，因为我的冰鞋破了。	我得**买**冰鞋，因为我的冰鞋破了。	买	O		pred.			Ord.
3-A1-A2	I&T C1	15-16	A2	她喜欢唱歌**很多**和购物。	她**很**喜欢唱歌和购物。	很多	O		m.adv.			Ord.
4-A1-A2	I&T C1	15-16	A2	她**是**十五岁。	她十五岁。	是	O			shi		Red.

续表

4-A1-A2	I&T C1	15-16	A2	她比我四岁**小**。	她比我**小**四岁。	小	O			comp.		Ord.
4-A1-A2	I&T C1	15-16	A2	但是她很高**和**瘦。	但是她很高**也**很瘦。	和	D				con.	Chs.
4-A1-A2	I&T C1	15-16	A2	她总跟男朋友**说**。	她总跟男朋友**聊天**。	说	L	v.				M.U.
4-A1-A2	I&T C1	15-16	A2	男朋友**是**十八岁。	男朋友十八岁。	是	O			shi		Red.
4-A1-A2	I&T C1	15-16	A2	她喜欢在海游泳。	她喜欢在海**里**游泳。	里	L	sust.				Om.
4-A1-A2	I&T C1	15-16	A2	冬天她从来**没有**游泳，以为天气很冷。	冬天她从来**不**游泳，因为天气很冷。	没有	D				prag.	Prag.
4-A1-A2	I&T C1	15-16	A2	冬天她从来没有游泳，**以为**天气很冷。	冬天她不游泳，**因为**天气很冷。	以为	D				con.	Chs.
5-A1-A2	I&T C1	15-16	A2	她**从来**花很多钱。	她**总是**花很多钱。	从来	L	adv.				M.U.
5-A1-A2	I&T C1	15-16	A2	她比她的男朋友**二**岁大。	她比她的男朋友大**两**岁。	二	L	num.				M.U.
5-A1-A2	I&T C1	15-16	A2	她比她的男朋友二岁**大**。	她比她的男朋友**大**两岁。	大	O			comp.		Ord.
5-A1-A2	I&T C1	15-16	A2	他们**两**每天都谈谈电话。	他们**俩**每天都打电话。	两	L	pron.				M.U.

续 表

5-A1-A2	I&T C1	15-16	A2	他们两每天都**谈谈**电话。	他们俩每天都**打**电话。	谈谈	L	v.				M.U.
6-A1-A2	I&T C1	15-16	A2	她会是一个有名的歌手，但是她没有信心**自己**。	她会是一个有名的歌手，但是她**对自己**没有信心。	对……	O		m.adv.			Ord.
7-A1-A2	I&T C1	15-16	A2	我比她高，有时我开**一个**玩笑，但是她别生气。	我比她高，有时我开玩笑，但是她不会生气。	个	L	med.				Red.
7-A1-A2	I&T C1	15-16	A2	我比她高，有时我开一个玩笑，但是她**别**生气。	我比她高，有时我开玩笑，但是她**不会**生气。	别	L	adv.				M.U.
7-A1-A2	I&T C1	15-16	A2	她**住**的家是我的家附近。	她的家在我的家附近。	住	L	v.				Red.
7-A1-A2	I&T C1	15-16	A2	她住的家**是**我的家附近。	她的家**在**我的家附近。	是	O			exis.		M.U.
7-A1-A2	I&T C1	15-16	A2	我认识了Laia**在学院**。	我**在学院**认识了Laia。	在……	O		m.adv.			Ord.
7-A1-A2	I&T C1	15-16	A2	Laia 和我**越说越好**的朋友。	Laia 和我**的关系**越来越好。	的关系	D				amb.	Chr.
7-A1-A2	I&T C1	15-16	A2	Laia 和我**越说越好**的朋友。	Laia 和 我的关系越**来越好**。	越……越	D				amb.	Chr.
7-A1-A2	I&T C1	15-16	A2	Laia 和我越说越好**的朋友**。	Laia 我的关系越来越好。	的朋友	O		obj.			Red.

续 表

7-A1-A2	I&T C1	15-16	A2	我没想到我们会怎么好的朋友。	我没想到我们会**成为**这么好的朋友。	成为	O		pred.			Om.
7-A1-A2	I&T C1	15-16	A2	我没想到我们会**怎么**好的朋友。	我没想到我们会成为**这么**好的朋友。	怎么	L	pron.				M.U.
7-A1-A2	I&T C1	15-16	A2	她是最好的朋友**我可以有**。	她是我最好的朋友。	我可以有	O			you		Red.
8-A1-A2	I&T C2	15-16	A2	因为我们都在各地学习，所以我们**多**月没见了。	因为我们都在各地学习，所以我们**好几个**月没见了。	多	L	adj.				M.U.
8-A1-A2	I&T C3	15-16	A2	**不管**我的好朋友 Anna 也在巴塞罗那自治大学学习，我们俩不常多月没见了。	**虽然**我的好朋友 Anna 也在巴塞罗那自治大学学习，**但是**我们俩好几个月没见了。	不管	D				con.	Chs.
8-A1-A2	I&T C4	15-16	A2	不管我的好朋友 Anna 也在巴塞罗那自治大学学习，我们俩**不常多**月没见了。	虽然我的好朋友 Anna 也在巴塞罗那自治大学学习，但是我们俩**好几个**月没见了。	不常多	L	adj.				M.U.
8-A1-A2	I&T C5	15-16	A2	她去年生病，所以她正在住院治疗，但是她总是快乐。	她去年生病**了**，所以她正在住院治疗，但是她总是很快乐。	了	O		pred.			Om.
8-A1-A2	I&T C6	15-16	A2	她去年生病，所以她正在住院治疗，但是她总是快乐。	她去年生病了，所以她正在住院治疗，但是她总是**很**快乐。	很	O		m.adv.			Om.

续表

9-A1-A2	I&T C7	15-16	A2	不管下雨，她每个星期四也去打排球。	不管**是否**下雨，她每个星期四都去打排球。	是否	D				amb.	Chr.
9-A1-A2	I&T C8	15-16	A2	不管下雨，她每个星期四**也**去打排球。	不管是否下雨，她每个星期四**都**去打排球。	都	L	adv.				M.U.
9-A1-A2	I&T C9	15-16	A2	她每天都坐**了**一个小时的公共汽车去上课。	她每天都坐一个小时的公共汽车去上课。	了	O		pred.			Red.
10-A1-A2	Id. III	15-16	A2	我一直以为这将是很好的**做法**太极拳，但我从来没有时间去做。	我一直以为太极拳是很好的**运动**，但我从来没有时间去打。	做法	L	sust.				M.U.
10-A1-A2	Id. III	15-16	A2	我一直以为这**将**是很好的做法太极拳，但我从来没有时间去做。	我一直认为太极拳是很好的运动，但我从来没有时间去打。	将	L	adv.				Red.
10-A1-A2	Id. III	15-16	A2	我一直以为这将是很好的做法太极拳，但我从来没有时间去**做**。	我一直以为太极拳是很好的运动，但我从来没有时间去**打**。	做	L	v.				M.U.
10-A1-A2	Id. III	15-16	A2	也许**当**我尝试去中国。	也许我**会**尝试去中国。	当	L	prep.				M.U.
10-A1-A2	Id. III	15-16	A2	每年我跟我的朋友一起去**三次**滑雪。	每年我跟我的朋友一起去滑**三次**雪。	三次	O		comp.			Ord.
10-A1-A2	Id. III	15-16	A2	每个星期我们去跑步**一次**。	每个星期我们去跑**一次**步。	一次	O		comp.			Ord.

续 表

10-A1-A2	Id. III	15-16	A2	虽然我的妈妈不太喜欢运动，但是每个星期她去**一次**慢跑。	虽然我的妈妈不太喜欢运动，但是每个星期她去慢跑**一次**。	一次	O		comp.			Ord.
11-A1-A2	Id. III	15-16	A2	每个周末吃晚饭以后，我们一起看**又**电影**又**节目。	每个周末吃晚饭以后，我们一起看电影**和**节目。	又……又	D				con.	Chs.
11-A1-A2	Id. III	15-16	A2	我也喜欢听音乐，上网**上**。	我也喜欢听音乐，上网。	上	L	prep.				Red.
11-A1-A2	Id. III	15-16	A2	除了网球，游泳，曲棍球以外，运动**都**我不喜欢。	除了网球，游泳，曲棍球以外，运动我**都**不喜欢。	都	O		m.adv.			Ord.
12-A1-A2	Id. III	15-16	A2	我爸爸**很感兴趣**西班牙音乐。	我爸爸**对**西班牙音乐**很感兴趣**。	对……感兴趣	L	v.				M.U.
12-A1-A2	Id. III	15-16	A2	我们有宠物，是一只狗。	我们有**一个**宠物，是一只狗。	个	L	med.				Om.
12-A1-A2	Id. III	15-16	A2	我做饭做得越来越好，快**比**的我妈妈。	我做饭做得越来越好，快比我妈妈**好**。	比	O			comp.		Om.
12-A1-A2	Id. III	15-16	A2	我做饭做得越来越好，快比**的**我妈妈。	我做饭做得越来越好，快比我妈妈好。	的	O			comp.		Red.
12-A1-A2	Id. III	15-16	A2	她的爱好逛街和骑摩托车。	她的爱好**是**逛街和骑摩托车。	是	O			shi		Om.

续 表

13-A1-A2	Id. III	15-16	A2	**每**下午喜欢画画儿。	**每天**下午喜欢画画儿。	每天	L	sust.				Om.
13-A1-A2	Id. III	15-16	A2	我**每天**喜欢睡午觉。	我喜欢**每天**睡午觉。	每天	O		m.adv.			Ord.
13-A1-A2	Id. III	15-16	A2	我很喜欢溜冰、也喜欢打牌。	我很喜欢溜冰**，**也喜欢打牌。	signo de pausa	D				punt.	Chr.
14-A1-A2	Id. III	15-16	A2	我朋友 Javi **海浪**冲浪得很好看。	我朋友 Javi **冲浪**冲得很好看。	海浪	L	sust.				Red.
14-A1-A2	Id. III	15-16	A2	我朋友 Javi 海浪冲浪得很好看。	我朋友 Javi 冲浪**冲**得很好看。	冲	O		comp.			Om.
14-A1-A2	Id. III	15-16	A2	每年**一度**我旅游一些地方，今年去过罗马。	每年我去一些地方旅游，今年去了罗马。	一度	L	adv.				Red.
14-A1-A2	Id. III	15-16	A2	每年一度我旅游一些地方，今年去过罗马。	每年我**去**一些地方旅游，今年去了罗马。	去	O			v.sr.		Om.
14-A1-A2	Id. III	15-16	A2	每年一度我旅游**一些地方**，今年去过罗马。	每年我去**一些地方**旅游，今年去了罗马。	旅游	O		m.adv.			Ord.
14-A1-A2	Id. III	15-16	A2	每年一度我旅游一些地方，今年去**过**罗马。	每年我去一些地方旅游，今年去**了**罗马。	过	O		pred.			M.U.
14-A1-A2	Id. III	15-16	A2	我想去**了**很多地方，但是我起不买。	我想去很多地方，但是我钱不够。	了	O		pred.			Red.

续 表

14-A1-A2	Id. III	15-16	A2	我想去了很多地方，但是我**起不买**。	我想去很多地方，但是我**钱不够**。	起不买	L	v.				M.U.
15-A1-A2	Id. III	15-16	A2	我们都喜欢看**足球场**。	我们都喜欢看**足球**。	足球场	L	sust.				M.U.
15-A1-A2	Id. III	15-16	A2	除了看**足球场**以外，我爸爸每星期天还踢足球跑同事。	除了看**足球**以外，我爸爸每星期天还和同事踢足球。	足球场	L	sust.				M.U.
15-A1-A2	Id. III	15-16	A2	除了看足球场以外，我爸爸每星期天还踢足球**跑**同事。	除了看足球以外，我爸爸每星期天还**和同事**踢足球。	跑	L	v.				Red.
15-A1-A2	Id. III	15-16	A2	除了看足球场以外，我爸爸每星期天还踢足球跑同事。	除了看足球以外，我爸爸每星期天还**和**同事踢足球。	和	O		m.adv.			Om.
15-A1-A2	Id. III	15-16	A2	除了看足球场以外，我爸爸每星期天还踢足球**跑同事**。	除了看足球以外，我爸爸每星期天还**和同事**踢足球。	踢足球	O		m.adv.			Ord.
15-A1-A2	Id. III	15-16	A2	我爱**网上**，唱歌，玩电子游戏和做饭。	我爱**上网**、唱歌、玩电子游戏和做饭。	网上	L	v.				M.U.
15-A1-A2	Id. III	15-16	A2	我爱网上**，**唱歌**，**玩电子游戏和做饭。	我爱上网**、**唱歌**、**玩电子游戏和做饭。	coma	D				punt.	Chr.
15-A1-A2	Id. III	15-16	A2	我越做**饭**越好。	我**饭**越做越好。	越……越	D				con.	Chs.

续 表

15-A1-A2	Id. III	15-16	A2	我男朋友很运动人。	我男朋友很**爱**运动。	爱	O		pred.			Om.
15-A1-A2	Id. III	15-16	A2	我男朋友很运动**人**。	我男朋友很爱运动。	人	L	sust.				Red.
15-A1-A2	Id. III	15-16	A2	每天我**去**坐火车，那时候在那里我很喜欢看小说或听音乐。	每天我坐火车，在车上时我很喜欢看小说或听音乐。	去	O			v.sr.		Red.
15-A1-A2	Id. III	15-16	A2	每天我去坐火车，**那时候在那里**我很喜欢看小说或听音乐。	每天我坐火车，**在车上**我很喜欢看小说或听音乐。	那时候在那里	D				ref.	Chs.
16-A1-A2	Id. III	15-16	A2	要是我有空，当我回家看一部电影。	要是我有空，当我回家**后**我会看一部电影。	后	O		m.adv.			Om.
16-A1-A2	Id. III	15-16	A2	要是我有空，当我回家看一部电影。	要是我有空，当我回家**我**会看一部电影。	我	O		suj.			Om.
16-A1-A2	Id. III	15-16	A2	要是我有空，当我回家看一部电影。	要是我有空，当我回家我**会**看一部电影。	会	L	v.aux.				Om.
16-A1-A2	Id. III	15-16	A2	我的朋友和我**共享**很多爱好。	我的朋友和我**有很多共同的**爱好。	共享	L	v.				M.U.
16-A1-A2	Id. III	15-16	A2	我们喜欢**去出**晚会一起。	我们喜欢一起**出去**参加晚会。	去出	O		comp.			Ord.
16-A1-A2	Id. III	15-16	A2	我们喜欢去出晚会**一起**。	我们喜欢**一起**出去参加晚会。	一起	O		m.adv.			Ord.

续 表

16-A1-A2	Id. III	15-16	A2	我们喜欢**去**出晚会一起。	我们喜欢一起出去**参加**晚会。	去	D				prag.	Prag.
16-A1-A2	Id. III	15-16	A2	**也是**我们有时候去听音乐一起。	**另外**我们有时候一起去听音乐。	也是	D				con.	Chs.
16-A1-A2	Id. III	15-16	A2	也是我们有时候去听音乐**一起**。	另外我们有时候**一起**去听音乐。	一起	O		m.adv.			Ord.
16-A1-A2	Id. III	15-16	A2	可是音乐会的票很贵，所以我们**不可以**买不起很多音乐会的票。	可是音乐会的票很贵，所以我们买不起很多音乐会的票。	不可以	O		pred.			Red.
16-A1-A2	Id. III	15-16	A2	我们喜欢**去**联欢会的日本和中国文化。	我们喜欢**参加**联欢会，体会日本和中国文化。	去	L	v.				M.U.
16-A1-A2	Id. III	15-16	A2	我们喜欢去联欢会的日本和中国文化。	我们喜欢参加联欢会，**体会**日本和中国文化。	体会	O		pred.			Om.
16-A1-A2	Id. III	15-16	A2	她每星期天做**饭**午饭。	她每星期天做午饭。	饭	L	sust.				Red.
16-A1-A2	Id. III	15-16	A2	而且我妈妈很喜欢去图书馆，学习**韩国语**或看书。	而且我妈妈很喜欢去图书馆，学习**韩语**或看书。	韩国语	L	sust.				M.U.
17-A1-A2	Id. III	15-16	A2	我很喜欢骑马，但是骑马**是**贵。	我很喜欢骑马，但是骑马**很**贵。	是	O			shi		Red.
18-A1-A2	Id. III	15-16	A2	他做很多运动，他最爱是足球。	他做很多运动，他最爱**的**是足球。	的	O		m.adj.			Om.

续 表

19-A1-A2	Id. III	15-16	A2	我妈妈对做饭兴趣。	我妈妈对做饭**感**兴趣。	对……感兴趣	L	v.				Om.
19-A1-A2	Id. III	15-16	A2	他也喜欢听音乐，特别**旧的**音乐队。	他也喜欢听音乐，特别是**老**乐队的音乐。	旧的	L	adj.				M.U.
19-A1-A2	Id. III	15-16	A2	他也喜欢听音乐，特别旧的**音乐队**。	他也喜欢听音乐，特别是老**乐队**的音乐。	音乐队	L	sust.				M.U.
19-A1-A2	Id. III	15-16	A2	他也喜欢听音乐，特别旧的音乐队。	他也喜欢听音乐，特别是老乐队**的音乐**。	的音乐	D				ref.	Chs.
19-A1-A2	Id. III	15-16	A2	我每个周末不是散步就唱卡拉 ok。	我每个周末不是散步就**是**唱卡拉 ok。	不是……就是	D				con.	Chs.
19-A1-A2	Id. III	15-16	A2	一般来说我不喜欢**去出**玩儿。	一般来说我不喜欢**出去**玩儿。	去出	O		comp.			Ord.
20-A1-A2	Id. III	15-16	A2	但是我现在学习中文，所以不能在一足球队踢。	但是我现在学习中文，所以不能在**一个**足球队踢。	个	L	med.				Om.
20-A1-A2	Id. III	15-16	A2	我的舍友和我每天玩电子游戏，但是我**比**他们**不太好**。	我的舍友和我每天玩电子游戏，但是我**没有**他们玩得那么好。	比	O			comp.		M.U.
20-A1-A2	Id. III	15-16	A2	我爸爸和妈妈很喜欢去**外家里**吃晚饭。	我爸爸和妈妈很喜欢**去外面**吃晚饭。	外家里	L	sust.				M.U.
1-A2	I&T C2	14-15	A2	他摸了摸路易的脸**就**很惊恐，马东怕他好朋友发烧发得厉害。	他摸了摸路易的脸很担心，马东怕他好朋友发烧烧得厉害。	就	D				con.	Chs.

续表

1-A2	I&T C2	14-15	A2	他摸了摸路易的脸就很**惊恐**，马东怕他好朋友发烧发得厉害。	他摸了摸路易的脸很**担心**，马东怕他好朋友发烧烧得厉害。	惊恐	L	adj.				M.U.
1-A2	I&T C2	14-15	A2	他摸了摸路易的脸就很惊恐，马东怕他好朋友发烧**发**得厉害。	他摸了摸路易的脸很担心，马东怕他好朋友发烧**烧**得厉害。	发	L	v.				M.U.
1-A2	I&T C2	14-15	A2	马东就帮助路易穿衣服，打的赶快去了**急诊**医院。	马东就帮助路易穿衣服，打的赶快去了**医院急诊**。	急诊	O		m.adj.			Ord.
2-A2	I&T C2	14-15	A2	路易告诉医生他昨晚没睡好觉、而且现在头疼很厉害、再者眼睛好痒。	路易告诉医生他昨晚没睡好觉，而且现在头疼**得**很厉害，另外眼睛好痒。	得	O		comp.			Om.
2-A2	I&T C2	14-15	A2	路易告诉医生他昨晚没睡好觉，而且现在头疼很厉害，**再者**眼睛好痒。	路易告诉医生他昨晚没睡好觉，而且现在头疼得很厉害，**另外**眼睛好痒。	再者	D				prag.	Prag.
2-A2	I&T C2	14-15	A2	然后医生对路易说他好像发烧，可是他别着急因为他只有点感冒。	然后医生对路易说他好像发烧**了**，可是要他别着急因为他只有点感冒。	了	D				part. mo.	Chs.

续 表

2-A2	I&T C2	14-15	A2	然后医生对路易说他好像发烧，可是他别着急因为他只有点感冒。	然后医生对路易说他好像发烧了，可是**让**他别着急因为他只有点感冒。	让	L	prep.				Om.
2-A2	I&T C2	14-15	A2	医生给他开药方，而且让他躺一下儿，直到舒服他才会去上课。	医生给他开药方，而且让他躺一下儿，直到**感觉**舒服了才能去上课。	感觉	L	v.				Om.
2-A2	I&T C2	14-15	A2	医生给他开药方，而且让他躺一下儿，直到舒服他才会去上课。	医生给他开药方，而且让他躺一下儿，直到感觉舒服**了**才能去上课。	了	D				part. mo.	Chs.
2-A2	I&T C2	14-15	A2	医生给他开药方，而且让他躺一下儿，直到舒服他才**会**去上课。	医生给他开药方，而且让他躺一下儿，直到感觉舒服了才**能**去上课。	会	L	v.aux.				M.U.
3-A2	I&T C2	14-15	A2	路易一到医院就**见面**他老师。	路易一到医院就和**他老师见面**。	见面	L	v.				M.U.
3-A2	I&T C2	14-15	A2	路易**谢谢**他。	路易**十分感谢**他。	谢谢	L	v.				M.U.
3-A2	I&T C2	14-15	A2	他**一边回家一边觉得**这位医生很好。	他回家了。他**觉得这位医生很好**。	一边……一边	D				con.	Chs.

续表

4-A2	I&T C2	10-11	A2	我们的习惯跟朋友或者家人聚会和一起吃晚饭。	我们的习惯**是**跟朋友或者家人聚会并一起吃晚饭。	是	O			shi		Om.
4-A2	I&T C2	10-11	A2	我们的习惯跟朋友或者家人聚会**和**一起吃晚饭。	我们习惯是跟朋友或者家人聚会，一起吃晚饭。	和	D				con.	Chs.
4-A2	I&T C2	10-11	A2	十二点的时候，我们每敲钟吃一个葡萄。	十二点的时候，我们每敲**一下**钟吃一个葡萄。	一下	O		comp.			Om.
4-A2	I&T C2	10-11	A2	然后我们都**祝贺**新年和我们跳舞唱歌过新年。	然后我们都**庆祝**新年，我们跳舞唱歌过新年。	祝贺	L	v.				M.U.
4-A2	I&T C2	10-11	A2	然后我们都祝贺新年**和**我们跳舞唱歌过新年。	然后我们都庆祝新年**，**我们跳舞唱歌过新年。	和	D				con.	Chs.
4-A2	I&T C2	10-11	A2	我和家人总是请朋友我家。	我和家人总是请朋友**来**我家。	来	O			pivote		Om.
4-A2	I&T C2	10-11	A2	我和我哥哥**挂彩**。	我和我哥哥**装饰房间**。	挂彩	L	v.				M.U.
4-A2	I&T C2	10-11	A2	我们孩子的时候，我们在家里留。	我们**是**孩子的时候，我们留在家里。	是	O			shi		Om.
4-A2	I&T C2	10-11	A2	我们孩子的时候，我们**在家里**留。	我们是孩子的时候，我们留**在家里**。	留	O		comp.			Ord.
4-A2	I&T C2	10-11	A2	整**下天**我们睡眠。	**整个第二天**我们睡觉。	下天	D				prag.	Prag.
4-A2	I&T C2	10-11	A2	整下天我们**睡眠**。	整个第二天我们**睡觉**。	睡眠	L	v.				M.U.

续 表

5-A2	I&T C2	10-11	A2	新年的时候在我的家不出去玩。	新年的时候**我们**在家不出去玩。	我们	O		suj.			Om.
5-A2	I&T C2	10-11	A2	十二点钟的时候，我们每钟吃一块葡萄。	十二点钟的时候，我们每**敲一下**钟吃一颗葡萄。	敲一下	O		comp.			Om.
5-A2	I&T C2	10-11	A2	十二点钟的时候，我们每钟吃一**块**葡萄。	十二点钟的时候，我们每敲一下钟吃一**颗**葡萄。	块	L	med.				M.U.
6-A2	I&T C2	10-11	A2	新年的时候我**的**全家里人来我家过年。	新年的时候我全家的人来我家过年。	的	O		m.adj.			Red.
6-A2	I&T C2	10-11	A2	新年的时候我的全家**里**人来我家过年。	新年的时候**我全家的人**来我家过年。	里	L	sust.				Red.
6-A2	I&T C2	10-11	A2	因为我**有时候**看我家里人，所以我们谈话，告我们怎么样。	因为我**很少**见到我家里人，所以我们聊天，说说我们怎么样。	有时候	L	adv.				M.U.
6-A2	I&T C2	10-11	A2	因为我有时候**看**我家里人，所以我们谈话，告我们怎么样。	因为我很少**见到**我家里人，所以我们聊天，说说我们怎么样。	看	L	v.				M.U.
6-A2	I&T C2	10-11	A2	因为我有时候看我家里人，所以我们**谈话**，告我们怎么样。	因为我很少见到我家里人，所以我们**聊天**，说说我们怎么样。	谈话	L	v.				M.U.

续 表

6-A2	I&T C2	10-11	A2	因为我有时候看我家里人，所以我们谈话，**告**我们怎么样。	因为我很少见到我家里人，所以我们聊天，**说说**我们怎么样。	告	L	v.				M.U.
6-A2	I&T C2	10-11	A2	**谈话**给我表兄的时候我很高兴。	和我表兄**聊天**的时候我很高兴。	谈话	L	v.				M.U.
6-A2	I&T C2	10-11	A2	谈话**给**我表兄的时候我很高兴。	**和**我表兄聊天的时候我很高兴。	给	L	prep.				M.U.
6-A2	I&T C2	10-11	A2	我们吃十二葡萄过新年。	我们吃十二**个**葡萄过新年。	个	L	med.				Om.
6-A2	I&T C3	10-11	A2	然后我们说：恭喜。	然后我们说：“恭喜。”	comillas	D				punt.	Chr.
6-A2	I&T C4	10-11	A2	我们去巴塞罗那跳舞，唱歌，喝酒。	我们去巴塞罗那跳舞、唱歌、喝酒。	coma	D				punt.	Chr.
6-A2	I&T C2	10-11	A2	我照相，因为我不想**忘**新年。	我照相，因为我不想**忘记**新年。	忘	L	v.				M.U.
6-A2	I&T C2	10-11	A2	新年的时候大家高兴。	新年的时候大家**很**高兴。	很	O		m.adv.			Om.
7-A2	I&T C2	10-11	A2	我过新年**在我的家跟家里人**。	我**在我的家跟家里人**过新年。	在……	O		m.adv.			Ord.
7-A2	I&T C2	10-11	A2	她做饭得很好。	她做饭**做**得很好。	做	O		comp.			Om.

续 表

7-A2	I&T C2	10-11	A2	西班牙人有的吃晚饭**跟朋友**，有的吃跟他们的家里人，有的去旅行跟朋友或者跟家里人。	西班牙人有的**跟朋友**吃晚饭，有的跟他们的家里人吃，有的跟朋友或者跟家里人去旅行。	跟……	O		m.adv.			Ord.
7-A2	I&T C2	10-11	A2	西班牙人有的吃晚饭跟朋友，有的吃**跟他们的家里人**，有的去旅行跟朋友或者跟家里人。	西班牙人有的跟朋友吃晚饭，有的**跟他们的家里人**吃，有的跟朋友或者跟家里人去旅行。	跟……	O		m.adv.			Ord.
7-A2	I&T C2	10-11	A2	西班牙人有的吃晚饭跟朋友，有的吃跟他们的家里人，有的去旅行**跟朋友或者跟家里人**。	西班牙人有的跟朋友吃晚饭，有的跟他们的家里人吃，有的**跟朋友或者跟家里人**去旅行。	跟……	O		m.adv.			Ord.
7-A2	I&T C2	10-11	A2	零点的时候我们都吃十二葡萄。	零点的时候我们都吃十二**个**葡萄。	个	L	med.				Om.
7-A2	I&T C2	10-11	A2	吃**的**以后，我们说："新年好！恭喜恭喜**"**！	吃**了**以后，我们说："新年好！恭喜恭喜！**"**	了	O		pred.			M.U.
7-A2	I&T C3	10-11	A2	吃的以后，我们说："新年好！恭喜恭喜**"**！	吃了以后，我们说："新年好！恭喜恭喜！**"**	comillas	D				punt.	Chr.

续表

7-A2	I&T C2	10-11	A2	我说**对他们**说新年好、咱们聊聊天、哈哈大笑 ...	我**对他们**说新年好，我们聊聊天，哈哈大笑 ...	对…	O		m.adv.			Ord.
7-A2	I&T C2	10-11	A2	我说对他们说新年好、**咱们**聊聊天、哈哈大笑 ...	我对他们说新年好，**我们**聊聊天，哈哈大笑 ...	咱们	D				prag.	Prag.
7-A2	I&T C2	10-11	A2	我说对他们说新年好**、**咱们聊聊天**、**哈哈大笑 ...	我对他们说新年好**，**我们聊聊天**，**哈哈大笑 ...	signo de pausa	D				punt.	Chr.
7-A2	I&T C2	10-11	A2	我们玩得很**多**。	我们玩得很**开心**。	多	L	adv.				M.U.
8-A2	I&T C2	10-11	A2	在我家新年怪**有一点儿**。	在我家新年**有一点儿**怪。	一点儿	O		m.adv.			Ord.
8-A2	I&T C2	10-11	A2	吃饭以后，我们送给祖父母**有的**礼物。	吃完饭以后，我们送给祖父母**一些**礼物。	有的	L	adj.				M.U.
8-A2	I&T C2	10-11	A2	有一**种**礼物我们一直送他们。	我们送他们了一**个**礼物。	种	L	med.				M.U.
8-A2	I&T C2	10-11	A2	有一种礼物我们**一直**送他们。	我们送他们了一个礼物。	一直	L	adv.				Red.
8-A2	I&T C2	10-11	A2	**有一种礼物**我们一直送他们。	我们送他们了**一个礼物**。	有一种礼物	O		obj.			Ord.
8-A2	I&T C2	10-11	A2	然后，我**谈**一个小时的**话**。	然后，我**聊**了一个小时的**天**。	谈话	L	v.				M.U.

续表

8-A2	I&T C2	10-11	A2	然后，我谈一个小时的话。	然后，我聊**了**一个小时的天。	了	O		pred.			Om.
8-A2	I&T C2	10-11	A2	十二点每个敲钟我们吃葡萄。	十二点每敲**一下**钟我们吃一个葡萄。	个	L	med.				M.U.
8-A2	I&T C2	10-11	A2	十二点每个敲钟我们吃葡萄。	十二点每敲**一下**钟我们吃一个葡萄。	个	L	med.				Om.
9-A2	I&T C2	10-11	A2	对西方人来说，新年也是一个很重要的**机会**。	对西方人来说，新年也是一个很重要的**节日**。	机会	L	sust.				M.U.
9-A2	I&T C2	10-11	A2	在西班牙**家人**都回来家。	在西班牙**人们**都回家。	家人	L	sust.				M.U.
9-A2	I&T C2	10-11	A2	在西班牙家人都**回来**家。	在西班牙人们都**回**家。	回来	L	v.				M.U.
9-A2	I&T C2	10-11	A2	年最后的分钟就到了，按照这习惯我们得吃十二葡萄。	**一**年最后的一分钟到了，按照这儿的习惯我们得吃十二个葡萄。	一	L	num.				Om.
9-A2	I&T C2	10-11	A2	年最后的分钟就到了，按照这习惯我们得吃十二葡萄。	一年最后的**一**分钟到了，按照这儿的习惯我们得吃十二个葡萄。	一	L	num.				Om.
9-A2	I&T C2	10-11	A2	年最后的分钟就到了，按照这习惯我们得吃十二葡萄。	一年最后的一分钟到了，按照这儿**的**习惯我们得吃十二个葡萄。	的	O		m.adj.			Om.

续 表

9-A2	I&T C2	10-11	A2	年最后的分钟就到了，按照这习惯我们得吃十二葡萄。	一年最后的一分钟到了， 按照这儿的习惯我们得吃十二**个**葡萄。	个	L	med.				Om.
9-A2	I&T C2	10-11	A2	否则新年会不**好**呢，我们成功找不到。	否则新年会不**顺利**，我们不会成功。	好	L	adj.				M.U.
9-A2	I&T C2	10-11	A2	否则新年会不好**呢**，我们成功找不到。	否则新年会不顺利，我们不会成功。	呢	L	part.				Red.
9-A2	I&T C2	10-11	A2	否则新年会不好呢，我们成功**找不到**。	否则新年会不顺利，我们**不会**成功。	找不到	L	v.				M.U.
9-A2	I&T C2	10-11	A2	新年时候我**太**开心，我打算很多东西，但是我到底只做一个，可能两个。	新年时候我**十分**开心，我打算做很多事情，但是我最终只能做一件，或者两件。	太	L	adv.				M.U.
9-A2	I&T C2	10-11	A2	新年时候我太开心，我打算很多东西，但是我到底只做一个，可能两个。	新年时候我十分开心，我打算**做**很多事情，但是我最终只能做一件，或者两件。	做	O		pred.			Om.
9-A2	I&T C2	10-11	A2	新年时候我太开心，我打算很多东西，但是我**到底**只做一个，可能两个。	新年时候我十分开心，我打算做很多事情，但是我**最终**只能做一件，或者两件。	到底	L	adv.				M.U.

续 表

9-A2	I&T C2	10-11	A2	新年时候我太开心，我打算很多东西，但是我到底只做一个，可能两个。	新年时候我十分开心，我打算做很多事情，但是我最终只**能**做一件，或者两件。	能	L	v.aux.				Om.
9-A2	I&T C2	10-11	A2	新年时候我太开心，我打算很多东西，但是我到底只做一**个**，可能两个。	新年时候我十分开心，我打算做很多事情，但是我最终只能做一**件**，或者两件。	个	L	med.				M.U.
9-A2	I&T C2	10-11	A2	新年时候我太开心，我打算很多东西，但是我到底只做一个，**可能**两个。	新年时候我十分开心，我打算做很多事情，但是我最终只能做一件，可能**或者**两件。	或者	L	v.aux.				Om.
10-A2	I&T C2	10-11	A2	**那**十一点三刻钟，把电视机打开，看看“现场直播新年”。	十二点差一刻，把电视机打开，看看“现场直播新年”。	那	D				con.	Chs.
10-A2	I&T C2	10-11	A2	那**十一点三刻钟**，把电视机打开，看看“现场直播新年”。	**十二点差一刻**，把电视机打开，看看“现场直播新年”。	十一点三刻钟	L	sust.				M.U.
10-A2	I&T C2	10-11	A2	零点差十二秒，大家开始吃十二葡萄。	零点差十二秒，大家开始吃十二**颗**葡萄。	颗	L	med.				Om.
10-A2	I&T C2	10-11	A2	**那**大家看电视机一会儿，然后出去消遣。	大家看一会儿电视，然后出去消遣。	那	D				con.	Chs.

续 表

10-A2	I&T C2	10-11	A2	那大家看**电视机**一会儿，然后出去消遣。	那大家看一会儿**电视**，然后出去消遣。	电视机	L	sust.				M.U.
10-A2	I&T C2	10-11	A2	那大家看电视机**一会儿**，然后出去消遣。	那大家看**一会儿**电视，然后出去消遣。	一会儿	O		comp.			Ord.
10-A2	I&T C2	10-11	A2	年轻常常去夜总会。	年轻**人**常常去夜总会。	人	L	sust.				Om.
11-A2	I&T C2	10-11	A2	我小的时候，在家里过**了**新年。	我小的时候，在家里过新年。	了	O		pred.			Red.
11-A2	I&T C2	10-11	A2	吃葡萄的以后，我们都喝酒、唱歌和跳舞。	吃完葡萄以后，我们都**去**喝酒、唱歌和跳舞。	去	O			v.sr.		Om.
12-A2	I&T C2	10-11	A2	累得跳不**达**的时，我们回家睡觉。	累得跳不**动**的时候，我们就回家睡觉。	达	O		comp.			M.U.
12-A2	I&T C2	10-11	A2	累得跳不达的**时**，我们回家睡觉。	累得跳不动的**时候**，我们就回家睡觉。	时	L	sust.				M.U.
12-A2	I&T C2	10-11	A2	累得跳不达的时，我们回家睡觉。	累得跳不动的时候，我们**就**回家睡觉。	就	D				con.	Chs.
12-A2	I&T C2	10-11	A2	我**想**在西班牙过年比在中国很不一样。	我**觉得**在西班牙过年和在中国很不一样。	想	L	v.aux.				M.U.
12-A2	I&T C2	10-11	A2	我想在西班牙过年**比**在中国很不一样。	我觉得在西班牙过年**和**在中国很不一样。	比	O			comp.		M.U.

续 表

13-A2	Ch.Int.	06-07	A2	明年我打算去**放假**三个月。	明年我打算去**放三个月假**。	三个月	O		comp.			Ord.
13-A2	Ch.Int.	06-07	A2	在**上网**我很多洛杉矶的航空公司。	在**网上**我看到很多洛杉矶的航空公司。	上网	L	sust.				M.U.
13-A2	Ch.Int.	06-07	A2	在上网我很多洛杉矶的航空公司。	在网上我**看到**很多洛杉矶的航空公司。	看到	O		pred.			Om.
13-A2	Ch.Int.	06-07	A2	在那儿你住旅馆**一夜**。	在那儿你住**一夜**旅馆。	一夜	O		comp.			Ord.
13-A2	Ch.Int.	06-07	A2	前年在北京认识他**了**。	前年**是**在北京认识他**的**。	了	O			shi-de		
13-A2	Ch.Int.	06-07	A2	到美国飞机场的时候职员问**旅行人**很多问题。	到美国飞机场的时候职员问**旅客**很多问题。	旅行人	L	sust.				M.U.
13-A2	Ch.Int.	06-07	A2	这个**办法**太麻烦了。	这个**方法**太麻烦了。	办法	L	sust.				M.U.
13-A2	Ch.Int.	06-07	A2	我跟我爸爸一起做很多有意思的**东西**。	我跟我爸爸一起做很多有意思的**事情**。	东西	L	sust.				M.U.
13-A2	Ch.Int.	06-07	A2	周末的时候我们一起骑自行车**着**去树林找蘑菇。	周末的时候我们一起骑**着**自行车去树林找蘑菇。	着	O		pred.			Ord.
13-A2	Ch.Int.	06-07	A2	**但是**我的朋友都是在Igualada长的，所以我是坐公共汽车去他们家玩儿。	我的朋友都是在Igualada长大的，所以我坐公共汽车去他们家玩儿。	但是	D				con.	Chs.

续 表

13-A2	Ch.Int.	06-07	A2	但是我的朋友都是在Igualada长的，所以我是坐公共汽车去他们家玩儿。	我的朋友都是在Igualada长**大**的，所以我坐公共汽车去他们家玩儿。	大	O		comp.			Om.
13-A2	Ch.Int.	06-07	A2	但是我的朋友都是在Igualada长的，所以我**是**坐公共汽车去他们家玩儿。	我的朋友都是在Igualada长大的，所以我坐公共汽车去他们家玩儿。	是	O			shi		Red.
13-A2	Ch.Int.	06-07	A2	**中学校**以后我是去Bellaterra上大学的。	**中学**以后我去Bellaterra上大学。	中学校	L	sust.				M.U.
13-A2	Ch.Int.	06-07	A2	中学校以后我**是**去Bellaterra上大学**的**。	中学以后我去Bellaterra上大学。	是……的	O			shi-de		Red.
14-A2	Ch.Int.	05-07	A2	我父母是**在**加泰罗尼亚外来的。	我父母是**从**加泰罗尼亚外来的。	在	L	prep.				M.U.
14-A2	Ch.Int.	05-07	A2	一个我的很好朋友**叫Cristina**是在同一个的日出生的呢。	一个我的**叫Cristina**的很好的朋友是在同一天出生的呢。	叫Cristina	O		m.adj.			Ord.
14-A2	Ch.Int.	05-07	A2	一个我的很好朋友叫Cristina是在同一个的**日**出生的呢。	一个我的叫Cristina的很好的朋友是在同一**天**出生的呢。	日	L	sust.				M.U.

续 表

14-A2	Ch.Int.	06-07	A2	**从来**我很喜欢学语，可是不是容易的语喜欢的，是难语我很喜欢的。	我**一直**很喜欢学语言，可是我喜欢的不是容易的语言，而是难的语言。	从来	L	adv.				M.U.
14-A2	Ch.Int.	06-07	A2	从来我很喜欢学**语**，可是不是容易的语喜欢的，是难语我很喜欢的。	我一直很喜欢学**语言**，可是我喜欢的不是容易的语言，而是难的语言。	语	L	sust.				M.U.
14-A2	Ch.Int.	06-07	A2	从来我很喜欢学语，可是不是容易的语喜欢的，是难语我很喜欢的。	我一直很喜欢学语言，可是**我**喜欢的不是容易的语言，而是难的语言。	我	O		suj.			Om.
14-A2	Ch.Int.	06-07	A2	从来我很喜欢学语，可是不是容易的语**喜欢的**，是难语我很喜欢的。	我一直很喜欢学语言，可是**我喜欢的**不是容易的语言，而是难的语言。	V 的是	D				T-R	Chr.
14-A2	Ch.Int.	06-07	A2	从来我很喜欢学语，可是**不是**容易的语喜欢的，**是**难语我很喜欢的。	我一直很喜欢学语言，可是我喜欢的**不是**容易的语言，而是难的语言。	不是……而是	D				con.	Chs.
14-A2	Ch.Int.	06-07	A2	在中学，大家学法文，但是**是德文**我想学的。	在中学，大家学法文，但是我想学的**是德文**。	V 的是	D				T-R	Chr.

续 表

14-A2	Ch.Int.	06-07	A2	**来**星期五我要去巴伦西亚了。	**下**星期五我要去巴伦西亚了	来	L	v.				M.U.
14-A2	Ch.Int.	06-07	A2	三个小时以后，**是**我堂姐妹来接我了。	三个小时以后，我堂姐妹来接我。	是	O			shi		Red.
14-A2	Ch.Int.	06-07	A2	三个小时以后，是我堂姐妹来接我**了**。	三个小时以后，我堂姐妹来接我。	了	D				part. mo.	Chs.
15-A2	Ch.Int.	06-07	A2	我妈妈虽然是在Sanlúdar de Barrameda——离Chipiona最近的城市——出生的，**他**小的时候跟她家是到Chipiona搬家的，所以**他**觉得Chipiona人。	我妈妈虽然是在Sanlúdar de Barrameda-离Chipiona最近的城市——出生的，**她**小的时候跟她家搬到Chipiona，所以**她**像Chipiona人。	他	L	pron.				M.U.
15-A2	Ch.Int.	06-07	A2	我妈妈虽然是在Sanlúcar de Barrameda-离Chipiona最近的城市——出生的，他小的时候跟她家**是**到Chipiona搬家**的**，所以他觉得Chipiona人。	我妈妈虽然是在Sanlúdar de Barrameda——离Chipiona最近的城市——出生的，她小的时候跟她家搬到Chipiona，所以她像Chipiona人。	是……的	O			shi-de		Red.

续表

15-A2	Ch.Int.	06-07	A2	我妈妈虽然是在 Sanlúdar de Barrameda——离 Chipiona 最近的城市——出生的，他小的时候跟她家是到 Chipiona 搬家的，所以他**觉得** Chipiona 人。	我妈妈虽然是在 Sanlúdar de Barrameda——离 Chipiona 最近的城市——出生的，他小的时候跟她家搬到 Chipiona，所以她**像** Chipiona 人。	觉得	L	v.				M.U.
15-A2	Ch.Int.	06-07	A2	我是在 Chipiona **学会**的是安达卢西亚人，可是在 Sanlúcar 做的我性格。	我是在 Chipiona **成为了**安达卢西亚人，可是在 Sanlúcar 形成了我的性格。	学会	L	v.				M.U.
15-A2	Ch.Int.	06-07	A2	我是在 Chipiona 学会的是安达卢西亚人，可是在 Sanlúcar **做**的我性格。	我是在 Chipiona 成为了安达卢西亚人，可是在 Sanlúcar **形成**了我的性格。	做	L	v.				M.U.
15-A2	Ch.Int.	06-07	A2	我是在 Chipiona 学会的是安达卢西亚人，可是在 Sanlúcar 做的**我**性格。	我是在 Chipiona 成为了安达卢西亚人，可是在 Sanlúcar 形成了**我的**性格。	我	L	pron.				M.U.
15-A2	Ch.Int.	06-07	A2	而且因为我**受**奖学金，所以也是第一次我靠我自己钱的。	而且因为我**获得**了奖学金，所以这也是第一次我用我自己的钱。	受	L	v.				M.U.

续 表

15-A2	Ch.Int.	06-07	A2	而且因为我受奖学金，所以也是第一次我靠我自己钱的。	而且因为我获得了奖学金，所以**这**也是第一次我用我自己的钱。	这	D				ref.	Chs.
15-A2	Ch.Int.	06-07	A2	而且因为我受奖学金，所以也是第一次我**靠**我自己钱的。	而且因为我获得了奖学金，所以这也是第一次我**用**我自己的钱。	靠	L	v.				M.U.
15-A2	Ch.Int.	06-07	A2	而且因为我受奖学金，所以也是第一次我靠我自己钱**的**。	而且因为我获得了奖学金，所以这也是第一次我用我自己**的**钱。	的	O		m.adj.			Ord.
15-A2	Ch.Int.	06-07	A2	我的第三个最好朋友也是在格拉纳达认识的。	我的第三个最好**的**朋友也是在格拉纳达认识的。	的	O		m.adj.			Om.
15-A2	Ch.Int.	06-07	A2	我**是**在那儿没受奖学金**的**，所以我是那么样得第一次工作赚自己钱的。	我在那儿没获得奖学金，所以我是那样地第一次工作赚自己的钱的。	是……的	O			shi-de		Red.
15-A2	Ch.Int.	06-07	A2	我是在那儿没受奖学金的，所以我是**那么**样得第一次工作赚自己钱的。	我在那儿没获得奖学金，所以我是**那样地**第一次工作赚自己的钱的。	那么	L	adj.				M.U.

续 表

15-A2	Ch.Int.	06-07	A2	我是在那儿没受奖学金的，所以我是那么样**得**第一次工作赚自己钱的。	我在那儿没获得奖学金，所以我是那样**地**第一次工作赚自己的钱的。	得	O		m.adv.			M.U.
15-A2	Ch.Int.	06-07	A2	我是在那儿没受奖学金的，所以我是那么样得第一次工作赚自己钱的。	我在那儿没获得奖学金，所以我是那样地第一次工作赚自己**的**钱的。	的	O		m.adj.			Om.
15-A2	Ch.Int.	06-07	A2	我是在巴塞罗那开始**平常**地学习中文各国文化的。	我是在巴塞罗那开始**系统**地学习中文各国文化的。	平常	L	adv.				M.U.
15-A2	Ch.Int.	06-07	A2	因为我的一个朋友**从 Salúcar** 想来巴塞罗那工作还有跟我住，这个年级的出我是搬家的。	因为我的一个朋友想**从 Salúcar** 来巴塞罗那工作并且跟我住，这个学年初我要搬家。	从 Salúcar	O		m.adv.			Ord.
15-A2	Ch.Int.	06-07	A2	因为我的一个朋友从 Salúcar 想来巴塞罗那工作**还有**跟我住，这个年级的出我是搬家的。	因为我的一个朋友从 Salúcar 想来巴塞罗那工作**并且**跟我住，这个学年初我要搬家。	还有	D				con.	Chs.
15-A2	Ch.Int.	06-07	A2	因为我的一个朋友从 Salúcar 想来巴塞罗那工作还有跟我住，这个**年级**的出我是搬家的。	因为我的一个朋友从 Salúcar 想来巴塞罗那工作并且跟我住，这个**学年**初我要搬家。	年级	L	sust.				M.U.

续 表

15-A2	Ch.Int.	06-07	A2	因为我的一个朋友从Salúcar想来巴塞罗那工作还有跟我住，这个年级的**出**我是搬家的。	因为我的一个朋友从Salúcar想来巴塞罗那工作并且跟我住，这个学年**初**我要搬家。	出	L	sust.				M.U.
15-A2	Ch.Int.	06-07	A2	因为我的一个朋友从Salúcar想来巴塞罗那工作还有跟我住，这个年级的出我**是**搬家**的**。	因为我的一个朋友从Salúcar想来巴塞罗那工作并且跟我住，这个学年初我要搬家。	是……的	O			shi-de		Red.
16-A2	Ch.Int.	06-07	A2	有时候我**是**在医院**的**工作，可是我不喜欢工作那里。	有时候我在医院工作，可是我不喜欢在那里工作。	是……的	O			shi-de		Red.
16-A2	Ch.Int.	06-07	A2	有时候我是在医院的工作，可是我不喜欢工作**那里**。	有时候我在医院工作，可是我不喜欢在**那里**工作。	在……	O		m.adv.			Ord.
16-A2	Ch.Int.	06-07	A2	有时候我是在医院的工作，可是我不喜欢工作那里。	有时候我在医院工作，可是我不喜欢**在**那里工作。	在	O		m.adv.			Om.
16-A2	Ch.Int.	05-07	A2	我们很喜欢做**东西**一起。	我们很喜欢一起做**事情**。	东西	L	sust.				M.U.
16-A2	Ch.Int.	05-07	A2	我们很喜欢做东西**一起**。	我们很喜欢**一起**做事情。	一起	O		m.adv.			Ord.

续 表

16-A2	Ch.Int.	06-07	A2	比如去**在**饭馆吃饭，去出买东西还是玩儿。	比如去饭馆吃饭，去买东西还有玩儿。	在	O		comp.			Red.
16-A2	Ch.Int.	06-07	A2	比如去在饭馆吃饭，去**出**买东西还是玩儿。	比如去饭馆吃饭，去买东西还有玩儿。	出	O		comp.			Ord.
16-A2	Ch.Int.	06-07	A2	比如去在饭馆吃饭，去出买东西**还是**玩儿。	比如去饭馆吃饭，去买东西**还有**玩儿。	还是	D				con.	Chs.
16-A2	Ch.Int.	06-07	A2	有时候我跑步**还是**游泳。	有时候我跑步**或者**游泳。	还是	D				con.	Chs.
17-A2	Ch.Int.	06-07	A2	我们开车**了**到girona的机场。	我们开到**了**girona的机场。	了	O		pred.			Ord.
17-A2	Ch.Int.	06-07	A2	**可是**我们才到了一半小时以前出门的时候。	离我们出门的时候才一个半小时我们就到了。	可是	D				con.	Chs.
17-A2	Ch.Int.	06-07	A2	可是我们才到了一半小时**以前**出门的时候。	**离我们出门的时候**才一个半小时我们就到了。	以前	L	adv.				M.U.
17-A2	Ch.Int.	06-07	A2	可是我们才到了一半小时**以前出门的时候**。	**离我们出门**的时候才一个半小时我们就到了。	以前出门的时候	O		m.adv.			Ord.
17-A2	Ch.Int.	06-07	A2	我们**回**了：“真吗？”	我们**问**：“真的吗？”	回	L	v.				M.U.
17-A2	Ch.Int.	06-07	A2	我们回**了**：“真吗？”	我们问：“真的吗？”	了	O		pred.			Red.
17-A2	Ch.Int.	06-07	A2	我们回了：“真吗？”	我们问：“真**的**吗？”	的	O		m.adj.			Om.

续 表

17-A2	Ch.Int.	06-07	A2	然后她说**了**：“你们得快快地走到四号门上飞机。”	然后她说：“你们得赶快走到四号门上飞机。”	了	O		pred.			Red.
17-A2	Ch.Int.	06-07	A2	然后她说了：“你们得**快快**地走到四号门上飞机。”	然后她说了：“你们得**赶快**走到四号门上飞机。”	快快	L	adv.				M.U.
17-A2	Ch.Int.	06-07	A2	我们认识了很多人，去了**到**很多跳舞会，到各地去了看看。	我们认识了很多人，去了很多舞会，并到各地去参观。	到	L	v.				Red.
17-A2	Ch.Int.	06-07	A2	我们认识了很多人，去了到很多**跳舞会**，到各地去了看看。	我们认识了很多人，去了很多**舞会**，并到各地去参观。	跳舞会	L	sust.				M.U.
17-A2	Ch.Int.	06-07	A2	我们认识了很多人，去了到很多跳舞会，到各地去了看看。	我们认识了很多人，去了很多舞会，**并**到各地去参观。	并	D				con.	Chs.
17-A2	Ch.Int.	06-07	A2	我们认识了很多人，去了到很多跳舞会，到各地去了**看看**。	我们认识了很多人，去了很多舞会，并到各地去**参观**。	看看	L	v.				M.U.
17-A2	Ch.Int.	06-07	A2	我们认识了很多人，去了到很多跳舞会，到各地去**了**看看。	我们认识了很多人，去了很多舞会，并到各地去参观。	了	O		pred.			Red.

续表

18-A2	Ch.Int.	06-07	A2	这个学期我在北京上大学，我想在中国研究所**毕业**。	这个学期我在北京上大学，我想在中国研究所**读书**。	毕业	L	v.				M.U.
18-A2	Ch.Int.	06-07	A2	因为我在这里一定很长时间，上个月我家庭到北京看我。	因为我在这里一定**待**很长时间，所以上个月我家人到北京看我。	待	O		pred.			Om.
18-A2	Ch.Int.	06-07	A2	因为我在这里一定很长时间，上个月我家庭到北京看我。	因为我在这里一定待很长时间，**所以**上个月我家人到北京看我。	所以	D				con.	Chs.
18-A2	Ch.Int.	06-07	A2	因为我在这里一定很长时间，上个月我**家庭**到北京看我。	因为我在这里一定待很长时间，所以上个月我**家人**到北京看我。	家庭	L	sust.				M.U.
18-A2	Ch.Int.	06-07	A2	他们坐**机**来的。	他们坐**飞机**来的。	飞机	L	sust.				M.U.
18-A2	Ch.Int.	06-07	A2	中华航空上个月减价**就是**八折，所以我父母订这家公司的机票。	中华航空上个月减价**打**八折，所以我父母订了这家公司的机票。	就是	L	v.				M.U.
18-A2	Ch.Int.	06-07	A2	中华航空上个月减价就是八折，所以我父母订这家公司的机票。	中华航空上个月减价打八折，所以我父母订**了**这家公司的机票。	了	O		pred.			Om.
18-A2	Ch.Int.	06-07	A2	上飞机的时间太长，当然我家庭到首都机场的时候他们累坏了。	上飞机的时间太长，**所以**我家人到首都机场的时候他们累坏了。	所以	D				con.	Chs.

续 表

18-A2	Ch.Int.	05-07	A2	上飞机的时间太长，当然我**家庭**到首都机场的时候他们累坏了。	上飞机的时间太长，所以我**家人**到首都机场的时候他们累坏了。	家庭	L	sust.				M.U.
18-A2	Ch.Int.	05-07	A2	我跟朋友去机场**送**他们。	我跟朋友去机场**接**他们。	送	L	v.				M.U.
18-A2	Ch.Int.	05-07	A2	我看到爸爸就**快**地跑了过来，但是我看到他们太累了就停跑了。	我看到爸爸就**飞快**地跑了过去，但是我看到他们太累了就停住了。	快	L	adv.				M.U.
18-A2	Ch.Int.	06-07	A2	我看到爸爸就快地跑了过来，但是我看到他们太累了就停**跑**了。	我看到爸爸就飞快地跑了过去，但是我看到他们太累了就停**住**了。	跑	L	v.				M.U.
18-A2	Ch.Int.	06-07	A2	所以他**哪儿**想去，我们就去哪儿。	所以想去**哪儿**，我们就去哪儿。	哪儿	O		comp.			Ord.
19-A2	Ch.Int.	06-07	A2	只有两个月就放假，所以我得想想什么计划。	只有两个月就放假**了**，所以我得想想制定什么计划。	了	D				part. mo.	Chs.
19-A2	Ch.Int.	06-07	A2	只有两个月就放假，所以我得想想什么计划。	只有两个月就放假了，所以我得想想**制定**什么计划。	制定	O		pred.			Om.

续 表

19-A2	Ch.Int.	06-07	A2	我的护照已经办好了，可是我**不**去办我的签证。	我的护照已经办好了，可是我**没**去办我的签证。	不	L	adv.				M.U.
19-A2	Ch.Int.	06-07	A2	我找不到一个好航空公司，有的有直飞很贵，有的**有**转机飞很便宜，可是没有便宜的直飞。	我找不到一个好航空公司，有的有直飞很贵，有的**要**转机很便宜，可是没有便宜的直飞。	有	L	v.				M.U.
19-A2	Ch.Int.	06-07	A2	我找不到一个好航空公司，有的有直飞很贵，有的有转机**飞**很便宜，可是没有便宜的直飞。	我找不到一个好航空公司，有的有直飞很贵，有的要转机很便宜，可是没有便宜的直飞。	飞	L	v.				Red.
19-A2	Ch.Int.	06-07	A2	我去洛杉矶**得**时候，我想一边学英文和中文，一边找什么工作。	我去洛杉矶**的**时候，我想一边学英文和中文，一边找工作。	得	O		m.adj.			M.U.
19-A2	Ch.Int.	06-07	A2	我去洛杉矶得时候，我想一边学英文和中文，一边找**什么**工作。	我去洛杉矶的时候，我想一边学英文和中文，一边找工作。	什么	L	adj.				Red.
19-A2	Ch.Int.	06-07	A2	他们想去露营，**以为**露营比旅店便宜很多。	他们想去露营，**认为**露营比旅店便宜很多。	以为	L	v.				M.U.

续 表

20-A2	Ch.Int.	06-07	A2	火车上出了一个大问题**起来**，所以得等了两个小时。	火车上出了一个大问题，所以我们等了两个小时。	起来	O		comp.			Red.
20-A2	Ch.Int.	06-07	A2	火车上出了一个大问题起来，所以得等了两个小时。	火车上出了一个大问题，所以**我们**等了两个小时。	我们	O		suj.			Om.
20-A2	Ch.Int.	06-07	A2	火车上出了一个大问题起来，所以**得**等了两个小时。	火车上出了一个大问题，所以我们等了两个小时。	得	L	v.aux.				Red.
20-A2	Ch.Int.	06-07	A2	我们很好玩儿。	我们玩儿**得**很好。	得	O		comp.			Om.
20-A2	Ch.Int.	06-07	A2	第二、三天我们**看看**很多地方。	第二、三天我们**参观**了很多地方。	看看	L	v.				M.U.
20-A2	Ch.Int.	06-07	A2	第二、三天我们看看很多地方。	第二、第三天我们参观**了**很多地方。	了	O		pred.			Om.
20-A2	Ch.Int.	06-07	A2	人都很开朗也很**高兴**。	人都很开朗也很**热情**。	高兴	L	adj.				M.U.
1-B1	Id. VI	12-13	B1	举行婚礼**在礼堂**很漂亮。	婚礼**在礼堂**举行，很漂亮。	在礼堂	O		m.adv.			Ord.
1-B1	Id. VI	12-13	B1	举行婚礼在礼堂很漂亮。	婚礼在礼堂举行**，**很漂亮。	coma	D				punt.	Chr.
1-B1	Id. VI	12-13	B1	婚纱是华丽。	婚纱是华丽**的**。	是……的	O			shi-de		Om.

续 表

1-B1	Id. VI	12-13	B1	婚礼很**漂亮**。	婚礼很**盛大**。	漂亮	L	adj.				M.U.
1-B1	Id. VI	12-13	B1	然后我们去举行宴席**在饭店很大的**。	然后我们**在很大的饭店**举行宴席。	在……	O		m.adv.			Ord.
1-B1	Id. VI	12-13	B1	以后我们去**在**新房子。	以后我们去新房子。	在	L	prep.				Red.
1-B1	Id. VI	12-13	B1	**明天**新婚蜜月旅行。	**第二天**新婚蜜月旅行。	明天	D				con.	Chs.
2-B1	Id. VI	12-13	B1	现代**有钱**的城市有很多对象，只去取政府登记拿结婚证。	现代**发达**的城市有很多人，只去政府登记拿结婚证。	发达	L	adj.				M.U.
2-B1	Id. VI	12-13	B1	现代有钱的城市有很多**对象**，只去取政府登记拿结婚证。	现代发达的城市有很多**人**，只去政府登记拿结婚证。	对象	L	sust.				M.U.
2-B1	Id. VI	12-13	B1	现代有钱的城市有很多对象，只去**取**政府登记拿结婚证。	现代发达的城市有很多人，只去政府登记拿结婚证。	取	L	v.				Red.
2-B1	Id. VI	12-13	B1	我不要这样的婚礼，我要一**会**很大又热闹的婚礼。	我不要这样的婚礼，我要一**个**又大又热闹的婚礼。	会	L	med.				M.U.
2-B1	Id. VI	12-13	B1	我不要这样的婚礼，我要一会很大**又**热闹的婚礼。	我不要这样的婚礼，我要一个**又**大又热闹的婚礼。	又……又	D				con.	Chs.

续表

2-B1	Id. VI	12-13	B1	宴席**里**亲戚朋友吃饱喝足很多酒，还吃喜糖，高高兴兴地。	宴席**上**亲戚朋友吃饱喝足，喝很多酒，还高高兴兴地吃喜糖。	里	L	sust.				M.U.
2-B1	Id. VI	12-13	B1	宴席里亲戚朋友吃饱喝足**很多酒**，还吃喜糖，高高兴兴地。	宴席上亲戚朋友**吃饱喝足**，还高高兴兴地吃喜糖。	吃饱喝足	O		obj.			Red.
2-B1	Id. VI	12-13	B1	可是，在中国嫁给谁是一件**真**重的事。	可是，在中国嫁给谁是一件**很**重要的事。	真	L	adv.				M.U.
2-B1	Id. VI	12-13	B1	可是，在中国嫁给谁是一件真**重**的事。	可是，在中国嫁给谁是一件很**重要**的事。	重	L	adj.				M.U.
2-B1	Id. VI	12-13	B1	中国新婚的生活难得多，他们得住岳父母家生孩子。这**样**是传统的规矩。	中国新婚的生活难得多，他们得住岳父母家生孩子。**这**是传统的规矩。	这样	D				ref.	Chs.
2-B1	Id. VI	12-13	B1	总之，虽然我**看**中国婚礼很有意思，但是也看到嫁的生活太难，又城市的婚礼有时不够传统。	总之，虽然我**认为**中国婚礼很有意思，但是也看到婚后生的生活太难，另外城市的婚礼有时不够传统。	看	L	v.				M.U.

续表

2-B1	Id. VI	12-13	B1	总之，虽然我看中国婚礼很有意思，但是也看到**嫁**的生活太难，又城市的婚礼有时不够传统。	总之，虽然我认为中国婚礼很有意思，但是也看到**婚后**的生活太难，另外城市的婚礼有时不够传统。	嫁	L	v.				M.U.
2-B1	Id. VI	12-13	B1	总之，虽然我看中国婚礼很有意思，但是也看到嫁的生活太难，**又**城市的婚礼有时不够传统。	总之，虽然我认为中国婚礼很有意思，但是也看到婚后生的生活太难，**另外**城市的婚礼有时不够传统。	又	D				con.	Chs.
2-B1	Id. VI	12-13	B1	它们**两个样子**很有特色。	它们**各**有特色。	两个样子	D				ref.	Chs.
2-B1	Id. VI	12-13	B1	我**喜好**西班牙城市的婚礼。	我**喜欢**西班牙城市的婚礼。	喜好	L	v.				M.U.
2-B1	Id. VI	12-13	B1	朴素一点，可是举行婚礼和生活最高兴。	虽然**这种婚礼**朴素一点，可是举行婚礼和生活很幸福。	这种婚礼	D				ref.	Chs.
2-B1	Id. VI	12-13	B1	朴素一点，可是举行婚礼和生活**最**高兴。	虽然这种婚礼朴素一点，可是举行婚礼和生活**很**幸福。	最	L	adv.				M.U.
2-B1	Id. VI	12-13	B1	朴素一点，可是举行婚礼和生活最**高兴**。	虽然这种婚礼朴素一点，可是举行婚礼和生活很**幸福**。	高兴	L	adj.				M.U.

续 表

3-B1	Id. VI	12-13	B1	现在，在西班牙**把**结婚举行得很少。	现在，在西班牙很少举行婚礼。	把	O			ba		Red.
3-B1	Id. VI	12-13	B1	现在，在西班牙把**结婚**举行得很少。	现在，在西班牙很少举行**婚礼**。	结婚	L	v.				M.U.
3-B1	Id. VI	12-13	B1	现在，在西班牙把结婚举行得**很少**。	现在，在西班牙**很少**举行婚礼。	很少	O		m.adv.			Ord.
3-B1	Id. VI	12-13	B1	说到结婚的事儿，与中国比较，我们的**风俗惯**是不同的。	说到结婚的事儿，与中国比较，我们的**风俗习惯**是不同的。	风俗习惯	L	sust.				M.U.
3-B1	Id. VI	12-13	B1	最后，结婚的人**这个天**也举行宴席。	最后，结婚的人**当天**也举行宴席。	这个天	L	sust.				M.U.
3-B1	Id. VI	12-13	B1	有时**这个**婚礼在教堂举行。	有时婚礼在教堂举行。	这个	L	pron.				Red.
3-B1	Id. VI	12-13	B1	我觉得如果两个人彼此相爱，**它**就好。	我觉得如果两个人彼此相爱，**那**就好。	它	D				ref.	Chs.
3-B1	Id. VI	12-13	B1	**再说**，我们不叫岳父“爸”，就叫他“先生”或他的名字。	**另外**，我们不叫岳父“爸”，而是叫他“先生”或他的名字。	再说	D				con.	Chs.
3-B1	Id. VI	12-13	B1	再说，我们不叫岳父“爸”，**就**叫他“先生”或他的名字。	另外，我们不叫岳父“爸”，**而是**叫他“先生”或他的名字。	就	D				con.	Chs.
4-B1	Id. VI	12-13	B1	林娜给玉兰在公园。	林娜**和**玉兰在公园。	给	L	prep.				M.U.

续 表

4-B1	Id. VI	12-13	B1	她们说热闹得很。	她们说**得**热闹得很。	得	O		comp.			Om.
4-B1	Id. VI	12-13	B1	后来林娜**问题**。	后来林娜**问道**。	问题	L	sust.				M.U.
4-B1	Id. VI	12-13	B1	我说很多。	我说**了**很多。	了	O		pred.			Om.
4-B1	Id. VI	12-13	B1	你快要举行婚礼，吗？	你快要举行婚礼了吗？	了	D				part. mo.	Chs.
4-B1	Id. VI	12-13	B1	王明在等**咖啡馆里面**。	王明**在咖啡馆里面**等她们。	在……	O		m.adv.			Ord.
4-B1	Id. VI	12-13	B1	王明在等咖啡馆里面。	王明在咖啡馆里面等**她们**。	她们	O		obj.			Om.
4-B1	Id. VI	12-13	B1	我想有**新郎**。	我想有个**男朋友**。	新郎	L	sust.				M.U.
4-B1	Id. VI	12-13	B1	我**再**嫁给他，有怀孕，生孩子，什么的。	我嫁给他，怀孕，生孩子什么的。	再	D				con.	Chs.
4-B1	Id. VI	12-13	B1	我再嫁给他，**有**怀孕，生孩子，什么的。	我嫁给他，怀孕，生孩子什么的	有	L	v.				Red.
4-B1	Id. VI	12-13	B1	你想有**新郎**吗？	你想有**男朋友**吗？	新郎	L	sust.				M.U.
4-B1	Id. VI	12-13	B1	你**知道**一个人找新娘吗？	你**认识**想找女朋友的男生吗？	知道	L	v.				M.U.
4-B1	Id. VI	12-13	B1	你知道**一个人**找新娘吗？	你认识想找女朋友的**男生**吗？	一个人	L	pron.				M.U.
4-B1	Id. VI	12-13	B1	你知道一个人找**新娘**吗？	你认识想找**女朋友**的男生吗？	新娘	L	sust.				M.U.

续表

4-B1	Id. VI	12-13	B1	你**展示**林娜。	你**给**林娜**介绍**一个男朋友。	展示	L	v.				M.U.
4-B1	Id. VI	12-13	B1	你展示林娜。	你给林娜介绍**一个男朋友**。	一个男朋友	O		obj.			Om.
5-B1	Id. VI	12-13	B1	不但婚礼习惯而且对象也不同。	不但婚礼习惯**不同**，而且对象也不同。	不同	O		pred.			Om.
5-B1	Id. VI	12-13	B1	**对象**愿意结婚的时候，他们告诉父母和朋友。	**情侣**愿意结婚的时候，他们告诉父母和朋友。	对象	L	sust.				M.U.
5-B1	Id. VI	12-13	B1	现代婚礼和婚嫁没有具体规矩，有**对象**不想举行婚礼，有别的想安静的婚姻，也有别的想一个热闹的，还有别的只度蜜月。	现代婚礼和婚嫁没有具体规矩，有的**人**不想举行婚礼，有的人想要安静的婚礼，也有的人想要一个热闹的婚礼，还有的人只度蜜月。	对象	L	sust.				M.U.
5-B1	Id. VI	12-13	B1	现代婚礼和婚嫁没有具体规矩，有对象不想举行婚礼，有别的想安静的婚姻，也有别的想一个热闹的，还有**别的**只度蜜月。	现代婚礼和婚嫁没有具体规矩，有的人不想举行婚礼，有的人想要安静的婚礼，也有的人想要一个热闹的婚礼，还**有的人**只度蜜月。	别的	L	pron.				M.U.

续 表

5-B1	Id. VI	12-13	B1	现代婚礼和婚嫁没有具体规矩，有对象不想举行婚礼，有别的想安静的婚姻，也有别的想一个热闹的，还有别的只度蜜月。	现代婚礼和婚嫁没有具体规矩，有的人不想举行婚礼，有的人想要安静的婚礼，也有的人想要一个热闹的**婚礼**，还有的人只度蜜月。	婚礼	O		obj.			Om.
5-B1	Id. VI	12-13	B1	尽管**这事**，有很多人还承袭传统的办法：一个新娘和一个新郎，买一件婚纱，过一个大婚礼，跟很多的请客摆一个宴席。	尽管**这样**，有很多人还承袭传统的办法：一个新娘和一个新郎，买一件婚纱，举办一个隆重的婚礼，摆一个宴席邀请很多人。	这事	D				ref.	Chs.
5-B1	Id. VI	12-13	B1	尽管这事，有很多人还承袭传统的办法：一个新娘和一个新郎，买一件婚纱，**过**一个大婚礼，跟很多的请客摆一个宴席。	尽管这样，有很多人还承袭传统的办法：一个新娘和一个新郎，买一件婚纱，**举办**一个隆重的婚礼，摆一个宴席邀请很多人。	过	L	v.				M.U.
5-B1	Id. VI	12-13	B1	尽管这事，有很多人还承袭传统的办法：一个新娘和一个新郎，买一件婚纱，过一个**大**婚礼，跟很多的请客摆一个宴席。	尽管这样，有很多人还承袭传统的办法：一个新娘和一个新郎，买一件婚纱，举办一个**隆重的**婚礼，摆一个宴席邀请很多人。	大	L	adj.				M.U.

续表

5-B1	Id. VI	12-13	B1	尽管这事，有很多人还承袭传统的办法：一个新娘和一个新郎，买一件婚纱，过一个大婚礼，**跟很多的请客**摆一个宴席。	尽管这事，有很多人还承袭传统的办法：一个新娘和一个新郎，买一件婚纱，举办一个隆重的婚礼，摆一个宴席**邀请很多人**。	跟……	O		obj.			Ord.
5-B1	Id. VI	12-13	B1	每天，当我去她家她总是告诉我穿婚纱的优点。	每天，当我去她家**时**她总是告诉我穿婚纱的优点。	当……时	O		m.adv.			Om.
5-B1	Id. VI	12-13	B1	前几天，在我看她度蜜月的照片的时候，她坚持我应该领结婚证。**再**跟我说，因为我的年龄，我应该生孩子了。	前几天，在我看她度蜜月的照片的时候，她坚持我应该领结婚证。**还**跟我说，因为我的年龄大了，我应该生孩子了。	再	D				con.	Chs.
6-B1	Ch.Int.	06-07	B1	四月二十三号是一个很特别的**天**。	四月二十三号是一个很特别的**节日**。	天	L	sust.				M.U.
6-B1	Ch.Int.	05-07	B1	**这天**我们庆祝 Sant Jordi，并且给我们朋友送玫瑰花和书。	**那天**我们庆祝 Sant Jordi，并且给我们朋友送玫瑰花和书。	这天	D				ref.	Chs.
6-B1	Ch.Int.	05-07	B1	因为这天是国际的书籍节日，我们送书。	因为这天是国际的书籍节日，**所以**我们送书。	所以	D				con.	Chs.

续 表

6-B1	Ch.Int.	06-07	B1	很多年以前，一个**王**、他的女儿和其他的人住在一个小镇上。	很多年以前，一个**国王**、他的女儿以及其他的人住在一个小镇上。	王	L	sust.				M.U.
6-B1	Ch.Int.	06-07	B1	很多年以前，一个王、他的女儿**和**其他的人住在一个小镇上。	很多年以前，一个王、他的女儿以及其他的人住在一个小镇上。	和	D				con.	Chs.
6-B1	Ch.Int.	06-07	B1	他马上去帮她**了**。	他马上去帮她。	了	D				part. mo.	Chs.
6-B1	Ch.Int.	06-07	B1	**那时以来**，因为那个男孩子叫 Jordi，当 Sant Jordi 的节日时我们都送一枝玫瑰花给我们爱的人。	**从那以后**，因为那个男孩子叫 Jordi，当 Sant Jordi 节日时我们都送一枝玫瑰花给我们爱的人。	那时以来	D				con.	Chs.
6-B1	Ch.Int.	06-07	B1	那时以来，因为那个男孩子叫 Jordi，当 Sant Jordi **的**节日时我们都送一枝玫瑰花给我们爱的人。	从那以后，因为那个男孩子叫 Jordi，当 Sant Jordi 节日时我们都送一枝玫瑰花给我们爱的人。	的	O		m.adj.			Red.
7-B1	Id. VI	12-13	B1	红色对中国人是很吉利，在婚礼中有很多红色，比如红色的婚纱，红双喜字，等等。	红色**对中国人来说**是很吉利的，在婚礼中有很多红色，比如红色的婚纱，红双喜字，等等。	对……来说	O		m.adv.			Om.

续 表

7-B1	Id. VI	12-13	B1	红色对中国人**是**很吉利，在婚礼中有很多红色，比如红色的婚纱，红双喜字，等等。	红色对中国人来说**是**很吉利**的**，在婚礼中有很多红色，比如红色的婚纱，红双喜字，等等。	是……的	O			shi-de		Om.
7-B1	Id. VI	12-13	B1	我觉得不同的人总是有不同的**感想**，所以我觉得："知人知面不知心"，我很同意。	我觉得不同的人总是有不同的**想法**，所以人们说"世上没有两片相同的树叶"，我很同意。	感想	L	sust.				M.U.
7-B1	Id. VI	12-13	B1	我觉得不同的人总是有不同的感想，所以**我觉得**："知人知面不知心"，我很同意。	我觉得不同的人总是有不同的想法，所以**人们说**"世上没有两片相同的树叶"，我很同意。	我觉得	D				prag.	Prag.
7-B1	Id. VI	12-13	B1	我觉得不同的人总是有不同的感想，所以我觉得**：**"知人知面不知心"，我很同意。	我觉得不同的人总是有不同的想法，所以人们说"世上没有两片相同的树叶"，我很同意。	dos puntos	D				punt.	Chr.

续 表

7-B1	Id. VI	12-13	B1	我觉得不同的人总是有不同的感想，所以我觉得:“**知人知面不知心**”，我很同意。	我觉得不同的人总是有不同的想法，所以人们说“**世上没有两片相同的树叶**”，我很同意。	知人知面不知心	D				prag.	Prag.
7-B1	Id. VI	12-13	B1	新郎和新娘要共饮交杯酒，送喜糖给客人。	新郎和新娘要共饮交杯酒，**并**送喜糖给客人。	并	D				con.	Chs.
7-B1	Id. VI	12-13	B1	在电影的最后新婚夫妇去海南三亚度蜜月。	在电影的最后新婚夫妇去海南三亚度蜜月**了**。	了	O		pred.			Om.
7-B1	Id. VI	12-13	B1	西班牙婚礼和中国婚礼**相互比较**很不一样。	西班牙婚礼和中国婚礼**相较之**下很不一样。	相互比较	D				incon.	Chr.
8-B1	Id. VI	12-13	B1	我非常喜欢喜糖，现在**还**喜欢。	我非常喜欢喜糖，现在**也**喜欢。	还	L	adv.				M.U.
8-B1	Id. VI	12-13	B1	我小**了**的时候，我去了很多的婚礼。	我小的时候，我去过很多婚礼。	了	O		m.adj.			Red.
8-B1	Id. VI	12-13	B1	我小了的时候，我去**了**很多的婚礼。	我小的时候，我去过很多婚礼。	了	O		pred.			M.U.
8-B1	Id. VI	12-13	B1	我很小，**但**我什么也不知道，不知道婚礼的意思。	我很小，**所以**我什么也不知道，不知道婚礼的意思。	但	D				con.	Chs.

续表

8-B1	Id. VI	12-13	B1	我只知道**人**都很高兴，所以我很喜欢祝了这个事儿。	我只知道**人们**都很高兴，所以我很喜欢庆祝这样的事儿。	人	L	sust.				M.U.
8-B1	Id. VI	12-13	B1	我只知道人都很高兴，所以我很喜欢**祝**了这个事儿。	我只知道人们都很高兴，所以我很喜欢**庆祝**这样的事儿。	祝	L	v.				Om.
8-B1	Id. VI	12-13	B1	我很小，所以什么也不知道，不知道婚礼的意思。我只知道人都很高兴，所以我很喜欢祝了**这个**事儿。	我很小，所以什么也不知道，不知道婚礼的意思。我只知道人们都很高兴，所以我很喜欢庆祝**这样**的事儿。	这个	D				ref.	Chs.
8-B1	Id. VI	12-13	B1	我家人**从来**举行婚礼在审判庭了。	我家人**总是**在教堂举行婚礼。	从来	L	adv.				M.U.
8-B1	Id. VI	12-13	B1	我家人从来举行婚礼在**审判庭**了。	我家人总是**在教堂**举行婚礼。	审判庭	D				prag.	Prag.
8-B1	Id. VI	12-13	B1	我家人从来举行婚礼**在审判庭**了。	我家人总是**在教堂**举行婚礼。	在……	O		m.adv.			Ord.
8-B1	Id. VI	12-13	B1	我家人从来举行婚礼在审判庭**了**。	我家人总是在教堂举行婚礼。	了	D				part. mo.	Chs.
8-B1	Id. VI	12-13	B1	**以后**我们喜欢去一家饭馆。	**婚礼之后**我们喜欢去一家饭馆。	以后	D				con.	Chs.

续 表

8-B1	Id. VI	12-13	B1	在西班牙我们的**规矩**是举行婚礼，去一家好的饭馆吃饭，喝酒，笑得很，也跳舞得很开心。	在西班牙我们的**习俗**是举行婚礼，去一家好的饭馆吃饭，喝酒，笑得很开心，也跳舞跳得很开心。	规矩	L	sust.				M.U.
8-B1	Id. VI	12-13	B1	在西班牙我们的规矩是举行婚礼，去一家好的饭馆吃饭，喝酒，笑得很，也跳舞得很开心。	在西班牙我们的习俗是举行婚礼，去一家好的饭馆吃饭，喝酒，笑得很**开心**，也跳舞跳得很开心。	开心	O		comp.			Om.
8-B1	Id. VI	12-13	B1	在西班牙我们的规矩是举行婚礼，去一家好的饭馆吃饭，喝酒，笑得很，也跳舞得很开心。	在西班牙我们的习俗是举行婚礼，去一家好的饭馆吃饭，喝酒，笑得很开心，也跳舞**跳**得很开心。	跳	O		comp.			Om.
8-B1	Id. VI	12-13	B1	**请**客人可以和新郎，新娘说一点儿话。	客人可以和新郎，新娘说一点儿话。	请	O		pred.			Red.
8-B1	Id. VI	12-13	B1	请客人可以和新郎新娘说一点儿话。**可是**人都聊天，热闹得很。	客人可以和新郎新娘说一点儿话。人们都聊天，热闹得很。	可是	D				con.	Chs.
8-B1	Id. VI	12-13	B1	可是**人**都聊天，热闹得很。	**人们**都聊天，热闹得很。	人	L	sust.				M.U.

续 表

8-B1	Id. VI	12-13	B1	我认为婚礼得有家人和朋友**。**也很多酒和很多好吃的饭。	我认为婚礼得有家人和朋友，也得有很多酒和很多好吃的饭。	punto	D				punt.	Chr.
8-B1	Id. VI	12-13	B1	我认为婚礼得有家人和朋友。也很多酒和很多好吃的饭。	我认为婚礼得有家人和朋友，也**得有**很多酒和很多好吃的饭。	得有	O		pred.			Om.
8-B1	Id. VI	12-13	B1	别的没关系，所以都很高兴，玩得很**多**好。	别的都不重要，所以都很高兴，玩得很好。	多	O		m.adv.			Red.
8-B1	Id. VI	12-13	B1	别的**没关系**，所以都很高兴，玩得很多好。	别的**都不重要**，所以都很高兴，玩得很好。	没关系	D				prag.	Prag.
8-B1	Id. VI	12-13	B1	别的没关系，所以都很高兴，玩得**很多**好。	别的都不重要，所以都很高兴，玩得**很**好。	很多	L	adv.				M.U.
9-B1	Id. VI	12-13	B1	对爸爸妈妈来说结婚是一个很重要的事儿，所以爸爸妈妈老**对**他们孩子找一个伴侣。	对爸爸妈妈来说结婚是一个很重要的事儿，所以爸爸妈妈老**让**他们孩子找一个伴侣。	对……	L	prep.				M.U.
9-B1	Id. VI	12-13	B1	现代的中国举行婚礼**比**现代的西方举行婚礼**更**一样。	现代的中国举行婚礼**和**现代的西方举行婚礼一样。	比	O			comp.		M.U.

续 表

9-B1	Id. VI	12-13	B1	我们都先一起去教堂结婚，**以后**新婚的丈夫和妻子在一家大的饭馆请亲戚朋友来结婚宴席。	我们都先一起去教堂结婚，**之后**新婚的丈夫和妻子在一家大的饭馆请亲戚朋友来结婚宴席。	以后	D				con.	Chs.
9-B1	Id. VI	12-13	B1	**一边**现代的新娘常常穿一条白色婚纱。**一边**现代的新郎常常穿一套黑色西装。	现代的新娘常常穿一条白色婚纱。现代的新郎常常穿一套黑色西装。	一边……一边	D				con.	Chs.
9-B1	Id. VI	12-13	B1	说到结婚宴席人们都**又**吃很好饭，**又**喝杯酒，**又**唱唱歌，**又**跳跳舞。	说到结婚宴席人们**都**吃很好的饭，喝酒，唱唱歌，跳跳舞。	又……又	D				con.	Chs.
9-B1	Id. VI	12-13	B1	说到结婚宴席人们都又吃很好饭，又喝杯酒，又唱唱歌，又跳跳舞。	说到结婚宴席人们都吃很好**的**饭，喝酒，唱唱歌，跳跳舞。	的	O		m.adj.			Om.
9-B1	Id. VI	12-13	B1	可是中国人的规矩**比**西班牙人的不一样。	可是中国人的规矩**和**西班牙人的不一样。	比	O			comp.		M.U.
9-B1	Id. VI	12-13	B1	中国人墙上贴又红双喜字又对联**举行婚礼**。	中国人**举行婚礼**时，墙上又贴红双喜字又贴对联。	举行婚礼	O		m.adv.			Ord.
9-B1	Id. VI	12-13	B1	中国人墙上贴又红双喜字又对联举行婚礼。	中国人举行婚礼**时**，墙上又贴红双喜字又贴对联。	时	O		m.adv.			Om.

续表

9-B1	Id. VI	12-13	B1	中国人墙上**贴**又红双喜字又对联举行婚礼。	中国人举行婚礼时，墙上又**贴**红双喜字又**贴**对联。	贴	O		pred.			Ord.
9-B1	Id. VI	12-13	B1	客人也送他们礼物，比如玩具，汽车，食物，油画，诸如此类。	客人也送他们礼物，比如玩具、汽车、食物、油画，诸如此类。	coma	D				punt.	Chr.
9-B1	Id. VI	12-13	B1	客人也送他们礼物，比如玩具，汽车，食物，油画，诸如此类。	客人也送他们礼物，比如玩具、汽车、食物、油画，诸如此类。	coma	D				punt.	Chr.
9-B1	Id. VI	12-13	B1	客人也送他们礼物，比如玩具，汽车，食物，油画，诸如此类。	客人也送他们礼物，比如玩具、汽车、食物、油画，诸如此类。	coma	D				punt.	Chr.
10-B1	Id. VI	12-13	B1	因为我和上海人谈话越来越多，之后我们成朋友。	因为我和**那两个**上海人谈话越来越多，之后我们成了朋友。	那两个	D				ref.	Chs.
10-B1	Id. VI	12-13	B1	因为我和上海人谈话越来越多，之后我们成朋友。	因为我和那两个上海人谈话越来越多，之后我们成**了**朋友。	了	O		pred.			Om.
10-B1	Id. VI	12-13	B1	可是我的男朋友没有足够时间所以我们经常不能见面。	可是我的男朋友没有足够的时间，所以我们不能经常见面。	coma	D				punt.	Chr.

续 表

10-B1	Id. VI	12-13	B1	因为我们爱上，虽然我们之间有语言的问题，但是再次见面了。	因为我们爱上**了**对方，所以虽然我们之间有语言的问题，但是还是再次见面了。	了	O		pred.			Om.
10-B1	Id. VI	12-13	B1	因为我们爱上，虽然我们之间有语言的问题，但是再次见面了。	因为我们爱上了**对方**，所以虽然我们之间有语言的问题，但是还是再次见面了。	对方	O		obj.			Om.
10-B1	Id. VI	12-13	B1	因为我们爱上，虽然我们之间有语言的问题，但是再次见面了。	因为我们爱上了对方，**所以**虽然我们之间有语言的问题，但是还是再次见面了。	所以	D				con.	Chs.
10-B1	Id. VI	12-13	B1	因为我们爱上，虽然我们之间有语言的问题，但是再次见面了。	因为我们爱上了对方，所以虽然我们之间有语言的问题，但是**还是**再次见面了。	还是	D				con.	Chs.
10-B1	Id. VI	12-13	B1	除夕**的**聚会的时候他吻我，并问我：你想当我的女朋友吗?	除夕聚会的时候他吻我，并问我：你想当我的女朋友吗?	的	O		m.adj.			Red.
10-B1	Id. VI	12-13	B1	**当然**我同意了，我的男朋友又爱情又体贴。	我**当然**同意了，我的男朋友又爱我又体贴。	当然	O		m.adv.			Ord.
10-B1	Id. VI	12-13	B1	当然我同意了，我的男朋友又**爱情**又体贴。	我当然同意了，我的男朋友又**爱我**又体贴。	爱情	L	sust.				M.U.

续 表

10-B1	Id. VI	12-13	B1	可是我的男朋友没有足够时间所以我们经常不能见面。	可是我的男朋友没有足够**的**时间，所以我们不能经常见面。	的	O		m.adj.			Om.
10-B1	Id. VI	12-13	B1	我听得见可是什么也听不懂。	我听得见**，**可是什么也听不懂。	coma	D				punt.	Chr.
10-B1	Id. VI	12-13	B1	可是我的男朋友没有足够时间所以我们**经常**不能见面。	可是我的男朋友没有足够的时间，所以我们不能**经常**见面。	经常	O		m.adv.			Ord.
10-B1	Id. VI	12-13	B1	几个月后我们见面的**时**他不爱我。	几个月后我们见面的**时侯**他说不爱我了。	时	L	sust.				M.U.
10-B1	Id. VI	12-13	B1	几个月后我们见面的时他不爱我。	几个月后我们见面的时侯他**说**不爱我了。	说	O		pred.			Om.
10-B1	Id. VI	12-13	B1	这个原因解释他对我的态度。	这个原因**可以**解释他对我的态度。	可以	O		pred.			Om.
11-B1	Ch.Int.	06-07	B1	很多人**想**这样更不好。	很多人**认为**这样更不好。	想	L	v.aux.				M.U.
11-B1	Ch.Int.	06-07	B1	他住这里。	他住**过**这里。	过	O	v.				M.U.
11-B1	Ch.Int.	06-07	B1	**可能**这样说。	**可以**这样说。	可能	L	v.aux.				M.U.
11-B1	Ch.Int.	06-07	B1	我有**东西**要告诉你。	我有**事情**要告诉你。	东西	L	sust.				M.U.
11-B1	Ch.Int.	06-07	B1	**对我来说**，找个安静、带家具、漂亮的地方很难。	**我觉得**找个安静、带家具、漂亮的公寓很难。	对……来说	D				amb.	Chr.

续 表

11-B1	Ch.Int.	06-07	B1	对我来说，找个安静、带家具、漂亮的**地方**很难。	我觉得找个安静、带家具、漂亮的**公寓**很难。	地方	L	sust.				M.U.
11-B1	Ch.Int.	06-07	B1	**你**大学毕业以后你选你喜欢的工作。	大学毕业以后选择你喜欢的工作。	你	D				ref.	Chs.
11-B1	Ch.Int.	06-07	B1	你大学毕业以后**你**选你喜欢的工作。	大学毕业以后选择你喜欢的工作。	你	D				ref.	Chs.
11-B1	Ch.Int.	06-07	B1	我喜欢吃中国**中饭**。	我喜欢吃中国饭。	中饭	O		obj.			Red.
12-B1	Id. VI	12-13	B1	因为我们都是西班牙人，他们举行西方婚礼。	因为我们都是西班牙人，**所以**他们举行西式婚礼。	所以	D				con.	Chs.
12-B1	Id. VI	12-13	B1	因为我们都是西班牙人，他们举行**西方**婚礼。	因为我们都是西班牙人，所以他们举行**西式**婚礼。	西方	L	adj.				M.U.
12-B1	Id. VI	12-13	B1	他们在教堂举行婚礼。	他们**是**在教堂举行**的**婚礼。	是……的	O			shi-de		Om.
12-B1	Id. VI	12-13	B1	结婚以后，新婚的丈夫和妻子**出去**外边。	结婚以后，新婚的丈夫和妻子**走到**外边。	出去	L	v.				M.U.
12-B1	Id. VI	12-13	B1	我接到花束，可能会是下一个结婚的人。	我接到花束，**所以**我可能会是下一个结婚的人。	所以	D				con.	Chs.

续 表

12-B1	Id. VI	12-13	B1	她先生三十岁，比我姐姐老三岁。	她先生三十岁，比我姐姐大三岁。	老	D				prag.	Prag.
13-B1	Id. VI	12-13	B1	现代很多年轻人三十岁结婚了，可是古代的人一十六岁已经结婚了，连孩子都有。	现代很多年轻人三十岁**才**结婚，可是古代的人十六岁就已经结婚了，连孩子都有了。	才	D				con.	Chs.
13-B1	Id. VI	12-13	B1	现代很多年轻人三十岁结婚**了**，可是古代的人一十六岁已经结婚了，连孩子都有。	现代很多年轻人三十岁才结婚，可是古代的人十六岁就已经结婚了，连孩子都有了。	了	O		pred.			Red.
13-B1	Id. VI	12-13	B1	现代很多年轻人三十岁结婚了，可是古代的人**一**十六岁已经结婚了，连孩子都有。	现代很多年轻人三十岁才结婚，可是古代的人**十六岁**就已经结婚了，连孩子都有了。	一	L	num.				Red.
13-B1	Id. VI	12-13	B1	现代很多年轻人三十岁结婚了，可是古代的人一十六岁已经结婚了，连孩子都有。	现代很多年轻人三十岁才结婚，可是古代的人十六岁就已经结婚了，连孩子都有**了**。	了	D				part. mo.	Chs.

续 表

13-B1	Id. VI	12-13	B1	年轻人**第一**想熟悉他们的对象，熟悉对象他们觉得很有意思，因为他们可知道对象的爱好，对象喜爱的菜	年轻人首先想熟悉他们的对象，熟悉对象他们觉得很有意思，因为他们可以知道对象的爱好，对象喜爱的菜	第一	L	adv.				M.U.
13-B1	Id. VI	12-13	B1	年轻人第一想熟悉他们的对象，熟悉对象他们觉得很有意思，因为他们**可**知道对象的爱好，对象喜爱的菜	年轻人首先想熟悉他们的对象，熟悉对象他们觉得很有意思，因为他们**可以**知道对象的爱好，对象喜爱的菜	可	L	v.aux.				M.U.
13-B1	Id. VI	12-13	B1	**请**客人都说：“生活幸福！”	客人都说：“生活幸福！”	请	L	v.				Red.
13-B1	Id. VI	12-13	B1	那天新娘、新郎**也**请客人都热闹得很。	那天新娘、新郎**和**客人都热闹得很。	也	L	adv.				M.U.
13-B1	Id. VI	12-13	B1	那天新娘、新郎也**请**客人都热闹得很。	那天新娘、新郎和客人都热闹得很。	请	L	v.				M.U.
13-B1	Id. VI	12-13	B1	几**个**天以后，新婚去度蜜月。	几天以后，新婚去度蜜月。	个	L	med.				Red.
14-B1	Id. VI	12-13	B1	我们西班牙人举行婚礼和中国人**的**非常不同。	我们西班牙人举行婚礼和中国人非常不同。	的	O			comp.		Red.

续表

14-B1	Id. VI	12-13	B1	这儿我们吃饭和喝酒，夫妻共饮交杯酒。	**在**这儿我们吃饭和喝酒，夫妻共饮交杯酒。	在…	O		m.adv.			Om.
14-B1	Id. VI	12-13	B1	然后跳舞和唱歌。	然后**宾客们**跳舞和唱歌。	宾客们	O		suj.			Om.
15-B1	Id. VI	12-13	B1	因为教堂很小，只有最亲密亲戚朋友协助婚礼。	因为教堂很小，只有最亲密**的**亲戚朋友协助婚礼。	的	O		m.adj.			Om.
15-B1	Id. VI	12-13	B1	教士**宣布**他们夫妻以后，他们跟证婚人一起去城市政府拿到结婚登记。	教士**证明**他们是夫妻以后，他们跟证婚人一起去城市政府拿结婚证。	证明	L	v.				M.U.
15-B1	Id. VI	12-13	B1	教士宣布他们夫妻以后，他们跟证婚人一起去城市政府拿到结婚登记。	教士证明他们**是**夫妻以后，他们跟证婚人一起去城市政府拿结婚证。	是	O			pivote		Om.
15-B1	Id. VI	12-13	B1	教士宣布他们夫妻以后，他们跟证婚人一起去城市政府**拿到**结婚**登记**。	教士宣布他们是夫妻以后，他们跟证婚人一起去城市政府**拿**结婚证。	拿到	L	v.				M.U.
15-B1	Id. VI	12-13	B1	教士宣布他们夫妻以后，他们跟证婚人一起去城市政府拿到结婚**登记**。	教士宣布他们是夫妻以后，他们跟证婚人一起去城市政府拿结婚证。	登记	L	sust.				M.U.

续表

15-B1	Id. VI	12-13	B1	中午，每个人他们都**知道**在饭馆里邀请到宴席。	中午，每个人他们都**被**邀请在饭馆里参加宴席。	知道	L	v.			M.U.
15-B1	Id. VI	12-13	B1	中午，每个人他们都知道在饭馆里邀请**到**宴席。	中午，每个人他们都被邀请在饭馆里**参加**宴席。	到	L	v.			M.U.
15-B1	Id. VI	12-13	B1	因为**所有**的人没能举行婚礼，所以当夫妇到达饭馆，客人都开始把他们扔大米了。	因为**很多的**人没能参加婚礼，所以当夫妇到达饭馆时，客人都开始向他们扔大米。	所有	L	adj.			M.U.
15-B1	Id. VI	12-13	B1	因为所有的人没能**举行**婚礼，所以当夫妇到达饭馆，客人都开始把他们扔大米了。	因为很多的人没能**参加**婚礼，所以当夫妇到达饭馆时，客人都开始向他们扔大米。	举行	L	v.			M.U.
15-B1	Id. VI	12-13	B1	因为所有的人没能举行婚礼，所以当夫妇到达饭馆，客人都开始把他们扔大米了。	因为很多的人没能参加婚礼，所以当夫妇到达饭馆**时**，客人都开始向他们扔大米。	当……时	O		m.adv.		Om.
15-B1	Id. VI	12-13	B1	因为所有的人没能举行婚礼，所以当夫妇到达饭馆，客人都开始**把**他们扔大米了。	因为很多的人没能参加婚礼，所以当夫妇到达饭馆时，客人都开始**向**他们扔大米。	把	O			ba	M.U.

续表

15-B1	Id. VI	12-13	B1	因为所有的人没能举行婚礼，所以当夫妇到达饭馆，客人都开始把他们扔大米**了**。	因为很多的人没能参加婚礼，所以当夫妇到达饭馆时，客人都开始向他们扔大米。	了	D				part. mo.	Chs.
15-B1	Id. VI	12-13	B1	**以后**，我们都吃饭吃得很多。	**之后**，我们都吃饭吃得很多。	以后	D				con.	Chs.
15-B1	Id. VI	12-13	B1	**新婚**把蛋糕切了后，把客人让吃一块的。	**新娘**把蛋糕切好后，让每个客人让吃一块。	新婚	L	sust.				M.U.
15-B1	Id. VI	12-13	B1	新婚把蛋糕切**了**后，把客人让吃一块的。	新娘把蛋糕切好后，让每个客人吃一块。	了	O		pred.			Red.
15-B1	Id. VI	12-13	B1	新婚把蛋糕切了后，**把**客人让吃一块的。	新娘把蛋糕切好后，**让**每个客人让吃一块。	把	O			ba		Red.
15-B1	Id. VI	12-13	B1	新婚把蛋糕切了后，把客人让吃一块的。	新娘把蛋糕切好后，让**每个**客人吃一块。	每个	D				ref.	Chs.
15-B1	Id. VI	12-13	B1	新婚把蛋糕切了后，把客人让吃一块**的**。	新娘把蛋糕切好后，让每个客人吃一块。	的	O		m.adj.			Red.
15-B1	Id. VI	12-13	B1	随着时间的推移，派对越来越**热情**。	随着时间的推移，派对越来越**火热**。	热情	L	adj.				M.U.
15-B1	Id. VI	12-13	B1	**直到午夜**我们都跳舞高高兴兴地。	我们高高兴兴地跳舞**直到午夜**。	直到午夜	O		m.adv.			Ord.
15-B1	Id. VI	12-13	B1	直到午夜我们都跳舞**高高兴兴地**。	我们**高高兴兴地**跳舞直到午夜。	高高兴兴地	O		m.adv.			Ord.

续 表

16-B1	Id. VI	12-13	B1	小军，你对中国的婚礼**习惯**熟悉吗？	小军，你对中国的婚礼**习俗**了解吗？	习惯	L	sust.				M.U.
16-B1	Id. VI	12-13	B1	小军，你对中国的婚礼习惯**熟悉**吗？	小军，你对中国的婚礼习俗**了解**吗？	熟悉	L	v.				M.U.
16-B1	Id. VI	12-13	B1	选一个对的人结婚很重要的。	选一个对的人结婚是很重要的。	是……的	O			shi-de		Om.
16-B1	Id. VI	12-13	B1	我的朋友嫁给一个很**可亲**的上海人。	我的朋友嫁给一个很**可爱**的上海人。	可亲	L	adj.				M.U.
16-B1	Id. VI	12-13	B1	去年我参加一场婚礼，所以有一点儿熟悉。	去年我参加**了**一场婚礼，所以有熟悉一点儿。	了	O		pred.			Om.
16-B1	Id. VI	12-13	B1	去年我参加一场婚礼，所以有一点儿**熟悉**。	去年我参加了一场婚礼，所以有**熟悉**一点儿。	熟悉	O		pred.			Ord.
16-B1	Id. VI	12-13	B1	我们在一座大礼堂过宴席。	我们**是**在一座大礼堂办宴席**的**。	是……的	O			shi-de		Om.
16-B1	Id. VI	12-13	B1	我们在一座大礼堂**过**宴席。	我们是在一座大礼堂**办**宴席的。	过	L	v.				M.U.
16-B1	Id. VI	12-13	B1	大家一坐好，岳父讲起话来。	大家一坐好，岳父**就**讲起话来。	一……就	O		m.adv.			Om.
16-B1	Id. VI	12-13	B1	今天我请客，请大家**把这些菜**吃饱了。	今天我请客，请大家吃饱。	把	O			ba		Red.

续 表

16-B1	Id. VI	12-13	B1	他们俩是很久以前**爱上**的。	他们俩是很久以前**相爱**的。	爱上	L	v.			M.U.
16-B1	Id. VI	12-13	B1	好像他们经历过一件很**可爱**的爱情故事。	好像他们经历过一件很**美好**的爱情故事。	可爱	L	adj.			M.U.
16-B1	Id. VI	12-13	B1	我愿意找到那么可亲的**自己**对象。	我愿意找一个那么可爱的对象。	自己	L	pron.			Red.
16-B1	Id. VI	12-13	B1	我愿意**找到**那么可亲的自己对象。	我愿意给自己**找**一个那么可爱的对象。	找到	L	v.			M.U.
16-B1	Id. VI	12-13	B1	我愿意找到那么**可亲**的自己对象。	我愿意给自己找一个那么**可爱**的对象。	可亲	L	adj.			M.U.
17-B1	Id. VI	12-13	B1	我的妻子，我八年以前认识她。	我的妻子，我**是**八年以前认识她**的**。	是……的	O			shi-de	Om.
17-B1	Id. VI	12-13	B1	我们一起旅行。	我们一起旅行**过**。	过	O		pred.		Om.
17-B1	Id. VI	12-13	B1	所以，请客很少。	所以，**我们**请的客人很少。	我们	O		suj.		Om.
17-B1	Id. VI	12-13	B1	所以，请客很少。	所以，我们请**的**客人很少。	的	O		m.adj.		Om.
17-B1	Id. VI	12-13	B1	所以，请**客**很少。	所以，我们请的**客人**很少。	客	L	sust.			M.U.
17-B1	Id. VI	12-13	B1	然后，拿结婚证**了**。	然后，拿**了**结婚证。	了	O		pred.		Ord.

续表

17-B1	Id. VI	12-13	B1	在饭馆，我们**都**共饮交杯酒。	在饭馆，我们共饮交杯酒。	都	D				prag.	Prag.
17-B1	Id. VI	12-13	B1	现代婚礼的习惯跟我来的很不一样。	**这边**现代婚礼的习惯跟我那儿的很不一样。	这边	D				amb.	Chr.
17-B1	Id. VI	12-13	B1	现代婚礼的习惯跟我**来**的很不一样。	这边现代婚礼的习惯跟我**那儿**的很不一样。	来	L	v.				M.U.
17-B1	Id. VI	12-13	B1	除了对象**爱**得很，什么都很不一样。	除了对象很**相爱**，什么都很不一样。	爱	L	v.				M.U.
17-B1	Id. VI	12-13	B1	除了对象爱**得**很，什么都很不一样。	除了对象很相爱，什么都很不一样。	得	O		comp.			M.U.
18-B1	Id. VI	12-13	B1	现代人们越来越想只有爱情，他们结婚。	现代人们越来越想只**要**有爱情，他们就结婚。	要	D				con.	Chs.
18-B1	Id. VI	12-13	B1	现代人们越来越想只有爱情，他们结婚。	现代人们越来越想只要有爱情，他们**就**结婚。	就	D				con.	Chs.
18-B1	Id. VI	12-13	B1	对她没有对象她的人家都感到惊奇，因为她很美丽，而且她大学毕业以来，她在一家进出口公司工作。	对她没有对象**这件事**她的家人都感到惊奇，因为她很美丽，而且她大学毕业以来，一直在一家进出口公司工作。	这件事	D				ref.	Chs.

续 表

18-B1	Id. VI	12-13	B1	对她没有对象她的**人家**都感到惊奇，因为她很美丽，而且她大学毕业以来，她在一家进出口公司工作。	对她没有对象这件事她的**家人**都感到惊奇，因为她很美丽，而且她大学毕业以来，一直在一家进出口公司工作。	人家	L	sust.				M.U.
18-B1	Id. VI	12-13	B1	对她没有对象她的人家都感到惊奇，因为她很美丽，而且她大学毕业以来，**她**在一家进出口公司工作。	对她没有对象这件事她的家人都感到惊奇，因为她很美丽，而且她大学毕业以来，一直在一家进出口公司工作。	她	D				ref.	Chs.
18-B1	Id. VI	12-13	B1	对她没有对象她的人家都感到惊奇，因为她很美丽，而且她大学毕业以来，她在一家进出口公司工作。	对她没有对象这件事她的家人都感到惊奇，因为她很美丽，而且她大学毕业以来，**一直**在一家进出口公司工作。	一直	O		m.adv.			Om.
18-B1	Id. VI	12-13	B1	所以他们觉得她已经结婚了，而且也生孩子。	所以他们觉得她已经结婚了，而且也生**了**孩子。	了	O		pred.			Om.
18-B1	Id. VI	12-13	B1	玉兰三十岁，**再说**她还没有男朋友。	玉兰三十岁，还没有男朋友。	再说	D				con.	Chs.

续 表

18-B1	Id. VI	12-13	B1	玉兰三十岁，再说**她**还没有男朋友。	玉兰三十岁，还没有男朋友。	她	D				ref.	Chs.
19-B1	Id. VI	12-13	B1	**再说**农村的规矩和市城的不一样。	**另外**农村的规矩和城市的不一样。	再说	D				con.	Chs.
19-B1	Id. VI	12-13	B1	再说农村的规矩和**市城**的不一样。	另外农村的规矩和**城市**的不一样。	市城	L	sust.				M.U.
19-B1	Id. VI	12-13	B1	**当今**两个人结婚的时候，他们愿意怎么举办就怎么举办。	**现在**两个人结婚的时候，他们愿意怎么举办婚礼就怎么举办婚礼。	当今	L	adv.				M.U.
19-B1	Id. VI	12-13	B1	当今两个人结婚的时候，他们愿意怎么举办就怎么举办。	现在两个人结婚的时候，他们愿意怎么举办**婚礼**就怎么举办婚礼。	婚礼	O		obj.			Om.
19-B1	Id. VI	12-13	B1	当今两个人结婚的时候，他们愿意怎么举办就怎么举办。	现在两个人结婚的时候，他们愿意怎么举办婚礼就怎么举办**婚礼**。	婚礼	O		obj.			Om.
19-B1	Id. VI	12-13	B1	现代**越来越**单身的人，因为生命只有一次，每个人得想什么做，就什么做。	现代单身的人**越来越多**，因为生命只有一次，每个人应该想做什么，就做什么。	越……越	D				T-R	Chr.

续 表

19-B1	Id. VI	12-13	B1	现代越来越单身的人，因为生命只有一次，每个人**得**想什么做，就什么做。	现代单身的人越来越多，因为生命只有一次，每个人**应该**想做什么，就做什么。	得	L	v.aux.				M.U.
19-B1	Id. VI	12-13	B1	现代越来越单身的人，因为生命只有一次，每个人得想**什么**做，就**什么**做。	现代单身的人越来越多，因为生命只有一次，每个人应该想做**什么**，就做什么。	什么	O		obj.			Ord.
19-B1	Id. VI	12-13	B1	现代越来越单身的人，因为生命只有一次，每个人得想**什么**做，就**什么**做。	现代单身的人越来越多，因为生命只有一次，每个人应该想做什么，就做**什么**。	什么	O		obj.			Ord.
19-B1	Id. VI	12-13	B1	在中国亲戚**把**新娘要坐花轿，在一个有名的饭店摆结婚宴席，家人把红双喜字贴在墙上。	在中国亲戚**让**新娘坐花轿，在有名的饭店摆结婚宴席，家人把红双喜字贴在墙上。	把	O			ba		M.U.
19-B1	Id. VI	12-13	B1	在中国亲戚把新娘**要**坐花轿，在一个有名的饭店摆结婚宴席，家人把红双喜字贴在墙上。	在中国亲戚**让**新娘坐花轿，在有名的饭店摆结婚宴席，家人把红双喜字贴在墙上。	要	L	v.aux.				M.U.
19-B1	Id. VI	12-13	B1	在农村举行婚礼是重要的事儿。	在农村举行婚礼是**件**重要的事儿。	件	L	med.				Om.

续 表

19-B1	Id. VI	12-13	B1	要是你不举行婚礼，人们都可能**批评**你。	要是你不举行婚礼，人们都可能**说**你。	批评	L	v.				M.U.
20-B1	Id. VI	12-13	B1	首先，中国的结婚**习惯**和西班牙的结婚习惯一样隆重。	首先，中国的结婚**习俗**和西班牙的结婚习俗一样隆重。	习惯	L	sust.				M.U.
20-B1	Id. VI	12-13	B1	中国现代的婚礼和西方传统的**同举行**。	中国现代的婚礼和西方传统的**举行方式差不多**。	同举行	D				incon.	Chr.
20-B1	Id. VI	12-13	B1	**看**文化，每社会遵从一系列的传统和习惯。	**从文化来看**，每个社会都遵从一系列的传统和习惯。	看	L	v.				M.U.
20-B1	Id. VI	12-13	B1	看文化，每社会遵从一系列的传统和习惯。	从文化来看，每**个**社会都遵从一系列的传统和习惯。	个	L	med.				Om.
20-B1	Id. VI	12-13	B1	看文化，每社会遵从一系列的传统和习惯。	从文化来看，每个社会**都**遵从一系列的传统和习惯。	都	O		m.adv.			Om.
20-B1	Id. VI	12-13	B1	这个规矩**形容**怎么人们互相关系。	这个规矩**影响**人们之间的互相关系。	形容	L	v.				M.U.
20-B1	Id. VI	12-13	B1	这个规矩形容**怎么**人们互相关系。	这个规矩影响人们之间的互相关系。	怎么	L	pron.				Red.
20-B1	Id. VI	12-13	B1	这个规矩形容怎么人们互相关系。	这个规矩影响人们之间**的**互相关系。	的	O		m.adj.			Om.

续 表

20-B1	Id. VI	12-13	B1	根据中国的婚礼**习惯**，客人墙挂红双喜字。	根据中国的婚礼**习俗**，客人在墙上挂红双喜字。	习惯	L	sust.				M.U.
20-B1	Id. VI	12-13	B1	根据中国的婚礼习惯，客人墙挂红双喜字。	根据中国的婚礼习俗，客人**在**墙**上**挂红双喜字。	在……	O		m.adv.			Om.
20-B1	Id. VI	12-13	B1	这个字标志幸福。	这个字标志**着**幸福。	着	O		pred.			Om.
20-B1	Id. VI	12-13	B1	在中国婚礼，新郎和新娘**互相**共饮交杯酒。	在中国婚礼，新郎和新娘共饮交杯酒。	互相	O		m.adv.			Red.
1-B1-B2	Ch.C7	11-12	B1	**在**路边都是绿色的，而且所有的花都开了。	路边都是绿色的，而且所有的花都开了。	在……	O		m.adv.			Red.
1-B1-B2	Ch.C7	11-12	B1	秋天**一边**下雨，**一边**刮风。	秋天又下雨，又刮风。	一边……一边	D				con.	Chs.
1-B1-B2	Ch.C7	11-12	B1	树上的叶再也不是绿叶了，它们就**是**棕色的，黄色的，橙色的等。	树上的叶再也不是绿叶了，它们就**成了**棕色的、黄色的、橙色的等等。	是	O			shi		M.U.
1-B1-B2	Ch.C7	11-12	B1	树上的叶再也不是绿叶了，它们就是棕色的，黄色的，橙色的等。	树上的叶再也不是绿叶了，它们就成了棕色的、黄色的、橙色的等等。	coma	D				punt.	Chr.

续表

1-B1-B2	Ch.C7	11-12	B1	关于自然灾害，夏天时有时候有林火，但是我们国家到现在没**受**过重大灾。	关于自然灾害，夏天时有时候有林火，但是我们没**遭受**过重大灾难。	受	L	v.				M.U.
1-B1-B2	Ch.C7	11-12	B1	关于自然灾害，夏天时有时候有林火，但是我们国家到现在没受过重大**灾**。	关于自然灾害，夏天时有时候有林火，但是我们没遭受过重大**灾难**。	灾	L	sust.				M.U.
2-B1-B2	T&C	14-15	B1	她说不会她的车错停在我的车位上。	她说不会**再**把她的车错停在我的车位上。	再	D				incon.	Chr.
2-B1-B2	T&C	14-15	B1	她说不会她的车错停在我的车位上。	她说不会再**把**她的车错停在我的车位上。	把	O			ba		Om.
2-B1-B2	T&C	14-15	B1	但是后来几天她又将她的车位上。	但是后来几天她又将她的车**停在**我的车位上。	停在	O		pred.			Om.
2-B1-B2	T&C	14-15	B1	但是后来几天她又将她的车位上。	但是后来几天她又将她的车停在**我的**车位上。	我的	O		m.adj.			Om.
2-B1-B2	T&C	14-15	B1	晚上全家聚在一起吃**晚**庆祝平安夜，就是圣诞节的前一夜。	晚上全家聚在一起吃**晚饭**庆祝平安夜，就是圣诞节的前一夜。	晚饭	L	sust.				M.U.

续 表

2-B1-B2	T&C	14-15	B1	我们准备很多菜，我们说着话和**多玩儿**。	我们准备很多菜，我们说着话，**玩儿得很开心**。	多玩儿	O		comp.			M.U.
3-B1-B2	T&C	14-15	B1	加泰罗尼亚有很多传统节日，比如圣诞节、**新年节**、复活节等等。	加泰罗尼亚有很多传统节日，比如圣诞节、**新年**、复活节等等。	新年节	L	sust.				M.U.
4-B1-B2	T&C	14-15	B1	我的问题开始**了**两个星期前。	我的问题**是**在两个星期前开始**的**。	是……的	O			shi-de		Om.
4-B1-B2	T&C	14-15	B1	我的邻居搬离了**在**我的大楼。	我的邻居搬离了我**的**大楼。	在	L	prep.				Red.
4-B1-B2	T&C	14-15	B1	我下了班回家的时候，他车总是**在我的停车位**停。	我下了班回家的时候，他车总是停**在我的停车位**。	在……	O		m.adv.			Ord.
4-B1-B2	T&C	14-15	B1	因此我对他说**如果**他可以把车停在别处。	因此我对他说**是否**他可以把车停在别处。	如果	D				con.	Chs.
4-B1-B2	T&C	14-15	B1	所以在2014年6月4日，我计算了**多长时间**我的邻居停他的汽车，一共三个小时。	所以2014年6月4日，我计算了我的邻居把他的汽车停在我车位**多长时间**，一共三个小时。	多长时间	O		obj.			Ord.
4-B1-B2	T&C	14-15	B1	第二天，**二**个小时。	第二天，**两**个小时。	二	L	num.				M.U.

续 表

4-B1-B2	T&C	14-15	B1	我要捍卫我的财产，所以我觉得您们跟他**可能**说话，但是若他不改变他的态度，您们应该罚他用经济制裁。	我要捍卫我的财产，所以我觉得您们**可以**跟他谈话。但是若他不改变他的态度，您们应该用经济制裁罚他。	可能	L	v.aux.				M.U.
4-B1-B2	T&C	14-15	B1	我要捍卫我的财产，所以我觉得您们跟他可能**说话**，但是若他不改变他的态度，您们应该罚他用经济制裁。	我要捍卫我的财产，所以我觉得您们可以跟他**谈话**。但是若他不改变他的态度，您们应该用经济制裁罚他。	说话	L	v.				M.U.
4-B1-B2	T&C	14-15	B1	我要捍卫我的财产，所以我觉得您们跟他可能说话**，**但是若他不改变他的态度，您们应该罚他用经济制裁。	我要捍卫我的财产，所以我觉得您们可以跟他谈话。但是若他不改变他的态度，您们应该用经济制裁罚他。	coma	D				punt.	Chr.
4-B1-B2	T&C	14-15	B1	我要捍卫我的财产，所以我觉得您们跟他可能说话，但是若他不改变他的态度，您们应该罚他**用经济制裁**。	我要捍卫我的财产，所以我觉得您们可以跟他谈话。但是若他不改变他的态度，您们应该**用经济制裁罚**他。	用……	O		m.adv.			Ord.

续 表

5-B1-B2	I&T C5	14-15	B1	有天我跟朋友们一起去 Sabadell **了**。	有天我跟朋友们一起去 Sabadell。	了	D				part. mo.	Chs.
5-B1-B2	I&T C5	14-15	B1	我们往火车站**走路**了，忽然我们面前出现一个小伙子。	我们往火车站**走**时，忽然我们面前出现了一个小伙子。	走路	L	v.				M.U.
5-B1-B2	I&T C5	14-15	B1	我们往火车站走路**了**，忽然我们面前出现一个小伙子。	我们往火车站走时，忽然我们面前出现了一个小伙子。	了	D				part. mo.	Chs.
5-B1-B2	I&T C5	14-15	B1	我们往火车站走路了，忽然我们面前出现一个小伙子。	我们往火车站走时，忽然我们面前出现**了**一个小伙子。	了	O		pred.			Om.
5-B1-B2	I&T C5	14-15	B1	还说如果我们敢**对警察说话**他就会回来找我们。	还说如果我们敢**报警**他就会回来找我们。	对……	D				prag.	Prag.
6-B1-B2	I&T C5	14-15	B1	这个节日的风俗一家人一起吃饭。	这个节日的风俗**是**一家人一起吃饭。	是	O			shi		Om.
6-B1-B2	I&T C5	14-15	B1	我们热爱我们文化。	我们热爱我们**的**文化。	的	O		m.adj.			Om.
6-B1-B2	I&T C5	14-15	B1	因为我们加泰罗尼亚人更喜欢热闹的庆祝。	因为我们加泰罗尼亚人更喜欢热闹的庆祝**方式**。	方式	L	sust.				Om.

续 表

7-B1-B2	I&T C5	14-15	B1	对我来说这个传统节日非常热闹的，以为圣乔治节吸着千千万万的人们。	对我来说这个传统节日**是**非常热闹的，因为圣乔治节吸引着千千万万的人们。	是	O			shi		Om.
7-B1-B2	I&T C5	14-15	B1	对我来说这个传统节日非常热闹的，**以为**圣乔治节吸着千千万万的人们。	对我来说这个传统节日是非常热闹的，**因为**圣乔治节吸引着千千万万的人们。	以为	D				con.	Chs.
7-B1-B2	I&T C5	14-15	B1	对我来说这个传统节日非常热闹的，以为圣乔治节**吸**着千千万万的人们。	对我来说这个传统节日是非常热闹的，因为圣乔治节**吸引**着千千万万的人们。	吸	L	v.				M.U.
8-B1-B2	I&T C5	14-15	B1	我是**第三大学**学生的时候，我做了一个交流。	我是**大三**学生的时候，我参加了一个交流项目。	第三大学	L	sust.				M.U.
8-B1-B2	I&T C5	14-15	B1	我是第三大学学生的时候，我**做**了一个交流。	我是大三学生的时候，我**参加**了一个交流项目。	做	L	v.				M.U.
8-B1-B2	I&T C5	14-15	B1	我是第三大学学生的时候，我做了一个交流。	我是大三学生的时候，我参加了一个交流**项目**。	项目	L	sust.				Om.

续 表

8-B1-B2	I&T C5	14-15	B1	我把我的手机**离开**放在桌子上一会儿，当我们谈到。	当我们谈话时，我把我的手机放在桌子上了一会儿。	离开	L	v.				Red.
8-B1-B2	I&T C5	14-15	B1	我把我的手机离开放在桌子上一会儿，当我们谈到。	当我们谈话时，我把我的手机放在桌子上**了**、一会儿。	了	O		pred.			Om.
8-B1-B2	I&T C5	14-15	B1	我把我的手机离开放在桌子上一会儿，**当我们谈到**。	**当我们谈话时**，我把我的手机放在桌子上了一会儿。	当……时	O		m.adv.			Ord.
8-B1-B2	I&T C5	14-15	B1	我**被**分心了，以后我寻找它，我不发现我的手机。	我分心了。之后我再找，却找不到我的手机。	被	O			pasiva		Red.
8-B1-B2	I&T C5	14-15	B1	我被分心了，**以后**我寻找它，我不发现我的手机。	我分心了。**之后**我再找，却找不到我的手机。	以后	D				con.	Chs.
8-B1-B2	I&T C5	14-15	B1	我被分心了，以后我**寻找**它，我不发现我的手机。	我分心了。之后我再**找**，却找不到我的手机。	寻找	D				prag.	Prag.
8-B1-B2	I&T C5	14-15	B1	我被分心了，以后我寻找它，我不发现我的手机。	我分心了。之后我再找，**却**找不到我的手机。	却	D				con.	Chs.

续表

8-B1-B2	I&T C5	14-15	B1	我被分心了，以后我寻找它，我不**发现**我的手机。	我分心了。之后我再找，却**找不到**我的手机。	发现	L	v.				M.U.
8-B1-B2	I&T C5	14-15	B1	我的朋友打过电话，但是手机不**声纳**。	我的朋友打过电话，但是手机不**响**。	声纳	L	v.				M.U.
8-B1-B2	I&T C5	14-15	B1	我很幸运因为它是**了**英国的手机，没有很多的电话号码。	我很幸运因为它是英国的手机，所以没有很多的电话号码。	了	O		pred.			Red.
8-B1-B2	I&T C5	14-15	B1	我很幸运因为它是了英国的手机，没有很多的电话号码。	我很幸运因为它是英国的手机，**所以**没有很多的电话号码。	所以	D				con.	Chs.
9-B1-B2	I&T C5	14-15	B1	这**个**夜家人团聚。	这**天**晚上家人团聚。	个	L	med.				M.U.
9-B1-B2	I&T C5	14-15	B1	这个**夜**家人团聚。	这天**晚上**家人团聚。	夜	L	sust.				M.U.
10-B1-B2	Ch.C7	11-12	B1	我记得有时候雨下得**从我家到学校每门儿**。	我记得有时候雨**从我家下到学校门口**。	从……到	O		m.adv.			Ord.
10-B1-B2	Ch.C7	11-12	B1	我记得有时候雨下**得**从我家到学校每门儿。	我记得有时候雨从我家下到学校门口。	得	O		comp.			Red.
10-B1-B2	Ch.C7	11-12	B1	我记得有时候雨下得从我家到学校**每**门儿。	我记得有时候雨从我家下到学校**门口**。	每	L	adj.				Red.

续 表

11-B1-B2	Ch.C7	11-12	B1	加泰罗尼亚在温带**的气候**，所以这儿的气候不很热也不很冷。	加泰罗尼亚在温带，所以这儿的气候不很热也不很冷。	气候	O		obj.			Red.
11-B1-B2	Ch.C7	11-12	B1	不管这个度很高，还舒服。	**尽管**这个度数很高，**但是**还算舒服。	尽管……但是	D				con.	Chs.
11-B1-B2	Ch.C7	11-12	B1	不管这个**度**很高，还舒服。	尽管这个**度数**很高，但是还算舒服。	度	L	sust.				M.U.
11-B1-B2	Ch.C7	11-12	B1	不管这个度很高，还舒服。	尽管这个度数很高，但是还**算**舒服。	算	O		pred.			Om.
11-B1-B2	Ch.C7	11-12	B1	什么时候都**可能**来加泰罗尼亚游览，因为有很多**可能**去的地方！	什么时候都**可以**来加泰罗尼亚游览，因为有很多可以去的地方！	可能	L	v.aux.				M.U.
11-B1-B2	Ch.C7	11-12	B1	要是您们喜欢滑雪也**可能**冬天去，因为那时山水也很漂亮！	要是您们喜欢滑雪也**可以**冬天去，因为那时山水也很漂亮！	可能	L	v.aux.				M.U.
11-B1-B2	Ch.C7	11-12	B1	冬天也**可能**去加泰罗尼亚的沿海地区。	冬天也**可以**去加泰罗尼亚的沿海地区。	可能	L	v.aux.				M.U.
11-B1-B2	Ch.C7	11-12	B1	应该说我觉得最好春天或秋天来游览，因为这两季节的天气非常**方便**（不冷不热），山水非常壮观的！	应该说我觉得最好春天或秋天来游览，因为这两季节的天气非常**舒适**，山水非常壮观！	方便	L	adj.				M.U.

续 表

11-B1-B2	Ch.C7	11-12	B1	应该说我觉得最好春天或秋天来游览，因为这两季节的天气非常方便（不冷不热），山水非常壮观**的**！	应该说我觉得最好春天或秋天来游览，因为这两季节的天气非常舒适，山水非常壮观！	的	L	part.				Red.
12-B1-B2	Ch.C7	11-12	B1	我觉得又便宜、又好吃**极了**。	我觉得又便宜、又好吃。	极了	O		comp.			Red.
12-B1-B2	Ch.C7	11-12	B1	看完了以后，**接着**决定我们想点的那些菜。	看完了以后，我们决定想点的那些菜。	接着	D				con.	Chs.
12-B1-B2	Ch.C7	11-12	B1	看完了以后，接着决定**我们**想点的那些菜。	看完了以后，**我们**决定想点的那些菜。	我们	O		suj.			Ord.
12-B1-B2	Ch.C7	11-12	B1	然后服务员**来**菜、饮料。	然后服务员**上**菜、饮料。	来	L	v.				M.U.
12-B1-B2	Ch.C7	11-12	B1	还有很香、好闻、好**味**。	还有很香、好闻、**味**好。	味	L	sust.				M.U.
12-B1-B2	Ch.C7	11-12	B1	我们去的地方做中国**地道**菜，所以有很多中国人去那家吃饭。	我们去的地方做**地道**的中国菜，所以有很多中国人去那家吃饭。	地道	O		m.adj.			Ord.
12-B1-B2	Ch.C7	11-12	B1	我们去的地方做中国地道菜，所以有很多中国人去那家吃饭。	我们去的地方做地道**的**中国菜，所以有很多中国人去那家吃饭。	的	O		m.adj.			Om.

续 表

12-B1-B2	Ch.C7	11-12	B1	那时我**感觉**很大方，不想给他们添麻烦，所以我埋单，他们做客。	那时我很大方，不想给他们添麻烦，所以我埋单，他们做客。	感觉	L	v.				Red.
13-B1-B2	Ch.C7	11-12	B1	一月是最冷的**月**也八月最热的。	一月是最冷的**月份**，八月是最热的。	月	L	sust.				M.U.
13-B1-B2	Ch.C7	11-12	B1	一月是最冷的月也八月最热的。	一月是最冷的月份**，**八月是最热的。	coma	D				punt.	Chr.
13-B1-B2	Ch.C7	11-12	B1	一月是最冷的月也八月最热的。	一月是最冷的月份，八月**是**最热的。	是	O			shi		Om.
13-B1-B2	Ch.C7	11-12	B1	北方的冬天很冷因为常常刮风、下雨得很多。	北方的冬天很冷因为常常刮风**，**下雨下得很多。	signo de pausa	D				punt.	Chr.
13-B1-B2	Ch.C7	11-12	B1	北方的冬天很冷因为常常刮风、下雨得很多。	北方的冬天很冷因为常常刮风，下雨**下**得很多。	下	O		comp.			Ord.
13-B1-B2	Ch.C7	11-12	B1	**春**、秋天也下雨得很多，可是天气很凉快。	**春天**、秋天也下雨很多，可是天气很凉快。	春	L	sust.				M.U.
13-B1-B2	Ch.C7	11-12	B1	春、秋天也下雨**得**很多，可是天气很凉快。	春天、秋天雨也**下得**很多，可是天气很凉快。	得	O		comp.			Ord.

续 表

13-B1-B2	Ch.C7	11-12	B1	这种气候的特点是**很热的**夏天，气温35/40度。	这种气候的特点是夏天**很热**，气温35/40度。	很热的	O		pred.			Ord.
14-B1-B2	Ch.C7	11-12	B1	因为你不知道什么时候下雨**起来**，最好你总是带一个雨伞。	因为你不知道什么时候**下起雨来**，最好你总是带一个雨伞。	起来	O		comp.			Ord.
14-B1-B2	Ch.C7	11-12	B1	现在的气候**比**古代的气候不一样。	现在的气候**和**古代的气候不一样。	比	O			comp.		M.U.
14-B1-B2	Ch.C7	11-12	B1	我觉得最好的季节是夏天，因为**你**除了短裤和衬衫以外，你不需要穿别的衣服。	我觉得最好的季节是夏天，因为除了短裤和衬衫以外，你不需要穿别的衣服。	你	D				ref.	Chs.
14-B1-B2	Ch.C7	11-12	B1	我也喜欢夏天因为我去得了很多地方因为气候很好。	我也喜欢夏天**，**因为气候很好**，**我去得了很多地方。	coma	D				punt.	Chr.
14-B1-B2	Ch.C7	11-12	B1	我也喜欢夏天因为**我去得了很多地方**因为气候很好。	我也喜欢夏天，因为气候很好，**我去得了很多地方**。	我去得了很多地方	D				T-R	Chr.
15-B1-B2	Ch.C7	11-12	B1	马拉加的气候**比**巴塞罗那的很一样，可是在马拉加气温总是热。	马拉加的气候**和**巴塞罗那的一样，可是在马拉加气温总是热。	比	O			comp.		M.U.

续 表

15-B1-B2	Ch.C7	11-12	B1	马拉加的气候比巴塞罗那的**很**一样，可是在马拉加气温总是热。	马拉加的气候和巴塞罗那的一样，可是在马拉加气温总是热。	很	L	adv.				Red.
15-B1-B2	Ch.C7	11-12	B1	气温**才** 40 度！	气温 40 度！	才	D				incon.	Chr.
15-B1-B2	Ch.C7	11-12	B1	很多人说这**是**太热。	很多人说这太热。	是	O			shi		Red.
15-B1-B2	Ch.C7	11-12	B1	通常晚上**人**离开家，因为白天太热。	通常晚上**人们**出门，因为白天太热。	人	L	sust.				M.U.
15-B1-B2	Ch.C7	11-12	B1	通常晚上人**离开家**，因为白天太热。	通常晚上人们**出门**，因为白天太热。	离开家	D				prag.	Prag.
15-B1-B2	Ch.C7	11-12	B1	夏天**是**非常干燥，常常失火。	夏天非常干燥，常常失火。	是	O			shi		Red.
15-B1-B2	Ch.C7	11-12	B1	通常**有雨**在十二月，一月和四月。	通常在十二月，一月和四月**有雨**。	有雨	O		m.adv.			Ord.
15-B1-B2	Ch.C7	11-12	B1	**不**雨多，可是有时侯有洪水。	雨**不**多，可是有时侯有洪水。	不	O		suj.			Ord.
15-B1-B2	Ch.C7	11-12	B1	我很喜欢马拉加的春天，日间热可是晚上很凉快，这**是**很好因为睡很好。	我很喜欢马拉加的春天，日间热可是晚上很凉快，这很好因为可以睡得很好。	是	O			shi		Red.

续表

15-B1-B2	Ch.C7	11-12	B1	我很喜欢马拉加的春天，日间热可是晚上很凉快，这是很好因为睡很好。	我很喜欢马拉加的春天，日间热可是晚上很凉快，这很好因为**可以**睡得很好。	可以	O		pred.			Om.
15-B1-B2	Ch.C7	11-12	B1	我很喜欢马拉加的春天，日间热可是晚上很凉快，这是很好因为睡很好。	我很喜欢马拉加的春天，日间热可是晚上很凉快，这很好因为可以睡**得**很好。	得	O		comp.			Om.
16-B1-B2	Ch.C7	11-12	B1	那里的气候**比**巴塞罗那相似，但也有一些差别。	那里的气候**和**巴塞罗那相似，但也有一些差别。	比	O			comp.		M.U.
16-B1-B2	Ch.C7	11-12	B1	一到6月，天气热起来。	一到6月，天气**就**热起来了。	一……就	D				con.	Chs.
16-B1-B2	Ch.C7	11-12	B1	一到7月，天气热起来。	一到7月，天气就热起来**了**。	了	D				part. mo.	Chs.
16-B1-B2	Ch.C7	11-12	B1	我最讨厌的就是湿度，这**是**非常麻烦。	我最讨厌的就是湿度，这非常麻烦。	是	O			shi		Red.
16-B1-B2	Ch.C7	11-12	B1	夏季**中**游客都来到梅诺卡，这也很烦人了。	夏季游客都来到梅诺卡，这也很烦人。	中	L	prep.				Red.
16-B1-B2	Ch.C7	11-12	B1	夏季中游客都来到梅诺卡，这也很烦人**了**。	夏季游客都来到梅诺卡，这也很烦人。	了	D				part. mo.	Chs.

续 表

16-B1-B2	Ch.C7	11-12	B1	一到秋天，平常就下大雨**了**，但天气不冷。	一到秋天，平常就下大雨，但天气不冷。	了	D				part. mo.	Chs.
16-B1-B2	Ch.C7	11-12	B1	从十二月起天气冷，刮大风，通常地不下雪。	从十二月起天气**变**冷，刮大风，通常不下雪。	变	D				incon.	Chr.
16-B1-B2	Ch.C7	11-12	B1	从十二月起天气冷，刮大风，通常**地**不下雪。	从十二月起天气变冷，刮大风，通常不下雪。	地	O		m.adv.			Red.
17-B1-B2	Ch.C7	11-12	B1	菲格拉斯在比利牛斯山脚下**。**而且离海岸不远。	菲格拉斯在比利牛斯山脚下**，**离海岸不远。	punto	D				punt.	Chr.
17-B1-B2	Ch.C7	11-12	B1	菲格拉斯在比利牛斯山脚下。**而且**离海岸不远。	菲格拉斯在比利牛斯山脚下，离海岸不远。	而且	D				con.	Chs.
17-B1-B2	Ch.C7	11-12	B1	当地的气候地中海型气候。	当地的气候**是**地中海型气候。	是	O			shi		Om.
17-B1-B2	Ch.C7	11-12	B1	春季**到**多雨起来，各种花都开，虫子回来。	**到**春季多雨起来，各种花都开了，虫子也回来了。	到	O		m.adv.			Ord.
17-B1-B2	Ch.C7	11-12	B1	春季到多雨起来，各种花都开，虫子回来。	到春季多雨起来，各种花都开**了**，虫子也回来了。	了	D				part. mo.	Chs.
17-B1-B2	Ch.C7	11-12	B1	春季到多雨起来，各种花都开，虫子回来。	到春季多雨起来，各种花都开了，虫子**也**回来了。	也	D				con.	Chs.

续 表

17-B1-B2	Ch.C7	11-12	B1	春季到多雨起来，各种花都开，虫子回来。	到春季多雨起来，各种花都开了，虫子也回来**了**。	了	D				part. mo.	Chs.
17-B1-B2	Ch.C7	11-12	B1	不过除了春天以外，别的季节也很喜欢。	不过除了春天以外，别的季节**我**也很喜欢。	我	O		suj.			Om.
17-B1-B2	Ch.C7	11-12	B1	每年都有很多游客去达利博物馆观光，是西班牙参观人数最多的博物馆之一。	每年都有很多游客去达利博物馆观光，**这**是西班牙参观人数最多的博物馆之一。	这	D				ref.	Chs.
17-B1-B2	Ch.C7	11-12	B1	我很喜欢安普尔丹的夏季因为我常常去海滩游泳。	我很喜欢安普尔丹的夏季**，**因为我常常去海滩游泳。	coma	D				punt.	Chr.
17-B1-B2	Ch.C7	11-12	B1	夏天有好几节日。	夏天有好几**个**节日。	个	L	med.				Om.
17-B1-B2	Ch.C7	11-12	B1	在圣约翰节前夜，城镇的广场和沙滩上都燃起篝火。	在圣约翰节前夜，城镇的广场和沙滩上都**会**燃起篝火。	会	L	v.aux.				Om.
17-B1-B2	Ch.C7	11-12	B1	秋天**今年**人们正在还穿夏天的衣服。	**今年**秋天人们还在穿夏天的衣服。	今年	O		m.adj.			Ord.
17-B1-B2	Ch.C7	11-12	B1	秋天今年人们**正在**还穿夏天的衣服。	今年秋天人们**还在**穿夏天的衣服。	正在	L	adv.				M.U.

续表

17-B1-B2	Ch.C7	11-12	B1	冬季温和多雨。最冷月气温在 4-8°C 之间。冬天，比利牛斯山脚也是滑雪 的最佳场地。**再说**，气候多风，北风叫 Tramuntana。	冬季温和多雨。最冷月气温在 4-8°C 之间。冬天，比利牛斯山脚也是滑雪 的最佳场地。**另外**，安普尔丹气候多风，北风叫 Tramuntana。	再说	D				con.	Chs.
17-B1-B2	Ch.C7	11-12	B1	再说， 气候多风，北风叫 Tramuntana。	另外， **安普尔丹**气候多风，北风叫 Tramuntana。	安普尔丹	O		suj.			Om.
17-B1-B2	Ch.C7	11-12	B1	总之，安普尔丹有**好几些**不同的地方。	总之，安普尔丹有**好多**不同的地方。	几	L	adj.				M.U.
18-B1-B2	Ch.C7	11-12	B1	我住在马塔罗 (Mataró)，马塔罗离巴塞罗那不远。	我住在马塔罗 (Mataró)。马塔罗离巴塞罗那不远。	coma	D				punt.	Chr.
19-B1-B2	Ch.C7	11-12	B1	萨莫拉从山区到乡间有两种气候非常**清楚**。	萨莫拉从山区到乡间有两种气候非常**不同**。	清楚	L	adj.				M.U.
19-B1-B2	Ch.C7	11-12	B1	乡间气候干燥，所以四五月一出太阳，天气就热起来了，但是山区天气还很冷，人们还要穿羽绒服。	乡间气候干燥，所以四五月一出太阳，天气就热起来了。但是山区天气还很冷，人们还要穿羽绒服。	coma	D				punt.	Chr.

续 表

19-B1-B2	Ch.C7	11-12	B1	比如十二月可以游览城市里，三月可以欣赏乡间山水，七月**去**山区路线。	比如十二月可以游览城市里，三月可以欣赏乡间山水，七月**走**山区路线。	去	L	v.				M.U.
20-B1-B2	Ch.C7	11-12	B1	西班牙有四季节，春、夏、秋、冬，但是各个季节有不同的特点。	西班牙有四**个**季节，春、夏、秋、冬，但是各个季节有不同的特点。	个	L	med.				Om.
20-B1-B2	Ch.C7	11-12	B1	我的家乡**是**北**的**，所以这儿的气温比较冷 。	我的家乡在北边，所以这儿的气温比较低。	是……的	O			shi-de		Red.
20-B1-B2	Ch.C7	11-12	B1	我的家乡是**北**的，所以这儿的气温比较冷 。	我的家乡在**北边**，所以这儿的气温比较低。	北	L	sust.				M.U.
20-B1-B2	Ch.C7	11-12	B1	我的家乡是北的，所以这儿的气温比较**冷** 。	我的家乡在北边，所以这儿的气温比较**低**。	冷	L	adj.				M.U.
20-B1-B2	Ch.C7	11-12	B1	有时候气温都 35 度。	有时候气温都**达到** 35 度。	达到	O		pred.			Om.
20-B1-B2	Ch.C7	11-12	B1	秋天很短因为冷起来了**很快**。	秋天很短因为**很快**冷起来了。	很快	O		m.adv.			Ord.